rowohlt

Zvi Yavetz

KAISER AUGUSTUS

Eine Biographie

Rowohlt

1. Auflage Januar 2010

Satz aus der Haarlemmer PostScript
bei hanseatenSatz-bremen, Bremen
Druck und Bindung CPI – Clausen & Bosse, Leck
Printed in Germany
ISBN 978 3 498 07365 7

INHALT

VORWORT

1983 wurde Ronald Syme 80 Jahre. Die Universität Oxford beging den Geburtstag dieses größten aller Forscher römischer Geschichte im 20. Jahrhundert mit einem internationalen Symposium. Sieben Historiker aus sechs Ländern nahmen teil. Alle sollten über Augustus referieren, jeder Einzelne von einem anderen Gesichtspunkt aus; denn Augustus steht im Zentrum des herausragenden Werks von Syme, *Die römische Revolution*, das zuerst 1939 erschien. Ich war gebeten worden, über Augustus' Erscheinungsbild in seinem «Tatenbericht» *(Res gestae Divi Augusti)* zu sprechen, dieser Vortrag ist in die Kapitel 15 und 16 eingegangen.

Um das Referat in Oxford auszuarbeiten, las ich noch einmal alle literarischen, historischen und epigrafischen Quellen, die mit der Epoche des Augustus zu tun haben. Es gelang mir aber nicht, Rückendeckung für meine Annahme zu finden, der Tatenbericht eines so prominenten Römers müsse in Bronzetafeln geprägt worden sein, um der Jugend als Vorbild zu dienen. Ich bemerkte ausdrücklich, meine Worte seien als Vermutung aufzufassen. Es war mir nichts über eine neue Inschrift bekannt, die gerade zu diesem Zeitpunkt in Spanien entdeckt worden war *(Tabula Siarensis)*. Dort steht deutlich zu lesen, Kaiser Tiberius habe befohlen, die Taten des Germanicus in Bronzetafeln einzugravieren, denn das sei nützlich für «die Jugend unserer Kinder und unserer Nachkommen» *(utile iuventuti liberorum posterorumque nostrorum)*. Aufgrund dieser Entdeckung schlossen sich einige Wissenschaftler meiner Meinung an, unter ihnen die Professoren Fergus Millar aus Oxford und Paul Zanker aus München.

Alles in allem war das Lesen der Quellen ein Segen. Ich nutzte das reichhaltige Material im Unterricht und hielt Vorlesungen über verschiedene Aspekte der Zeit des Augustus an drei verschiedenen Universitäten: München, Paris und New York. Im akademischen Jahr 1985/86 wurde mir bewusst, dass ich einen umfassenden Überblick über Augustus und seine Zeit gewonnen hatte. Auch an der Universität Tel Aviv beschäftigte ich mich weiter mit diesem Thema, und so entstand das Buch. Ich hoffe, dass nicht nur Geschichtsstudenten, sondern auch Liebhaber dieses Fachs Interesse daran finden werden.

Schon an dieser Stelle gestatte ich mir einige Erläuterungen zur Gliederung des Buches, das aus drei Teilen besteht: Der erste – Ein Herrscher, der eines natürlichen Todes starb – befasst sich mit der Ereignisgeschichte, die Interpretationen und Erklärungen stammen von mir. Der zweite Teil – Die augusteische Gesellschaft – widmet sich sehr ausführlich der Analyse, denn ich glaube, dass ohne genaueste Analyse der Gesellschaft weder Augustus noch der Prinzipat zu verstehen sind. Ich habe mir die größte Mühe gegeben, in einfachen Worten Fachbegriffe und Funktionsbezeichnungen zu erklären und bewusst nicht den in der Fachliteratur gebräuchlichen Jargon verwendet, ohne aber dort, wo es nötig war, auf die wissenschaftliche Terminologie zu verzichten. Der dritte Teil – Der Herrscher und sein Erscheinungsbild – zeigt das Bild, das Augustus selbst von sich geben wollte, in der in Fragmenten überlieferten, nicht fertiggestellten Autobiografie und vor allem in seinem Tatenbericht.

Es ist nicht anzunehmen, dass ein Buch wie dieses im Handumdrehen von vorn bis hinten gelesen wird. Überdies lohnt es sich manchmal, nur bestimmte Abschnitte aus diesem oder jenem Kapitel durchzugehen. Deshalb habe ich nicht versucht, Wiederholungen zu vermeiden, sondern bin im Gegenteil auf wichtige Punkte absichtlich in den verschiedenen Kontexten eingegangen und bitte diejenigen um Nachsicht, die den Mut haben, das Buch von Anfang bis Ende zu lesen.

EINLEITUNG

Aufstieg und Fall von Herrschaftssystemen haben schon immer die historische Forschung beschäftigt. Der Untergang der römischen Republik bildet da keine Ausnahme.

Die Frage, wie es zum Fall der römischen Republik kam, hat bereits den Menschen in der Antike keine Ruhe gelassen. Dionysios von Halikarnassos, Historiker des 1. Jahrhunderts v. Chr., schrieb Gaius Gracchus die Schuld zu. Seiner Meinung nach hatte dieser draufgängerische Tribun die Eintracht zerstört, die bis dahin in der Römischen Republik geherrscht hatte. Die politischen Führer Roms begannen sich gegenseitig in die Verbannung zu schicken und umzubringen. Jedes Mittel war ihnen recht, um ihren Machthunger zu stillen.[1] Der wilde Wettbewerb zwischen prominenten Männern zerstörte die Strukturen, die bisher für das Funktionieren des öffentlichen Lebens in Rom gesorgt hatten. Auch der epikureische Dichter und Zeitgenosse Ciceros und Julius Caesars, Lukrez, deutete dies in drei Zeilen seines unpolitischen Lehrgedichts *Von der Natur der Dinge* an:

> […] sodass herabblicken kannst du auf andre und sehen du, wie
> sie überall irren und schweifend suchen die Bahnen des Lebens,
> wetteifern mit ihrem Geist, sich streiten um Ansehn und Ehre[2]

Cassius Dio, der Historiker aus dem 3. Jahrhundert n. Chr., machte dagegen den römischen Senat für die Zerstörung der Republik verantwortlich. Nach seiner Ansicht hätten die Senatoren begreifen müssen, was in ihrem Umkreis vor sich ging, und rechtzeitig einen Mann an die Spitze berufen sollen, mit dem sie kooperieren konnten. Doch die Senatoren fanden keine gemeinsame Sprache. Sie bildeten Parteien und waren einmal dem einen, einmal dem anderen Führer zugetan. Hatten sie den Eindruck, ein bestimmter Mann sei zu mächtig geworden, wurde er gestürzt, selbst wenn er sich den Senatoren gegenüber nicht feindselig gezeigt hatte. Allein die Tatsache, dass ein Einzelner Hervorragendes leistete, galt ihnen als Beweis seiner Überheblichkeit und versetzte die Führungsgruppe in Angst. Die Folgen ließen nicht auf sich warten: Blutige und lange andauernde Bürgerkriege brachen aus, und die Republik ging zugrunde.

Spuren dieser beiden entgegengesetzten Auffassungen lassen sich ebenfalls in der modernen Historiografie finden. Richard E. Smith macht letztlich die Gracchen für die Zerstörung der Republik verantwortlich, die, wie er schreibt, machtgierig waren.[3] Theodor Mommsen gibt den Senatoren die Schuld, den eigensinnigen, hochmütigen und kurzsichtigen «römischen Junkern», wie er sie in seiner *Römischen Geschichte* nennt.

Doch die meisten modernen Geschichtsforscher von Montesquieu bis zur Gegenwart hüten sich, den Toten Zensuren zu erteilen. Statt moralische Bewertungen vorzunehmen, bemühen sie sich zu verstehen, was die Menschen im Altertum taten, wie sie agierten und mit welchem Erfolg sie mit den Problemen fertig wurden (oder nicht). In seinem großen Werk *Die römische Revolution* von 1939 betont Ronald Syme, dass die Tragödien in der Geschichte sich nicht wegen des Gegensatzes von Gut und Böse, Recht und Unrecht ereignen und es nicht die Aufgabe des Historikers sei, die eine oder andere Gestalt zu loben oder zu verurteilen. Diese Auffassung hat die Geschichtsforschung in der zweiten Hälfte des 20. Jahrhunderts maßgeblich geprägt und kommt nicht zuletzt in den Büchern von Moses Finley zum Ausdruck, auf den besonders Max Weber Einfluss ausgeübt hat.

Ich kann in dieser Einleitung keinen Überblick über alle modernen Forschungsansätze geben; doch es sei mir erlaubt, auf die wichtigsten Stränge hinzuweisen. Einige Historiker betrachten den Zusammenbruch der römischen Republik als einen Prozess im weiten Rahmen der Krise in der Sklavenhaltergesellschaft; andere sehen in der Entstehung des Berufsheers den Anfang vom Ende der Republik. Es gibt auch Forscher, die die Geschichte für eine Abfolge von organischen Vorgängen halten und den Untergang der Republik als natürlichen Prozess des Alterns und Verkümmerns darstellen. Andere behaupten, die Untauglichkeit der Polis (des Stadtstaats) Rom, ein großes Imperium anzuführen, sei der Hauptgrund für das Dahinsiechen der republikanischen Institutionen gewesen. Schließlich gibt es Historiker, die dem Fehlen eines «starken Mannes», der die Anforderungen der Stunde besser hätte bewältigen können als die gespaltene, zersplitterte und ohnmächtige senatorische Aristokratie, die Schuld am Untergang der Römischen Republik geben.

Auch heute noch gibt es Historiker, die den «Niedergang der Sitten» für das Ende der Republik verantwortlich machen. Sie folgen damit den Ansichten nicht weniger Römer, die am Ende der Republik und zu Beginn des Kaiserreichs lebten. Zur Veranschaulichung dieser Auffassung seien hier einige Zeilen von Sallust, dem großen Historiker aus dem 1. Jahrhunderts v. Chr., zitiert, der eine Zeit lang zu Julius Caesars Anhängern gehört hat. Nach Caesars Tod schrieb er:

> Als aber durch Arbeit und Gerechtigkeit der Staat sich vergrößert hatte, mächtige Könige durch Krieg bezwungen, wilde Völker und große Nationen mit den Waffen unterworfen waren [...] da fing das Glück an zu rasen [...] Zuerst wuchs Macht- und Geldgier. Dies beides war gleichsam der Grundstoff für alles Unheil. Denn Habsucht zerstörte Treue, Redlichkeit und die übrigen guten Eigenschaften. Statt deren lehrte sie Hochmut und Grausamkeit, dass sie sich nicht um die Götter kümmerten und alles für käuflich hielten. Der Ehrgeiz zwang viele Menschen, falsch zu werden, etwas anderes verschlossen in der Brust, etwas anderes offen auf der Zunge zu tragen; Freundschaften und Feindschaften nicht nach ihrem Wert, sondern nach ihrem Nutzen abzuschätzen, mehr gut zu scheinen als zu sein. Dies breitete sich zuerst nur im Geheimen aus, bisweilen wurde es auch noch geahndet. Als dann aber die Fäulnis wie eine Pest eindrang, wandelte sich die Bürgerschaft, und aus der gerechtesten und besten Regierung wurde eine grausame und unerträgliche.[4]

Syme übersetzte diese Worte in die Sprache des 20. Jahrhunderts: «The root of trouble lay in the nature of man, [...] and restless, with noble qualities as evil, the style for liberty, glory and domination. Empire, wealth and individual ambition had mined the republic long ago.»[5] Ich zitiere Syme hier nicht, um von neuem die Debatte zu eröffnen, was die Gründe für den Untergang der römischen Republik waren, sondern um darauf hinzuweisen, dass die Republik nicht von heute auf morgen zugrunde ging. Es handelte sich um einen langen historischen Prozess. Schon im Altertum haben die Menschen die

Ansicht nicht gelten lassen, Julius Caesars Überschreiten des Rubikons sei zufällig geschehen. Sofort nach der Ermordung Caesars konstatierte Cicero, Rom sei von einem Tyrannen, nicht aber von der Tyrannei befreit worden.[6] Und die lakonischen Worte von Tacitus, nach der Schlacht bei Actium sei die Übergabe der Regierung in die Hände *eines* Mannes die Vorbedingung für den Frieden gewesen, hallen bis zum heutigen Tag nach.[7] Auch moderne Historiker geben Julius Caesar nicht allein die Schuld am Untergang der Republik. Mommsen bezeichnete die Epoche zwischen der Schlacht bei Pydna (168 v. Chr.) und der Zeit Sullas als «Revolution». Und Symes *Römische Revolution* fängt mit der Beschreibung der Ereignisse des Jahres 60 an, genau wie die Darstellung von Asinius Pollio, die verloren gegangen ist. Christian Meier beginnt seine aufschlussreiche Analyse des Untergangs der römischen Republik mit dem Jahr 91.[8] Einzig der amerikanische Historiker Erich Gruen vertritt in einem originellen und interessanten Buch die These, der Untergang der Republik sei nicht unumgänglich gewesen; weder Senatoren noch das einfache Volk seien an ihrer Zerstörung interessiert gewesen, und die republikanischen Institutionen hätten bis zum Ausbruch des Bürgerkrieges tadellos funktioniert. «Die Krise», die alle modernen Historiker erörtern, sei nichts anderes als «Weisheit im Nachhinein». Hätte Caesar den Rubikon nicht überschritten, hätte die Republik noch viele Jahre fortbestehen können.[9]

In meinem Buch *Caesar in der öffentlichen Meinung*[10] habe ich mich mit den Gründen für den Untergang der Republik nicht befasst; doch dem Leser wird es nicht schwerfallen zu erraten, dass ich anderer Meinung bin als Gruen. Ich habe versucht zu erklären, weshalb es Julius Caesar nicht gelang, einen Ausweg aus der komplizierten Situation zu finden, die Meier eine «Krise ohne Alternative» nennt, und habe behauptet, die Römer hätten «die bittere Arznei lieber aus der Hand des zartfühlendsten der Ärzte»[11] entgegengenommen. Ich meinte damit natürlich Augustus, er wird im Mittelpunkt dieses Buches stehen.

1. TEIL

Ein Herrscher, der eines natürlichen Todes starb

KAPITEL 1

Der Sieg der Propaganda

Im Jahr 42 v. Chr. versuchten die Caesar-Mörder Brutus und Cassius die römische Republik zum letzten Mal zu verteidigen.[1] Brutus verfügte über acht Legionen, Cassius über neun. Gegen sie stellten Antonius und der junge Octavian 28 Legionen auf. Die Schlacht fand bei Philippi in Ost-Makedonien statt, dort errang eher der Geist Caesars den Sieg als die militärische Fähigkeit seines Erben. Brutus gelang es, das Lager Octavians zu erobern, der angeblich krank war und nicht am Kampf teilnehmen konnte; einer weniger wohlwollenden Version zufolge suchte er das Weite, so schnell er nur konnte. Inzwischen war Cassius von Antonius geschlagen worden, und da er ohne Nachricht über den Erfolg des Brutus war, beging Cassius Selbstmord. Brutus, der seinen Freund den letzten Römer nannte, hielt noch drei Wochen stand. Doch nach und nach löste sein Heer sich auf. Die Mehrzahl seiner Soldaten bewahrte ihrem früheren Feldherrn, Julius Caesar, die Treue und war leicht durch die Propaganda der Caesar-Rächer zu beeinflussen. Auch die Herrscher des Ostens, die Cassius unterstützt hatten, ließen ihn im Stich, sodass Antonius Brutus schließlich ohne große Mühe niederwerfen konnte. Gebrochen nahm auch dieser sich das Leben.

In zahlreichen Lehrbüchern steht, Antonius und Octavian hätten sich nach der Schlacht bei Philippi das Imperium geteilt. Diese Formulierung ist ungenau, denn es handelte sich nicht um eine territoriale Teilung. In Wirklichkeit ging es nicht um Gebiete, sondern um Funktionen, und hierüber einigten sie sich vertraglich. Laut diesem Übereinkommen sollte Octavian weiter gegen Sextus Pompeius, den Sohn des Gnaeus Pompeius Magnus, kämpfen und ermitteln, ob Lepidus dem Lager Julius Caesars treu geblieben war. Antonius hatte den Auftrag, die Versöhnung mit all denen in die Wege zu leiten, die sich vor der Schlacht Brutus und Cassius angeschlossen hatten; außerdem sollte er Gelder für das gemeinsame Ziel – die Beseitigung der Mörder Caesars und ihrer Unterstützer – aufbringen. Mit der Verantwortung für Italien beauftragten sie niemanden, denn beide kämpften sie für Italien. Antonius wandte sich dem Osten zu, Octavian kehrte nach Italien zurück.

Im Stillen hoffte Antonius, der junge, unerfahrene Octavian werde sich im Westen in eine schwierige Lage bringen und sich nicht gleichzeitig bei den Veteranen und bei den wohlhabenden Bürgern beliebt machen können. Die Soldaten forderten dringend hohe Entschädigungen sowie Zuteilung von Land; den Bürgern dagegen ging es vor allem darum, ihren Besitz zu schützen. Außerdem dachte Antonius, Octavian könne nicht gleichzeitig dem Andenken seines Adoptivvaters Julius Caesar treu bleiben, das Vertrauen des Senats gewinnen und obendrein bei der Plebs, dem einfachen Volk, weiter gern gesehen sein.

Allein Antonius' Hoffnungen erwiesen sich als falsch. Octavians Vorhaben misslangen nicht. Im Gegenteil, er festigte seine Position und ging mit Klugheit und Geschick vor. In zeitgenössischen Aussagen wird er als gewalttätiger und unsteter junger Mann beschrieben. Über seine Brutalität besteht kein Zweifel, doch kann man sich nur schwer vorstellen, dass er ohne Kaltblütigkeit und Zielbewusstsein seinen Kampf erfolgreich beendet hätte.

43 v. Chr. war das Triumvirat zwischen Antonius, Octavian und Lepidus geschlossen worden; sie waren übereingekommen, den Veteranen den Boden von 18 Städten Italiens zu überlassen. Als jedoch die Gattin des Antonius, Fulvia, und sein Bruder, Lucius Antonius, im Namen der enteigneten Bürger protestierten, erregten sie dadurch bei den Soldaten den Verdacht, sie seien Vertreter der alten aristokratischen Republik und Feinde der treuen Caesarianer. Aus dem Krieg zwischen den beiden Seiten bei Perusia im Jahr 41 ging Octavian als Sieger hervor, und als Marcus Antonius 40 v. Chr. vor Brundisium landete, schloss die Stadt die Tore vor ihm. Antonius, der zu diesem Zeitpunkt zu beweisen suchte, er sei dem Andenken Caesars treuer als der junge Octavian, verlor den Kampf. Zu seinen Leuten gehörten unbeliebte Männer wie Domitius Ahenobarbus und Sextus Pompeius, der an der Spitze einer Piratenflotte stand und dem in Rom nachgesagt wurde, er habe die Aushungerung Italiens betrieben. Erst nachdem diese beiden aus seinem Gefolge entfernt worden waren, begannen die Verhandlungen: Asinius Pollio vertrat den Antonius, Maecenas den Octavian. Sie einigten sich in dem als «Vertrag von Brundisium» bekannten Abkommen. Italien, das wieder die Gefahr eines Bürgerkriegs hatte aufkommen sehen, war erleichtert. Dieses Mal (und nicht schon nach der Schlacht bei Philippi) teilten die Triumvirn das Imperium unter sich nach Gebieten auf. Lepidus erhielt die Provinz Afrika, Octavian die Länder zwischen Illyrien und der spanischen Halbinsel; das gesamte Land östlich der Drina ging an Antonius. Den Vertragsbedingungen entsprechend sollte Octavian eine Regelung mit Sextus Pompeius treffen. Falls ihm das nicht gelänge, hatte er die Erlaub-

nis, gegen Pompeius in den Krieg zu ziehen, Antonius würde sich dann nicht einmischen. Antonius seinerseits sollte gegen die Parther ausziehen, um die Schande der Niederlage, die Crassus 53 v. Chr. bei Carrhae erlitten hatte, aus der Welt zu schaffen. Um für den Vertrag eine vertrauensvolle Basis zu schaffen, heiratete Antonius Octavia, die Schwester Octavians (beide hatten im passenden Augenblick ihre Ehepartner verloren). Die Welle der Hoffnung, die ganz Italien erfasst hatte, bringt Vergil in der vierten Ekloge mit dem Wunsch zum Ausdruck, der neugeborene Sohn möge über eine Welt herrschen, in der seine Väter Frieden gestiftet hätten: «Schon kehrt wieder die Jungfrau, kehren wieder saturnische Reiche, schon wird neu ein Sprössling entsandt aus himmlischen Höhen.»[2] Die Diskussionen darüber, welches Kind Vergil gemeint hat, dauern bis zum heutigen Tag an. Über einen Punkt jedoch besteht kein Zweifel: Der Vertrag von Brundisium ermöglichte es Octavian, in Italien seine Stellung als Führer zu konsolidieren. Er musste das Vertrauen der bürgerlichen Bevölkerung zurückerobern, das hatte er begriffen; doch das bedeutete für ihn nicht, milde zu seinen Gegnern zu sein. Als Antonius ihm gegenüber während eines privaten Gesprächs, wohl eher aus Nachlässigkeit denn mit Hintergedanken, äußerte, Octavians General Salvidienus Rufus sehe weiter in ihm, Antonius, den wahren Erben Caesars, ließ Octavian kaltherzig und ohne zu zögern Salvidienus hinrichten. Doch wenn die Umstände es erforderten, konnte er auch den Weg der Kooperation einschlagen: Weil er Versorgungsprobleme in Rom nicht allein bewältigen konnte, wandte Octavian sich an Sextus Pompeius und schloss mit ihm 39 v. Chr. in Misenum einen Vertrag, auf den hier näher eingegangen werden soll: Sextus Pompeius erhielt den Oberbefehl über Sizilien, Sardinien, Korsika und den Peleponnes. Er verpflichtete sich,

Rom mit Korn zu versorgen und keine aus Italien fliehenden Sklaven in seine Legionen aufzunehmen. Dafür versprach Octavian, die Soldaten aus dem Heer des Sextus Pompeius so zu behandeln, als gehörten sie zu den Truppen der Triumvirn und den aus Italien Geflohenen zu ermöglichen, ungestraft in ihre Heimat zurückzukehren; ausgenommen waren diejenigen, die unter dem Verdacht standen, mit den Caesar-Mördern kooperiert zu haben. Ferner erhielt Sextus Pompeius das Versprechen, er könne sich für das Jahr 33 auch während seiner Abwesenheit von Rom zum Konsul wählen lassen.

Sextus Pompeius hielt die Bedingungen des Vertrags nicht ein. Da er seine Söldner nicht untätig herumhängen lassen konnte, erlaubte er ihnen, über die Küste Italiens herzufallen. Ohne Flotte war Octavian gegen Sextus machtlos, deshalb traf er 37 v. Chr. in Tarent eine weitere Vereinbarung, diesmal wieder mit Antonius: Erstens wurde das Triumvirat, das im Vorjahr seine Gültigkeit verloren hatte, erneuert und bis zum Jahr 33 verlängert. Außerdem überzeugte Octavian Antonius, es sei an der Zeit, der Seeräuberei des Pompeius ein Ende zu setzen, dazu brauche er eine starke Flotte. Antonius verpflichtete sich vertraglich, Octavian 120 Schiffe zur Verfügung zu stellen. Im Gegenzug versprach Octavian, Antonius 20 000 Fußsoldaten zu schicken, damit er gegen die Parther kämpfen könne. Während Antonius sich an den Vertrag hielt, kümmerte Octavian sich nicht darum.

Es ist schwer, Antonius' Verhalten zu verstehen. Begriff er nicht, dass ihm der Boden unter den Füßen weggezogen wurde? Glaubte er, nach einem blendenden Sieg über die Parther würde er lorbeerbekränzt nach Rom zurückkehren und Octavian seiner Stellung berauben? Unterschätzte er den Stiefsohn Caesars dermaßen? Die Zahl der Antworten hierauf ist so groß wie die Zahl der Historiker; doch eines ist klar: Bei seiner Rückkehr von Tarent in den Osten warf Antonius seine Gemahlin Octavia, die Schwester Octavians, aus dem Haus und brach so seine letzte Verbindung zum Westen ab.

Im Jahr 36 siegte Octavians Feldherr Agrippa über Sextus Pompeius bei Naulochus; den Siegesruhm dafür erntete Octavian. Im Kapitel 25 seines Tatenberichts schreibt er: «Das Meer habe ich von der Seeräuberplage befreit. In diesem Krieg habe ich von den Sklaven, die ihren Herren entlaufen waren und Waffen wider den Staat ergriffen hatten, etwa dreißigtausend gefangen und ihren Besitzern zur Bestrafung übergeben.» In Rom wurde ein goldenes Denkmal errichtet, das die Inschrift trug: «Er stellte den Frieden, der so lange gestört gewesen war, zu Wasser und zu Lande wieder her.» Nach diesem Erfolg beraubte Octavian auch den Rivalen Lepidus seines Einflusses, und zwar auf originelle Weise: Er ging in Lepidus' Lager und versetzte dessen Soldaten allein durch sein Auftreten in solche Begeisterung, dass sie ihm lange zujubelten. Auf diesen propagandistischen Erfolg wäre selbst Julius Caesar stolz gewesen. Lepidus' Machtbasis war damit dahin, das Triumvirat wurde zum Duumvirat. Octavian beließ Lepidus aber die Würde des Pontifex maximus, des höchsten Priesteramts in Rom, bis zu dessen Tod im Jahr 12 v. Chr.

Octavian ruhte sich nicht auf seinen Lorbeeren aus und festigte seine Stellung in Italien weiter: Er verzichtete auf das Einziehen von Steuern und Pachtgeldern, die für die Steuereintreibung zuständige Publikanen der Staatskasse schuldeten, und entließ 20 000 Veteranen, Teilnehmer an den Schlachten bei Mutina und Philippi. Sie erhielten Land, und wer in der Stadt leben wollte, bekam Geld, damit er im bürgerlichen Leben Fuß fassen konnte. Die Kornlieferungen an die römische Plebs, die durch Sextus Pompeius behindert worden waren, erfolgten von nun an wieder regelmäßig. Als Anerkennung für sein Wirken wurde Octavian die *sacrosanctitas* (die Unverletzlichkeit eines Tribunen) verliehen, ohne dass er Tribun war.

Die Jahre 35 und 34 v. Chr. widmete er Problemen an den Randgebieten des Imperiums: Er sorgte dafür, dass an der Nordgrenze Italiens Ruhe einkehrte, und kämpfte gegen die Illyrer und Dalmater. Um seine Gegner, die ihn wegen seines unbedeutenden Beitrags während der Schlacht von Naulochus verspotteten, zum Schweigen zu bringen, brauchte er ein paar Siege auf dem Schlachtfeld. Seine Erfolge in Illyrien erhöhten sein Ansehen und wurden auch im Senat gewürdigt.

Während Octavians Abwesenheit von Rom 34 v. Chr. ließ Agrippa auf eigene Kosten den Aquädukt von Marcia *(aqua Marcia)* instand setzen. Im Jahr 33 übernahm er das Amt eines Ädilen. Ädilen waren Magistrate, die sich um Angelegenheiten der Stadt kümmerten *(cura urbis)*, wie die Aufsicht über die Straßen Roms, die Regelung des Verkehrs in der Stadt, die Wasserversorgung (zusammen mit den Zensoren) und die Überwachung der Maße und Gewichte. Sie waren auch verantwortlich für die öffentlichen Spiele. Nachdem Agrippa also Ädil geworden war, ließ er eine neue Wasserleitung anlegen und nannte sie *aqua Julia* zu Ehren Octavians, des Stiefsohns Julius Caesars. Im selben Jahr erhielt die römische Plebs verschiedene Zuwendungen; es gab nicht nur Öl und Salz umsonst für die Einwohner, auch der Eintritt in die öffentlichen Bäder war nun frei. Octavians Ruhm stieg von Tag zu Tag; Agrippa nutzte nämlich seine Stellung nicht aus, um sich gegen den Abwesenden zu profilieren, sondern schrieb all seine Erfolge Octavian zu.

Dagegen vergrößerte sich die Kluft zwischen Antonius und Octavian. Jeder machte dem anderen schwere Vorwürfe: Antonius monierte, Octavian habe den Vertrag von Tarent aus dem Jahr 37 gebrochen und ihm die Fußtruppen nicht zur Verfügung gestellt, die für seine Kriege im Osten unentbehrlich waren. Außerdem war Antonius wegen Octavians Verhalten gegenüber Lepidus verärgert und forderte für sich selbst wenigstens die Hälfte der Beute aus dem Krieg gegen Sextus Pompeius. Octavian seinerseits beschuldigte Antonius, er sehe Caesarion (den Sohn Julius Caesars und Kleopatras) in jeder Beziehung als Familienmitglied der Julier an und verletze so die Familienehre. Auch unterließ Octavian es nicht, Antonius dessen Niederlagen im Osten vorzuhalten, Misserfolge, die in Alexandria als Siege dargestellt wurden. Ende 33 lief das Abkommen zwischen den beiden aus dem Jahr 37 ohnehin ab. Nun begann der offene Kampf.

Der Propagandakrieg zwischen Antonius und Octavian hatte bereits im Mai 44 eingesetzt, als der junge Adoptivsohn Caesars nach Rom gekommen war und seinen Teil vom Erbe verlangte. Antonius hatte sofort verbreiten lassen, Octavian habe versucht, ihn zu ermorden, eine Unterstellung, die auf fruchtbaren Boden fiel. Octavian dagegen warf Antonius Unentschlossenheit gegenüber Brutus und Cassius vor und außerdem Verrat an Caesars Andenken. Antonius spottete, Octavian verdanke alles seinem Namen, nicht seinen Fähigkeiten; zur Adoption sei es nur gekommen, weil er mit dem alten Diktator intime Beziehungen gehabt habe; und die Zuneigung der Soldaten habe er sich durch Bestechung verschafft; auch habe er Schuld am Tod der beiden Konsuln Hirtius und Pansa in der Schlacht bei Mutina (43 v. Chr.); überhaupt sei er nichts als ein brutaler Bursche, dazu treulos und feige im Kampf. Schmähschriften, die auf Anregung von Antonius verfasst worden waren, wurden im Laufe der Jahre vernichtet, oder man ließ sie verschwinden, doch es finden sich in den erhaltenen Quellen noch Bruchstücke seiner Propaganda. Aufgrund dieser Quellenfragmente kann man sich vorstellen, welches Erscheinungsbild Octavian in der Geschichte abgegeben hätte, wäre er im Kampf unterlegen. Da es aber Antonius war, der verlor, schrieb Augustus die Geschichte um. Seine Version beeinflusste Poesie und Prosa, Bildhauerei und Architektur; bis heute ist es schwer, zwischen Wahrheit und Propaganda zu unterscheiden. Den Historikern bleibt nichts anderes übrig, als Antonius zu bemitleiden und sich zur Wahrheit des Ausspruchs zu bekennen: «Wehe den Besiegten».

Seit 33 v. Chr. konzentrierte sich Octavian darauf, einige elementare Anschuldigungen gegen Antonius vorzubringen: Er schilderte ihn als Menschen, der nach der Alleinherrschaft *(dominatio)* trachtet, der nicht nur Rom, sondern die ganze Welt zu beherrschen sucht; als jemanden, der seine Herkunft und seinen Namen, die Toga und seine Pflichten als römischer Führer vergessen hat. Es war nicht schwer, Beweise für diese Bezichtigungen zu finden: Tatsache ist, dass Antonius in Ägypten lebte, einen Triumph in Alexandria ausrichtete, sich von Octavia scheiden ließ und Kleopatra heiratete. Als in Italien Gerüchte aufkamen, Antonius halte ein goldenes Zepter in der Hand, gehe in orientalischer Kleidung umher und beabsichtige, Alexandria statt Rom zur Hauptstadt zu machen, wurden diese nicht als frei erfunden betrachtet. Ebenso fanden in Italien Anschuldigungen Glauben, Antonius habe die Regierung einer Frau übergeben, Rauschgifte benebelten ihm die Sinne, er habe Fremden das Imperium verkauft und die tatsächliche Macht liege in den Händen der Eunuchen Kleopatras. Es ist kaum möglich, alle Verleumdungen aufzuzählen, doch müssen wir den propagandistischen Todesstoß beschreiben, den Octavian dem Antonius versetzte.

Das Testament des Antonius war bei den vestalischen Jungfrauen hinterlegt. Sie hatten die Pflicht, es geheimzuhalten und niemandem zu zeigen außer den Erben, und das erst nach seinem Tod. Als Octavian sie bat, ihm das Testament auszuhändigen, wiesen sie ihn ab und beriefen sich auf ihre Treue zur römischen Überlieferung. Doch Octavian brachte das Testament mit Gewalt in seine Hände. Dann berief er den Senat ein und zitierte den verblüfften Senatoren ausgewählte Stellen aus diesem Testament, die die Vorwürfe gegen Antonius stützten. Mehr als ein Jahrhundert später vermerkte Plutarch, dieses Verhalten Octavians habe viele geärgert: «Denn es kam ihnen immer hart und ungerecht vor, dass einer noch zu seinen Lebzeiten über das Rechenschaft geben sollte, was er erst nach seinem Tode wollte getan wissen.»[3] Doch was da schwarz auf weiß stand, ließ sich nicht widerlegen: Antonius hatte verfügt, falls er in Rom stürbe, solle seine Leiche, nachdem man ihr das Geleit über das Forum gegeben habe, zu Kleopatra nach Alexandria überführt werden.

Selbst die Anhänger des Antonius waren darüber außer sich, und die Propagandisten Octavians, an erster Stelle Calvisius, verbreiteten gezielt weitere Gerüchte, etwa dass Antonius die Bibliothek von Pergamon mit ihren 200 000 Schriftrollen Kleopatra zum Geschenk gemacht habe, dass er bei einem großen Fest aufgestanden sei und – um eine Wette zu gewinnen – der ägyptischen Königin die Füße massiert habe oder dass er den Leuten von Ephesos erlaubt habe, Kleopatra in seiner Gegenwart als ihre Herrin zu grüßen. Auch erzählte man sich, Antonius habe, während er auf dem Podium über Könige zu Gericht saß, Liebesbriefe von Kleopatra bekommen, die auf Tafeln aus Jaspis und Kristall eingekerbt waren. Mitten in einem Plädoyer des für seine Reden berühmten Römers Funius soll er, als Kleopatra auf dem Marktplatz in einer Sänfte vorüberkam, kurzerhand das Gericht verlassen haben und hinter der Sänfte hergegangen sein, um Kleopatra nach Hause zu begleiten, und so weiter und so fort.

Vergebens bemühte Antonius sich, durch seine Freunde Gerüchte über die Liebesverhältnisse zu verbreiten, die Octavian angeblich mit einer ganzen Reihe verheirateter und unverheirateter Frauen unterhielt – Tertulla, Terentilla, Rufilla und Salvia Titisenia. Derartige Beziehungen galten jedoch nicht als Verstoß gegen die Sittlichkeit – im Gegensatz zu der Ehe mit der ägyptischen Königin. Diese wurde als Verrat angesehen, und nach dem Sieg konnte Octavian in seinem Tatenbericht auftrumpfen:

> Mir hat aus freiem Entschluss ganz Italien den Gefolgschaftseid geleistet und mich als Führer für den Krieg erwählt, in welchem ich den Sieg bei Actium errang. Ebenso legten auf mich den Eid ab die gallischen und spanischen Provinzen, Afrika, Sizilien und Sardinien. Damals kämpften unter meinen Fahnen mehr als siebenhundert Mannen senatorischen Ranges, und unter diesen befanden sich dreiundachtzig, die vorher oder später, bis zu dem Tag, an dem ich dies niederschreibe, zum Konsulat gelangt sind, sowie einhundertsiebzig Inhaber von Priesterämtern.[4]

Octavian hütete sich, die Schlacht bei Actium als Bürgerkrieg zwischen ihm selbst und einem anderen Römer (Antonius) darzustellen; vielmehr schilderte er die Vorgänge als Vernichtungsschlacht Roms gegen die verhasste ägyptische Königin. In der nach Actium verfassten augusteischen Dichtung erscheint Kleopatra als Drache und Hure, die den Tiber gezwungen hatte, die Drohungen des Nils zu erdulden. Römer und Italiker kämpften vereint gegen Antonius, der einen Schwarm von Barbaren befehligte, in den Worten Vergils:

> Drüben mit Fremdvolks Macht Antonius, bunt seine Waffen,
> Sieger bei Völkern des Morgens, am Strande des Roten Meeres,
> führt Ägypten und Kräfte des Orients her und das ferne
> Baktria; es folgt ihm – Frevel und Schmach! – die ägyptische
> Gattin.[5]

Die Schlacht war folgenreich: Octavian ließ sich mit seinen Truppen nördlich von Actium nieder. Die Seestreitkräfte Agrippas nahmen Patras und Korinth in Besitz und schnitten Antonius vom Peloponnes ab. So war dieser gezwungen, sich einzig und allein auf die Flotte Kleopatras zu verlassen, um die Belagerung zu sprengen. Doch Agrippa griff schnell an. Die Mitte und der linke Flügel der Armee des Antonius brachen zusammen. Antonius verlor die Nerven, ergriff die Flucht und schloss sich der Flotte Kleopatras an, ohne auch nur den Versuch zu machen, seine 19 Legionen in Aktion zu setzen; seine Schiffe fielen Octavian zu. Dieser wenig imponierende Kampf machte Octavian zum unumstrittenen Führer Roms.

Modernen Gelehrten, die den Kampf zwischen Pompeius und Julius Caesar als ideologischen Streit zwischen westlichem Prinzipat (Pompeius) und östlicher absoluter Monarchie (Caesar) interpretieren, fällt es nicht schwer, die Fehde zwischen Antonius und Octavian nach dem gleichen Muster zu deuten: Antonius ist in ihren Augen der Vertreter der östlichen Auffassung, Octavian der Wegbereiter westlicher Freiheit.[6] Syme weist diese Sichtweise ganz entschieden zurück. Seiner Meinung nach war der Kampf zwischen Octavian und Antonius keine ideologische, sondern eine persönliche Auseinandersetzung. Beide kämpften um Macht und Herrschaft. Und es stehe überhaupt nicht fest, dass – hätte Antonius bei Actium gesiegt – er eine östliche Monarchie errichtet hätte. Zu jener Zeit schlossen sich die Menschen dem einen oder anderen Lager an, meint Syme, weil ihnen der eine Führer lieber war als der andere, nicht aus ideologischen Beweggründen.[7] Senatoren, die für die traditionellen republikanischen Ideale eintraten, waren in beiden Lagern zu finden, und mit Sicherheit hatte Asinius Pollio, der ein Anhänger von Antonius war, keinerlei Absichten, in Rom eine absolute Monarchie zu errichten; er hätte sich auch niemandem angeschlossen, der eine solche Idee vertrat.

Symes Versuch, Antonius von den Bezichtigungen Octavians zu entlasten, hat die moderne Historiografie zu jener gesunden Skepsis zurückgeführt, die die Forschung fördert. Doch auch ihm ist es nicht gelungen, das Rätsel Antonius zu lösen, das die Phantasie von Shakespeare und von Filmregisseuren inspiriert hat. Überzeugend kann er darlegen, dass Italien in den Krieg gegen Antonius durch Verunsicherung verwickelt wurde, durch Propaganda und Terror – und dass die Wahrheit zweimal begraben wurde, das eine Mal mithilfe erotischer Romantik, das andere Mal durch einen politischen Mythos. Dennoch neige ich nicht zu der Auffassung, die fast gleiche Verteilung römischer Senatoren auf die beiden feindlichen Lager sei ein Beweis dafür, dass zwischen Octavian und Antonius kein Unterschied bestanden habe. Das ist auch nicht das Hauptproblem. Wichtig dagegen ist zu betonen, dass zu den Anhängern Octavians nicht nur Senatoren gehörten, sondern auch Mitglieder anderer Gesellschaftsschichten, und eben diese fehlten beinahe ganz im Lager des Antonius. Octavians Propaganda fiel auf fruchtbaren Boden, weil sie sich nicht vor allem an die Senatoren richtete und weil sie durch Leistungen untermauert war. Selbst Tacitus, der nicht viel von ihm hielt, schrieb: «[...] und als er nun die Soldaten durch Geschenke, das Volk durch Getreidespenden, alle durch der Ruhe Süßigkeit verlockt, erhebt er sich allmählich, zieht an sich des Senates, der Magistrate, der Gesetze Amt ohne irgendeines Widerstandes [...]»[8] Tacitus erwähnt in diesem Satz die Wohlhabenden in den Munizipien und Kolonien nicht. Gerade darin liegt Symes hauptsächlicher Beitrag; er unterstreicht die Tatsache, dass diese Schichten den Eckpfeiler im Lager Octavians bildeten. Antonius stand keinerlei gesellschaftliche Unterstützung zu Gebote bis auf die Legionen, die ihm treu blieben. Doch nach seinem Missgeschick in Actium schlugen die Soldaten sich auf die Seite des Siegers. Immerhin war Octavian der Adoptivsohn Julius Caesars.

Wäre es möglich gewesen, Italien vom Osten aus zu beherrschen? Tatsächlich gelang Sulla dies im Jahr 82 v. Chr., und Vespasian wiederholte das Manöver 69 n. Chr. Doch Sulla bemächtigte sich eines geschwächten und unorganisierten Italiens nach den Ausschreitungen von Marius und Cinna. Vespasian fand ein Italien vor, das durch die Armeen von Otho und Vitellius gespalten war. Pompeius dagegen blieb bei seinem Vorgehen gegen Caesar erfolglos, und Cicero war der Ansicht, es sei ein entscheidender Fehler von Pompeius gewesen, sich nach Griechenland zu begeben. Auch Antonius scheiterte. Nach dem Wiederaufbau Italiens unter Führung von Octavian in der Zeit zwischen Philippi und Actium hatte Antonius keinerlei Chance mehr.

KAPITEL 2

Von Actium bis zur Errichtung des Prinzipats

Bericht über die Geschehnisse

Nach der Schlacht bei Actium am 2. September nutzte Octavian bis zum Jahresende mit Erfolg die Lage aus, in der sich das auseinanderfallende Lager des Antonius befand. Mit Leichtigkeit nahm er Griechenland und Kleinasien in Besitz. Dem römischen Imperium gab er die Gebiete zurück, die Antonius Kleopatra geschenkt hatte. Er begann die Beziehungen zu einigen asiatischen Herrschern zu festigen, zum Beispiel zu Archelaus aus Kappadokien, Amyntas aus Galatien, Polemo aus Pontus, Deiotarus aus Paphlagonien und Herodes aus Judäa. Diese Könige schlossen sich nun dem Sieger an, auch wenn sie vor dem Entscheidungskampf nicht auf dessen Seite gestanden hatten.

Den Winter 31 verbrachte Octavian auf der Insel Samos, doch diese Ruhepause war nicht von langer Dauer. In dringenden Briefen forderte Agrippa Octavians Anwesenheit in Italien. Zwar war es Maecenas geglückt, die Verschwörung des jungen Lepidus niederzuwerfen, doch die Gemüter beruhigten sich nicht. Octavian reiste nach Italien zurück. Geschickt schlichtete er Streitigkeiten zwischen politisch und gesellschaftlich entgegengesetzten Kreisen. Er beschwichtigte die Veteranen, die Land beanspruchten, und versicherte den Grundbesitzern, sie würden reichlichen Schadensersatz für die Enteignungen erhalten, sobald er die Schätze Ägyptens in seinen Besitz gebracht habe. Und in der Tat, im Sommer 30 stand er vor den Toren Ägyptens. In Begleitung von Herodes, der 800 Talente zum Gelingen des Unternehmens beisteuerte, kam Octavian nach Pelusium auf der Halbinsel Sinai. Er stieß auf geringen Widerstand, und es ging das Gerücht um, Kleopatra habe ihren Soldaten befohlen, nicht gegen den römischen Angreifer zu kämpfen. Verzweifelt nahm Antonius sich das Leben. Seine vier Legionen, die in dem nahen Kyrene stationiert waren, liefen zu Octavians Seite über. Vergebens versuchte die ägyptische Königin, die Zuneigung des jungen Eroberers zu gewinnen. Was Dichtung und was Wahrheit ist in den Geschichten über die Begegnung Octavians und Kleopatras, ist schwer zu sagen.[1] Fest steht, dass die Königin schließlich begriff, wie aussichtslos die Hoffnung auf eine Kompromisslösung war. Sie machte ihrem Leben ein Ende, und mit ihrem Tod verlor Ägypten seine Unabhängigkeit. Caesarion, der Sohn Kleopatras und Julius Caesars, und Antullus, der Sohn von Antonius und Fulvia, wurden hingerichtet. Die übrigen Kinder des Antonius wurden nach Rom gebracht und im Hause Octavias, der früheren Gattin des Antonius und Schwester Octavians, erzogen.

Velleius Paterculus betont unzählige Male, Octavian sei ein gütiger und barmherziger Herrscher gewesen.[2] Da diese Milde *(clementia)* im Laufe der Jahre zu einem der Attribute seiner Herrschaft wurde, sollen hier einige Dinge klargestellt werden. Vor Actium war der junge Octavian wegen seiner Brutalität berüchtigt, und wenn er jemanden begnadigte, der bei der Schlacht von Philippi auf der Seite des Brutus gestanden hatte, so war das ganz entschieden eine Ausnahme. Man sollte die Geschichte nicht vergessen, wonach er 300 Senatoren und Ritter exekutieren und Brutus den Kopf abschlagen ließ, um diesen dann nach Rom zu schicken und zu Füßen der Statue Julius Caesars niederzulegen.[3] Einfache Soldaten, die revoltierten, wurden erbarmungslos getötet. Hochgestellte Persönlichkeiten erhielten grausame Strafen, wenn sie sich nicht unterordneten. Viele Jahre später sprach man noch von den Misshandlungen so bekannter Männer wie Tedius Afer, Pinarius oder Quintus Gallius. Diesem soll Octavian eigenhändig die Augen ausgestochen haben, obwohl das Gericht den Angeklagten von aller Schuld freigesprochen hatte. In seiner Autobiografie reagierte Octavian auf diese schweren Beschuldigungen, indem er seine eigene Version veröffentlichte: Gallius habe versucht, ihn zu ermorden, sei vor Gericht gestellt und in die Verbannung geschickt worden. Auf dem Weg dorthin sei sein Schiff untergegangen, seitdem sei er verschwunden.[4] Selbst Velleius Paterculus, der im Allgemeinen auf Octavians Seite stand, räumt ein, dass er bei Actium brutal vorging, doch habe er keine andere Wahl gehabt. Aber auch nach Actium war Octavians angebliche «Neigung zur Gnade» nicht immer vorhanden. So gab er sich nicht mit der Ermordung Caesarions und Antullus' zufrieden, sondern erteilte den Befehl, eine ganze Reihe von prominenten Männern hinzurichten. Später behauptete er zu seiner Rechtfertigung, die Verurteilten hätten sich geweigert, um Gnade zu bitten. Daher sei er gezwungen gewesen, sie zu strafen.[5]

Nach Kleopatras Selbstmord annektierte das römische Imperium Ägypten, doch – anders als die übrigen Provinzen – wurde es zu einer Art privatem Landbesitz Octavians. Im Gegensatz zu seinen Vorgängern, Julius Caesar und Antonius, rührten ihn die Tränen nicht, die Apis, der heilige Stier der Ägypter, über den Verlust der Unabhängigkeit des Landes vergoss. Stattdessen mokierte er sich in verletzender Art über die Götter Ägyptens und weigerte sich, Apis in Memphis eine Höflichkeitsvisite abzustatten. Er pflege sich vor Göttern zu verbeugen, nicht vor Stieren, erklärte er. Über Ägypten setzte er einen Präfekten ein, statt vom Senat einen Prokonsul berufen zu lassen. Den Senatoren wurde verboten, nach Ägypten zu reisen, wenn sie nicht vorher eine besondere Erlaubnis von Octavian eingeholt hatten. Diese Verordnung zählte Tacitus mit Recht zu den *arcana imperii* (Geheimnissen der Herrschaft) des Prinzipats.[6] Octavian hatte gute Gründe für dieses Vorgehen: Die Schatzkammern Ägyptens ermöglichten ihm, sich hilfsbereit und großzügig zu zeigen. Jeder einfache Soldat erhielt eine Prämie von 250 Sesterzen, auch die Senatoren und Ritter, die ihm im Krieg gegen Antonius zur Seite gestanden hatten, bekamen ein ansehnliches Geschenk.

Die Zahl seiner Anhänger wuchs von Tag zu Tag, so konnte er Ägypten (über Palästina und Syrien) verlassen und nach der Insel Samos fahren (29 v. Chr.). Dort bewies er bei den komplizierten Verhandlungen mit den Parthern ein weiteres Mal sein diplomatisches Geschick. Einerseits wollte er das östliche Grenzgebiet befrieden und einen neuerlichen Krieg vermeiden, andererseits musste er das Ansehen Roms schützen, das durch die Niederlagen von Crassus und Antonius großen Schaden erlitten hatte. Sein Vorhaben gelang, indem er den inneren Streit ausnutzte, der damals im Partherreich entbrannt war. Tiridates, König von Parthien, war im Anschluss an einen Bürgerkrieg von Phraates aus seinem Land vertrieben worden. Nach Ende des Krieges wandten sich Sieger wie Besiegter an Octavian. Die Boten des Siegers empfing er mit großer Freundlichkeit, erlaubte jedoch gleichzeitig dem unterlegenen Tiridates, als politischer Flüchtling in Syrien zu leben. Er hoffte nämlich, dass allein dessen Gegenwart in der Nähe Parthiens zu politischer Instabilität in dem östlichen Königreich führen werde.

Einstweilen begnügte sich Octavian mit diesen Erfolgen. Der überwiegende Teil der in Asien ansässigen Bevölkerung verehrte ihn. Die Menschen waren erleichtert über die Beendigung des Bürgerkrieges. In Ephesus und Nicäa wurden Tempel zum Andenken an Julius Caesar gebaut, ebenso zu seiner, Octavians, eigenen Ehre und der der Göttin Roma in Pergamon und Nicomedia. Siegreich wandte er sich Italien zu, denn er hoffte, dort werde er die Früchte seiner Erfolge im Osten ernten.

Unterwegs machte er eine kurze Ruhepause in Neapel. Hier vernahm er aus dem Munde Vergils die *Georgica*. Es ist anzunehmen, dass es ihm Freude bereitete, sich an der Seite des Camillus und der Scipionen zu finden. Er hatte nichts gegen den Wunsch des Dichters einzuwenden, ihm zu Ehren ein großes Epos zu verfassen.[7] In Rom bereitete man inzwischen einen glanzvollen Empfang für ihn vor. Schon am 1. Januar bestätigte der Senat Octavians militärische Operationen im Osten. Zum dritten Mal in der Geschichte Roms wurde der Janus-Tempel geschlossen. Der altrömische Gott des Torbogens schaute mit seinem Doppelantlitz nach außen und nach innen. Solange Frieden im Imperium herrschte, wurden die Tore des Tempels zugemacht. In drei feierlichen Umzügen zu Ehren der Siege in Illyrien, Actium und Ägypten dankten die Einwohner der Stadt Octavian dafür, dass er den ersehnten Frieden zurückgebracht hatte:

> Caesar jedoch, dreimal Triumphator, zog in die Mauern
> Roms und weihte, unsterbliche Gabe, Italiens Göttern
> ragende Tempel, dreimal hundert, über die Stadt hin.[8]

Die offizielle Propaganda machte den Erfolg zu einem gnadenreichen Sieg *(victoria clementissima)*. Den Krieg gegen den römischen Bürger Antonius erwähnte sie absichtlich nicht und legte den Ton auf den Sturz und Tod der ägyptischen Königin Kleopatra. Und in der Tat galt die Freude in Rom ihrem Tod.[9] Auf Münzen mit der Inschrift *Aegypto capta* wurde dem Sieg Ausdruck verliehen. Die Freude über das Ende des Krieges war echt, und das Ansehen Octavians erreichte in diesen Monaten neue Ausmaße. Einschneidende konstitutionelle Änderungen wurden nach der Schlacht von Actium zunächst nicht vorgenommen, doch wäre es ein Irrtum anzunehmen, Octavian Macht stamme nur von seiner Autorität als Triumvir her oder vom Konsulat, das er zusammen mit seinem treuen Feldherrn Agrippa innehatte.

Octavian besaß einen ansehnlichen Teil, doch noch nicht die ganze tribunizische Gewalt *(tribunicia potestas)*; die fehlenden Befugnisse erhielt er erst 23 v. Chr. Einstweilen beschied er sich mit der Unverletzlichkeit *(sacrosanctitas)*, die er schon 36 v. Chr. erhalten hatte, und mit dem *ius auxilii*, das er sechs Jahre später hinzubekam. Das *ius auxilii* gestattete ihm, jedem römischen Bürger zur Seite zu stehen, der durch die Befehlsgewalt der Magistrate Schaden erlitten hatte. Tacitus scheint mir zu unterscheiden zwischen voller und teilweiser *tribunicia potestas* und nennt die Vollmachten Octavians bis zum Jahr 23 *ius tribunicium.*[10] Durch ein besonderes Gesetz ermächtigte ihn der Senat, neue Patrizier zu ernennen *(lex Saenia)*, und verlieh ihm die Vollmachten eines Zensors *(censoria potestas)*, ohne ihn zum Zensor zu berufen.[11] Diese Ermächtigung sollte er in Zukunft in vollem Umfang ausnutzen, doch nicht bevor er seine Aufmerksamkeit brennenderen Fragen zugewandt hatte: Er teilte jedem Bürger der

Plebs große Geldbeträge und den entlassenen Soldaten Boden zu. Die Veteranen, die nicht bereit waren, auf dem Lande zu leben, erhielten nach ihrer Entlassung eine finanzielle Sonderzuwendung. Diese Schritte waren deshalb so wichtig, weil Octavian ein gewaltiges Heer von etwa 75 Legionen zur Verfügung stand, doch zur Verteidigung des Imperiums eine so große Zahl von Soldaten nicht nötig war, Entlassungen aber nach und nach und mit Vorsicht abgewickelt werden mussten. Einerseits durfte Rom nicht mit Tausenden von mittellosen Veteranen überflutet werden, andererseits war es gefährlich, in Friedenszeiten ein großes Heer von altgedienten, unterbeschäftigten Soldaten zu unterhalten. Diese Männer hatten viele Kämpfe und Bürgerkriege mitgemacht. Ihre Loyalität hatte Octavian in erster Linie dem Umstand zu verdanken, dass er der Stiefsohn ihres verehrten Feldherrn war. Die Schätze Ägyptens erleichterten Octavian die Aufgabe der Heeresreduzierung. Er gründete zahlreiche Kolonien in Italien und im Ausland, in Antiochia (Pisidien) und in Berythus (Syrien), in Pharium (Mysien) und in Acci Gemella (Spanien), um nur die wichtigsten zu nennen. Nach den Entlassungen blieben 28 einsatzbereite Legionen übrig. An ihrer Loyalität Octavian gegenüber bestand kein Zweifel, und es herrschte Ruhe im Imperium. Octavian konnte sich anderen Aufgaben zuwenden.

Er verzichtete auf die Eintreibung aller ausstehenden Steuern, erhöhte die Getreidezuteilung für das Volk um das Vierfache und startete eine umfangreiche Bautätigkeit. 82 Tempel, während der Bürgerkriege beschädigt oder ganz zerstört, wurden renoviert. In kurzer Zeit war so das Vertrauen in die Regierung hergestellt. Die Geschäfte florierten und der reguläre Zinssatz wurde um zwei Drittel herabgesetzt. In dieser Atmosphäre wagte Octavian, die ihm erteilte zensorische

Gewalt auszunutzen und begann mit der «Säuberung» des Senats.

Von 1000 Senatoren wurden 200 ausgeschlossen: Etwa 50 bis 60 wurden «überzeugt», freiwillig zurückzutreten; circa 140 waren gezwungen zu gehen, da sie den senatorischen Zensus durch die Beschlagnahme ihres Besitzes verloren hatten, und den übrigen wurde klargemacht, dass es unerwünscht sei, dem neuen Herren zuwiderzuhandeln. Gleichzeitig wurde Octavian zum Ersten Senator *(princeps senatus)* ernannt und das sechste Mal zum Konsul gewählt. 28 v. Chr. fand eine Volkszählung *(census)* statt, 4063000 Bürger wurden registriert. Es war der erste Zensus seit dem Jahr 70, und womöglich stärkte dieses Ereignis die Hoffnung, die alten Zeiten kämen tatsächlich wieder. Nach außen hin schienen die Beziehungen zwischen Octavian und dem Senat einwandfrei zu sein. Zwar fallen in diese Zeit einige politische Affären, über die bis heute Unklarheit besteht, wie die Verschwörung des jungen Lepidus oder die des Licinius Crassus, doch darüber gelangte nichts an die Öffentlichkeit.

Das einfache Volk bekam, was es wollte, und das Militär war beschwichtigt. In den Provinzen herrschte Ruhe, kein Feind von außen bedrohte den Frieden des Imperiums. Gerade als alles darauf hindeutete, dass Octavian die Regierung fest in den Händen hielt, legte er (am 13. Januar 27) sein Amt nieder und übergab seine Vollmachten dem Senat und dem römischen Volk. Der Senat akzeptierte den Rücktritt des 35-Jährigen nicht und bat ihn dringend, auf seinem Posten auszuharren. Auf die Bitte des Senats hin lehnte auch die Volksversammlung durch offiziellen Beschluss *(plebiscitum)* den Rücktritt ab. Octavian gab dem Druck von Senat und Volksversammlung schließlich nach und nahm den Titel *princeps* (erster Bürger) an – daher erhielt diese neue Herrschaftsform den Namen Prinzipat. Octavian beschrieb dieses Ereignis ebenso feierlich wie unpräzise; seine Worte seien hier in voller Länge zitiert:

> In meinem sechsten und siebenten Konsulat, nachdem ich den Bürgerkriegen ein Ende gesetzt hatte, habe ich, der ich mit Zustimmung der Allgemeinheit zur höchsten Gewalt gelangt war, den Staat aus meinem Machtbereich wieder der freien Entscheidung des Senats und des römischen Volkes übertragen. Für dieses mein Verdienst wurde ich auf Senatsbeschluss Augustus genannt, die Türpfosten meines Hauses wurden öffentlich mit Lorbeer geschmückt, der Bürgerkranz über meinem Tor angebracht sowie ein goldener Schild in der Curia Iulia aufgehängt, den mir Senat und Volk von Rom widmeten ob meiner Tapferkeit, Milde, Gerechtigkeit und Pflichttreue, wie die auf diesem Schild angebrachte Inschrift bezeugt. Seit dieser Zeit überragte ich zwar alle an Einfluss und Ansehen, Macht aber besaß ich hinfort nicht mehr als diejenigen, die meine Kollegen in irgendeinem Amt gewesen sind.[12]

Kein Wunder, dass über diese wenigen Zeilen zahllose Auslegungen geschrieben wurden.[13] Doch hier sollen nur wenige erklärende Anmerkungen gemacht werden: Wenn Augustus sich auf das sechste und siebente Konsulat bezieht, so meint er die Jahre 28 und 27. Die Bezeichnung des höchsten Ranges erlaubte ihm, ohne den Namen König oder Diktator anzunehmen, dennoch einen Titel zu tragen, der die übrigen Staatswürden überragte. Er deutet im Tatenbericht an, dass die Rückgabe der Gewalten in zwei Schritten erfolgte, so beschreibt es auch Cassius Dio: Octavian habe bereits 28 v. Chr. seinen Kollegen im Konsulat gestattet, die gleichen Vollmachten auszuüben wie er selbst.[14] War seine Überlegenheit bisher auch dadurch zum Ausdruck gekommen, dass ihm

24 Liktoren den Weg bahnten, doppelt so viele Träger der Rutenbündel *(fasces)* wie seinen Mitkonsuln, so begleiteten ihn von nun an ebenfalls nur 12 Liktoren. Auch schaffte Octavian bereits Ende 28 die Vollmachten für den Notstand ab, die ihm als Triumvirn (zusammen mit Antonius und Lepidus) 32 v. Chr. für die Dauer von fünf Jahren erteilt worden waren. Von allen übrigen Ämtern trat er erst 27 v. Chr. zurück und übergab seine Ausnahmegewalten dem Senat, wie es in seinem Tatenbericht geschrieben steht.

Durch die Worte «Mit Zustimmung der Allgemeinheit bin ich zur höchsten Gewalt gelangt» gibt Octavian im Grunde zu, dass er seit Actium und bis 28 diktatorische Befugnisse besaß, die ihm allerdings vorschriftsmäßig für die Dauer von fünf Jahren zugesprochen worden waren und auf die er nun freiwillig verzichtete, zumal ihre Gültigkeit ohnedies ablief.

Mit der Feststellung «Seit dieser Zeit [Januar 27] habe ich an Einfluss und Ansehen *(auctoritas)* alle überragt» will Augustus darauf hinweisen, dass er – rein juristisch betrachtet – in jeder Hinsicht ein römischer Magistrat war, und wenn einer seiner Kollegen ein bestimmtes Amt im Konsulat bekleidete, war er, Augustus, ihm gleichgestellt und hatte dieselben Vollmachten. Trotzdem stand er über allen. Man sollte jedoch seine Vorrangstellung nicht im engen juristischen Rahmen sehen. Er gelangte zur Position des Gebieters über alle dank seiner außergewöhnlichen persönlichen Erfolge, vor allem, weil er die Bürgerkriege beendet und den Frieden herbeigeführt hatte. *auctoritas* gewinnt man nicht durch Gesetzgebung; *auctoritas* wird erworben, sie ist nicht übertragbar. Und nochmals: Hier soll nicht ausführlich über die Definition des Prinzipats gesprochen werden – ob es sich um die Wiederherstellung der Republik handelte, eine Dyarchie oder eine getarnte Monarchie –, aber es sei darauf hingewiesen, dass die verschiedenen Auslegungen dieser umstrittenen Textpassage Ursache für stürmische Diskussionen in der modernen Forschung sind.

Von 27 bis 23 v. Chr. wurde Augustus jährlich zum Konsul gewählt. Im Frühjahr 27 begab er sich nach Spanien, um die Provinz zu befrieden. Eine Erkrankung zwang ihn, nach Rom zurückzukehren. 23 war er wiederhergestellt. Nun verzichtete er freiwillig auf das Konsulat und zog es vor, die tribunizische Gewalt anzunehmen.

Einen Teil der damit verbundenen Rechte hatte Augustus, wie erwähnt, bereits in den Jahren 36 und 30 besessen, doch jetzt wurden ihm auch die übrigen Befugnisse eines Volkstribunen – allerdings nicht das Amt als solches – übertragen, darunter das Vetorecht *(ius intercessionis)* und das Recht zur Einberufung der Volksversammlung *(ius agendi cum plebe)* und des Senats *(ius senatum habendi)*, Letzteres besaßen auch die Konsuln und Prätoren.[15]

Nach Tacitus' Meinung erreichte Augustus diesen Status des allmächtigen Staatsmannes erst, nachdem er die Rechte eines Volkstribunen erhalten hatte.[16] Doch Augustus begnügte sich damit nicht. Im gleichen Jahr 23 übernahm er den prokonsularischen Oberbefehl, den moderne Rechtsgelehrte *imperium proconsulare maius* nennen. Diese Sache erfordert eine Erklärung: Von 27 an kam es allmählich zu einer Unterscheidung in senatorische Provinzen und in Provinzen, die unter der direkten Aufsicht des Princeps standen. Diese Einteilung war nicht unumstößlich, von Zeit zu Zeit traten Änderungen ein. Den Ausschlag gaben Sicherheitserwägungen. Die ruhigen Provinzen, denen keine Gefahr von außen drohte, wurden dem Senat übergeben; in ihnen sollten weiter Prokonsuln und Proprätoren dienen wie zu Zeiten der Republik; dagegen kamen die Provinzen, die an den Grenzen des

Imperiums lagen, wo also die Gefahr einer Invasion feindlicher Truppen bestand, unter das direkte Kommando des Princeps.[17] In diesen Randgebieten waren die meisten Legionen des römischen Heeres stationiert, sodass der Princeps faktisch der oberste Befehlshaber über den größten Teil des Heeres war. Nachdem ihm per Gesetz das oberste prokonsularische Kommando übertragen worden war, hatte er das Recht, sich auch in den Provinzen einzuschalten, denen Prokonsuln und Proprätoren vorstanden.

Die unter Augustus' Kommando stehenden Provinzen verwalteten von ihm eingesetzte Stellvertreter im Rang von Proprätoren *(legati pro praetore)*, deren Amtszeit ganz dem Ermessen des Princeps überlassen war. Lange Zeit haben Forscher die Schilderungen Cassius Dios angezweifelt, die von Augustus' Einmischung auch in Angelegenheiten explizit senatorischer Provinzen berichten. Da Cassius Dio im 3. Jahrhundert n. Chr. gelebt hat, galt dieser Geschichtsschreiber für die Zeit des Augustus nicht als eine zuverlässige Quelle, außerdem warf man ihm vor, Begriffe aus seiner Zeit auf die Ära des frühen Prinzipats übertragen zu haben. Doch inzwischen sind Inschriften entdeckt worden, die seine Darstellung belegen.[18]

Augustus verfügte also 23 v. Chr. über Vollmachten und Vorrechte, wie sie während der Republik niemals ein Einzelner besessen hatte. Doch es kamen noch weitere hinzu: Im Jahr 22 übernahm der Princeps die Verantwortung für die Kornlieferungen *(cura annonae)*; 20 wurde ihm die Verantwortung für den Straßenbau zugeteilt *(cura viarum)*; 19 erhielt er konsularische Befugnisse, ohne Konsul zu sein. Auch das Recht, sich zum Konsul wählen zu lassen, blieb ihm; zweimal noch, in den Jahren 5 und 2 v. Chr., machte er in der Tat davon Gebrauch. Als 12 v. Chr. Lepidus starb, wurde Augustus auch das höchste religiöse Amt Roms, das des Pontifex maximus, zugesprochen. In den Jahren 21, 19 und 12 hatte er zudem die Gewalten eines Zensors *(censoria potestas)* inne, und schließlich wurde ihm 12 v. Chr. der Titel *pater patriae* (Vater des Vaterlandes) verliehen. Man sieht, nahezu sämtliche existierenden Vollmachten waren nun in der Hand eines Einzelnen vereint – und man fragt sich: Wie kam es dazu?

KAPITEL 3

Von Actium bis zum Beginn des Prinzipats

Kommentar

Bis zu diesem Punkt ist die Geschichte, die hier erzählt wird, mehr oder minder als allgemein erwiesen anerkannt. Ich benutze den Ausdruck «Geschichte» und nicht «Beschreibung der Tatsachen». Es stimmt: Kein Mensch hegt Zweifel an den Geschehnissen, die im Kapitel 2 beschrieben sind, doch muss ich betonen, dass ich für ihre Auswahl verantwortlich bin. Es bestand die Möglichkeit, den «Tatsachen» weitere hinzuzufügen oder etwas wegzulassen. Meine Absicht war, eine Geschichte ohne Interpretationen zu erzählen. Die Meinungsverschiedenheiten beginnen, sobald man versucht, auf die Probleme einzugehen, die durch die Geschichte zum Vorschein kommen, zum Beispiel die vier folgenden: 1. Warum errichtete Octavian den Prinzipat nicht unmittelbar nach dem Sieg bei Actium und der Annexion Ägyptens? Weshalb wartete er vom Jahr 31 bis 27 v. Chr.? 2. Warum eigentlich legte Octavian im Januar 27 sein Amt nieder und gab dem Senat und dem römischen Volk seine Vollmachten zurück? Ging er davon aus, dass er tatsächlich seine öffentlichen Missionen beendet habe und die Zeit gekommen sei, dem Senat seine Befugnisse zurückzugeben, wie es in den Tagen der Republik üblich gewesen war? Oder soll man seinen Rücktritt als raffinierten Schachzug werten? Beabsichtigte er womöglich gar nicht, sich von der Regierung zurückzuziehen, sondern wollte auf diese Weise seine Gegner zwingen, seine ungesetzliche Herrschaft gesetzlich anzuerkennen? 3. Was wäre mit ihm geschehen, wenn der Senat im Januar 27 seinen Rücktritt akzeptiert hätte? Hätte Octavian sich mit der Stelle eines gewöhnlichen Senators zufriedengegeben, oder hätte er vielleicht seine Armee mobilisiert und eine Militärdiktatur im wahren Sinn des Wortes errichtet? 4. Was ist eigentlich der Prinzipat? Ist es eine Herrschaftsform, die nach einem Modell geplant und errichtet wurde, das schon vorher in der römischen und griechischen politischen Literatur entworfen und diskutiert worden war? Oder ein Regierungssystem, das allmählich unter politischen und gesellschaftlichen Zwängen entstand, die die Herrscher Roms veranlassten, von Zeit zu Zeit Ergänzungen der Statuten vorzunehmen, ohne in den Blick zu nehmen, welche weitreichenden Folgen diese Änderungen mit sich bringen würden?

Um zu versuchen, auf diese schwierigen Fragen Antworten zu finden, muss eine möglichst scharfe Trennung zwischen den Fakten und ihrer Interpretation vorgenommen werden. Bevor ich jedoch mit meiner Interpretation der Ereignisse, die sich zwischen 31 und 27 v. Chr. zutrugen, beginne, muss ich einen persönlichen Kommentar abgeben: Historikern, die sich mit der Frage befasst haben, wie aufrichtig Augustus war, als er dem Senat seine Vollmachten zurückgab, ist es nicht gelungen, uns klüger zu machen.[1] Den Psychologen, die der Angelegenheit nachgegangen sind, fehlen Unterlagen, und gewöhnlichen Sterblichen bleibt nichts anderes übrig, als zu konstatieren, dass es unmöglich ist, einen Menschen zu zwingen, ein Amt weiter auszuüben, an dem er nicht mehr interessiert ist. Die Abdankungen Sullas und Solons waren trotz der dringenden Bitten ihrer Anhänger endgültig, auch unzählige Beispiele aus der neueren Geschichte beweisen: Wenn ein Mensch fest entschlossen ist, seine Stellung – welcher Art auch immer – aufzugeben, so wird er keinem Drängen nachgeben. Tatsache ist, dass Octavian seinen Rücktritt widerrief, doch über die Gründe können wir nur spekulieren, solange uns keine Quellen darüber Auskunft geben. Deshalb werde ich versuchen, die Ereignisse, die im vorigen Kapitel beschrieben wurden, zu interpretieren, ohne auf die «Aufrichtigkeit» des Augustus Bezug zu nehmen.

Augustus behauptete, ganz Italien stehe in seinem Kampf gegen Antonius hinter ihm; das ist keine Lüge. Es ist aber auch nicht die volle Wahrheit. Einige Menschen trauten ihm nicht, andere wieder meinten, er sei kaum besser als sein übel beleumundeter Gegenspieler Antonius.[2] Eine Anekdote, die in der römischen Volkserzählung lebendig blieb, kann die Stimmung beim einfachen Volk in Rom veranschaulichen: Als Octavian nach der Schlacht bei Actium nach Rom zurückkehrte, wurde er begeistert empfangen. Im Publikum war ein Handwerker, der einen Raben in der Hand hielt. Der Rabe war dressiert und konnte die Worte sprechen: «Es lebe der siegreiche Caesar!» Octavian war voller Bewunderung, und er erstand den Raben für 20 000 Sesterzen. Das erweckte den Neid eines Danebenstehenden. Er machte Octavian darauf aufmerksam, dass der Vogelzähmer in seinem Haus noch einen Raben habe, es sei nur recht und billig, auch ihn dem siegreichen Kaiser zu zeigen. Zur größten Verblüffung krächzte der zweite Rabe, als er Octavian vorgeführt wurde: «Es lebe der siegreiche Imperator Antonius!» Statt zu grollen, befahl Octavian den beiden Handwerkern, sich die 20 000 Sesterzen zu teilen, und schickte sie in Frieden nach Hause.[3] Wer meint, diese Geschichte weise auf den Wankelmut der einfachen Leute hin, auf ihre Gleichgültigkeit Prinzipien gegenüber und ihre Bereitschaft, für jeden erfolgreichen Politiker Partei zu ergreifen, ignoriert die zahlreichen Beispiele dafür, dass der Wankelmut bei den höheren Schichten keine Spur geringer war als beim einfachen Volk. Politische Seitenwechsel kamen auch vor der Schlacht von Actium häufig vor, und am Ende des Bürgerkrieges richteten sich Adlige ebenso wie das einfache Volk ohne Bedenken nach dem Sieger. Unsere Anekdote steht beispielhaft dafür, dass viele sich auch auf einen möglichen Sieg des Antonius vorbereitet hatten, und mir scheint, Octavian verstand die Anzeichen.

In der Zeit nach der Ermordung Caesars hatte Antonius seinem Ansehen besonders durch sein Vorgehen gegen Amatius geschadet, den er hinrichten ließ.[4] Im Vergleich dazu war Octavian um diese Zeit sehr viel beliebter bei der breiten Masse. Doch der Adoptivsohn Caesars wusste, dass er auch die Unterstützung der führenden Schichten brauchte, um Antonius besiegen zu können. Deshalb bemühte er sich seit seinem Sieg über Sextus Pompeius besonders um die Bankiers, Unternehmer und reichen Grundbesitzer in den Kolonien und Provinzen Italiens. Er notierte stolz, in seinem Lager seien etwa 700 Senatoren, darunter 83 frühere Konsuln.[5] Nach Actium verstärkte er die Pflege der Beziehungen zu den wohlhabenden Schichten, ohne darüber die einfachen Leute zu vernachlässigen. Vor diesem Hintergrund ist Augustus' Streben nach der tribunizischen Vollmacht des *ius auxilii* bereits im Jahr 30 zu verstehen, dieses Recht ermöglichte ihm die tätige, demonstrative Unterstützung der Plebs: Er ließ jedem Bürger 400 Sesterzen auszahlen, erhöhte die Kornlieferungen um das Vierfache und veranstaltete Triumphzüge und andere Schaustellungen in großem Stil. Doch während er noch mit all dem beschäftigt war, mit der Sorge für die Veteranen und der Gründung von Kolonien außerhalb Italiens, setzte im Kreis bestimmter Senatoren eine bedrohliche Unruhe ein. Ganz ähnlich war es nach dem Sieg Caesars über Pompeius gewesen: Während der Zeit des Bürgerkrieges zwischen Pompeius und Julius Caesar hatte keiner der Senatoren gewagt, eine Verschwörung gegen Caesar anzuzetteln. Fast alle fürchteten einen Sieg der Söhne des Pompeius. Bevor 45 v. Chr. die Entscheidung in der Schlacht bei Munda gefallen war, hatte Cassius sich ohne Bedenken voll und ganz auf die Seite Caesars gestellt. Doch nach der endgültigen Vernichtung der Pompeianer in Spanien änderte sich das Bild grundlegend: Caesar hatte seine Schuldigkeit getan, Caesar konnte gehen. Und so stand am 15. März 44 derselbe Cassius zusammen mit seinem Freund Brutus an der Spitze der Verschwörer gegen Caesar.

Nach der Schlacht bei Actium war die Lage in Rom vergleichbar. Bis zum endgültigen Sieg über Antonius war die Führerschaft Octavians nicht in Frage gestellt worden, und nach den Selbstmorden von Antonius und Kleopatra hielten einige Senatoren die Gefahr für überstanden. Doch genau zu dieser Zeit, im Jahr 30, während der Abwesenheit Octavians von Italien, schmiedete Marcus Aemilius Lepidus, der Sohn des Triumvirn, ein Komplott, um Octavian unmittelbar nach dessen Rückkehr nach Rom zu ermorden. Der getreue Maecenas, der für die Ordnung in Rom verantwortlich war, deckte die Verschwörung auf und handelte unverzüglich: Der junge Lepidus wurde hingerichtet, seine Frau Servilia (die frühere Schwiegertochter Octavians) nahm sich das Leben, indem sie zischende Glut aus dem offenen Feuer schluckte. Einzelheiten über die Konspiration sind nicht bekannt. Man weiß nicht, wer die Mitverschwörer des Lepidus waren, weshalb er rebellierte (und ob überhaupt) oder was sein Plan war.

Fest steht nur, dass Lepidus senior nichts mit der Sache zu tun hatte, deshalb ließ Augustus ihm bis an sein Lebensende das Amt des Pontifex maximus. Nur Velleius Paterculus erwähnt diese Verschwörung am Rande und beschreibt den jungen Lepidus als «Menschen von schönem Äußeren, doch ohne jede Begabung».[6] Nach einer anderen Version ist die ganze Verschwörungsaffäre nichts weiter als üble Verleumdung; doch die Hinrichtung des Lepidus bezeugt, dass es in den oberen Schichten gärte. Maecenas und Agrippa trauten sich offensichtlich nicht zu, die Lage allein in den Griff zu bekommen, und riefen deshalb Octavian dringend nach Rom. Doch die Lage beruhigte sich nicht, und während der drei folgenden Jahre drohte Octavian zwei weitere Male Gefahr, in beiden Fällen von Menschen, die eventuell seine Stellung als oberster Befehlshaber der Armee hätten gefährden können.

Der militärische Oberbefehl war deshalb ein so verwundbarer Punkt Octavians, weil seine Erfolge auf dem Schlachtfeld – gelinde gesagt – nicht herausragend waren. Der kränkliche junge Mann hatte sich während der Schlacht bei Philippi nicht gesund gefühlt und deshalb Antonius die Führung des entscheidenden Kampfes überlassen. Auch war allgemein bekannt, dass die Lorbeerkränze für den Sieg über Sextus Pompeius bei Naulochus Agrippa gebührten und nicht Octavian. Die Erfolge in Illyrien und Dalmatien gerieten schnell in Vergessenheit, und bei Actium gebührte abermals Agrippa der ganze Siegesruhm. Spuren der in Rom kursierenden Spottgeschichten über den feigen Octavian finden sich bis in die Autobiografie des Augustus.

Mit den aufsässigen Senatoren wäre Octavian leicht fertig geworden, hätten nicht hinter ihnen loyale Legionen gestanden. In den Tagen Sullas hatte man in Rom gelernt, einen erfolgreichen Befehlshaber nicht gering zu achten, den bewunderten Sieger, der in die Hauptstadt zurückkommt, und dem die Wellen der Sympathie entgegenschlagen. Octavian wusste, wie gefährlich ihm ein brillanter Militärkommandant werden konnte, der «aus eigenem Entschluss und aus eigenen Mitteln ein Heer aufgestellt» hatte und der versuchen würde, «den der Willkürherrschaft einer bestimmten Gruppe ausgelieferten Staat» zu befreien, Worte, die Augustus über sich selbst am Anfang seines Tatenberichts schreibt.[7]

Sorgen machten ihm im Jahr 28 die Erfolge des Marcus Licinius Crassus in Makedonien. Er war der Enkel des Triumvirn Crassus, der 53 v. Chr. im Kampf gegen die Parther gefallen war, und kein Anhänger der Caesarianer. Eine Zeit lang hatte Crassus mit Sextus Pompeius sympathisiert, später mit Antonius. Zu guter Letzt schloss er sich (wie viele andere) Octavian an, wurde im Jahr 30 Konsul, ging als Prokonsul nach Makedonien und besiegte in zwei erfolgreichen Feldzügen (30 und 29) die Bastarnen. Nachdem er deren Anführer eigenhändig getötet hatte, forderte Crassus für sich das Recht, den Göttern die *spolia opima* darzubringen, erbeutetes und geplündertes Gut, das als Opfer dem Tempel des Gottes Jupiter Feretrius übermittelt wurde. Das Recht, die erbeutete persönliche Waffe des feindlichen Kommandeurs auszuhändigen, stand einem römischen Heerführer zu, der seinen Gegner im Kampf getötet hatte. Doch es zeugt von einer gewissen Überheblichkeit, dies zu verlangen, denn bisher war nur drei Männern diese Ehre zuteil geworden. Der erste war niemand anderes als Romulus, der legendäre Gründer Roms. Darum ist es kein Wunder, dass Augustus gegen diese Forderung Einspruch erhob und lediglich bereit war, Licinius Crassus einen Triumph zuzugestehen. Die Frage, ob es Crassus erlaubt war, die Kriegsbeute im Jupitertempel darzubringen oder nicht, löste in Rom eine erregte Debatte aus.

In dieser Diskussion wurden geschichtliche Präzedenzfälle angeführt. Man bat den Geschichtsschreiber Livius um Stellungnahme, ob ein Prokonsul wirklich berechtigt war, in den Genuss der *spolia opima* zu kommen, oder ob allein ein Konsul diesen Anspruch erheben konnte. Octavian bestand darauf, dass nur einem Konsul diese Ehre gebühre, und begründete das mit dem Argument, ein Prokonsul kämpfe unter dem Befehl und Schutz eines Konsuls. Das hohe Ansehen komme nur dem Konsul zu (Octavian war 29 und 28 Konsul). So sei es bereits 428 v. Chr. gewesen, als Cornelius Cossus die *spolia opima* erhielt, nachdem er Lars Tolumnius aus Veii getötet hatte.[8]

Dem Präzedenzfall aus dem Jahr 428 v. Chr. sollte man nicht zu große Bedeutung für die politischen Entscheidungen von 28 v. Chr. beimessen. Doch die Affäre Crassus ist ein Indiz dafür, dass Octavian schon damals die Schwierigkeiten bewusst waren, die auf die Dauer eine Herrschaft nur aufgrund der Vollmachten eines Triumvirn bedeuteten. Nach der Etablierung des Prinzipats im Januar 27 genehmigte er Crassus zwar den Triumph, aber danach verschwand dieser von der politischen Bühne, über sein weiteres Schicksal wissen wir nichts. Von dieser Zeit an bis ans Ende seines Lebens gestattete Augustus den siegreichen Feldherren nur die Triumphzüge mit den Ehrenzeichen des Siegers *(ornamenta triumphalia)*, denn alle kämpften ja in seinem Namen. Er allein war der Sieger, obgleich er bei den Schlachten selbst jedes direkte Aufeinandertreffen mit dem Feind vermied. So gibt es eine Münze, die Augustus mit seinen Stiefsöhnen Tiberius und Drusus zeigt, die beide hervorragende Feldherren waren: Auf ihr ist Augustus auf einem erhöhten Podium zu sehen, während Tiberius und Drusus ihm als Symbol ihres Sieges Lorbeerzweige überreichen, denn als der oberste Befehlshaber war er selbst der wirkliche Sieger.[9]

Nun zum zweiten Fall: Auch wenn die Affäre Cornelius Gallus erst im Jahr 26 zu Ende ging, soll schon hier über sie berichtet werden, denn sie gibt Auskunft über die allgemeinen Gepflogenheiten. Gaius Cornelius Gallus, Schriftsteller und Krieger, hatte sich als Lyriker einen Namen gemacht. Er veröffentlichte vier Gedichtbände, die seiner Geliebten Cytheris, der früheren Mätresse des Antonius, gewidmet waren, aber leider nicht erhalten geblieben sind. Im Jahr 30 diente er als höherer Offizier in der Armee Octavians und bezwang Antonius' Soldaten, die in Kyrene lagerten. Octavian ernannte ihn zum ersten Präfekten Ägyptens. Als solcher schlug er die Aufstände einiger Stämme nieder, rückte bis hinter den ersten Katarakt des Nils vor und setzte seinen Erfolgen mit einer dreisprachigen Inschrift in Philae ein Denkmal, die hervorhob, dass es vor ihm niemandem gelungen sei, so tief ins Innere Ägyptens vorzudringen.[10] Hier beginnt ein Wirrwarr von Unklarheiten: Es ist bekannt, dass Augustus ihm befahl, nach Rom zurückzukommen, ihm sein Patronat entzog und die Freundschaft aufkündigte *(renuntiatio amicitiae)*. Cornelius Gallus wurde vor Gericht gestellt, verurteilt und beging Selbstmord. Was er sich konkret hatte zuschulden kommen lassen, wissen wir nicht. Der Vergil-Kommentator Servius behauptet in seiner Auslegung von dessen zehnter Ekloge, Gallus habe eine Verschwörung gegen Augustus geplant. Ovid dagegen schreibt, Gallus habe sich einmal, als er betrunken war und seinen Mund nicht halten konnte, abfällig über Augustus geäußert. Der spätantike Historiker Ammianus Marcellinus berichtet, Gallus sei wegen Erpressung und Unterschlagung in den Provinzen angeklagt gewesen, und Sueton deutet an, er hätte sich mit Männern angefreundet, deren Verhalten Frauen gegenüber fragwürdig war.[11] Augustus soll Tränen vergossen haben, als er vom Tod des Gallus erfuhr, doch es ist kaum anzunehmen, dass der Schuldspruch ohne sein Wissen oder gegen seinen Willen gefällt wurde. Gallus wurde wohl kaum wegen unvorsichtigen Geschwätzes noch wegen seiner Gedichte verurteilt. Er war in erster Linie Feldherr, und in dieser Eigenschaft war es ihm untersagt, sich mit seinen Siegen wichtig zu tun, ohne den obersten Befehlshaber, Augustus, zu erwähnen. Der Princeps duldete keine Konkurrenten in militärischen Angelegenheiten und achtete darauf zu betonen, dass jeder Feldzug ausschließlich unter seinem Patronat durchgeführt wurde.

Aus all dem geht hervor, dass Octavian zu dieser Zeit die Regierung noch nicht fest in der Hand hatte. Auch begriff er, dass es auf die Dauer nicht möglich war, nur gestützt auf die «Zustimmung der Allgemeinheit» die «höchste Gewalt» auszuüben, und dass ein solcher Wahlspruch keine Rechtsgültigkeit besaß. Als im Jahr 28 seine Vollmachten für den Notstand abliefen, war daher eine konstitutionelle Neuregelung dringend notwendig. Nicht zufällig stellt Sueton fest, Augustus habe zweimal erwogen, «die Republik wiederherzustellen».[12] Doch weder wissen wir, welche Erwägungen Octavian anstellte, noch weshalb er die Notstandsgesetze aufhob. Während der Bürgerkriege hatte er sie anwenden müssen. Zyniker werden sich nie von dem Gefühl befreien können, dass die Senatssitzung am 13. Januar 27 inszeniert war, und wirklich lässt die Beschreibung Cassius Dios eine Spur Ironie erkennen.[13] Er verbindet den «Rücktritt» des Augustus mit dem verdoppelten Lohn der prätorianischen Wache. Kein Wunder also, dass keiner der Senatoren wagte, den «Rücktritt» auszunutzen. Die Zwischenrufe (einige waren organisiert) machten eine sachliche Diskussion ohnehin unmöglich, und die Stimmen derjenigen, die Octavian aufforderten, im Amt zu bleiben, wurden lauter im Senat. Aber derselbe Cassius Dio erzählt noch eine andere Geschichte über die Bedenken, die vor der Errichtung des Prinzipats geäußert worden waren. Er schreibt, Octavian habe eine Sitzung mit seinen nächsten Beratern einberufen, bei der zwei programmatische Reden gehalten wurden: Agrippa, der ruhmreiche Feldherr, habe vorgeschlagen, die Republik wiederherzustellen. Maecenas dagegen habe ihm geraten, eine Monarchie zu begründen.[14] Doch Octavian zog es vor, seinen Plan in Etappen auszuführen.

Cassius Dios Darstellung kann nicht den Wert einer historischen Quelle beanspruchen, daher bleibt uns nichts anderes übrig, als die Frage zu stellen: Welche Möglichkeiten boten sich Octavian in den Jahren 28 und 27? Wie sich herausstellt, waren sie ziemlich begrenzt.

Es wäre natürlich möglich gewesen, gewaltsam eine Diktatur im Stile Sullas zu errichten; doch ein solches Regime hätte sicherlich das Missfallen der meisten Anhänger Octavians erregt. Die Reichen Roms und Italiens schreckten vor Proskriptionen zurück, und bei den einfachen Leuten war Sulla nie eine geachtete Persönlichkeit gewesen. Zu Recht oder Unrecht galt er als Protektor des Senats.

Schwerer war es, Julius Caesar nachzuahmen und ihn zum Vorbild der neuen Herrschaft zu machen. Der tote Diktator war beim Militär und bei der Plebs beliebt, jedoch bei der Aristokratie im Allgemeinen und den Senatoren im Besonderen verhasst. Hatte im Jahr 44 Octavians Ansehen neue Höhen durch sein Treuebekenntnis zum Adoptivvater erreicht, und durch das Versprechen, dessen Ermordung zu rächen, so hatte der 19-Jährige doch auch öffentlich beweisen müssen, dass er Julius Caesars Vertrauen nicht allein aufgrund der Familienbeziehungen erworben hatte, sondern auch wegen seiner vorzüglichen, bereits in der Kindheit gezeigten Eigenschaften. Das Wohlwollen Italiens konnte er nicht gewinnen, solange er nur vom Militär und der Plebs verehrt wurde – das war ihm in Philippi klar geworden. Zudem änderte sich nach Actium die Sicht auf den verhassten Bürgerkrieg: Das Andenken des Pompeius wurde nach und nach reingewaschen, und die Hauptverantwortung für den Ausbruch des Bürgerkrieges im Jahr 49 Caesar auferlegt. Diese Auffassung zeigt sich bei Vergil:

> ... wenn von den Alpen der Schwäher steigt, von der Burg des Monoekus,
> während sein Eidam im Osten zum Kampfe richtet die Heerschar.
> Nimmer gewöhnt an solchen Krieg, o Söhne, die Herzen,
> kehrt nicht gegen des Vaterlands Leib die wehrhaften Kräfte.
> Du aber schone als Erster, du Spross des hehren Olympus,
> wirf aus der Hand das Geschoss, du mein Blut![15]

Allerdings war es unmöglich, Pompeius von jeder Schuld freizusprechen, doch es fällt leichter, den Unterlegenen zu verzeihen. Von ihrer Seite droht keine Gefahr. Nicht nur konnte Livius ohne Bedenken als «pompeianisch» gelten; auch Cato konnte man wieder ohne Sorge Ehre erweisen, Augustus lobte ihn bei späteren Gelegenheiten sogar öffentlich, indem er dessen Konservatismus als einen besonderen Vorzug bezeichnete: «Ein Mensch, der nicht danach strebt, den Status quo zu ändern, ist ein guter Mensch und guter Bürger.»[16] Die Schuld am Mord Ciceros gab man nun, ohne sich zu genieren, Antonius allein, und im Laufe der Jahre konnte Octavian erklären, Cicero sei der größte Redner gewesen und ein Patriot ersten Ranges.[17] Oft neigen die Sieger dazu, sich zu rechtfertigen, indem sie die Parolen der Besiegten übernehmen.

Doch der Rächer Caesars *(ultor Caesaris)*, wie Octavian von Horaz genannt wurde[18], konnte sich nicht plötzlich von dem Diktator abwenden, der nach seinem Tod in höherem Maß verehrt wurde als zu Lebzeiten. 29 v. Chr. ließ Octavian – wie bereits erwähnt – Tempel zum Andenken an Julius Caesar in Nicäa und Ephesus erbauen. Als er nach Rom zurückkam, weihte er den Minerva-Tempel und die *curia Julia* der Erinnerung an seinen Adoptivvater. Ferner wurden die Kultgeräte aus dem Jupiter-Capitolinus-Tempel ausgewechselt, weil die Caesar-Mörder dort nach der Tat Unterschlupf gefunden hatten.

Trotzdem scheint es Octavian sehr wichtig gewesen zu sein, sich allmählich vom Erbe des ersten Liebhabers Kleopatras loszumachen. Julius Caesar konnte nicht von der Sünde freigesprochen werden, dass Antonius seinetwegen zugrunde gegangen war. Ein Blick auf die zeitgenössischen Schriftsteller zeigt, dass sie Caesar beinahe ignorierten: Seine Erfolge wurden nicht erwähnt, doch seine Versäumnisse gerügt; zu seinen Gunsten wurde nur eine Tat verbucht: die Adoption Octavians. Die Frage, ob es für den Staat besser gewesen wäre, wäre Julius Caesar nie geboren worden, ließen sie lieber offen.

Um zusammenzufassen: Die Möglichkeit, eine Diktatur im Stil Caesars zu errichten, kam nicht in Frage; Octavian war nicht daran interessiert, gegen den Willen des Senats zu regieren. Daher verleugnete er in der Öffentlichkeit alles Unrecht und alle Rechtsverletzungen, die er als Triumvir begangen hatte. Er machte große Anstrengungen, um nicht den Eindruck zu erwecken, er sei wie Gaius Gracchus, der den Senatoren das Messer an die Kehle gesetzt hatte. Andererseits war er nicht bereit, denjenigen als Werkzeug zu dienen, die glaubten, man könne die *nobilitas* wieder an die Regierung bringen. Die zensorische Gewalt erhielt er nicht umsonst, und die Säuberung des Senats im Jahr 29 war kein Zufall. Doch der Senat, dem Octavian 27 v. Chr. seinen Rücktritt einreichte, hatte ihm nicht in aggressiver Opposition gegenübergestanden. Selbst die unnachgiebigsten Angehörigen der *nobilitas* gaben zu dieser Zeit Octavian den Vorzug vor jedem anderen unter ihnen. Was in Augustus' Herzen vorging, werden wir nie erfahren, doch es sei mir erlaubt, zwei Überlegungen, die mir höchst plausibel erscheinen, zur Sprache zu bringen.

Es ist zum Einen nicht anzunehmen, dass Octavian den Prinzipat nach einem vorher aufgrund einer bestimmten politischen Theorie ausgearbeiteten Programm errichtete. Die Römer hatten kein Interesse an metaphysischen Theorien und Spekulationen. Ihre Einstellung zur Philosophie war pragmatisch. Sie hofften, ihr das Geheimnis individuellen Glücks entnehmen zu können, und die Gelehrten unter ihnen interessierten sich für ihre praktische Anwendung. Jemand, der sich zu sehr in die Philosophie vertiefte, geriet in den Verdacht, er vernachlässige seine Bürgerpflichten. Cicero hatte die Gewohnheit, öffentlich dafür um Entschuldigung zu bitten, dass er sich so viel mit theoretischen Fragen beschäftige. Wenn er vor den Massen Roms erschien, wagte er nicht, seine hervorragenden Kenntnisse der griechischen Kultur zu zeigen, damit ihm das nicht schade.[19] Octavian hatte eine typisch römische Erziehung genossen. Bis zu einem bestimmten Alter lernte er intensiv Rhetorik und eignete sich gute Grundkenntnisse in Griechisch und allgemeiner Bildung an. Doch es ist nicht anzunehmen, dass ihn die theoretischen Studien über das in Rom übliche Maß hinaus beschäftigten. Mit 19 Jahren stürzte Octavian sich ins stürmische politische Leben. Dies – und nicht irgendein theoretisches Muster – diktierte ihm sein Verhalten.

Zum Zweiten war Octavian, wie sich im Weiteren erweisen wird, ein konservativer und traditionsbewusster Mensch; nach römischen Grundsätzen riss ein ehrbarer Mann die Regierung nicht mit Gewalt an sich. Er musste von den führenden Persönlichkeiten (den Senatoren) gebeten werden und nach eingehenden Erwägungen seine Antwort geben. Diese durfte nicht durch die Sucht zu regieren bestimmt sein, vielmehr durch die Erkenntnis der großen öffentlichen Verantwortung. Derartiges politisches Verhalten konnte die Senatoren besänftigen, denn den meisten war ja die Herrschaft eines Einzelnen verhasst. Die übrige Bevölkerung war müde nach den Bürgerkriegen und bereit, jede Regierung zu akzeptieren, die versprach, dem fortgesetzten Blutvergießen ein Ende zu machen, «denn das Menschgeschlecht war müde, sein Leben mit Gewalt zu führen, und matt von seinen Freundschaften», wie der Dichter sagt. Aber die Herrschaftsform, die Octavian begründet hat und die Prinzipat genannt wird, wurde nicht an einem Tag (dem 13. Januar) errichtet, weder aufgrund einer Senatsentscheidung noch aufgrund einer vorher schriftlich ausgearbeiteten Verfassung. Die Sprache der Quellen ist uneindeutig und widersprüchlich; gerade deswegen darf man sich nicht von juristischen Spitzfindigkeiten irreführen lassen, mit denen heutige Forscher ohnehin besser vertraut sind als die römischen Politiker.

Dies ist also die eigentliche Ursache für die Schwierigkeit, den Sachverhalt klar zu erkennen: Augustus' Aussage über sich selbst ist zu fragwürdig. Die Aussage des Tacitus ist zu feindselig, die des Velleius Paterculus zu wohlwollend, die des Cassius Dio zu entstellt, zudem schrieb er griechisch und etwa 200 Jahre nach den Ereignissen. Aus diesem Wirrwarr kann man nur herausfinden, wenn man die Entwicklung des neuen Herrschaftssystems Schritt für Schritt verfolgt, wobei man die Begriffe genau analysieren und eine exakte Trennung zwischen Titeln, Ehrenbezeugungen und wirklichen Vollmachten vornehmen muss.

KAPITEL 4

Die Konzentration der Vollmachten in den Händen des Augustus

Das Übereinkommen vom 13. Januar 27 verlieh Octavian das *cognomen* «Augustus»; der entsprechende Ausdruck auf griechisch ist «Sebastos», die Bedeutung «der Erhabene» oder «der Hehre». Der lateinische Name weist auf übermenschlichen Status hin und hängt mit *auctoritas* zusammen, Prestige, das von der Öffentlichkeit anerkannt und durch hervorragende persönliche Errungenschaften erworben wird.

Ebenso wurde Octavian *princeps*, erster Bürger des Staates genannt, und *imperator*, ein Titel, der dem siegreichen Feldherrn von seinen Soldaten verliehen wurde. Die drei Titel Princeps, Imperator und Augustus, die in einem der Edikte von Kyrene auf griechisch erscheinen, verschafften Octavian zwar keine wirklichen Vollmachten, doch es wäre ein Irrtum anzunehmen, er habe nur durch Einschüchterung und militärische Gewalt regiert. Um herauszufinden, woher seine Vollmachten stammten, sind wir gezwungen, uns in ziemlich schwierige juristische Probleme zu vertiefen.

Am besten ist, zuerst nochmals seine eigenen Aussagen und seinen Tatenbericht zu studieren: Er selbst gibt zu, dass er 27 v. Chr. in seiner Eigenschaft als Triumvir – und «mit Zustimmung der Allgemeinheit» – die gesamte Regierung in der Hand hatte. Der Ausdruck *consensus universorum* hat keinerlei juristische Gültigkeit. Daher muss man sich fragen, was eigentlich in den Jahren 28 und 27 geschah. Der französische Gelehrte Pierre Grenade meint, Octavian habe 28 das Ende der Bürgerkriege bekanntgegeben; da zu dieser Zeit auch seine Vollmachten als Triumvir ausliefen, hätten alle übereingestimmt, ihm die absolute Regierungsgewalt zu erteilen: So definiert Grenade das Regieren Octavians «mit Zustimmung der Allgemeinheit», das jedoch nur bis zum 13. Januar 27 dauerte, als Octavian dem Senat seinen Rücktritt einreichte.[1] Doch die Frage, welche neuen Befugnisse er erhielt, als der Senat die Abdankung zurückwies und Octavian zusätzliche Vollmachten übergab, lässt Grenade unbeantwortet.

Die Schwierigkeiten beginnen mit Octavians unmissverständlicher Erklärung, er werde jede Aufgabe entschieden ablehnen, die nicht dem den Römern geheiligten Brauch der Vorfahren entspreche. Seine Bestellung zum Hüter von Gesetz und Sitte habe er «ebenso wenig wie irgend ein anderes Amt angenommen, das mir im Widerspruch zu den Einrichtungen der Vorväter stehend angetragen wurde» *(nullum magistratum contra morem maiorem delatum recepi)*.[2] Verhielt er sich so, um beim Militär und beim einfachen Volk Gefallen zu finden? Die Antwort auf diese Frage ist negativ, denn sie alle waren ja bereit, ihm unbegrenzte Vollmachten anzubieten. Octavian jedoch wies ihre inständigen Bitten ab. Er wusste, dass er auf diese Weise niemals das Vertrauen jener Schichten gewinnen könnte, denen die republikanische Tradition teuer war. In dieser Hinsicht hatte sich seit der Zeit Ciceros nichts geändert. Damals wie nun konnte ein Idol der Massen nicht als erster Bürger gelten: *Nemo umquam hic potuit esse princeps qui maluerit esse popularis.*[3]

Zwar ist bekannt, dass Octavian sich im Jahr 27 mit der gewöhnlichen Magistratsgewalt *(potestas in magistratu)* begnügte. Doch auch über diesen Punkt sind sich Rechtsgelehrte und Historiker bis zum heutigen Tag nicht einig. Die meisten Forscher neigen zu der Ansicht, dass die wichtigste Vollmacht Octavians 27 die prokonsularische *(imperium proconsulare)* war. Mit dieser befehligte er das Militär, das in den Provinzen stationiert war. Doch der Begriff *imperium proconsulare* findet sich nicht in den republikanischen Quellen, und es ist fraglich, ob der vorsichtige Augustus es bereits zu diesem Zeitpunkt (27 v. Chr.) wagte, ein neues Gesetz zu verkünden. Außerdem ist darauf hinzuweisen, dass der Begriff in seinem Tatenbericht nicht erscheint, wobei die Verfechter dieser Auffassung das mit Octavians Abneigung erklären, in einem öffentlichen Dokument seine militärische Macht herauszustellen.

An anderer Stelle habe ich diese Meinung widerlegt, und ich plädiere dafür, dem Rat Symes zu folgen, man möge das einfache und elegante römische Recht nicht unnötig verkomplizieren. Tacitus sagt ausdrücklich, Octavian habe 27 auf den Namen Triumvir verzichtet und sei als Konsul aufgetreten: «[...] da legte er seinen Triumvirtitel nieder, Consul nur sich nennend und mit tribunizischer Gewalt zufrieden, um das Volk zu schützen».[4] Daraus lässt sich schließen, dass der Princeps seine Provinz betreute, während er Konsul war. Eine derartige Neuerung war keineswegs revolutionär; auch während der Republik waren die amtierenden Konsuln berechtigt, in ihre Provinzen zu kommen. So verfuhr also auch Octavian, der in Rom und Italien das *imperium domi* besaß, während er in seiner Provinz, die außergewöhnlich groß war und Gallien, Spanien und Syrien umfasste, über das *imperium militiae* verfügte. Die Bezeichnung «Provinz» soll uns nicht irreführen, da sie keine enge territoriale Bedeutung hat. Nicht Grenzen waren hier ausschlaggebend, sondern Tätigkeitsfelder. Die Insel Kreta zum Beispiel galt als «Provinz» des Quintus Metellus Creticus, bevor sie offiziell Provinz wurde, und die Absicht ist klar: Kreta gehörte zu dem Gebiet, für das Metellus die Verantwortung hatte. Außerdem erklärte Cicero in einer seiner Reden ausdrücklich, alle Provinzen hätten sich der Herrschaft des Konsuls unterzuordnen: «Macht aber besaß ich hinfort nicht mehr als diejenigen, die meine Kollegen in irgend einem Amt gewesen sind.»[5] Und in einem seiner Briefe an Atticus schrieb er in der Tat, es sei dem Konsul dem Brauch der Vorfahren entsprechend gestattet, jede Provinz zu betreten.[6] Ob Augustus darauf angewiesen war, seine Schritte durch Zitate aus republikanischen Quellen zu rechtfertigen, ist zweifelhaft. Moderne Juristen sind wahrscheinlich mit derartigen Präzedenzfällen vertrauter als römische Politiker es waren. Aber man darf wohl abschließend sagen, dass die tatsächliche Vollmacht des Princeps auf diese Weise nicht verletzt wurde. Gleichzeitig jedoch konnten die Anhänger der Republik erklären, im Grunde sei das alte Regime wiederhergestellt.[7]

Die hier gezeigte Zurückhaltung ist typisch für das Vorgehen des Augustus, der sich stets nach dem Wahlspruch *festina lente* (Eile mit Weile) richtete.[8] Er versuchte nicht, seinen Willen mit aller Gewalt durchzusetzen, vielmehr vergrößerte er seine Macht nach und nach; dabei vermied er offene Auseinandersetzungen über strittige Themen und zeigte sich in Formfragen entgegenkommend, doch auf tatsächliche Befehlsgewalt und Vollmachten verzichtete er nicht.

Der junge Princeps schien zu prüfen, ob die neue, zerbrechliche Regierungsform auch in seiner Abwesenheit funktionieren werde. Die Angelegenheiten des Innern übergab er Männern seines Vertrauens, während er selbst im Jahr 27 an der Spitze seines Heeres nach Gallien und der Unruheprovinz Spanien zog. Dort war die Gegenwart eines erstklassigen Feldherrn erforderlich; es ist fraglich, ob Augustus dafür der richtige Mann war. Auch in Spanien blieben seine militärischen Erfolge gering, wofür Krankheit schon deshalb nicht als Entschuldigung dienen kann, da Augustus fast jedes Mal «erkrankte», wenn er in den Krieg zog. Der Grund für den mangelnden Erfolg dieses Feldzugs ist eher damit zu erklären, dass ihm dieses Mal sein tüchtiger und treuer Feldherr Agrippa nicht zur Seite stand – Agrippa gelang dann fünf Jahre später die endgültige Befriedung Spaniens. Vergeblich versuchten Properz und Horaz, den Princeps dazu zu bewegen, auch nach Britannien zu ziehen und die aufrührerische Insel zu annektieren.[9] Octavian schenkte diesen «Ratschlägen» keine Aufmerksamkeit, schlichtete vorläufig nur die drängendsten Konflikte und kehrte 24 v. Chr. nach Rom zurück.

Die Situation in der Hauptstadt war ziemlich undurchsichtig. Kurz vor Octavians Auszug nach Spanien war sein Freund Messalla Corvinus zum Präfekten der Stadt *(praefectus urbi)* ernannt worden. Die damit verbundenen politischen Absichten des Augustus benennt Tacitus in seinen Annalen: «Dann, als er zur Oberherrschaft gelangt, wählte er wegen der großen Volksmenge und der langsamen Hilfe der Gesetze einen aus der Mitte der Consularen, um die Sklaven und solche Bürger, welche, wenn sie keine Gewalt fürchten, aus frechem Übermut zum Aufruhr geneigt sind, im Zaume zu halten.»[10] Messalla war der Aufgabe nicht gewachsen und legte sein Amt nur wenige Tage, nachdem er es angetreten hatte, wieder nieder. Bis heute ist nicht klar, ob der elegante, empfindsame und schwache alte Mann wirklich nicht für dieses Amt geeignet war oder ob sein Rücktritt als Zeichen des Protests erfolgte. Die Beziehung zu Augustus blieb zumindest so gut, dass er zu einem späteren Zeitpunkt die Aufsicht über die

Wasserversorgung übernahm, einen hohen Posten in der römischen Verwaltung. Seine Amtsniederlegung hatte keine Folgen. Agrippa und Maecenas wachten über Ordnung und Gesetz in der Stadt, und die Beziehungen zwischen Octavian und der *nobilitas* schienen – wenigstens auf den ersten Blick – immer enger zu werden. In erster Linie lag das an den hervorragenden Senatoren, die in der Zeit von 26 bis 23 als Augustus' Partner den Posten des Konsuls bekleideten.[11]

Obgleich jeder wusste, dass die Militäroperation in Spanien nicht zu Ende geführt worden war, erging nach Augustus' Rückkehr im Jahr 24 wieder der Befehl, den Janus-Tempel zu schließen. Der Senat lobte sein militärisches Vorgehen dort, als ob er einen erstrangigen Sieg errungen hätte. Seine Familie erhielt besondere Rechte, und Marcellus, sein 18-jähriger Neffe, bekam die Erlaubnis, sich zehn Jahre vor der gesetzlich festgelegten Altersstufe um den Posten eines Konsuls zu bewerben.[12] Man könnte auf den Gedanken kommen, all diese beschriebenen Aktivitäten hätten das Ziel verfolgt, die Affären Lepidus, Crassus und Cornelius Gallus aus der Erinnerung zu tilgen. In Wirklichkeit sahen die Dinge anders aus, und möglicherweise waren es nicht nur Gesundheitsgründe, die Augustus veranlassten, die spanische Front zu verlassen, um nach Rom zurückzukehren.

Ende 24 oder Anfang 23 fand in Rom ein Aufsehen erregender politischer Prozess statt. Marcus Primus, Prokonsul der senatorischen Provinz Makedonien, stand unter dem Verdacht, Verrat begangen zu haben. Seine Ankläger behaupteten, er sei auf eigene Verantwortung gegen das Königreich Thrakien in den Krieg gezogen. Primus erklärte zu seiner Verteidigung, der Befehl sei ihm von Augustus erteilt worden. Doch der Princeps stritt das ab, erschien vor Gericht gemeinsam mit Marcellus und sagte gegen Primus aus. Der Verteidiger von Primus war Varro Murena, der Bruder Terentias, der Gattin Maecenas'. Er nahm sich heraus, Augustus scharf anzugreifen. «Wer hat dich gebeten, hierher zu kommen?», rief er dem ersten Bürger entgegen. Augustus' Antwort war kurz und bestimmt: «Das Wohl der Allgemeinheit»; und Primus wurde verurteilt.[13] Vielleicht hatte Augustus bereits während der Verhandlung die oppositionelle Stimmung unter einigen Mitgliedern der senatorischen Aristokratie bemerkt. Jedenfalls wurde im Jahr 23 eine Verschwörung aufgedeckt, an deren Spitze Fannius Caepio stand. Die ganze Sache ist nebulös. Unklar ist, was zu dem Komplott führte, wenn es denn überhaupt eines gegeben hat. Auch hinsichtlich des Datums gehen die Meinungen auseinander, sowohl in den Quellen als auch in der modernen Forschung.[14] Nur eins steht fest: Wenn es tatsächlich zu einer Verschwörung kam, dann im Jahr 23. Varro Murena, der als treuer Anhänger des Augustus galt, war angeklagt, bei dem geheimen Plan mitgemacht zu haben. Mochte nun Varro wegen seines mutigen Auftretens im Prozess des Primus verleumdet oder wirklich beteiligt gewesen sein, der Vorfall brachte ganz Rom aus der Fassung. Maecenas spielte eine entscheidende Rolle bei der Aufdeckung des Komplotts. Die Verschwörer flüchteten aus der Stadt, der Senat entschied, sie seien zum Tod zu verurteilen, sie wurden wirklich gefasst und hingerichtet. Selbst die Söhnen aus guten Familien angebotenen hohen Ämter konnten die Gemüter nicht beschwichtigen. Womöglich verschlimmerte Augustus' schwere Krankheit die instabile Lage. In der Stadt gingen Gerüchte um, der Princeps wolle vor seinem drohenden Tod die Regierung einem seiner Familienmitglieder übertragen, was die Freundschaft zwischen ihm und seinem treuen Feldherrn Agrippa beschädigt habe, da Agrippa davon ausgegangen sei, das Zepter würde ihm in die Hand gegeben werden.

Augustus tat wieder das Unerwartete. Auf dem Krankenbett gab er Agrippa seinen Siegelring; alle anderen Angelegenheiten übertrug er seinem Kollegen im Konsulat, Calpurnius Piso. Doch das Schicksal wollte es anders: Musa, sein griechischer Arzt, befahl ihm, täglich kalte Bäder zu nehmen, und dieses Mittel wirkte Wunder. Im Juni 23 war Augustus genesen. Er bestieg den Berg Albanus, und fern vom Lärm des Forums nahm er Abschied vom Konsulat, dem Amt, das er seit 31 ununterbrochen innegehabt hatte. Durch diesen Akt gab er seiner Herrschaft einen neuen Charakter.

Das Konsulat schien ihm also nicht lebenswichtig. Zudem machte die Ernennung von Sestius Quirinalis zum Konsul auf die konservativen Senatoren einen guten Eindruck, und den ehrgeizigen unter ihnen stand durch diesen Rücktritt ein weiterer hoher Posten zur Verfügung. Augustus seinerseits nahm sich zwei wirkliche Vollmachten: vor allem die *tribunicia potestas* mit allem, was das einschloss, und das *imperium proconsulare.* Beides muss ausführlich erörtert werden.

Tacitus nannte – wie schon erwähnt – die *tribunicia potestas* das höchste der Ämter. Offenbar berief er sich dabei auf die authentischen Worte von Augustus bei seiner Trauerrede für Agrippa, die in den 1960er Jahren auf einem Papyrus entdeckt wurde.[15] Vom 1. Juli 23 an fügte der Princeps die tribunizische Gewalt der offiziellen Titulatur bei. Um nicht den Eindruck zu erwecken, diese Vollmacht sei ihm auf Lebenszeit erteilt worden, achtete er darauf, dass sie jedes Jahr erneuert wurde, und auf diesem Procedere beruhte die Zählung seiner Regierungsjahre. Dem Anschein nach respektierte Augustus also die republikanische Tradition, nach der die verschiedenen Posten nur für ein Jahr vergeben wurden. Vielleicht verringerte er so auch den Widerstand von pedantischen Juristen.

Arnold Jones ist der Auffassung, man solle diese Vollmacht nicht überschätzen. Ich teile diese Ansicht nicht. Man muss Tacitus beistimmen. Er bezeichnete die *tribunicia potestas* als die wichtigste zivile Befugnis und sagte, Augustus sei nicht bereit gewesen, auf sie zu verzichten. Die militärische Vollmacht *(imperium)* konnte im Bereich der Stadt Rom nicht angewandt werden. Das Symbol dieser Vollmacht war ein mit einem roten Band zusammengehaltenes Rutenbündel, aus dem ein Beil herausragte. Wenn ein Feldherr in die Stadt kam, wurde das Beil entfernt, um zu zeigen, dass in Rom auf dem Forum alle nur dem bürgerlichen Recht verpflichtet waren.

Von jeher hatte das Tribunat außergewöhnliche Geltung für das einfache Volk gehabt. Dieses Amt machte die Menschen stolz und verlieh ihnen das Gefühl, dass sie mit den Spitzen des öffentlichen Lebens in unmittelbarer Beziehung standen. Auch die Optimaten hielten das Amt in Ehren, weil sie hofften, ein patriotischer Tribun könne Selbstbeherrschung von der Menge fordern. Jedes Schulkind in Rom wusste, dass eine Kränkung des Tribunen den Zorn der Plebs heraufbeschwören würde. Solch ein Aufruhr hätte zu anhaltenden blutigen Ausschreitungen führen können und bedeutete für alle Seiten eine Gefahr. Nachdem Augustus die *tribunicia potestas* erhalten hatte, teilte er denjenigen Senatoren, die seine *auctoritas* immer noch in Frage stellten, mit: Sollten sie weiter Unruhe stiften, würde er die Volksmenge auf sie hetzen. Diese Drohung, die wie ein Damoklesschwert über den Häuptern der Senatoren schwebte, bewirkte, dass Augustus nicht vom tribunizischen Vetorecht Gebrauch machen musste und in den Augen der Öffentlichkeit weiter als jemand galt, der keine Gewalt anwendet, um seine Herrschaft zu festigen. Dieses Image pflegte er sein Leben lang.

Sehr bald sahen alle einzig in Augustus den wirklichen Vertreter des Volkes, obwohl er tatsächlich von Amts wegen gar kein Tribun war. Nach römischem Recht durften nur Plebejer als Tribunen fungieren. Der von der Familie der Julier adoptierte Augustus war ein Patrizier, konnte daher kein Tribun sein. Da er auch diese Tradition achtete, hielt er Vollmacht und Amt auseinander. Er nahm sich die Vollmacht und bestimmte, auch künftig müssten – wie zur Zeit der Republik – zehn Tribunen gewählt werden. Doch als sich zeigte, dass die Tribunen in jeder Angelegenheit dem Princeps unterstellt waren, verlor der Posten sein Prestige, und die jungen Römer rissen sich nicht mehr darum. Auch Augustus' Versuche, junge Senatoren dazu zu bewegen, sich um dieses Amt zu bewerben, blieben erfolglos. Deshalb verzichtete er ab dem Jahr 13 v. Chr. auf die Tribunatswahlen: Fortan wurden unter den früheren Quaestoren, die noch keine 40 Jahre alt waren, die Tribunen durch das Los bestimmt.[16]

Doch auch mit der *tribunicia potestas* begnügte sich Augustus nicht. Cassius Dio berichtet, dass der Senat ihm im selben Jahr auf Lebenszeit die Gewalt eines Prokonsuln verlieh, damit er nicht gezwungen war, jedesmal wenn er ins Stadtgebiet kam, auf diese Vollmacht zu verzichten und sie beim Verlassen der Stadt zu erneuern. In Gegenden, die der Herrschaft Roms unterstanden, erhielt er höhere Befugnisse als die eingesetzten Statthalter.[17] Auch diesen Bericht verfasste Cassius Dio auf griechisch. Moderne Rechtsgelehrte vermuten, dass – hätte er ihn in die römische Gerichtssprache übersetzt – er vielleicht geschrieben hätte, Augustus sei im Jahr 23 das *imperium proconsulare maius* auf Lebenszeit zugesprochen worden, doch dieser Begriff existiert nicht in den Quellen. Schon seit dem Jahr 27 waren Gallien, Spanien und Syrien, die drei Provinzen, die am Ende der Republik zwischen

Caesar, Pompeius und Crassus geteilt worden waren, unter seiner Aufsicht. Jetzt wurde auch seine Souveränität über die verbleibenden Prokonsuln gesetzlich verankert.

Theoretisch existierte die Teilung weiter zwischen den senatorischen Provinzen, an deren Spitze ein Prokonsul stand, und den Provinzen des Princeps, die von Legaten im Rang eines Prätors verwaltet wurden. Die Prokonsuln blieben Magistrate mit mächtigen Befugnissen, doch ihr Einfluss machte sich hauptsächlich gegenüber den Einwohnern der Provinzen bemerkbar; ihnen standen zahlreiche Abschreckungsmittel zur Verfügung, etwa die Todesstrafe. Praktisch hatte Augustus die Politik auch vor dem Jahr 23 bestimmt. Zum Beispiel befahl er 27 v. Chr., als er lediglich Konsul war, ohne sich mit dem dortigen Prokonsul zu beraten, alles zurückzugeben, was aus den Tempeln in der Provinz Asien (einer senatorischen Provinz) zur Zeit des Antonius geraubt worden war. «In den Tempeln aller Städte der Provinz Asien habe ich als Sieger die Kostbarkeiten wieder aufstellen lassen, die derjenige, mit dem ich Krieg führte, durch Plünderung dieser Heiligtümer in seinen persönlichen Besitz gebracht hatte.»[18] Nach 23 v. Chr. vergrößerte sich die Machtstellung des Princeps um ein Vielfaches, und die Einteilung in senatorische Provinzen und in Provinzen des Princeps verlor jede praktische Bedeutung. Als in Knidos Unruhen ausbrachen und Augustus sich einschaltete, erinnerte der Prokonsul der der Hafenstadt gegenüberliegenden Insel Kos die Einwohner daran, dass sie sich zunächst an ihn zu wenden hätten, bevor sie beim Kaiser Einspruch erhöben.[19] Der Prokonsul Publius Paquius Scaeva wurde nicht per Auslosung *(extra sortem)*, vielmehr auf Befehl des Princeps zum Statthalter von Zypern bestellt. Und den Edikten von Kyrene entnehmen wir, dass der Princeps auch den Statthaltern in den Provinzen, die eigentlich dem Senat unterstellt waren, direkte Befehle gab, manchmal sogar die Statthalter ernannte.[20] 1958 veröffentlichte Henk W. Pleket eine Reihe von neuen Inschriften und konnte zeigen, dass die Statthalter auch in den senatorischen Provinzen auf Augustus' Befehl *(iussum)* hin handelten.[21]

Zahlreiche weitere Inschriften aus allen Provinzen belegen, dass moderne Rechtsgelehrte auf juristische Feinheiten wesentlich mehr geben, als es die hohen Beamten in alter Zeit taten. Sextus Sotidius Strabo Libuscidianus, Statthalter von Galatien, war gewohnt, direkte Befehle von Augustus zu befolgen, und der Prokonsul der Provinz Asien, Paulus Fabius Maximus, der den dortigen Einwohnern den Vorschlag machte, das neue Jahr vom Geburtstag des Augustus (23. September) an zu berechnen, war nicht dem Senat, sondern Augustus unterstellt. Diese Funde bestärken die Ansicht Cassius Dios, der unumwunden schrieb, Augustus habe auch den Prokonsuln in den senatorischen Provinzen direkte Anweisungen gegeben. Trotzdem habe Augustus darauf geachtet, auch hier seine Vollmacht alle fünf Jahre zu erneuern, um die Formen des republikanischen Regierungssystems nicht zu verletzen.[22]

Die meisten Forscher beenden hier die Beschreibung, wie der Prinzipat entstand. Die Herrschaft des Einzelnen wurde Tatsache, und die lange Phase politischer Instabilität, die 133 v. Chr. mit der Ermordung des Tiberius Gracchus begonnen hatte, ging zu Ende. Die römische Republik war in der Tat seit den Gracchen nicht zur Ruhe gekommen: Aufsässige Tribunen hatten die alte Ordnung gestört, indem sie es unterließen, den Senat zu befragen, bevor sie der Volksversammlung ihre Vorschläge unterbreiteten. Oder es waren Feldherren, die mit ihren Soldaten in Rom einfielen. Doch keinem von ihnen war es gelungen, den Staat längere Zeit zu beherrschen. Den prominenten Tribunen Tiberius und Gaius Gracchus, Appuleius Saturninus, Livius Drusus, Sulpicius Rufus und Clodius Pulcher hatte keine militärische Unterstützung zur Verfügung gestanden. Sie wurden ermordet, was ihre zahlreichen Anhänger unter den einfachen Leuten erschütterte, doch diese hatten keine Möglichkeit, ihren Tribunen beizustehen. Denn die römische Plebs war niemals eine organisierte Macht, die in der Lage gewesen wäre, sich gegen die Legionen zu behaupten. Aber auch für Heerführer war die Eroberung der politischen Macht nicht einfach. Sulla gelang es zwar, einen Weg zu den Herzen des einfachen Volkes zu finden, doch man trug ihm die Eroberung der Stadt durch das Militär nach, und auch durch die Proskriptionen hatte er sich wenig beliebt gemacht. Pompeius war eher ein Zögerer. Er vermied Gewalttätigkeit und hielt sich – wenigstens scheinbar – an die Vorschriften des Senats. Aber er wurde meist nicht für redlicher gehalten als Caesar oder – wie Tacitus schreibt: «Nach diesen kam versteckter, doch nicht besser gesinnt Cn. Pompeius; und niemals strebte man nachher nach etwas anderem als nach der Oberherrschaft.»[23] 49 v. Chr. überschritt Caesar den Rubikon, und viele gaben damals die Hoffnung auf, die Republik könne wiederhergestellt werden. Man wagte bereits, offen auszusprechen, nur eine Monarchie könne eine Lösung bringen, und man müsse die Medizin «aus der Hand des zartfühlendsten der Ärzte» nehmen.[24] Doch Julius Caesar war kein zartfühlender Arzt. Er handelte eilig und taktlos und missachtete die Ehre der Senatoren. Bei den oberen Schichten machte er sich verhasst und bezahlte den Preis seiner Selbstsicherheit mit dem Leben. Octavian lernte daraus. Er ging mit Milde und Besonnenheit vor. Von Anfang an war er sich bewusst, dass das Regime eines Einzelnen in Rom nicht mit Unterstützung nur einer Gesellschaftsschicht zustande kommen könne. Dementsprechend handelte er seit Philippi und bewies dabei enorme Geduld. Nach und nach erwarb er sich eine heterogene Klientel. Die Erweiterung seiner Vollmachten wurde von der Öffentlichkeit nicht als revolutionärer Akt angesehen. Denn alle seine Unternehmungen waren vom Gesetz gedeckt und von Senat und römischem Volk bestätigt. Während in der alten Republik unbotmäßige Tribunen oder Feldherren meist nur über eine Machtbasis verfügt hatten, gelang es Octavian, die militärische Befehlsgewalt *und* die tribunizische Vollmacht in seiner Hand zu vereinen. Indem ihm diese Machtkonzentration gelang, konnte Octavian den Prinzipat als eine politische Institution etablieren. Wer diese Ansicht akzeptiert, wird sofort erkennen, dass das neue Herrschaftssystem nicht nach Modellen von Juristen und Politologen vorausgeplant worden war, sondern das Resultat lang anhaltender öffentlicher Kämpfe, zahlreicher innerer Konflikte und verschiedener Vorbehalte und Zugeständnisse war.

Auch das Abkommen aus dem Jahr 23 war nicht endgültig: Anfang 22 trat der Tiber über die Ufer. Es war ein besonders stürmisches Jahr, Blitze trafen die Statuen des Pantheons. In der Stadt wütete zudem eine schlimme Seuche und anschließend eine Hungersnot. Als Augustus einmal die Lanze aus der Hand fiel, wurde das als Zeichen für weiteres, nahendes Unheil gedeutet. Cassius Dio zufolge war das Volk überzeugt, all diese Schicksalsschläge seien eingetreten, weil Augustus das Konsulat verlassen hatte. Die Menge stürmte den Senat, schloss die Senatoren in der Kurie ein und drohte, das Gebäude samt seiner Insassen werde in Flammen aufgehen, wenn diese nicht unverzüglich dafür stimmten, Augustus zum Diktator zu ernennen.[25] Der Princeps wies die Forderung des Volkes höflich zurück, war aber einverstanden, die

Verpflichtung für die Kornlieferungen zu übernehmen. Dies bedeutete nicht die Vergrößerung seiner Herrschaft, sondern die Vergrößerung seiner Verantwortung, und niemand konnte behaupten, die republikanische Tradition werde verletzt. Nicht ohne Stolz schildert Augustus diese Ereignisse im 5. Kapitel seines Tatenberichts.

> Die Diktatur, die mir in Abwesenheit und Gegenwart sowohl vom Volk als auch vom Senat unter dem Konsulat des M. Marcellus und L. Arruntius angetragen wurde, habe ich nicht angenommen. Nicht abgelehnt aber habe ich, als größter Mangel an Brotgetreide herrschte, die Sorge um die Nahrungsmittelbeschaffung, derer ich mich so annahm, dass ich innerhalb weniger Tage durch meine Aufwendungen und meine Fürsorge die ganze Stadt von Furcht und der bereits spürbaren Gefahr befreien konnte. Auch den damals mir angetragenen jährlichen Konsulat auf Lebenszeit habe ich nicht angenommen.

Zweifellos wollte Augustus den kommenden Generationen so über diese Sache berichten, doch man kann sich schwer von dem Eindruck befreien, dass der Aufruhr der Menge im Jahr 22 mit viel Geschick inszeniert war – auch das hatte es schon einmal gegeben: 57 v. Chr., während einer Hungersnot in der Stadt, war die Sorge für die Getreideversorgung Pompeius übertragen worden, nicht nur die sofort erhobene Anschuldigung des Claudius, sondern auch einige Indizien deuten darauf hin, dass der Hunger von Pompeius arrangiert worden sein könnte, um ihm umfangreiche Vollmachten übergeben zu können.[26]

Ich schlage vor, die Ereignisse aus dem Jahr 22 ähnlich zu interpretieren. Aus welchem Grund war «das ganze Volk» zu dem Schluss gelangt, die Ursache allen Unglücks liege darin, dass Augustus den Senat verlassen hatte? Vielleicht war diese Vermutung gar nicht so spontan, und vielleicht waren auch «anonyme» Propagandisten eingesetzt worden, die dem Volk «halfen», so zu denken? Belege existieren nicht, aber man kann den Verdacht nicht so leicht von der Hand weisen. Denn die Hungersnot war nicht unerwartet ausgebrochen, schon im Vorjahr hatte sich ernstlicher Mangel an Getreide bemerkbar gemacht. Augustus war früh genug gewarnt worden und hatte die Scheunen mit riesigen Mengen von Korn füllen lassen.[27] Wir wissen auch, dass Augustus Tiberius angewiesen hatte, zwölfmal im Jahr Lebensmittel zu verteilen[28]; und man fragt sich, weshalb diese Maßnahme im Jahr 22 nicht fortgesetzt wurde. Gerade damals verließ Augustus Rom (deshalb schreibt er von der ihm angetragenen Diktatur «in Abwesenheit und Gegenwart»[29]); er tat das vermutlich, um seine Gegner und Ankläger darauf hinzuweisen, was während seiner Abwesenheit passieren könne. Und in der Tat kam es zu einer Krise; Augustus wurde sofort nach Rom zurückgerufen, um die Situation zu «retten».

Das Auftreten des Princeps grenzte dieses Mal an Demagogie oder an etwas, das man in der Antike *levitas popularis* nannte.[30] Er erschien vor der Volksversammlung, zerriss vor den Augen aller seine Toga zum Zeichen des Mitgefühls mit der Menge, fiel vor dem Volk auf die Knie, entblößte seine Brust und flehte, man möge ihn in Ruhe lassen und ihm keine neue Aufgabe übertragen. In der Stadt wurden sogar Gerüchte verbreitet, Augustus erwäge den Selbstmord, falls die Scheunen nicht schnellstens mit Getreide gefüllt würden und das Leiden der Menge gelindert würde. Schließlich fügte er sich dem Flehen des Volkes und übernahm die Verantwortung für die Kornlieferungen; und wirklich – das «Wunder» geschah: In kürzester Zeit funktionierte die regelmäßige

Versorgung mit Getreide wieder, sodass Augustus auf den Selbstmord verzichten konnte. Die Menge jubelte; doch, wie anzunehmen ist, fehlte es nicht an Zweiflern. Sie glaubten nicht an den Ernst der Krise, die eine so schnelle und so dramatisch inszenierte Lösung gefunden hatte. Auch Augustus erkannte diese Stimmung und verlor keine Zeit, seinen demagogischen Auftritt bei der Volksversammlung durch eine Geste auszugleichen, die dazu angetan war, seinen Ruhm auch in den Augen der Senatoren zu vergrößern. Ebenso wie er die ihm vom Volk angebotene Diktatur abgelehnt hatte, wies er jetzt die ihm auf Lebenszeit angebotene Zensur zurück.[31] Er schlug für den Posten zwei angesehene Senatoren vor, Lucius Munatius Plancus und Paulus Aemilius Lepidus, die untereinander so zerstritten waren, dass der Princeps in jedem Fall die wirkliche Arbeit selbst tun musste. Aber die Geste machte großen Eindruck auf die Senatoren. Auch die Regelung, die den Senatoren und Rittern das Auftreten als Schauspieler im Theater untersagte, fand Beifall. Kurze Zeit darauf gab Augustus dem Senat zwei Provinzen zurück, die bis dahin unter seiner ausschließlichen Aufsicht gestanden hatten, Gallia Narbonensis und Zypern. Damit standen den nach Posten hungernden Senatoren zwei Promagistraturen zur Verfügung. Der Verzicht vergrößerte Augustus' hohes Ansehen, ohne dass er selbst ein wirkliches Opfer gebracht hatte.

Augustus wandte damals eine Methode an, die sich wie ein roter Faden durch seine gesamte Regierungszeit ziehen sollte. Er manövrierte mit außergewöhnlichem Geschick zwischen den verschiedenen Gesellschaftsschichten und machte sich unentbehrlich bei der Aufrechterhaltung von Recht und Ordnung. Das einfache Volk war bereit, dem Inhaber der tribunizischen Gewalten eine Diktatur anzubieten, damit er es gegen die tyrannische Aristokratie verteidige. Die Senatoren überhäuften den Besitzer des *imperium proconsulare* mit Ehrungen, damit er sie vor dem Zorn der Menge schütze. Augustus seinerseits konnte es sich erlauben, in der Öffentlichkeit als gemäßigter, bescheidener und selbstbeherrschter Mensch aufzutreten. Er regierte also dem Anschein nach allein aufgrund einiger Vorrechte, die in der Tradition begründet waren.

Mitte September 22 verließ Augustus Rom und wandte sich dem Osten zu. Doch auf Sizilien erfuhr er, dass während der Wahlen zum Konsulat des Jahres 21 Unruhen ausgebrochen waren. Die Bitte, nach Rom zurückzukehren und seine eigene Kandidatur anzumelden, wies Augustus entschieden zurück. Er blieb in Sizilien, lud die beiden Kandidaten für das Konsulat, Lucius Silvanus und Quintus Aemilius Lepidus, ein, zu ihm zu kommen, und legte ihnen nahe, den Wahltag weit entfernt von der Stadt zu verbringen. Da die Unruhen anhielten, wies er Agrippa an, von Lesbos nach Rom zurückzukehren, um dort Ordnung zu schaffen. Dies ist übrigens ein weiterer Beweis dafür, dass, auch wenn die beiden im Vorjahr aneinander geraten waren, ihr Verhältnis wieder intakt war und Augustus volles Vertrauen zu ihm hatte.

Agrippa gelang es, die Wahlen für das Konsulat erfolgreich abzuhalten, nicht aber die Wahl des Stadtpräfekten. Dennoch beschloss Augustus, die Beziehungen zu Agrippa noch enger zu gestalten. Er bat ihn, sich scheiden zu lassen, und bot ihm seine Tochter Julia an, die Witwe des Marcellus. Dem Paar wurde 20 v. Chr. ein Sohn geboren, Gaius Caesar, sodass auch die Frage nach einem Erben gelöst zu sein schien. 19 v. Chr. brach Agrippa nach Gallien und Spanien auf, um die Probleme zu lösen, die aus den Jahren 26 und 25 bestehen geblieben waren.

Inzwischen kümmerte Augustus sich um den Osten. 20 v. Chr. konnte er einen imponierenden Erfolg verbuchen. Die Androhung von Gewalt genügte, den König der Parther dazu zu bewegen, die *signa*, die Feldzeichen, die den Parthern bei drei fehlgeschlagenen Schlachten in die Hände gefallen waren, herauszugeben. So schaffte Augustus auf diplomatischem Weg die Schande der Niederlagen von Crassus (53 v. Chr.), Decidius Saxa (40 v. Chr.) und Antonius (36 v. Chr.) aus der Welt. Kampflos gelang es auch, Armenien zum Klientelstaat zu machen und die Parther zu Vasallen Roms. Das wurde als überwältigender Sieg dargestellt, und dieselben Dichter, die vorher darauf gedrungen hatten, gegen die Parther in den Krieg zu ziehen[32], hörten nun nicht auf, die diplomatischen Erfolge des Augustus zu preisen.[33]

In Rom aber war immer noch keine Ruhe eingekehrt. Bei den Wahlen zum Konsulat für das Jahr 19 brachen erneut Unruhen aus. Dieses Mal kämpften um den Posten Sentius Saturninus, der treue Anhänger des Augustus, und Egnatius Rufus. Diese Angelegenheit ist zum Verständnis des Prinzipats von Bedeutung, deshalb soll auf sie ausführlich eingegangen werden: Marcus Egnatius Rufus, dessen Auftreten eher zu einem Gladiator zu passen schien als zu einem Senator, hatte 22 v. Chr. das Amt des Ädilen inne und gründete in dieser Amtszeit aus jungen Männern seines Hauses ein Feuerwehrregiment, das er stadtweit zum Löschen von Bränden einsetzte. Dies verschaffte ihm innerhalb kurzer Zeit so viel Popularität, dass er schon im Folgejahr 21 zum Prätor gewählt wurde; damit hatte er die gesetzlich vorgeschriebene Zeitspanne zwischen dem einen und dem anderen Amt nicht abgewartet. Sein Erfolg überrascht nicht, denn Feuersbrünste waren in Rom zu einer Plage geworden. Wegen der ständig zunehmenden Bevölkerungsdichte wurden mehrstöckige Häuser *(insulae)* gebaut, die nicht immer auf stabilen Grundmauern standen. Clevere Bauunternehmer nutzten die Wohnungsnot in den Armenvierteln aus. Sie verwendeten billiges, feuergefährliches Material (hauptsächlich in den oberen Stockwerken) und wurden reich, ohne sich dafür besonders anzustrengen. Die Folgen blieben nicht aus: Großfeuer und einstürzende Gebäude gehörten bald zu den tagtäglichen Ereignissen.[34] Daher erstaunt es nicht, dass ein prominenter Politiker, der sich dieses Problems annahm, so viel Sympathie gewann. Egnatius nutzte sein Amt ganz bewusst zur Steigerung seiner Popularität und veröffentlichte am Ende seiner Amtszeit ein Edikt, in dem er sich seiner Leistungen als Ädil rühmte. Das empörte und beunruhigte Augustus. Ebenso wenig wie er Konkurrenten um militärischen Ruhm zuließ, konnte er es dulden, dass ihn jemand an Popularität bei der Bevölkerung Roms übertraf. Würde Egnatius Rufus den Menschen aus dem einfachen Volk weitere Hilfeleistungen *(benificia)* zukommen lassen können, dann würde er eine weitverzweigte Klientel erwerben. Augustus reagierte auf diese Bedrohung, indem er ein Regiment von 600 Feuerwehrleuten *(vigiles)* aufstellen ließ, das aus Staatssklaven unter dem Befehl von Ädilen bestand. Im Laufe der Zeit vergrößerte sich die Einheit, und es wurde ein Präfekt über sie eingesetzt *(praefectus vigilum)*, den der Princeps ernannte. So wurde diese Hilfeleistung letzten Endes von Augustus «verstaatlicht».

Doch Egnatius Rufus weigerte sich im Jahr 20 zu kapitulieren. Er vertraute anscheinend auf seine Macht und kandidierte für das Konsulat im folgenden Jahr. Als es wieder zu Unruhen während der Wahlen kam und Egnatius untersagt wurde, sich aufstellen zu lassen, wurde Sentius Saturninus, Anhänger des Princeps, gewählt. Aber in der Stadt herrschte weiter Empörung. Wieder zeigte sich die Schwierigkeit, Wahlen in der Stadt abzuhalten, wenn Augustus abwesend war und seine *auctoritas* fehlte. Unter den Abgesandten, die ihn bitten sollten, sofort nach Rom zu kommen, war auch Quintus Lucretius Vespillo. Er war ein Gegner Julius Caesars und der Triumvirn gewesen, sein Anschluss an Augustus' Lager vor aller Augen konnte als imponierender Erfolg des neuen Regimes verzeichnet werden. Augustus ernannte ihn sogleich zum Konsul für das Jahr 19, zusammen mit Saturninus, der nach Vorschrift gewählt worden war; und es kehrte wieder Ruhe in der Stadt ein.[35]

Augustus' Ankunft in Rom ging ohne Aufhebens vor sich. Er schlich sich wie ein Dieb durch das Tor, die *porta Capena*, ein Hinweis darauf, dass er keinen Dank wollte. Der Senat aber ließ solche Zurückhaltung nicht gelten; er stiftete dem Princeps zu Ehren einen Altar der Göttin Fortuna Redux, und der Tag seiner Rückkehr wurde zum Feiertag erklärt. Dem Egnatius Rufus verzieh Augustus nicht. Gegen ihn wurde Anklage erhoben, ein Attentat auf den Princeps geplant zu haben; er wurde verhaftet und hingerichtet.

Der Senat überhäufte Augustus mit den verschiedensten Ehrungen, Titeln und Funktionen, zum Beispiel der Aufsicht über die Straßen *(cura viarum)*. Doch will man seine Vollmachten konkret beschreiben, dann stößt man auf widersprüchliche und juristisch uneindeutige Quellenaussagen. In der modernen Forschung gibt es zahlreiche Meinungsverschiedenheiten unter Historikern und Juristen. Im Folgenden müssen wir uns deshalb mit der einigermaßen schematischen Beschreibung begnügen, wie Augustus sich des Staatsschatzes und der Institution der Zensur bemächtigte.

KAPITEL 5

Augustus auf der Höhe seiner Macht

a) Augustus und der Staatsschatz (aerarium)

Es ist kein Zufall, dass bei der Schilderung, wie allmählich die meisten wichtigen Vollmachten in den Händen des Princeps vereint wurden, die Verwaltung des Staatsvermögens unerwähnt geblieben ist. Über die Finanzen der späten Republik weiß man eine ganze Menge, ebenso ist für die Regierungen von Claudius und Nero dazu einiges bekannt. Was aber die Übergangszeit von der Republik zum Prinzipat betrifft, also die Zeit des Augustus, ist alles in dichten Nebel gehüllt. Entsprechend vielstimmig ist die Diskussion der Forschung. Hier ist nicht der Platz, die Meinungsverschiedenheiten im Einzelnen zu beschreiben. Ich werde mich auf das, was mir wahrscheinlich scheint, beschränken.[1]

Zur Zeit der Republik war das Geld des römischen Volkes im Staatsschatz untergebracht, verwaltet von zwei Quästoren, die alle zwei Jahre ausgewechselt wurden. Ihnen unterstanden für die laufende Arbeit Beamte *(scribae quaestorii)*, die einen Großteil der «Büroarbeit» von Freigelassenen erledigen ließen. Der gesamte Senat war für die ordnungsgemäße Verwaltung des Staatsschatzes verantwortlich, Geld durfte ohne ausdrücklichen Beschluss des Senats *(senatus consultum)* nicht entnommen werden. Wenn römische Magistrate in die Provinzen reisten, wurde ihnen ein bestimmter Betrag zur Deckung ihrer Ausgaben bewilligt. Bei ihrer Rückkehr hatten sie dem Senat eine genaue Abrechnung vorzulegen und das übrig behaltene Geld (meist war die Zuteilung reichlich bemessen) der Finanzbehörde zurückzugeben. So jedenfalls die Theorie. In Wirklichkeit war die Buchführung weniger gründlich, und die Prokonsuln pflegten das restliche Geld unter ihrem Gefolge zu verteilen – als Schweigegeld, das gezahlt wurde, damit nichts über die Beträge bekannt wurde, die die hohen Magistrate in ihre Taschen steckten. Es gab auch Ausnahmen: Cicero, der nichts zu verbergen hatte, als er sein Amt als Statthalter Kilikiens verließ, zahlte der Staatskasse alles überzählige Geld zurück, worauf er einen Schwall von Beschimpfungen von Seiten seiner Leute erntete, die erwartet hatten, es würde unter ihnen verteilt. Man sieht also, dass das Betragen im Allgemeinen ganz anders war als das Ciceros.

Im römischen Staatsschatz sammelte sich nie viel Geld an. Das Vermögen des Imperiums war in den Kassen der Statthalter in allen Provinzen verstreut. Diese Kassen hießen *fiscus*. Wenn ein römischer Statthalter mehr Geld brauchte, als er zugeteilt bekommen hatte, musste er zusätzliche Mittel nicht von Rom erbitten, sondern bediente sich aus den Steuereinnahmen seiner Provinz und rechnete am Jahresende mit der Finanzbehörde ab. Natürlich kamen Veruntreuungen und Unterschlagungen vor, aber im Allgemeinen funktionierte dieses System der Abrechnung und Kontrolle.

Während der Regierungszeit des Augustus änderte sich die Situation grundlegend. Theoretisch war der Princeps ebenfalls verpflichtet, dem Senat einen Rechenschaftsbericht über die Finanzlage in seinen Provinzen vorzulegen. Augustus tat das nicht, denn die Provinzen waren ihm ja auf Lebenszeit übergeben worden, und als er am Ende seines Lebens die Abrechnung seiner Ausgaben *(rationes imperii)* veröffentlichte, handelte es sich dabei nicht um einen Rechenschaftsbericht über seine finanziellen Unternehmungen in den Gebieten, die ihm unterstellt waren, sondern um eine Art allgemeiner Bilanz des gesamten Imperiums. Das wirft einige Fragen auf: Hatte Augustus sich auch des *aerariums* bemächtigt (das theoretisch unter der Aufsicht des Senats stand)? Wohin waren die Millionen geflossen, die nach Actium in Ägypten konfisziert worden waren? Hatte der Begriff *fiscus* eine neue Bedeutung bekommen und bezog sich nun auf die Kasse des Princeps, während das aerarium, das immer weniger Geld enthielt, weiterhin unter der Kontrolle des Senats und des römischen Volkes blieb? Es gibt Forscher, die die letzte Frage aufgrund eines Abschnitts aus den Schriften Senecas positiv beantworten.[2] Danach lässt sich der Begriff *fiscus* dem Ausdruck *patrimonium* (Privatkasse) des Princeps gleichsetzen. Andere Wissenschaftler weisen mit Recht darauf hin, dass der Begriff *fiscus* während des frühen Prinzipats verschiedene Interpretationen zulässt. Es ist nicht anzunehmen, dass bereits zur Zeit von Augustus – ohne jede Übergangsperiode – Gelder aus Steuereinnahmen, Strafmandaten und nicht beanspruchten Hinterlassenschaften geradewegs in die Kasse des Princeps flossen.

Logisch erscheint vielen die Auffassung, wonach der *fiscus* zur Zeit des frühen Prinzipats eine Art Unterabteilung des *aerarium* war, doch dafür findet sich in den Quellen kein Beleg. Der *fiscus* selbst war in zwei Abteilungen gegliedert: ein privater *fiscus* des Princeps und ein öffentlicher *fiscus*, wo die Steuern aus den Provinzen, die unter seiner direkten Kontrolle standen, eingingen. In beiden Behörden arbeiteten Beamte (meist Freigelassene), die dem Princeps unmittelbar unterstellt waren. Sie konnten von einem Amt in das andere versetzt werden, ohne dass dabei auf strikte Trennung geachtet wurde. Wie wir an anderer Stelle gesehen haben, bemächtigte sich der Princeps auch der theoretisch senatorischen Provinzen; da ihm ein besser ausgebildeter und glaubwürdigerer Verwaltungsapparat zur Verfügung stand, ging auch allmählich die Steuereintreibung in die Hände seiner Beamten über. Es fehlt nicht an Beispielen hierfür: 29 v. Chr. wandten sich die Einwohner der kleinen Insel Gyaros an Octavian. Dieser Ort wird als so arm beschrieben, dass dort die Mäuse Eisen annagen mussten, um nicht zu verhungern.[3] Die Einwohner baten Augustus (und nicht den Senat), ihre Steuern herabzusetzen,[4] ähnliche Gesuche kamen aus Aphrodisias und von Samos. Octavian gab den Leuten von Aphrodisias eine positive Antwort, schlug Samos jedoch die Bitte ab und begründete seinen Beschluss ganz einfach: «Aphrodisias stand mir zur Seite» in der Zeit des Bürgerkrieges.[5] Der Senat bestätigte später Augustus' Beschlüsse, doch solche Bestätigungen werden die Statthalter in den Provinzen kaum noch interessiert haben. Aus ihrer Sicht hatte das Imperium nur einen Herrscher, Octavian. Die Einteilung in Provinzen des Princeps und Provinzen des Senats war ihnen gleichgültig oder nicht geläufig.

Allmählich verwischten die Grenzen zwischen den Einflussbereichen der einzelnen Ämter in Rom. Niemand weiß, wie und wann das genau geschah, fest steht, dass im Laufe der Jahre nicht nur der Unterschied zwischen dem *aerarium* und dem öffentlichen *fiscus*, dessen Vorstand der Princeps war, undeutlich wurde, sondern auch zwischen diesen beiden und dem privaten *fiscus* des Princeps. Mit der Zeit wurde er der reichste Mann im Imperium. Wie römische Kaiser es zu so großem Reichtum brachten, dafür gibt Nero ein besonders krasses Beispiel ab: Die Hälfte des Bodens der Provinz Afrika gehörte sechs Senatoren; er ließ sie alle ermorden und beschlagnahmte den gesamten Besitz. Vielleicht war zur Zeit des Augustus der Unterschied zwischen *aerarium* und *fiscus* noch zu erkennen, es wird vermutlich nicht einfach gewesen sein, sich von der republikanischen Tradition zu lösen, die für die strikte Trennung zwischen privatem und öffentlichem Besitz eintrat. Doch die Verwischung dieser Trennung kündigte sich zweifellos bereits zur Zeit des frühen Prinzipats an. Gleichgültig, ob Quästoren, Prätoren oder Präfekten die Staatskasse leiteten – alle erhielten ihre Anweisungen aus dem Büro des Princeps. Tatsache ist, dass es bei Tacitus schon keinen Unterschied mehr zwischen *aerarium* und *fiscus* gibt[6]; und Cassius Dio konnte nicht mehr angeben, ob der Kaiser eine bestimmte Ausgabe aus eigener Tasche bezahlt hatte oder aus öffentlichen Geldern.[7]

b) Augustus und die zensorische Vollmacht

Augustus ist niemals ordnungsgemäß zum Zensor gewählt worden. Claudius war der erste Kaiser, der 47 n. Chr. de facto dazu ernannt worden ist, ihm folgten die Zensoren Vespasian und Titus. Von 85 n. Chr. an, in der Zeit Domitians, wurde der Kaiser zum Zensor auf Lebenszeit bestellt *(censor perpetuus)* – ein Schritt, der auch auf der formellen Ebene anzeigt, dass Domitian sich von der augusteischen Tradition entfernt hat.

Augustus ging, wie wir schon gesehen haben, anders vor. Wurde ihm ein Posten oder Titel angeboten, der nicht der republikanischen Tradition entsprach, lehnte er diesen zwar ab, übernahm aber für eine begrenzte Zeit Teile der mit diesem

Amt verbundenen Vollmachten. So hielt er es auch mit der zensorischen Vollmacht.[8]

Sueton schreibt, Augustus habe für immer die Aufsicht über die Gesetzgebung und die Sitten *(cura morum)* erhalten.[9] Aufgrund dieser Vollmachten veranstaltete er dreimal Volkszählungen. Im römischen Recht existierte der Begriff «Aufseher über Sitten und Gesetze» *(curator legum et morum)* nicht, und Augustus betonte ausdrücklich, dass er das Angebot, diesen Titel anzunehmen, abgelehnt habe, da dies dem Brauch der Vorfahren widerspreche.[10] Cassius Dio behauptet dagegen, Augustus sei 19 v. Chr. für fünf Jahre zum Sitteninspektor ernannt worden und habe sich für diese Zeit die Vollmachten eines Zensors angeeignet.[11]

Was davon ist die historische Wahrheit? Zweifellos wurden in den Jahren 28 und 8 v. Chr. sowie 14 n. Chr. Volkszählungen durchgeführt, und anscheinend fanden zudem auch partielle Volkszählungen statt. Doch auch ein Konsul war berechtigt, kraft seines *imperium* einen Zensus anzuordnen. Wozu also brauchte Augustus, der in der Tat darum gebeten hatte, von Zeit zu Zeit zum Konsul gewählt zu werden, die zensorische Vollmacht?

Gegen Ende der Republik verlor die Volkszählung ihren Wert für die Anfertigung von Listen zur Mobilisierung von Truppen und ebenso für das Einziehen von Steuern aufgrund dieses Verzeichnisses. Es ist zu lesen, durch den Zensus hätten die Behörden Auskunft über die finanzielle Lage *(rationes pecuniae)* der Bürger erhalten.[12] Doch zur Zeit des Prinzipats zahlten die Einwohner Roms und Italiens keine Steuern, und der Militärdienst war zum größten Teil freiwillig. Was war dann der Zweck der Volkszählungen?

Die finanzielle Lage der Einwohner des Imperiums, die im Gegensatz zu den Einwohnern Roms und Italiens weiter

Steuern zahlten, war auch während des Prinzipats für den Staat von Interesse. Zum Beispiel ordnete Augustus 27 v. Chr. eine Volkszählung in Gallien an; und die Einwohner Palästinas begriffen sehr gut, weshalb Quirinus, der Statthalter von Syrien, einen Zensus im Land befahl.[13] Interessant waren solche Zählungen für Augustus aber noch aus einem anderen Grund, denn es wurden dabei auch weitere Daten erhoben, etwa über Herkunft, physische Leistungsfähigkeit, Sittlichkeit und Betragen in der Öffentlichkeit. Nach der Gesamtheit dieser Daten richtete es sich, ob jemand für würdig *(dignus)* befunden wurde, dieser oder jener Statusgruppe *(ordo)* anzugehören.

Augustus achtete genau auf die Einhaltung der Hierarchie zwischen den verschiedenen *ordines*. In Kapitel 9 wird ausführlich dargestellt, welchen Maßstab er für die Eingliederung in den Kreis der Senatoren *(ordo senatorius)* im Vergleich zu dem der Ritter *(ordo equester)* anlegte. An dieser Stelle sei nur gesagt, dass ihm die für eine bestimmte Zeit verliehene Gewalt eines Zensors die Möglichkeit eröffnete, den Senat von denen zu «säubern», die der senatorischen *dignitas* nicht entsprachen. Augustus machte reichlichen Gebrauch von dieser Befugnis. Er selbst beschrieb das in nur drei Worten: *senatum ter legi* (Eine Neukonstituierung des Senats habe ich dreimal vorgenommen).[14]

c) Augustus und die öffentliche Sittlichkeit

Die Sittenlosigkeit des römischen Adels gegen Ende der Republik und zu Beginn des Prinzipats wurde von den zeitgenössischen Schriftstellern und Dichtern schonungsloser Kritik unterzogen. Der große Reichtum, der viele Jahre lang aus den Provinzen nach Rom geflossen war, hatte dazu geführt, dass die Adligen sich an Protzerei, Verschwendungssucht und dem Gebrauch von exotischen Luxusgütern übertrafen. In den oberen Gesellschaftsschichten herrschte eine Atmosphäre sexueller Zügellosigkeit, und der Stand der Ehe, einst einer der höchsten Werte in der römischen Gesellschaft, hatte seine Bedeutung verloren.

Früher hatte die Ehe zu den Pflichten des Staatsbürgers gehört, und ihr vornehmstes Ziel war es, Kinder in die Welt zu setzen. Frauen waren ihren Männern weitgehend untergeordnet; der Mann hatte sogar das gesetzlich anerkannte Recht, seine Frau hinrichten zu lassen, wenn sie Ehebruch begangen hatte. Für den ehebrecherischen Mann gab es keine entsprechenden Gesetze. Am Ende des 1. Jahrhunderts v. Chr. war wenig von dieser Anschauung geblieben. Nachdem die Frauen mit der Zeit fast uneingeschränkt über das Vermögen verfügen konnten, das sie als Mitgift in die Ehe gebracht hatten, waren sie viel unabhängiger und mischten sich teilweise sogar in die Politik ein. Männer wie Frauen zogen es vor, nicht zu heiraten, und diejenigen, die es doch taten, empfanden Kinder oft als Belastung. Dadurch sank die Geburtenziffer des römischen Adels drastisch.

Das vermehrte Auftreten von Erbschleichern *(captatores)* unter den oberen Zehntausend in Rom trug auch seinen Teil dazu bei, dass die Männer Junggesellen blieben. Solange das Testament des römischen Bürgers ordnungsgemäß abgefasst war, konnte er sich aussuchen, wem er seinen Besitz vermachte. Er war nicht verpflichtet, jemanden aus seiner Familie zu bestimmen, und konnte sein Geld einer unbegrenzten Zahl von Personen vererben. Tatsächlich bedachten vermögende römische Bürger häufig ihre Freunde in ihrem letzten Willen. Wer im Testament eines Mannes, der als sein Freund galt, nicht bedacht wurde, konnte das durchaus als vorsätzliche Beleidigung auffassen.

Erbschleicher traten besonders im Umkreis wohlhabender, kinderloser Männer in Erscheinung. Das schmeichlerische und kriecherische Benehmen der *captatores* den Reichen gegenüber brachte manche dazu, das Heiraten lieber zu lassen, um sich als Gegenleistung für ihr Erbe lebenslange Dienstleistungen zu verschaffen. Die Erbschleicher umschwärmten ihre Opfer, gehorchten jedem Wink und kamen jeder Forderung nach – mochte sie auch noch so ausgefallen sein. Horaz schildert diese Leute mit Verachtung und Spott.[15] Cicero verurteilt die «heimtückische Schmeichelei», mit der die *captatores* hinter der Erbschaft her waren.[16] Die Jagd nach dem Erbe war zu einem – nicht gerade ehrenhaften – Gewerbe geworden.

Es ist anzunehmen, dass Ähnliches bei den niederen Ständen in Rom und Italien nicht vorkam. Da aber die Gesellschaftsschicht, in der diese Verfallserscheinungen grassierten, Italien und das römische Imperium anführen sollte, sann Augustus auf Maßnahmen, das moralische Niveau zu heben und die Tradition zu schützen.

Augustus hoffte, den übertriebenen Aufwand, der in Rom um sich gegriffen hatte, durch Verfügungen gegen übermäßigen Konsum und Verschwendung *(leges sumptuariae)* eindämmen zu können. Diese im Jahr 18 erlassenen Gesetze beschränkten die Höhe der Ausgaben für das Bauen, für Nahrungsmittel, Schmuckstücke und so weiter. Die römische Aristokratie sollte zu der Bescheidenheit zurückkehren, die charakteristisch für ihre Vorfahren gewesen war. Ähnliche Gesetze waren schon in der Vergangenheit verabschiedet worden, und die Tatsache, dass sie immer wieder neu erlassen wurden, weist auf die Erfolglosigkeit dieser Versuche hin. Aber Augustus ließ sich dadurch nicht entmutigen.

Origineller waren die neuen Ehegesetze in Rom. Die *lex Iulia de adulteriis coercendis* und die *lex Iulia de maritandis ordinibus* (9 n. Chr. durch die *lex Papia-Poppaea* teilweise geändert) schlug Augustus aufgrund seiner tribunizischen Vollmacht vor, ein Beweis, dass er sich persönlich mit diesen Fragen beschäftigte. Die Verordnungen sollten den Stand der Ehe festigen, insbesondere die Adligen zu Ehe und reicher Nachkommenschaft anspornen und Scheidungen erschweren, Ehebruch wurde mit schweren Strafen belegt.

Bedauerlicherweise lässt sich die exakte Chronologie dieser Gesetze nicht rekonstruieren, wahrscheinlich wurden sie irgendwann nach Augustus' Rückkehr aus dem Osten (im Herbst 19) und vor den Säkularspielen (im Mai 17) verabschiedet.[17]

Die Wirkung der Gesetzgebung war enttäuschend, so waren ausgerechnet die beiden Konsuln, mit deren Namen das Gesetz vom Jahr 9 n. Chr. verbunden ist, Junggesellen! In den Salons der oberen Gesellschaftsschichten erregte die Gesetzgebung Missfallen, und beim einfachen Volk wurde sie mit Gleichgültigkeit zur Kenntnis genommen. Doch der junge Augustus, der bis zum Jahre 19 bei allem, was er unternahm, so viel Erfolg gehabt hatte, glaubte, er könne einen neuen Menschen schaffen, einen Menschen, der in die neue Ära passte. Vor diesem Hintergrund muss man auch seine religiöse Reform betrachten.

d) Augustus und die römische Religion

Mit großem Prunk fanden 17 v. Chr. die Säkularspiele statt. Sie symbolisierten das Ende der einen und den Beginn einer neuen Epoche. Der stark religiöse Einschlag der Spiele ist nur vor dem Hintergrund von Augustus' Religionspolitik richtig zu verstehen. Deshalb wird diese zunächst ausführlich und im Zusammenhang seiner gesamten Regierungszeit erläutert.

1) Augustus' Maßnahmen auf religiösem Gebiet

In seinem Tatenbericht betont Augustus nicht ohne Stolz, dass er während des sechsten Konsulats (28 v. Chr.) den Befehl gab, 82 Heiligtümer, die während der Bürgerkriege zerstört oder beschädigt worden waren, wiederherzustellen. Keinen einzigen Tempel ließ er aus, der instand gesetzt werden musste.[18] Darüber hinaus verpflichtete er die Nachkommen der ursprünglichen Tempelerbauer, die Verantwortung für die laufende Pflege der Heiligtümer zu übernehmen, um dem Staatsschatz diese Ausgaben zu ersparen. Doch Augustus begnügte sich nicht mit der Renovierung bestehender Tempel, sondern ließ auch neue errichten und weihte sie ein. Livius bezeichnete ihn mit Recht als Stifter und Wiedererbauer *(templorum omnium conditor aut restitutor)*.[19]

Außerdem setzte Augustus Priester wieder in die Ämter ein, die während der langen Bürgerkriege nicht besetzt gewesen waren, und sorgte dafür, dass die religiösen Zeremonien in vollem Umfang und vorschriftsmäßig abgehalten wurden. Um zu vermeiden, dass Priesterämter, die als nicht mehr zeitgemäß angesehen wurden, von oben herab betrachtet würden, vergrößerte er die Einkünfte der Priester um ein Vielfaches und befreite sie von zahlreichen Bürgerpflichten. Er schloss sich zudem höchstpersönlich vielen Priesterkollegien an und verlieh ihnen dadurch Ansehen. Die vollständige Liste findet sich in seinem Tatenbericht.[20] Zum Beispiel war er Mitglied des Fünfzehnerkollegiums *(quindecimviri sacris faciundis)*, das über die Sibyllinischen Bücher wachte und die Einhaltung der Kultvorschriften beaufsichtigte. Er gehörte den *fratres arvales* an, einer Gruppe von zwölf Männern aus den besten Familien Roms, deren wichtigste Aufgabe es war, jedes Jahr im Mai die Zeremonie zu Ehren der Göttin der Landwirtschaft, Dea Dia, abzuhalten. Auch gehörte er dem Kollegium der *fetiales* an, die die Verantwortung für die Zeremonie der Kriegserklärung hatten. Als er erfuhr, dass wegen der ebenso gestrengen wie merkwürdigen Verbote, die für den *flamen Dialis* galten, niemand dieses Amt erstrebte, verminderte er dessen Pflichten und machte den Posten anziehender. Dieser für den Jupiter-Ritus verantwortliche Priester hatte viele Verbote zu beachten, durfte zum Beispiel keine Ziege, keinen Hund, kein rohes Fleisch berühren, sich weder Haare noch Nägel schneiden, nicht auf einem Pferd reiten und vieles mehr.

Augustus war natürlich auch Mitglied des bedeutenden Kollegiums der Auguren. Sie deuteten die Himmelszeichen, um den Willen der Gottheit zu erkunden. Nach dem Tod des Lepidus im Jahr 12 wurde Augustus, wie erwähnt, schließlich auch Pontifex maximus. Sueton berichtet:

> Sobald er aber das Oberpriesteramt, das er dem Lepidus, solange derselbe lebte, nicht hatte entziehen mögen, nach dessen Tode trotzdem übernommen, ließ er alles, was an Weissagebüchern, sowohl griechischen als lateinischen, von entweder unbekannten oder unglaubwürdigen Verfassern im Umlauf war, über 2000 Bände, zusammenbringen und verbrennen. Nur die Sibyllinischen Bücher behielt er, und auch diese nur in Auswahl, und bewahrte sie in zwei goldenen Bücherfächern unter dem Fußgestell des Palatinischen Apollo.[21]

Wir können hier nicht alle neuen Verordnungen von Augustus auf religiösem Gebiet aufzählen; die moderne Literatur bezeichnet sie als «die religiöse Reform des Augustus».[22] Doch zumindest über die Verherrlichung der Namen des Apoll und des Mars sollen in diesem Zusammenhang einige Worte gesagt werden.

Im Volk ging die Geschichte um, Augustus sei eigentlich der Sohn des Apoll, und der Princeps tat nichts, um diesem Gerücht entgegenzutreten. Apoll habe den jungen Octavian vor dem Blitzschlag gerettet, und während der Schlacht bei Actium habe der Gott seinen Sitz auf Delos verlassen und Octavian geholfen, Antonius und Kleopatra zu besiegen.

Deshalb wurde Apoll zum Symbol von Augustus' Herrschaft, der ihm einen wunderschönen Tempel auf dem Palatin errichtete, der im Laufe der Zeit um Säulenhallen ergänzt wurde, darunter eine große Bibliothek, die lateinische und griechische Bücher enthielt. Der Tempel war in der Nähe seines eigenen Palasts, und so war es ihm bequem, im Alter die Senatssitzungen da abzuhalten und auch die Kontrolle der Geschworenenlisten dort vorzunehmen. Die Dichter begannen, Apoll zu verherrlichen: Vergil besang ihn in den *Eclogae*, Tibull nannte ihn sanft und freundlich, und Horaz erwartete von Apoll, er werde jedem Menschen Frieden und Ruhe in seinen vier Wänden zusichern.[23] Auf Augustus wurden Loblieder gesungen, da er endlich das Gelübde des Aeneas wahrgemacht habe, Apoll einen prächtigen Tempel zu bauen: «Phoebus und Trivia werde ich dann einen Tempel aus reinem / Marmor erbauen und Festtage weihen auf den Namen des Phoebus.»[24]

Während des Prinzipats des Augustus änderte sich auch das Bild von Mars. In alten Zeiten war er, der als Vater des Romulus galt, der Schützer der Fluren und Gott des Krieges.

Sein Altar stand auf dem Marsfeld *(Campus Martius)*. Auch zur Zeit des Prinzipats wurde die Öffentlichkeit gelegentlich an Mars als den Vater des Gründers von Rom erinnert; doch Augustus, der als zweiter Gründer Roms angesehen werden wollte, hatte den ihm angebotenen Titel Romulus ausdrücklich abgelehnt.

Hier müssen wir auf Sueton zurückkommen, der berichtet, zuerst sei man der Ansicht gewesen, Octavian müsse Romulus genannt werden, um auf diese Weise darauf hinzudeuten, dass er in der Tat der zweite Gründer der Stadt sei.[25] Doch vermutlich wollte Augustus nicht mit Romulus in Verbindung gebracht werden, weil dieser der erste König Roms war und der Titel «König» in Rom verhasst war.

Augustus betete aus anderen Gründen zu Mars. In ihm sah er vor allem den «Gott der Rache» *(Mars Ultor)*. Bereits im Jahr 42 in der Schlacht bei Philippi, als Octavian den Mord an seinem Stiefvater Julius Caesar rächte, legte er einen Eid ab, Mars einen Tempel zu errichten; aber erst im Jahr 20, als er auch Crassus rächte – durch die Rückerlangung der Feldzeichen, die 53 bei Carrhae den Parthern in die Hände gefallen waren –, gab er den Befehl, mit dem Bau zu beginnen: «Auf Privatgrund habe ich einen Tempel des Mars Ultor [...] aus Mitteln der Kriegsbeute errichtet».[26] Die Bauarbeiten dauerten 18 Jahre. 2 v. Chr. wurde der Tempel mit großem Gepränge eingeweiht. Der Kult des rächenden Mars sollte die Tatsache betonen, dass eine neue Zeit nicht nur für Rom, sondern auch für die Einwohner des ganzen Imperiums begonnen hatte, nachdem Verbrecher aus Rom und Feinde von außen (die Caesar-Mörder und die Parther) ihre Strafe erhalten hatten. Augustus erklärte bei der Einweihung des Tempels öffentlich, dass er und seine Enkel regelmäßig diesen Tempel besuchen würden. Von nun an sollte außerdem jeder junge Mann vor seiner Einberufung in den Mars-Tempel gehen, ebenso jeder Feldherr, bevor er einen Feldzug begann. Die Kriegsbeute wurde von nun an im Mars-Tempel untergebracht; und dort fanden auch die Verhandlungen darüber, ob Krieg erklärt werden sollte, statt; Anträge der Feldherren auf Triumphzüge wurden in ihm beraten, und besiegte Barbarenführer mussten in diesem Tempel schwören, dass sie den Frieden wahren würden, den sie mit Rom schließen wollten.

Das religiöse Erlebnis, das Augustus ganz bewusst förderte, kam auch in der zeitgenössischen Kunst zum Ausdruck. Zahlreiche Statuen zeigen Augustus so, dass die Ränder der Toga seinen Kopf bedecken *(capite velato)*, also während er im Begriff ist, eine religiöse Zeremonie zu vollziehen. Die Reliefs des Friedensaltars *(ara pacis)* zeigen nicht nur die Ankunft des Aeneas in Italien und die Kindheit des Romulus, sondern auch zwei Prozessionszüge, einen führt Augustus an, die Toga über den Kopf gezogen, mit seiner Familie.

Die Rückkehr zur althergebrachten römischen Religion sollte den Römern die Botschaft vermitteln, dass es möglich sei, den alten Glanz zurückzubringen und – wenn die Götter versöhnt seien und der Friede der Götter *(pax deorum)* auch tatsächlich gewahrt bleibe – Rom eine lange Epoche des Erfolgs, des Gedeihens und des Friedens erhoffen könne. Aber dieses Ziel würde nicht erreicht werden können, wenn die Römer weiter fremde Kulte übernähmen; solche waren vor allem aus dem Osten eingeführt worden und hatten sich besonders unter den einfachen Leuten verbreitet. Stattdessen forderten die alt-neuen Götter Apoll und Mars nach der von Augustus aktualisierten Auslegung das Toga tragende Volk dazu auf, ein Reich ohne Grenzen zu errichten, und versprachen zugleich nach der Reihe gerechter Kriege lang anhaltenden Frieden: «[…] du aber, Römer, gedenk – so wirst du leisten dein Wesen – / Völker kraft Amtes zu lenken und Ordnung zu stiften dem Frieden!»[27]

Diese Darstellung der römischen Religion basiert auf den Quellen, sie lässt sich nicht kurzerhand negieren, in dem man die römische Kultur als säkular in jeder Beziehung einstuft und der Religion eine zweitrangige Rolle zuschreibt. Doch einen weit größeren Irrtum begeht, wer dem römischen Begriff *religio* die moderne Bedeutung des Wortes beigibt. Deshalb möchte ich die Bedeutung des Begriffs *religio* in Rom kurz erklären und erst danach versuchen, die Reform des Augustus zu interpretieren.

2. Was ist römische Religion?

Wie bei vielen primitiven Völkern glaubten auch die Angehörigen der frühesten Stämme in Latium, dass lebenden und toten Körpern sowie bestimmten Orten eine mysteriöse Macht innewohne, die die Menschen unrein oder sogar gefährlich mache. Einen solchen Körper oder Ort nannten sie *religiosum.*[28] Aus diesem Grund galten «religiöse» Orte oder «religiöse» Tage *(dies religiosi)* als Orte oder Tage, die mit bestimmten Verboten belegt, also – in der Fachsprache der Anthropologen – tabu waren. Körper oder Orte, die mit einem Tabu belegt waren, konnten auf verschiedene Weise geläutert werden. Bei den primitiven Stämmen wurden magische, im Grunde technische Mittel angewandt. Bei der Familienreligion und später auch bei der Staatsreligion blieb das Bestreben das gleiche, nur die Wege zur Befreiung von dem Tabu waren verfeinerter und raffinierter.[29]

Nachdem die Nomadenstämme begonnen hatten zu siedeln und sich Familienverbände herausgebildet hatten, entwickelten sich Beziehungen der Ehrfurcht und Untertänigkeit Behörden, Gemeinschaften oder Orten gegenüber, wie es diese Stämme vorher nicht gekannt hatten. Im Zentrum des frühen römischen Hauses *(domus)* befand sich die Feuerstelle, um die herum sich der Kult der Vesta abspielte, der Göttin des Herdfeuers; es wäre undenkbar gewesen, ohne sie Essen zuzubereiten. Hinter der Herdstelle war die Speisekammer *(penus)*; die Mächte, die sie bewachten, hießen *di penates*. Ein weiterer übermenschlicher Mitbewohner der frühen römischen *familia* ist der Geist der Zeugungskraft des Familienvaters *(genius)*, der auch nach dem Tod weiter lebt und Einfluss ausübt. Daher das Ritual der Geister der Verstorbenen *(manes)*, die zu späteren Zeiten mit den Vorvätern *(di parentes)* identifiziert wurden. Es gab noch weitere Stellen im Haus der Familie, die Angst und Schrecken hervorriefen *(religio)*. Als besonders gefährlich galten die Grenzen des Grundstücks, die Begräbnisstätte und die Schwelle des Hauses. Die Toten wurden im Dunkel der Nacht aus dem Haus getragen, damit sie den Weg zurück nicht mehr fänden. Nach dem frühen römischen Glauben beschützten drei gute Götter die Schwelle des Hauses: Proculus bewachte die Türe selbst, Limentinus die Schwelle und Cardea die Türangel.[30]

Der Übergang von der Religion des Vaterhauses beziehungsweise des Clans zur Religion der Familie und von der Familienreligion zur Religion der Polis ist nicht genau zu bestimmen. Zuverlässige Quellen existieren nicht; den modernen Historikern ist nur das «Endprodukt» bekannt – Rom, der Stadtstaat. Sie stellen meist Vergleiche mit anderen primitiven Stämmen an und halten es für wahrscheinlich, dass die römische Religion ähnliche Entwicklungsstufen durchlaufen hat. Eines steht ohne Zweifel fest: Die früheste römische Religion war animistisch. Die Geister, die im All herrschten, erschienen den Menschen undeutlich und wurden nicht präzise definiert. Über jede – wichtige oder unwichtige – Tätigkeit wachte irgendein Geist, der kein menschliches Äußeres hatte. Diese Geister waren weder männlich noch weiblich, sie hatten weder gute noch schlechte Eigenschaften, sie tranken weder Nektar, noch nahmen sie Ambrosia zu sich, und sie hatten auch keinen festen Wohnsitz. In der frühen Agrargesellschaft wachten sie über alltägliche, einfache und eng begrenzte Tätigkeiten; daher war ihre Zahl groß. So kennen wir den ersten Gott des Pflügens, den zweiten Gott des Pflügens, den dritten Gott des Pflügens, den Gott des Säens, der Ernte und so weiter. Augustinus hat sich über diese Vielzahl von Göttern lustig gemacht und bemerkt, es sei schwierig, all die frühen römischen Götter in ein Buch zu stecken; um seine Leser vor Langeweile zu bewahren, weigerte er sich, sie samt und sonders aufzuzählen.[31] Doch seine Darstellung genügt, um uns wissen zu lassen, dass diese Geister keine eigene Persönlichkeit besaßen wie die olympischen Götter. Die Römer kannten keine Götter wie die Griechen, keinen Mythos; ihre Religion war niemals eine Quelle künstlerischer Inspiration. Es war eine kalte, formalistische Religion, ohne Gefühle und ohne Seele. Das geht aus dem frühesten uns bekannten römischen Kalender hervor, der den Übergang vom Leben der dörflichen Bevölkerung zum Leben in dem organisierten und kämpferischen Stadtstaat anzeigt. Im März, dem ersten Monat im römischen Jahr, zogen die Bürger in den Krieg, und im Oktober kehrten sie nach Hause zurück. Dann fand ein Pferderennen auf dem Marsfeld statt, und das Pferd, das gewonnen hatte, wurde dem Kriegsgott geopfert. Die Waffen wurden an einen geheiligten Ort *(sacrarium)* zurückgebracht und dort bis zum März des folgenden Jahres aufbewahrt, wenn eine neue Mobilmachung erfolgte. Doch noch etwas Wichtiges zeigt dieser Kalender an. Es gab erlaubte Tage *(dies fasti)* und verbotene Tage *(dies nefasti)*; an diesen war es untersagt, sich mit öffentlichen und Staatsangelegenheiten zu befassen, woraus zu ersehen ist, dass auch in der Polis Ängste vor unbekannten Kräften bestanden. Doch die Furcht vor ihnen ließ allmählich nach, denn es gab eine Gruppe von Menschen im Staat, die wusste, wie man die dem einfachen Mann unbekannten Mächte beschwichtigte. Diese Menschen, die Priester, waren in all den komplizierten Regeln des Gesetzes bewandert, das die Beziehungen zwischen den Bürgern und den Göttern der Polis regelte *(ius divinum)*. Sie waren autorisiert und fähig, den Willen der Götter zu verstehen, und daher hatten sie die Aufgabe, das Volk und das Land vor unreinen Einflüssen zu schützen. Wenn Unreines in den Staat eindrang, mussten sie die Reinigung *(lustrum)* vornehmen, und sie wussten, wie das zu geschehen hatte, denn sie kannten und beherrschten alle Einzelheiten und Feinheiten dieser *caerimonia*.

Ebenso wie der Staat heutzutage die Verantwortung für Erziehung und Wohlfahrt trägt, übernahm die Behörde der frühen Polis die Verantwortung für alle Kulthandlungen. Das Ritual war kalt und nüchtern, ausgerichtet auf die Einhaltung des Gesetzes und der Ordnung im Staat; es verzichtete auf Gefühle und Ekstase. Nicht weil die Vorfahren der Römer besonders religiöse Menschen waren, sondern weil sie mehr als andere Völker darauf achteten, den Kult vorschriftsmäßig abzuhalten, wurden sie bei Sallust *religiosissimi mortales* genannt.[32] Für Cicero bedeutet *religio* nichts anderes als die strenge Einhaltung aller kultischen Vorschriften.[33]

Dieser grundsätzliche Charakter der römischen Staatsreligion änderte sich auch nicht, als fremde Kulte in Italien eindrangen. Gerade deshalb konnten besonders beim einfachen Volk Kulte Wurzeln schlagen, die sich an den Einzelnen und seine Empfindungen wandten und bei denen das Wohl der Allgemeinheit und des Staates eine Nebenrolle spielte. Die Gebieter Roms waren sich dieser Gefahr bewusst, Augustus bildete da keine Ausnahme. So hatte Julius Caesar 48 v. Chr. befohlen, den Isistempel niederzureißen. Nur aus Schwäche und dem Wunsch, das Wohlwollen des Volkes zu gewinnen, gestatteten die Triumvirn den Wiederaufbau im Jahr 43. Doch nach der Regierungsübernahme ging Augustus mit Härte und Entschlossenheit vor: Der Propagandaapparat ließ verbreiten, die Schrecken während der Bürgerkriege seien nicht zufällig geschehen, vielmehr habe die Vernachlässigung der alten Religion, also die Missachtung der traditionellen Riten, dazu geführt. Die Propaganda fiel auf fruchtbaren Boden; Cicero hatte ja schon den Bürgerkrieg eine Strafe des Himmels genannt.[34] So wunderte sich niemand, wenn bei Horaz zu lesen war, die Söhne würden fortfahren, für die Sünden ihrer Väter zu büßen, solange die zerstörten Heiligtümer nicht wieder instand gesetzt seien.[35] Sallust schreibt ausdrücklich, Rom habe es unter anderem dank der Beharrlichkeit, mit der seine Bürger die Götter verehrten, zu solcher Größe gebracht. Als die Römer aber begonnen hätten, die Götter zu missachten, sei auch der Ruhm verebbt.[36] Doch es war vor allem Livius, der der Religionspolitik des Augustus Ausdruck verlieh, als er Appius Claudius (angeblich 368 v. Chr.) sagen ließ:

> Vielleicht macht man sich ja jetzt über die heiligen Handlungen lustig: «Was ist denn, wenn die (Weissage-)Hühner nicht fressen wollen, wenn sie verspätet aus dem Käfig kommen, wenn der (Weissage-)Vogel sich hören lassen sollte?» Gut, das sind Klei-

> nigkeiten. Doch dadurch, dass sie derlei Kleinigkeiten nicht missachtet haben, haben eure Vorfahren diesen Staat zu dem bedeutendsten gemacht; jetzt haben wir, als ob wir auf Frieden mit den Göttern nicht mehr angewiesen wären, alle heiligen Bräuche besudelt.[37]

Es ließen sich noch viele Belege aufführen, dass Augustus, der ein konservativer und traditionsbewusster Mensch war (wie die meisten seiner Gesellschaftsschicht), die Erinnerung an die Schrecken des Bürgerkrieges dazu nutzte, Rom zur alten Religion zurückzuführen. Es gibt jedoch auch Forscher, die behaupten, mit dem Traditionsbewusstsein des Augustus sei es nicht weit her gewesen und die ganze religiöse Reform sei nichts anderes gewesen als ein politisches Mittel zum Zweck.

3. Die römische Religion als Mittel der Politik

Edward Gibbon benötigte keine Schlagwörter wie «Die Religion ist das Opium des Volkes»[38], um auf den Missbrauch der Religion von Seiten der römischen Regierung hinzuweisen; er schrieb mit großem Scharfsinn: «Was das einfache Volk in Rom betrifft, waren alle Religionen wahr. Für römische Magistraten waren alle Religionen nützlich.»[39]

Ohne Zweifel war Gibbon stark von den französischen Philosophen des 18. Jahrhunderts beeinflusst, doch seine Auffassung über die Religion konnte er auf zahlreiche Stellen in den römischen und griechischen Quellen stützen.

König Numa Pompilius legte im 8. Jahrhundert v. Chr. das Fundament für die römische Religion; er war der Meinung, nur die Angst vor den Göttern könne den Pöbel davon abhalten, in Friedenszeiten zu rebellieren. Solange Gefahr von außen drohte, ließ sich die Wut des römischen Volkes in diese

Richtung lenken. Kam es zum Frieden, wurde die Religion eine Art Ersatz für militärische Disziplin. Numa Pompilius nutzte die Einfalt der einfachen Leute aus und verbreitete die Geschichte, er würde bei seinen religiösen Handlungen immer von einem übermenschlichen Wesen, der Nymphe Egeria, geleitet.

Polybius äußerte sich in einem berühmten Passus ganz unverblümt über den Aberglauben und die Funktion der Religion: Einerseits kritisierte er den römischen Staat, in dem seiner Meinung nach mehr Aberglaube als in irgendeinem anderen Land herrsche, andererseits hielt er ihn für ein notwendiges Übel. In einem Staat, der nur aus klugen und einsichtigen Menschen bestünde, bräuchte man keinen Aberglauben. Da aber das ignorante Volk voreilig und leichtsinnig, unvernünftig und wankelmütig, aggressiv und gierig sei, müsse es durch undefinierbare und unsichtbare Ängste im Zaum gehalten werden.[40]

Auch Cicero betonte die säkulare Funktion der Religion: Sie verhindere Chaos und stifte soziale Einheit. Ohne den Göttern ergeben zu sein *(pietas erga deos)*, versicherte er, würden Gerechtigkeit und Vertrauen unter den Menschen abhanden kommen.[41] Ovid spricht dieselben Gedanken in einem bekannten Vers aus: «Vorteil bringt's, dass Götter es gibt, drum lasst uns sie glauben» *(expedit esse deos, et ut expedit esse putemus)*.[42]

Es ist unnötig, weitere Zitate zu bringen, doch sei darauf hingewiesen, dass der Versuch, Literatur, Kunst und Religion allein aus dem sozialen Kontext zu erklären, meist zu recht schlichten, manchmal auch vulgären Resultaten führt. Heutigen Menschen, die ein völlig säkulares Leben führen, fällt es schwer, Religion einen Eigenwert zuzugestehen; sie sehen keinen Makel darin, die Religion als «Überbau» oder als Erfüllung irgendeiner gesellschaftlichen oder politischen Funktion zu betrachten. Zwar spricht man heute gern von der Komplexität der Wirklichkeit, aber statt sich tatsächlich um diese Komplexität zu bemühen, verknüpft man meist nur verschiedene Wirklichkeitskomponenten ganz schlicht mechanisch miteinander. Ungleich schwieriger ist es, die organische Verbindung von Komponenten zu beschreiben – das werde ich jetzt versuchen.

Es ist nicht falsch zu behaupten, der größte Teil der Römer habe geglaubt, das Glück sei des Lebens Ziel. Glück, das bedeutet Gesundheit und Wohlstand des Einzelnen, Erfolg und Fortschritt der Allgemeinheit und des Staates. Und tatsächlich war die römische Religion auf den Erfolg ausgerichtet, nicht auf die Sünde. Zu Erfolg brachte man es nicht durch den reinen Glauben an die Götter, sondern durch die gewissenhafte Ausführung der religiösen Riten. Der einzelne Römer konnte an die Götter glauben und von ihnen denken, was er wollte. Er hatte nicht die Zehn Gebote einzuhalten. Solange die Rituale zur Verehrung der Götter vorschriftsmäßig verrichtet wurden, konnte er ohne Furcht leben. Jupiter wurde «der Beste und Größte» *(Iupiter Optimus Maximus)* genannt, nicht weil er die Menschen ehrlicher, duldsamer und klüger machte, sondern weil er sie «frei von Angst, reich und blühend» machte.[43]

Hieraus folgt eindeutig: Fragen nach Gut und Böse beschäftigten die römische Religion nicht. Der angemessene Weg zur Zufriedenstellung der Götter hatte nichts mit dem Charakter desjenigen zu tun, der sich an sie wandte. Die römische Religion beruhte auf einem utilitaristischen Prinzip: «Ich gebe, damit du mir gibst» *(do, ut des)*. Von Glaube und Moral war sie völlig getrennt.

Doch es gibt noch eine andere Seite: Auch in der römischen Religion galten bestimmte Taten als Sünde. Missachtung des Götterkultes ist nur ein Beispiel. Die römischen Götter bestraften außerdem Diebstahl aus dem Tempel, Meineid, den Bruch von Verträgen mit anderen Ländern, Vatermord, Unzucht usw. Der Begriff *religio* impliziert auch das Gefühl der Furcht vor einem übermenschlichen Wesen; im Begriff *sacrum* steckt auch die Bedeutung «den Göttern etwas widmen»; im Begriff *pietas erga deos* ist die Anhänglichkeit an die Götter zu erkennen, zu denen man in der Not betet und denen man in der Bedrängnis feierliche Versprechen gibt. Lukrez spottete zwar über Ignoranten, die Steine anbeteten, doch zugleich schilderte er auf realistische Weise Menschen, die mit verhülltem Kopf von einem Altar zum anderen pilgern, sich auf die Erde niederwerfen und ihre Hände im Gebet zu den Statuen erheben.[44] Natürlich kann man verallgemeinern und sagen, das einfache Volk sei mehr vom Glauben durchdrungen gewesen als die oberen Schichten. Aber es wäre irrig zu glauben, die gebildeten Römer wären Rationalisten und Atheisten im modernen Sinn dieser Begriffe gewesen. Keiner von ihnen schlug vor, die traditionellen Rituale abzuschaffen, und nicht nur, weil sie sie für ihre politischen Zwecke ausnutzen wollten, sondern weil sie keinen Unterschied machten zwischen der Religion der Dichter, der Religion des Staates und der Religion der Philosophen. Sie waren imstande, in zwei Welten zu leben und mit sich selbst darüber einig zu sein. Marius und Sulla, Caesar und Augustus konnten Realpolitik machen und zur selben Zeit dem übertriebensten Aberglauben anhängen. Ein gebildeter Heide war in den meisten Fällen tolerant in Dingen, die Religion und Philosophie betrafen. Es kümmerte ihn wenig, auf welche Weise die Menschen zur Wahrheit zu gelangen suchten, denn es war ihm klar, dass nicht nur ein Weg dahin führt. Aurelius Cotta mochte ein Skeptiker sein, doch gleichzeitig glaubte er an die traditionellen Götter der römischen Republik[45], so wie es Cicero nicht hinderte, die althergebrachte Weissagung zu verachten und gleichzeitig stolz darauf zu sein, dass er zum Auguren gewählt worden war.[46] Augustus war nicht anders als sie. Er glaubte an die traditionelle römische Religion, und es ist nicht anzunehmen, dass sein Dankgebet an die Götter, nachdem er den Titel «Vater des Vaterlandes» erhalten hatte, nur ein Lippenbekenntnis war. Andererseits hatte er keinerlei Bedenken, die Religion für seine politischen Ziele einzusetzen, und in dieser Richtung ist wohl auch die Erklärung für seine Regierungsreform zu suchen.

4. Die Religionsreform des Augustus

Es besteht kein Zweifel an der Ehrlichkeit der feierlich verkündeten Absicht, die Heiligtümer wiederherzustellen und den heruntergekommenen Priesterkollegien neues Leben einzuflößen. Auch steht es außer Frage, dass die Argumente der Regierung vom größten Teil der Bevölkerung akzeptiert wurden, also die Behauptung, dass die zürnenden Gottheiten Rom in den furchtbaren Strudel des Bürgerkrieges gestürzt hatten, weil sie in schändlicher Weise vernachlässigt worden waren und sie deshalb sofort beschwichtigt werden mussten. Es fiel den Römern nicht schwer, diesen Kausalzusammenhang zu verstehen: «Ihr werdet finden, dass alles glücklich ging, wenn wir den Göttern folgten, alles unglücklich, wenn wir sie verachteten.»[47]

In dieser Hinsicht handelte Augustus im Rahmen der üblichen römischen Tradition: Nach einem Unglück mussten die erbosten Götter besänftigt werden. So war es nach der

Invasion der Gallier geschehen und nach den Schrecken, die Italien durch den Einmarsch Hannibals ausgestanden hatte. Die «Sühne» nach Actium war trotzdem anders. Hatte zur Zeit der Republik der Senat die Aktivitäten zur Wiederherstellung des «Friedens der Götter» *(pax deorum)* geleitet, oblag diese Aufgabe nach dem Sieg bei Actium nun Augustus. Das hatte weitreichende Konsequenzen, da die alten feierlichen Handlungen nicht einfach wieder aufgenommen wurden, sondern sich ihre Inhalte änderten, ebenso wie die alten Priesterkollegien nicht einfach wiederbelebt wurden, sondern ihre Funktionen eine Wandlung erfuhren. Von nun an bildete der Ritus des Augustus den Mittelpunkt der meisten religiösen Veranstaltungen. Die kleinen Kollegien beschäftigten sich fortan beinahe ausschließlich damit, die Pontifizes und die Auguren zumindest teilweise. Augustus persönlich ernannte 170 Priester für die verschiedenen Kollegien.[48] Es ist anzunehmen, dass er in erster Linie Freunde auswählte, die seinen Namen aus freien Stücken verherrlichten – nicht aus Zwang. An die bedeutenden Kollegien wurden vor allem Senatoren berufen. Doch Augustus vergaß die niedrigeren Ränge nicht. Für die Priestergilde der *luperci* wurden Ritter ernannt. Die *augustales*, die Priester des Augustus-Kults dagegen, waren meist Freigelassene. Auch erneuerte Augustus die alten Riten an den Wegkreuzungen *(compita)* und die Ehre der Geister, die darüber wachten *(lares compitales)*. Nun war der Kult den Geistern der Vorfahren des Princeps gewidmet *(lares Augusti)*.

Anscheinend wurde langsam, aber stetig der Kult des Augustus und seiner Familie zum Staatskult, diese Entwicklung verstärkte sich seit seiner Berufung zum Pontifex maximus noch. Augustus zog nicht in das offizielle Haus des Pontifex maximus *(regia)*, das auf dem Forum lag, sondern blieb in seinem Palast auf dem Palatin wohnen, nicht weit vom Tempel des Apoll. Die *regia* stellte er den Vestalischen Jungfrauen zur Verfügung und errichtete in einem kleinen Flügel seines Palasts der Vesta einen Altar, auf dem das ewige Feuer brannte. Jedes Jahr am 28. April, der jetzt ein Feiertag war, brachte Augustus dort den *penates* Opfer dar. Unklar ist auch in diesem Fall, ob die Öffentlichkeit zwischen dem Ritus des Augustus und dem des Staates zu unterscheiden wusste.

Auf der einen Seite wies Augustus alle Vorschläge, ihn zu Lebzeiten zum Gott zu machen, zurück.[49] Er gestattete auch Agrippa nicht, ihm das Pantheon zu weihen. Der prächtige Tempel wurde Augustus' Ahnen gewidmet, und in der Mitte wurden die Standbilder des Mars, der Venus und des göttlichen Julius aufgestellt. Auf den Titel *divi filius*, göttlicher Sohn (Julius Caesars) verzichtete er nicht, und er trug ihn mit Stolz; doch er selbst wurde nicht vergottet. Die Priester in den verschiedenen Kollegien beteten für sein Wohlergehen, aber sie beteten nicht zu ihm. Sie brachten den Göttern Opfer für seine Gesundheit, doch ihm opferten sie nicht. Der römische Kalender war voll von Bettagen für Augustus' Gesundheit; viele Daten, die mit seinen Taten und Errungenschaften zusammenhingen (von seinem Geburtstag ganz zu schweigen), wurden Feiertage. Sogar ein Altar zu Ehren der Göttin Fortuna Redux wurde an einem der Tore Roms errichtet, weil Augustus im Jahr 19 hier in die Stadt zurückgekehrt war. Dort brachten nun alljährlich die *pontifici* und die Vestalischen Jungfrauen Opfer dar. Bei allen Festgelagen – mochten sie in Privathäusern oder in der Öffentlichkeit stattfinden – war es Pflicht, dem *genius* des Augustus zu Ehren ein Trankopfer zu bringen, und im Laufe der Zeit begann man, bei seinem *genius* zu schwören und ihm zu opfern. Vielleicht sollte der *genius*-Kult andeuten, dass – ebenso wie man der Zeugungskraft des Familienvaters huldigte – ein Kult für den *genius* des neuen Vaters des Staates im Entstehen war. Es ist zweifelhaft, ob die breite Masse in Rom und Italien einen Unterschied zwischen dem Kult des Mannes Augustus und dem Kult seines *genius* machte. Doch gerade in Rom und Italien achtete Augustus genau auf den feinen Unterschied, um nicht, entgegen der Tradition der Väter, als zum Gott gewordener Mensch angesehen zu werden.

In den Ostprovinzen war die Lage zugleich einfacher und komplizierter. Der Bevölkerung im Osten fiel es nicht schwer, in ihrem König einen Gott zu sehen und ihn sogar *Theos* zu nennen. Sie waren Augustus dankbar, weil er die Bürgerkriege beendet hatte, und aus eigenem Willen bereit, ihn als Gott anzuerkennen. Doch Augustus musste ihre Begeisterung zügeln: Er gestattete ihnen nicht, ihm zu Ehren Tempel zu errichten, es sei denn, sie benannten sie sowohl nach seinem Namen als auch nach dem der Göttin Roma. Ein Augustus-Kult wurde den Einwohnern der Provinzen nicht aufgezwungen. Von Flavius Josephus vernehmen wir, dass Herodes aus eigener Initiative Tempel für Augustus errichtete (außerhalb Judäas) und, um sich vor der einheimischen Bevölkerung zu rechtfertigen, die Erklärung verbreitete, er habe Anweisung von höchster Stelle bekommen.[50] Augustus' Toleranz anderen Religionen gegenüber drückte sich auch in seiner Einstellung zu den Juden aus. Er zwang sie nicht, ihm zu Ehren Opfer zu bringen oder sein Standbild im Tempel in Jerusalem aufzustellen; er gab sich damit zufrieden, dass sie für ihn beteten.

Der Platz reicht nicht aus, um alle Orte aufzuzählen, an denen in den Ostprovinzen Augustus-Kulte abgehalten wurden. Nur dies sei erwähnt: Die Provinzen im Westen übernahmen im Laufe der Jahre Entwicklungen aus dem Osten. Doch im Westen wurden keine Tempel, sondern nur Altäre ihm zu Ehren errichtet, und zwar in Lugdunum, dem antiken Lyon in Gallien, in Colonia (Köln) und in Tarraco in Spanien. Die Städte Italiens blieben nicht hinter denen in den Provinzen zurück. In den verschiedenen Municipien sorgten die *seviri augustales*, die *flamines* und die *sacerdotii* für den Augustus-Kult. Der Princeps seinerseits verehrte bewusst die frühen Götter Italiens. Nicht zufällig dichtete Vergil:

> Dreimal zog im Triumph durch Roms Mauern Augustus,
> Und als ewige Weihe des Danks der italienischen Götter
> Baut er umher in der Stadt dreihundert herrliche Tempel.[51]

Zusammenfassend bedeutet dies: Augustus lehnte seine Vergottung zu Lebzeiten ganz entschieden ab, doch die Tatsache, dass es den Kult ihm zu Ehren gab, war Symbol für die Treue zu ihm und seinem Regime. Dasselbe galt für seine Nachfolger; der Kult des Kaisers war das Sinnbild der Treue zur Herrschaft. Wurde der Brauch nicht eingehalten, so war das ein Zeichen für Verrat. Die Zeremonien selbst waren bunt und mitreißend, sie beeindruckten die Menge, die an den Feierlichkeiten teilnahm. Bei aller politischen Bedeutung des Kultes war der religiöse Einschlag nicht weniger wichtig. Das kam ganz besonders bei der Organisation der Säkularspiele zum Ausdruck.

5. Die Säkularspiele
Feierlichkeiten anlässlich der Beendigung eines Jahrhunderts

17 v. Chr. wurden in Rom die Säkularspiele *ludi saeculares* mit großem Prunk festlich begangen. Wir wissen nicht, weshalb Augustus gerade dieses Jahr für die Feiern wählte und aufgrund welcher Berechnungen die Priester Roms zu dem Schluss gelangt waren, im Jahr 17 ende das Säkulum.[52] Die ersten Spiele fanden 249 v. Chr. statt (nach einer weniger stichhaltigen Version 348 v. Chr.) und die zweiten 146 v. Chr. Rein arithmetisch gesehen, hat daher das Jahr 17 v. Chr. keinerlei Bedeutung. Dank einer riesigen Inschrift, die 1890 in Rom entdeckt und von Theodor Mommsen entziffert und gedeutet wurde, kennen wir mancherlei Einzelheiten über die Säkularspiele und ihren Verlauf.[53] Augustus sorgte dafür, dass der Senat Agrippa und ihn beauftragte, die Festlichkeiten auszurichten. Vom formellen Standpunkt aus war alles, wie es zu sein hatte: Beide waren sie Mitglieder des fünfzehnköpfigen Priesterkollegiums *quindecimviri sacris faciundis*, Augustus war sogar der Vorsitzende. Von alters her beaufsichtigten diese fünfzehn fremde Rituale, die das römische Volk übernommen hatte und die mit der Zeit Teil der Staatsreligion geworden waren, so zum Beispiel der Kult Apolls. Es lag also in der Kompetenz der fünfzehn, die Veranstaltung der Säkularspiele bekannt zu machen; die ersten Spiele im Jahr 249 waren nach dem griechischen Ritus *(Graecus ritus)* abgehalten worden, die Vorschriften für ihre Durchführung stammten aus den Sibyllinischen Büchern. Die Festlichkeiten spielten sich damals in der Nähe einer sprudelnden Schwefelquelle auf dem Marsfeld ab. Dort stand ein Altar, an dem drei Nächte lang den Göttern der Unterwelt Opfer dargebracht wurden.

Die Feiern im Jahr 17 dauerten drei Tage und drei Nächte. Augustus selbst opferte Tag und Nacht, Agrippa nur bei Tag. In der Nacht wurde den Moiren (Schicksalsgöttinnen) geopfert. Sie wurden gebeten, Rom eine noch herrlichere Zukunft zu bescheren. Auch Eileithyia, der griechischen Göttin der Fruchtbarkeit, und Tellus, der Göttin des Saatfeldes, wurden die Opfer nachts dargebracht. Tagsüber opferte man Jupiter und Juno, den Göttern des Kapitols, sowie Apoll und Diana, den Göttern des Palatins.

Verfolgte Augustus nur einen religiösen Zweck mit der Organisation der Feiern? Neu war, dass diesmal nicht nur den Göttern der Unterwelt geopfert wurde, sondern auch denen von dieser Welt. Beabsichtigte er vielleicht, indem er Jupiter an Apolls Seite präsentierte, auf den Anbruch einer neuen, kosmopolitischeren Epoche hinzuweisen, einer griechisch-römischen Epoche, an der Bürger und Nichtbürger, Angehörige jedes Volkes und jeder Rasse, wenn sie nur frei waren und keine Sklaven, teilhaben sollten? Eine solche Absicht passt zu Augustus' Anschauungen, und wenn die Art, wie wir die Religionsreform erklärt haben, zutreffend ist, dann ist das auch plausibel; denn man kann kaum annehmen, bei diesen Feiern hätten politische Intentionen gefehlt.

17 v. Chr. waren zehn Jahre vergangen, seit der Prinzipat gegründet worden war, das Ereignis, bei dem der Senat Augustus «gegen seinen Willen» berief, den Staat vor Anarchie zu bewahren. Er hatte sich dem Beschluss gefügt und die Aufgabe mit größter Gewissenhaftigkeit erfüllt. Nach diesen zehn Jahren konnte er eine Reihe wichtiger Erfolge verzeichnen: Er setzte den Bürgerkriegen ein Ende, und in den Randgebieten des Imperiums herrschte Ruhe. Der Princeps konnte sich dem Religions- und Geistesleben zuwenden. Mit den Spielen wollte er ohne Zweifel der Idee Ausdruck ver-

leihen, dass eine Epoche zu Ende war und eine neue Ära begann. In der Vergangenheit waren die Säkularspiele gefeiert worden, um das Ende eines Zeitabschnitts anzuzeigen. Jetzt standen sie im Zeichen der Zukunft. Nicht zufällig wurden Augustus und Agrippa in den Mittelpunkt gerückt und die Opfer auf dem Palatin im Tempel des Apoll dargebracht, desselben Apoll, der Aeneas in Troja und Augustus in Actium gerettet hatte. Vergil lebte schon nicht mehr, daher wurde Horaz gebeten, das Festlied *carmen saeculare* zu verfassen. Es wurde am dritten Tag der Festlichkeiten von einem aus 27 Jungen und 27 Mädchen bestehenden Chor feierlich gesungen. Sein Inhalt deutet auf Augustus' Wünsche hin. Es beginnt mit einem Gebet zu Apoll und dessen Schwester Diana. Darin kommt die Hoffnung zum Ausdruck, Sol, der Sonnengott, möge Roms Größe anerkennen und keiner anderen Stadt gestatten, es zu überflügeln. Weiter wird darin um die Erhöhung der Geburtenziffer und eine segensreiche Ernte gebeten. Der Dichter spendet Augustus Lob wegen seines Abkommens mit den Parthern, bewundert das hohe Ansehen, zu dem Rom es bei fernen Völkern (Mädern, Skythen, Albaniern und Indern) gebracht hat, spricht seine Glückwünsche für den Frieden aus und hofft für die jungen Leute, es möge ihnen vergönnt sein, ihre Eltern in hohem Alter um sich zu haben. Er verkündet, jetzt lohne es sich zu leben und zu hoffen, denn unter der kraftvollen und einsichtigen Führung des Augustus werde sich wieder alles nach den alten, geheiligten Idealen Roms richten: Vertrauen *(fides)*, Frieden *(pax)*, Ehre *(honor)* und Ehrbarkeit *(pudor)*. Im letzten Vers ist der feste Glaube zu erkennen, Jupiter und die anderen Götter würden das Gebet erhören. Horaz erscheint hier nicht nur als Dichter, nicht nur als Priester der Muse, sondern auch als ihr Prophet, als *vates musarum sacerdos.* Nach Jahren des Zögerns stellt er sich ganz in den Dienst des Augustus und dichtet, was dieser hören will.

Die Botschaft, die Augustus und seine Anhänger in diesen Tagen vermitteln wollten, lautete: Ihm und der von ihm etablierten Regierungsform sei es zu verdanken, dass der römische Staat sich nun in einem besseren und ruhigeren Zustand befinde. Auf einer Münze aus dem Jahr 16 sind diese Worte zu lesen: *per eum res publica in ampliore atque tranquilliore statu est.*[54] Man sieht, dass Augustus sich nun, im Jahr 17, seiner selbst sicher war. Er organisierte die Säkularspiele, weil er wusste, dass die Regierung in seinen Händen lag. Im selben Jahr adoptierte er seine beiden Enkel, Lucius und Julius, die Söhne Agrippas und Julias. Der Gedanke, eine Dynastie zu begründen, nahm konkrete Form an.

KAPITEL 6

Die engsten Helfer des Augustus

Das bisher Gesagte könnte den irrigen Eindruck erwecken, Augustus habe all die eindrucksvollen Erfolge ohne Hilfe erreicht, auf seinen Schultern allein hätte die ganze Last der Verantwortung für auswärtige und Sicherheitsangelegenheiten, für Wirtschaft und Gesellschaft, Religion und Sitte geruht.[1] Wir wissen zwar nicht genau, wie im Amt des Princeps Entscheidungen getroffen wurden, aber es ist klar, dass eine ganze Reihe von Männern Augustus assistierte. Er hatte eine besondere Begabung, fleißige, bescheidene und loyale Mitarbeiter auszuwählen. Über drei seiner wichtigsten Helfer soll im Weiteren gesprochen werden, beginnend mit Livia, seiner Frau.

a) Livia

Wie groß Livias Einfluss auf Augustus war, ist aus den Quellen nicht recht ersichtlich. Velleius Paterculus beurteilt Livia sehr positiv[2]; den meisten modernen Forschern gilt er jedoch als Hofhistoriker. Die zeitgenössischen Dichter nehmen keine Notiz von Livia. Horaz erwähnt sie nur einmal.[3] Ovid schmeichelt ihr in der Hoffnung, sie werde ihn aus dem Exil am Schwarzen Meer zurückholen. Seneca hält sie in Ehren[4], auch Cassius Dio schreibt nicht negativ.[5] In Suetons Schilderung ist nichts über Livias Vergiftungen zu finden.[6] Und die Ansicht von Tacitus ist (wie gewöhnlich) nicht eindeutig: «endlich, Livia – welche harte Mutter gegen den Staat, welche harte Stiefmutter dem Hause der Cäsaren».[7] Das klingt ähnlich wie das Urteil Caligulas, Livia sei ein «Odysseus in Frauenkleidern» gewesen.[8] Dies alles vermittelt jedoch nicht das vollständige Bild.

Aus dem dritten Kapitel des ersten Bandes der *Annales* lässt sich herauslesen, Livia sei an der Ermordung von Gaius und Lucius, den Enkeln des Augustus, beteiligt gewesen. Im sechsten Kapitel desselben Bandes wird die Andeutung zur Tatsache, der Leser hat inzwischen vielleicht vergessen, dass Tacitus im dritten Kapitel noch Zweifel hatte und einigermaßen zögerte. Bei der Schilderung Livias arbeitet er mit dem Mittel der boshaften Unterstellung *(inuendo)*, aber der Bericht im Ganzen ist ziemlich ausgewogen: Er gesteht zu, dass Livia «keuschen Wandels war – wie nach alter Sitte –, artig mehr als Frauen der Vorzeit gutgeheißen; als Mutter leidenschaftlich, nachsichtig als Gattin»[9] und sie ihren Sohn Tiberius im Zaum gehalten habe.[10]

Nach dem, was uns aus den Quellen bekannt ist, war Livia nicht die bösartige Intrigantin, als die sie im Klatsch der augusteischen Epoche erscheint und wie Millionen Zuschauer sie aus der Fernsehserie nach dem historischen Roman von Robert Graves *Ich, Claudius, Kaiser und Gott* kennen. Nicht sie regierte das römische Imperium. Natürlich liegt die Annahme nahe, Augustus habe Livia geheiratet, um Einlass in eine der vornehmsten Familien Roms zu finden; doch zweifellos liebte und verehrte er sie sein Leben lang. Das bedeutet aber noch längst nicht, dass Livia an allen wichtigen politischen Entscheidungen beteiligt war. Anscheinend kannte sie ihren Platz im Gefolge von Augustus sehr wohl, und auf die Frage, worin ihre Stärke liege, antwortete sie, ohne zu zögern, sie achte auf Bescheidenheit, tue ihr Bestes, um ihrem Mann Freude zu machen, rede nicht bei Verhandlungen herein (bei denen ihre Einmischung unerwünscht sei) und kümmere sich nicht um seine Affären mit anderen Frauen. Auch wenn Livia dieses «Rezept» für eine erfolgreiche Ehe nicht erfunden hatte, so spricht alles dafür, dass sie es in der Praxis angewandt hat. Was Cassius Dio über die angebliche nächtliche Beratung zwischen Livia und Augustus zur Zeit der Verschwörung Cinnas schreibt, ist frei erfunden.[11] Dagegen ist plausibel, dass Livia auf Augustus bei allem, was die Übertragung von Befugnissen an seine Erben betraf, Einfluss nahm. Ohne Zweifel stand sie auf der Seite ihrer beiden Söhne, Tiberius und Drusus; doch darf man nicht vergessen, dass sie mit diesen Bestrebungen erst Erfolg hatte, nachdem der Tod ihr zu Hilfe gekommen war. Augustus wandte sich erst Tiberius zu, nachdem Marcellus, Lucius Caesar und Gaius Caesar sowie Drusus, der jüngere Bruder von Tiberius, tot waren. Jetzt beteiligte er Tiberius an seiner tribunizischen Gewalt, nicht weil er unter dem Einfluss Livias stand, sondern weil er keine andere Wahl hatte. Zur Zeit des Skandals um die sexuellen Eskapaden seiner Tochter Julia stand ihm Livia nicht zur Seite, und Augustus klagte, dass dieses Unglück ihn nicht getroffen hätte, wenn seine Freunde Agrippa und Maecenas noch am Leben gewesen wären.[12] Sie – und nicht Livia – waren seine wichtigsten und einflussreichsten persönlichen Helfer.

b) Agrippa

Agrippa (63–13 v. Chr.) war Augustus' überragender Feldherr. Niemals wurde er auf dem Schlachtfeld besiegt. Im Gegensatz zu Maecenas zog er Mühe und Arbeit den Annehmlichkeiten des Lebens vor.[13] Maecenas witzelte einmal, man müsse Agrippa umbringen oder ihm die Tochter des Augustus zur Frau geben.[14] Das geschah dann auch tatsächlich, doch erst nachdem sich in Rom Gerüchte verbreitet hatten, es beständen Spannungen zwischen Augustus und seinem Feldherrn. Als Agrippa Ende 23 nach dem Osten beordert wurde, flüsterten böse Zungen, diese Mission sei nichts anderes als die Entsendung ins Exil. Bei Plinius dem Älteren sind Andeutungen darüber zu finden[15], ebenso bei Sueton, der behauptet, Agrippa habe sich nach Mytilenae, der Hauptstadt der Insel Lesbos, zurückgezogen, enttäuscht über das Verhalten von Augustus ihm gegenüber, insbesondere nachdem Marcellus den Vorrang im Kampf um das Erbe erhalten hatte.[16] Zwar ist die Möglichkeit nicht auszuschließen, dass es auch zwischen guten Freunden manchmal zu einer Verstimmung kommt, doch wenn das bei Augustus und Agrippa zutraf, handelte es sich sicher nicht um ein ernstes, länger andauerndes Zerwürfnis. Agrippas Loyalität war wohlbekannt, und ohne seine glänzenden Siege bei Naulochus und Actium kann man sich die Errichtung des Prinzipats kaum vorstellen. Augustus war kein Heerführer wie Caesar, Cromwell oder Napoleon, er war auf Agrippa angewiesen wie Bismarck auf Moltke. Trotzdem schrieb Agrippa die militärischen Erfolge niemals sich selbst zu, verminderte niemals die *auctoritas* des Augustus durch boshafte Bemerkungen, war während all der Jahre ein idealer Stellvertreter, der seinem Herrn treu ergeben ist. Er war ein Mensch ohne große Ambitionen, was vermutlich auf den niedrigen Rang seiner Familie zurückzuführen ist. Nie nutzte er die Popularität aus, die er im Jahr 33 als Ädil durch die Leitung großer Bauprojekte erworben hatte. Es liegt viel Wahres in den Worten des Velleius Paterculus, wenn er sagt, Agrippa sei gewöhnt gewesen, allen zu befehlen, doch nur einem zu gehorchen.[17] Er nahm Gefahren und Probleme auf sich, doch die Erfolge schrieb er Augustus zu, wohl wissend, dass Führer keine Stellvertreter lieben, die ihnen überlegen sind.

Es ist nicht überraschend, dass in dem fiktiven Disput zwischen Agrippa und Maecenas, den Cassius Dio verfasst hat, Maecenas als überzeugter Anhänger der Monarchie erscheint, während Agrippa für die Republik eintritt. Agrippas Bruder kämpfte an der Seite Catos gegen Julius Caesar, und vielleicht wollte Cassius Dio andeuten, dass Agrippas Republikanismus vereinbar war mit Gehorsam und Loyalität gegenüber dem neuen Regierungssystem. Über Agrippa wird erzählt, er habe keine Feinde und keine Neider gehabt, er habe sich nie bestechen lassen und als bester Mensch seiner Generation gegolten. Zwar war er durch die Bürgerkriege zu Ehren gelangt, doch er bemühte sich immer um Einigkeit und Frieden und war sich der Gefahr bewusst, die Entzweiung und Spaltung im Volk bedeuten.

Die Beziehung zwischen Augustus und Agrippa bekam 9 v. Chr. eine neue Qualität, als Agrippa Marcella, die Tochter Octavias und eine Schwester von Augustus, heiratete. Im öffentlichen Leben aber blieb Agrippa weiter bescheiden und zurückhaltend. Als er im Jahr 27 den Bau des Pantheons beendet hatte – eines der berühmtesten Gebäude der Welt –, bat er darum, sich nur dadurch ein Andenken schaffen zu dürfen, dass er zum dritten Mal zum Konsul gewählt werde. Marcellus betrachtete er nicht als Konkurrenten, und tatsächlich war es im Jahr 24, als Augustus erkrankte, Agrippa und nicht Marcellus, dem der sterbenskranke Princeps seinen Siegelring übergab. Nachdem Augustus die Krankheit überstanden hatte, schickte er Agrippa nach dem Osten. Augustus schien die Zeit für eine endgültige Regelung mit den Parthern gekommen, und nur eine Persönlichkeit wie Agrippa hielt er für fähig, den Boden zu bereiten, damit er dann selbst kommen und die Verhandlungen abschließen könne. So jedenfalls wurde Agrippas Erscheinen im Osten aufgefasst. Flavius Josephus nannte ihn – wahrscheinlich nicht nur, da er rückblickend mit historischer Distanz aufzeichnete – «den Erben Caesars».[18] Herodes schätzte Agrippas Status sicher richtig ein. Wäre ihm zu Ohren gekommen, Agrippa stünde nicht mehr in Augustus' Gunst, hätte er weder einen der Eingänge zum Tempel «Agrippa-Tor» genannt noch zwei Prunksälen die Namen von Agrippa und Augustus gegeben.[19]

Agrippa gelangte auch in den übrigen Ländern des Ostens zu höchsten Ehren, insbesondere in Athen und Korinth. Alle schätzten ihn wegen seiner Rechtschaffenheit und religiösen Toleranz. Er brachte nicht nur in Ilium Opfer, sondern auch in Jerusalem. Als er nach Rom zurückkam, entschied der Tod die Frage um die Gunst des Augustus für ihn: Marcellus, der «Jüngling, herrlich an Wuchs», starb im Alter von nur 20 Jahren. Die Ursache seines Todes wird man nie erfahren. Der Klatsch schob die Schuld (wie gewöhnlich) Livia zu, und Octavia, die Mutter des Marcellus und Schwester des Augustus, von ihrem Kummer überwältigt, neigte dazu, das Gerede zu glauben. Einer einleuchtenderen Version zufolge fiel der zerbrechliche junge Mann der falschen Behandlung des Hofarztes Musa zum Opfer, der sehr hoch im Ansehen stand, seit er Augustus geheilt hatte.

Wenige Historiker teilen die Meinung Vergils über Marcellus: «Nimmer wird je ein Knabe von ilischem Stamme zu solcher Hoffnung latinische Ahnen erheben»[20], schrieb er, doch außer einem Theater, das nach ihm benannt ist, hat er keine Spuren in der römischen Geschichte hinterlassen. Aber sein Tod eröffnete die Möglichkeit, die Familienverhältnisse neu zu ordnen: Agrippa heiratete Julia, die Tochter des Augustus und Witwe des Marcellus, und als ihnen Gaius und Lucius geboren wurden, war die Freude groß im Hause des Princeps. 18 v. Chr. beteiligte Augustus Agrippa an der tribunizischen Vollmacht und machte auf diese Weise seinen Willen publik, Agrippa zu seinem Erben zu ernennen. Agrippa übersiedelte in den Palast des Augustus und erhielt die Thrakischen Chersones (die heutige Halbinsel Gelibolu, ein fruchtbares Getreideanbaugebiet am Hellespont) als Privatbesitz. Trotz der engen Familienbeziehung war das Verhältnis zwischen Augustus und Agrippa weniger vertraut als zwischen Augustus und Maecenas. Vielleicht langweilte Augustus sich in Gesellschaft seines Feldherrn, der eher wegen seiner Taten als wegen seiner Konversation bekannt war. Er vertraute ihm wie niemandem sonst, und die Zusammenarbeit zwischen den beiden war vorbildlich. Trotzdem hüteten sie sich, zu viel Zeit miteinander zu verbringen.[21]

Agrippa starb 13 v. Chr. Die Trauerrede hielt Augustus, und sein Kummer war echt.

c) Maecenas

Über die Lebensgeschichte des Gaius Cilnius Maecenas ist weniger bekannt als über seinen Lebenswandel, über seine politischen Anschauungen weniger als über seinen Sinn für Ästhetik. Sein Name ist zwar als Gönner von Schriftstellern und Dichtern in die Geschichte eingegangen, doch er selbst galt nicht als Mensch mit besonderer literarischer Begabung. Fest steht: Seine politische Macht rührte nicht von seiner Beschlagenheit in philosophischen Fragen her, nicht von seiner Beschäftigung mit der Stenografie, auch hatte sein Ansehen nichts mit seiner Förderung von Poesie und Kunst zu tun.

Was also war der Grund für seinen Einfluss? Man kann darauf mit einem einzigen Satz antworten: Maecenas verdankte all seine Macht, seinen Reichtum und seine Autorität Augustus. Er wusste das sehr genau, verhielt sich dementsprechend und starb eines natürlichen Todes.

Maecenas entstammte einer vornehmen etruskischen Familie aus Arretium. Octavian schloss er sich in den Tagen von Mutina an, kämpfte in Philippi an seiner Seite, und führte zur Zeit von Brundisium die Verhandlungen im Namen Octavians. Es gelang ihm, während der Bürgerkriege reich zu werden (niemand weiß, auf welche Weise). Maecenas besaß keine politischen Ambitionen, er war weder blutdürstig noch ruhmsüchtig und blieb sein Leben lang Ritter. Dem Senat beizutreten, lehnte er ab; nie ging er als Statthalter in eine der Provinzen. Tacitus schreibt, Augustus habe Maecenas «in Rom selbst gleichsam des Auslands Muße» gestattet, zwar «mit vielerlei Geschäftssorgen geplagt […], aber doch die größten Verdienste vergeltende Belohnungen empfangend […] mit unzählbarem Gelde überschüttet […]».[22]

Seit er sich Octavian angeschlossen hatte, diente er ihm treu bis an sein Lebensende. Seine Hauptaufgabe war es, der Entstehung von Widerstandsnestern gegen Augustus' Herrschaft vorzubeugen und gegen Verräter, Renegaten und Aufrührer (wie den jungen Lepidus) vorzugehen. Heutzutage würde ein wohlmeinender Kommentator sein Amt als das des Ministers des Inneren und Pressesprechers bezeichnen. Ein feindseliger Kommentator hätte ihn wahrscheinlich Chef des Geheimdienstes und Minister für Propaganda genannt. Energisch und entschlossen, wie er war, gelang es ihm, seine politischen Aktivitäten durch den Lebenswandel eines Playboys zu überspielen und zu beweisen, dass nächtliche Ausschweifungen die Effizienz bei der Arbeit nicht stören müssen. Der Gedanke, er habe diese Art zu leben zur Tarnung seiner Arbeit gewählt oder wegen seiner epikureischen Weltanschauung (wenn er denn eine solche hatte), ist abwegig. Er liebte das Leben voller Vergnügungen und Luxus, und Augustus ermöglichte ihm, so zu leben, wie es ihm gefiel: Er kaufte sich ein Stück ödes Land auf dem Esquilin, an der Stelle, wo heute die Kirche Santa Maria Maggiore in der Via Cavour steht, und baute dort einen prächtigen Palast, umgeben von wunderschönen Gärten – es ist gut zu verstehen, weshalb Sabinus Tiro sein Buch über Gartenkunst Maecenas gewidmet hat.[23] Davor befand sich ein großes Schwimmbassin mit erwärmtem Wasser; an der Seite ragte ein hoher Turm empor, von dem aus man die ganze Umgegend überblicken konnte. Augustus zog sich oft und gern dorthin zurück. In diesem Palast veranstaltete Maecenas große Festessen und Orgien, zu denen er nicht nur Schriftsteller und Dichter einlud, sondern auch Schauspieler und Spaßmacher. Seine Beziehungen zu dem Tänzer Bathyllus waren berüchtigt, und die Mädchen und jungen Burschen, die bei ihm zu

Tisch saßen, gehörten nicht gerade zur römischen Hautevolee. Es ist daher nicht anzunehmen, dass bei den Trinkgelagen des Maecenas Fragen der Literatur und Kunst diskutiert wurden. Themen wie Essen und Trinken standen im Mittelpunkt des Interesses, und die angeheiterten Gäste spotteten über die Philosophen, die sich zu beweisen bemühten, «ein quadratischer Tisch sei rund». Maecenas selbst zeigte sich als kulinarischer Connaisseur, nach dem sogar ein Wein benannt wurde.[24] Er war ein Modenarr und liebte es, in Purpur und mit Edelsteinen geschmückt zu erscheinen. Da er wusste, dass sein Haus in Stilfragen in Rom als richtungsweisend galt, erlaubte er sich ein Benehmen, das die ganze feine Gesellschaft in Staunen versetzte: Er erschien auf der Straße in einer Art Hausmantel, ließ den ehrbaren Gästen den Nachtisch als Vorspeise servieren und prahlte, er esse gern Maultierfleisch. Trotzdem – oder vielleicht gerade darum – war er sehr populär in Rom, und als er einmal nach längerer Abwesenheit im Zirkus erschien, empfing ihn das Publikum mit lautem Beifall.

Zu guter Letzt war er der Gehörnte: Er heiratete eine bildschöne Tänzerin; doch zu seinem Pech gefiel sie auch Augustus. Im Jahr 16 nahm der Princeps sie auf eine seiner Reisen mit. Die Angelegenheit wurde in Rom zum Thema des Tages, der Klatsch blühte und gedieh. Maecenas ließ sich scheiden – doch als er merkte, dass er ohne sie nicht leben konnte, heiratete er sie ein zweites Mal. Solche Skandale machten den alten Sünder zur Zielscheibe für Spott und Hohn. Doch das Verhältnis zwischen ihm und dem Princeps blieb davon unberührt, und die Spannung, die während der Verschwörung Caepios zwischen ihnen aufgekommen war, verflog rasch. Für diese Beziehung gibt es nur eine Erklärung: Maecenas besaß keine Rückendeckung in der Öffentlichkeit, er war Augustus auf Gnade oder Ungnade ausgeliefert, deshalb nahm er Beleidigungen in Kauf, schwieg still und diente weiter seinem Herrn. Doch Augustus fühlte sich ihm ebenfalls verbunden und sprach mit Herzlichkeit von ihm, auch nach Maecenas' Tod, und das nicht nur, weil dieser ihm seinen gesamten Besitz vermacht hatte. Augustus war aufbrausend und impulsiv, nur Maecenas verstand ihn zu zügeln und konnte ihm helfen, sich zu beherrschen. Einmal saß Augustus zu Gericht und fällte ein Todesurteil. Maecenas trat an ihn heran und flüsterte ihm ins Ohr: «Steh auf, Henker» *(surge carnifex)*. Augustus hörte auf ihn und hob das Urteil auf. Wenn Augustus Maecenas «die Matratze betrügerischer Frauen» *(malagma moecharum)* nannte[25], so zeugt das von dem engen Verhältnis, das zwischen beiden bestand.

Die besondere Stärke des Maecenas war sein persönlicher Charme. Er war ein gutherziger Mensch, gemäßigt und angenehm im Umgang mit den Leuten, und er besaß einen außergewöhnlichen Sinn für Humor. Horaz war ihm im Charakter ähnlich und fand mit Leichtigkeit Aufnahme im Kreis von Maecenas. Auch die anderen Dichter verachteten die *dolce vita* nicht, und Maecenas sorgte großzügig und bereitwillig für ihr Wohlergehen. Er musste keinen Druck auf sie ausüben, damit sie, statt über Themen zu schreiben, die dem griechischen Mythos entstammten, ihre Texte der Verherrlichung der Gegenwart widmeten. Alle kamen letzten Endes seiner Bitte nach – einige auf feine und anspruchsvolle Weise, andere auf ziemlich raue und grobe Art. Zum Glück sind die meisten der panegyrischen Gedichte über Augustus verloren gegangen.

Ob auch Maecenas Druck auf die Dichter ausgeübt hat, wissen wir nicht, doch die Widmungen deuten darauf hin, dass ihr Verhältnis zu ihm beinahe uneingeschränkt gut blieb.

Vergil dezidierte ihm seine *Georgica*, und Horaz verfasste mehrere Loblieder auf ihn und seine Vorfahren. Schon damals galt, was Heine Jahrhunderte später in die Worte fasste:

> Solche Bücher lässt du drucken!
> Teurer Freund, du bist verloren!
> Willst du Geld und Ehre haben,
> Musst du dich gehörig ducken.[26]

KAPITEL 7

Kummer im Haus und Sorgen im Land

Von 17 v. Chr. bis 14. n. Chr.

Die Entwicklung Roms von einer kleinen Stadt am Tiber zu einem mächtigen Imperium, das sich vom Atlantischen Ozean bis zum Euphrat ausbreitete, hat einst die Vorstellungskraft der Historiker entflammt und tut es bis auf den heutigen Tag. Tacitus beneidete Livius, der zu dieser Zeit gelebt hatte und aus erster Hand über sie berichten konnte, einer Epoche, die so reich an diplomatischen Erfolgen und Siegen auf dem Schlachtfeld war. Er bedauerte, dass er über eine Zeit schreiben musste, die – was Außen- und Sicherheitspolitik betraf – langweilig war und arm an Erfolgen, dagegen reich an Klatsch und Hofintrigen.[1] Seine *Annales* beginnen mit dem Tag, an dem Augustus starb. Die wenigen Hinweise auf Augustus' Leben lassen zwar Tacitus' Meinung über den Prinzipat erkennen, können aber nicht als Grundlage einer historischen Beschreibung der letzten Tage des ersten Princeps dienen. Erhalten geblieben sind nur die Berichte von Velleius Paterculus und von Cassius Dio. Velleius Paterculus war ein Zeitgenosse des Kaisers Tiberius, doch stand er dem Hof sehr nahe und ist daher nur bedingt glaubwürdig. Cassius Dio war ein seriöser Geschichtsschreiber, doch war er nicht nur über 200 Jahre von den Geschehnissen entfernt, über die er schrieb, er gab auch unumwunden zu, viele Begebenheiten ausgelassen zu haben, da sie nicht wert seien, erinnert zu werden.[2] Der Leser des 21. Jahrhunderts ist jedenfalls berechtigt, die Erwägungen Cassius Dios, was wichtig und was unwichtig sei, in Frage zu stellen und im Übrigen daran zu denken, dass die zahlreichen «Reden», die in dem Buch eingestreut sind, eine reine Erfindung des Autors sind, ihr historischer Wert also begrenzt ist. Kurz: Bei beiden Autoren erfahren wir wenig über Augustus' spätere Jahre. Hat Hegel also recht mit der Behauptung, die Tage des Friedens hinterließen in den Geschichtsbüchern meist ein weißes Blatt? Tatsächlich verliefen die Jahre zwischen den Säkularspielen (17 v. Chr.) und dem Tod des Augustus (14 n. Chr.) keineswegs ruhig und friedlich: Blutige Kriege wurden im Osten und in Nordwesteuropa geführt, und auch am Hof des Augustus verging kein Jahr ohne Aufregungen und große Spannungen. Das Hinscheiden seiner Freunde und engsten Berater Agrippa und Maecenas bekümmerte ihn sehr, und der Tod seines Adoptivsohnes Drusus, seiner Enkel Gaius und Lucius deprimierte ihn furchtbar. Das zügellose Leben seiner Tochter Julia machte ihm schreckliche Sorgen, und die Vernichtung der Legionen des Varus im Teutoburger Wald traf ihn zutiefst. Es ist schade, dass diese Themen nicht von begabteren Schriftstellern als Cassius Dio und Velleius Paterculus behandelt wurden und die Werke anderer verloren gingen – was vermutlich kein Zufall ist. Vielleicht hat diese Epoche gerade deswegen die Phantasie späterer Schriftsteller und dann auch Filmproduzenten angeregt. Doch darf man nicht vergessen: Keines der im Folgenden geschilderten Ereignisse erschütterte die Grundfesten des Prinzipats oder schadete dem persönlichen Status des Augustus. Die Geschehnisse sollen hier zunächst erzählend-chronologisch wiedergegeben werden. Die Analyse folgt im zweiten Teil des Buches.

Nach den Säkularspielen erreichte Augustus' Ansehen einen neuen Höhepunkt, und seine Stellung war vollkommen ungefährdet. Nachdem er seine Enkel Gaius und Lucius, die Söhne Julias und seines Feldherrn Agrippa, adoptiert hatte, überließ er die Hauptstadt der Obhut von Titus Statilius Taurus und wandte sich Problemen in den Westprovinzen zu. So jedenfalls interpretierte das taktvolle Rom Augustus' Zug nach Gallien. Das pragmatische Rom gab einer anderen Erklärung den Vorzug: Es gingen Gerüchte um, Augustus habe sich in Terentia, die schöne Gattin des Maecenas, verliebt, und sie begleitete ihn tatsächlich nach dem Westen. Dieses Verhältnis ist auch der Grund, weshalb Augustus Taurus zu seinem Stellvertreter in Rom machte – und nicht Maecenas, der im Allgemeinen diese Aufgabe erfüllte, wenn Augustus abwesend war.

Dass Terentia ihn begleitete, hielt Augustus nicht davon ab, seine Staatsgeschäfte gewissenhaft auszuführen. Er kümmerte sich um die Ansiedlung der Veteranen und die Eintreibung der Steuern in der Provinz, schaute den korrupten Statthaltern auf die Finger und bemühte sich, das Vertrauen der aufsässigen spanischen Stämme zu gewinnen, die das Joch der römischen Herrschaft nicht leicht akzeptierten. Er hatte sich nie als Feldherr ausgezeichnet und war sich seiner Unzulänglichkeit auf diesem Gebiet wohl bewusst. Als in Gallien und Spanien (zwischen 21 und 19 v. Chr.) Aufstände ausgebrochen waren, war Agrippa, der furchtlose Krieger, dorthin gesandt worden. Erst nachdem der Widerstand gebrochen war, traf Augustus ein, um in den befriedeten Gebieten Ordnung zu schaffen, denn seine wahren Fähigkeiten lagen auf dem Feld der Organisation und Administration. Er selbst ging nicht an die Front. Wenn Sicherheitsprobleme an anderen Grenzen des Imperiums auftauchten, gab er Tiberius und Drusus, den beiden Söhnen Livias aus erster Ehe, den Oberbefehl. Die beiden kämpften in den Jahren 16 und 14 an der Donau und eroberten Rätien (nach heutigen Begriffen die Ostschweiz, Nordtirol und Südbayern). Niemand war deshalb überrascht, als Tiberius zum Konsul für das Jahr 13 gewählt wurde.

Im selben Jahr kehrte Augustus in aller Bescheidenheit und ohne Musik und Tänze nach Rom zurück. Alle Ehrungen, die der Senat ihm als Anerkennung für seine Erfolge zu verleihen bereit war, lehnte er ab. Nur die Errichtung eines Friedensaltars *(ara pacis)* ließ er zu, dessen Einweihung vier Jahre später stattfand. Dieses Monument versinnbildlicht wie kein anderes den Prinzipat des Augustus. Bis heute kommen jedes Jahr Tausende von Touristen, um die Reste des Altars zu sehen. Sie bewundern die eindrucksvollen Reliefs und versuchen (nicht immer mit Erfolg), die Gestalten zu identifizieren und die Symbole zu deuten.

Ebenfalls im Jahr 13 beendete auch Agrippa seine Missionen im Osten und wendete sich wieder Italien zu: Er war ohne Zweifel der berühmteste Heerführer seiner Generation, und allein sein Erscheinen in der Nähe der pannonischen Grenze genügte, um den Hitzköpfen Einhalt zu gebieten. Aber es blieb ihm keine Zeit, die Erfolge im Osten zu feiern. Bei seiner Ankunft in der Campagna erkrankte er und starb 12 v. Chr. (Sein dritter Sohn aus der Ehe mit Julia wurde nach seinem Tod geboren. Daher der Name Agrippa Postumus.)

Augustus' Trauer über den Tod Agrippas war echt, wie auch der Nachruf zeigt, den er ihm widmete – und der erst in den 1970er Jahren auf einem Papyrus entdeckt wurde.[3] Agrippas Loyalität gegen Augustus reichte über den Tod hinaus: Den größten Teil seines riesigen Besitzes vererbte er seinem Princeps, die Bäder, die er gebaut hatte, hinterließ er dem römischen Volk, nicht ohne Sorge zu treffen, dass ein Teil der Einnahmen seiner Landgüter für ihre Instandhaltung abzuführen sei, damit dies nicht zu Lasten der Staatskasse ging.

Von nun nahmen Tiberius und Drusus, die Söhne Livias aus erster Ehe, die Stelle Agrippas als Oberbefehlshaber der Armee ein. Beide waren hervorragende Feldherren, körperlich in guter Verfassung und zudem gebildet, sodass sie sich auch in Gesellschaft von Schriftstellern und Philosophen wohl fühlten. Im Charakter waren die beiden Brüder verschieden wie Tag und Nacht. Drusus, der jüngere, war ein aufgeschlossener Mensch mit Sinn für Humor, er war ein guter Gesprächspartner, angenehm im Umgang und sympathisch. Tiberius redete wenig, war in sich gekehrt, hielt sich vom gesellschaftlichen Leben fern und war so ernst, dass er für melancholisch gehalten wurde.

Livia liebte Tiberius; Augustus dagegen schätzte ihn zwar, doch seine Liebe galt Drusus, und daraus machte er kein Geheimnis. Das wiederum bot dem Volk Anlass für Gerüchte und Klatschgeschichten. Da Augustus Livia geheiratet hatte, als sie noch die Frau des Tiberius Nero und im sechsten Monat schwanger war, spottete der römische Pöbel, als nach drei Monaten Drusus zur Welt kam: «Die Schwangerschaft bei der königlichen Familie dauert nur drei Monate.»

Wenngleich Augustus den Tiberius nicht sonderlich mochte, überging er ihn nicht oder zog Drusus vor. Doch im Jahr 12 zwang er Tiberius, sich von seiner geliebten Frau Vipsania, der Tochter Agrippas aus erster Ehe, scheiden zu lassen und Julia, die Witwe Agrippas und Tochter Augustus', zu heiraten. Es war von Anfang an eine unglückliche Ehe.

Julia hatte Augustus schon viel Kummer bereitet, einmal

entfuhr es ihm, er habe zwei schwer erziehbare Töchter: Julia und den römischen Staat. Darum sind einige Worte zum Verständnis von Julias Charakter nötig. Sie sollte bald darauf im Mittelpunkt eines der größten öffentlichen Skandale in Rom stehen: Augustus und Livia hatten keine gemeinsamen Kinder. Julia, 39 v. Chr. aus seiner Ehe mit Scribonia hervorgegangen, war seine einzige Tochter. Sie war eine gut aussehende Frau, intelligent, belesen, arrogant und clever. Oft war sie frech zu Leuten aus den oberen Schichten, doch bei der römischen Plebs war sie gern gesehen und beliebt. Es ist schwer zu sagen, wie moderne Psychologen die außerehelichen Abenteuer Julias erklären würden, doch zweifellos spielten dabei folgende Tatsachen eine Rolle:

Julia verzieh ihrem Vater nie, dass er ihre Mutter Scribonia an ihrem, Julias, Geburtstag aus dem Hause gewiesen und Livia zur Frau genommen hatte, um in die feine römische Gesellschaft (die Familie der Claudier) einzuheiraten. Die Beziehung zu ihrer Stiefmutter blieb gespannt, und als Julia schließlich aus Rom verbannt wurde, begleitete ihre leibliche Mutter sie ins Exil.

Als Julia acht Jahre alt war, wurde ihr befohlen, sich mit Antullus, dem Sohn des Antonius, zu verloben. Nach Actium wurde diese Verlobung gelöst, Julia wurde nun mit Marcellus verheiratet – dem Sohn ihrer Tante Octavia. Als Marcellus 23 v. Chr. starb, war sie mit nur 16 Jahren Witwe. Bald darauf heiratete sie einen Mann im Alter ihres Vaters – Agrippa. Mit ihm hatte sie sechs Kinder. Als sie zum zweiten Mal Witwe wurde, war sie erst 27 Jahre alt! Dass sie Liebhaber hatte, war im damaligen Rom nicht ungewöhnlich. Aber sie versuchte nicht, ihre Lebensweise zu verheimlichen, und prahlte sogar vor aller Welt damit.

Wie konnte ihre Ehe mit Tiberius aussehen, der sich von

seiner Gattin Vipsania, Agrippas Tochter, die er liebte, ihretwegen hatte scheiden lassen müssen? Er verhielt sich Julia, der Witwe Agrippas, gegenüber von Anfang an wie zu einer Stief- oder Schwiegermutter. So zog Tiberius mit seinem Bruder Drusus sofort nach der Hochzeit an die Front und ließ Julia allein in Rom. Über Julia wird noch zu sprechen sein, doch im Augenblick müssen wir zur Lage an der Front zurückkehren.

Tiberius sollte Ordnung in Pannonien und Dalmatien schaffen. Diesen Auftrag erfüllte er mit Geschick und Opferbereitschaft. Von den Waffen machte er nur Gebrauch, wenn alle anderen Mittel versagten. Meistens zog er es vor, die Feinde Roms untereinander in Streit zu verwickeln. Diplomatie und Nachrichtendienst dienten ihm mindestens so nutzbringend wie seine Soldaten.

In eben diesen Jahren (12–9 v. Chr.) kämpfte Drusus erfolgreich in den Wäldern Germaniens. Er überschritt den Rhein, drang in das Land der Cherusker ein und kam bis an die Elbe. Auf dem Weg zurück über den Rhein fiel er vom Pferd und brach sich die Hüfte. Im Feldzug fehlte jede Möglichkeit, ihm die notwendige medizinische Hilfe zukommen zu lassen. Drusus verlor viel Blut und wurde von Tag zu Tag schwächer. Als Augustus, der zu dieser Zeit in Pavia war, von dem Unfall erfuhr, schickte er Tiberius unverzüglich nach Germanien. Vergebens trieb Tiberius seine Wagen an, schneller zu fahren. Drusus lag im Sterben. Alles, was Tiberius noch zu tun übrig blieb, war, die Leiche mit vollen militärischen Ehren nach Rom zu überführen. Auf dem Marsfeld wurde sie verbrannt. Tiberius hielt die Trauerrede, und Augustus verfasste die Grabinschrift. Der Senat ehrte Drusus posthum, indem er ihm und allen seinen Nachkommen den Titel «Germanicus», Sieger über die Germanen, zuerkannte.

Drei weitere Unglücke trafen Augustus nach dem Tod seines geliebten Stiefsohns. Im selben Jahr starb seine Schwester Octavia und ein Jahr später sein Freund Maecenas. Nur wenige Monate darauf folgte der Dichter Horaz seinem Gönner. Nach dem Tod des Vergil hatte er als der größte Dichter gegolten, und die Korrespondenz zwischen ihm und Augustus belegt, dass die Beziehung der beiden – auch ohne die Vermittlung von Maecenas – immer enger geworden war.

Nach diesen Verlusten war Tiberius die Hauptstütze von Augustus, die Zusammenarbeit scheint auch ohne große Zuneigung funktioniert zu haben. Augustus kümmerte sich weiter um innere Angelegenheiten. Um hier nicht zu viele Einzelheiten aufzuzählen, sei nur erwähnt, dass er 8 v. Chr. eine Volkszählung abhielt, ein Gesetz gegen Wahlbetrug in die Wege leitete und ein Verbot erließ, das Sklaven die Möglichkeit nahm, vor Gericht gegen ihre Herren auszusagen. Als er beschloss, die Stadtgrenzen *(pomerium)* zu erweitern, gab es dagegen keine Einwände, und auch die Umbenennung des sechsten Monats Sextilis in Augustus stieß nicht auf Widerspruch, Denn der Princeps stand weiter in höchstem Ansehen.

Tiberius machte sich unterdessen auf den Weg an die Rheingrenze, um die Stelle seines verstorbenen Bruders einzunehmen. Er sorgte dafür, dass Ruhe in dem Gebiet einkehrte, rückte aber nicht bis an die Elbe vor. Augustus sprach seine Zufriedenheit über Tiberius' Erfolge an der Front aus. Als Zeichen der Anerkennung ermöglichte er ihm, sich für das Jahr 7 zum zweiten Mal zum Konsul wählen zu lassen. 6 v. Chr. verlieh er ihm für fünf Jahre die tribunizische Vollmacht; diese Ernennung erfordert eine Erklärung: Mochte der Prinzipat des Augustus auch noch so autokratisch sein, war er doch kein in jeder Hinsicht monarchisches Regime.

Die Tradition, eine Dynastie zu begründen, existierte in Rom nicht. Offiziell hatte Augustus im Jahr 27 «die Republik wiederhergestellt» *(res publica restituta)*. Das bedeutete, dass nach seinem Tod alle Vollmachten dem Senat und dem römischen Volk zurückgegeben werden mussten. Volk und Senat waren dann befugt, demjenigen, der ihnen geeignet schien, diese Vollmachten zu übertragen. Die jährliche Verleihung der tribunizischen Gewalt schien der Ausweg zu sein, das Problem lösen, denn da diese Vollmacht nicht auf Lebenszeit erteilt wurde, verletzte die alljährliche Erneuerung kein republikanisches Prinzip. Als Agrippa 18 v. Chr. die tribunizische Vollmacht verliehen wurde, sah man darin die Ernennung zu einer Art Stellvertreter des Princeps; vielleicht betrachtete man es auch als Zeichen, dass der Inhaber dieser Vollmacht ausersehen war, Augustus' Erbe anzutreten.

Womöglich fasste Tiberius die Ernennung ebenso auf, obgleich Augustus ihn seine Absichten oder Pläne für die Zukunft nicht wissen ließ. Auf den ersten Blick gingen die Geschäfte ihren gewöhnlichen Gang. Tiberius wurde an die Ostfront befohlen, um dort das Gleichgewicht der Kräfte gemäß der Einigung aus dem Jahr 29 wiederherzustellen, das nach dem Tod des Königs Tigranes von Armenien gestört worden war. Aber der als diszipliniert bekannte Tiberius tat etwas vollkommen Unerwartetes: Auf dem Weg nach Osten machte er Halt auf Rhodos, begab sich in die Gesellschaft griechischer Gelehrter und studierte bei ihnen Philosophie und Astrologie. Diesen Aufsehen erregenden Rückzug aus dem öffentlichen Leben hat man verschieden zu interpretieren versucht; die tatsächlichen Beweggründe wird man nie erfahren, doch zwei Vermutungen sollen hier angeführt werden.

Einige Forscher weisen auf Julias zügellosen Lebenswandel in diesen Jahren hin. Sie war oft betrunken und verbrachte die Nächte an dubiosen Orten auf dem Forum. Zwar wurde Augustus darüber Bericht erstattet, doch er weigerte sich zu glauben, was er hörte. Tiberius habe die Geduld verloren, es aber in der Annahme, Augustus werde seine Tochter auch weiterhin decken, nicht gewagt, sich von ihr scheiden zu lassen; stattdessen habe er sich nach Rhodos abgesetzt.

Andere halten dagegen, Tiberius müsse zu diesem Zeitpunkt gegenüber Julias Betragen längst gleichgültig geworden sein. Sie sehen in der zanksüchtigen Livia, seiner herrischen und intriganten Mutter, den Grund für die Flucht nach Rhodos.

Beide Erklärungen sind nicht überzeugend. Wollte er der Gesellschaft von Frauen aus dem Weg gehen, die ihm auf die eine oder andere Art das Leben verleideten, so konnte seine offizielle Entsendung nach Armenien diesem Zweck dienen und ihm zudem eine «staatliche» Ausrede liefern. Für diese Mission sprach auch, dass Tiberius das Äußerlichkeiten betonende Hofleben hasste. In der fernen Provinz war er unabhängiger in seinen Entscheidungen, und er fühlte sich wohl im Lager bei den Truppen. Hier schätzte man seine Fähigkeiten mehr als auf dem Forum in Rom. Daher muss man annehmen, dass er sich aus anderen Gründen weigerte, nach Armenien zu gehen. Meine These ist die folgende: Tiberius gab nicht besonders viel auf sein zweites Konsulat 7 v. Chr. und auf die Verleihung der *tribunicia potestas* im Jahr darauf. Nach seiner Rückkehr nach Rom von den Feldzügen am Rhein wird ihm nicht entgangen sein, dass während seiner Abwesenheit der alternde Princeps sich den beiden Enkeln Gaius und Lucius gewidmet, diese verwöhnt und darauf vorbereitet hatte, sein Erbe anzutreten. Augustus nahm regen Anteil an ihrer Ausbildung, und obgleich ihm Charakter und Betragen der Enkel nicht immer gefielen, verlieh er ihnen Titel und Ehren, die dem Alter von Jugendlichen nicht angemessen waren. Auch in der Öffentlichkeit entstand der Eindruck, Augustus ziehe den jungen, gut gelaunten und unternehmungslustigen Gaius Caesar dem ernsten, erfahrenen, aber eigenbrötlerischen Tiberius vor. Tiberius fühlte sich zutiefst verletzt. Er war überzeugt, Augustus nutze sein militärisches Können aus und bürde ihm besonders komplizierte und undankbare Aufgaben auf (in Pannonien, Germanien und Armenien). Sein Rückzug nach Rhodos war ein Akt des Protests gegen Augustus, ein wuterfüllter, stillschweigender Einwand – nicht Flucht vor Julia oder Livia.

Velleius Paterculus hat seine eigene Version: Tiberius habe Augustus' Plänen, seine Enkel für die Regierung auszubilden, Verständnis und sogar Sympathie entgegenbracht.[4] Er habe das Vorankommen der Jungen nicht stören wollen und geglaubt, seine Anwesenheit in der Stadt würde ihre Entwicklung hemmen. Sein Fortgehen nach Rhodos sei als außergewöhnlich ritterliche Tat anzusehen, denn er habe die harmlosen Kinder vom Schatten seiner Prominenz und seines Ruhms befreien wollen. Merkwürdig, dass einige bedeutende Historiker diesem Gedankengang folgen.[5] Denn man kann ja mit gleicher Wahrscheinlichkeit annehmen, Tiberius habe sich abgesetzt, um Augustus zu beweisen, in Krisenzeiten gehe es nicht ohne ihn.

Was auch immer der Grund sein mochte, das Ausscheiden des Tiberius erregte Bestürzung bei vielen; das Imperium aber wankte nicht. Die armenische Frage blieb zwar ungelöst, doch die Parther griffen nicht an. Auch an den anderen Grenzen gab es keine Zwischenfälle, und in Rom bemerkte man die Abwesenheit des Tiberius kaum. Julia amüsierte sich wie zuvor, und Augustus protegierte weiterhin seine Enkel.

Um Gaius offiziell ins politische Leben einzuführen, übernahm der Princeps 5 v. Chr. noch einmal das Konsulat und wiederholte diesen «Kniff» drei Jahre später, um den jungen Lucius nicht zu benachteiligen.[6] Das Amt des Konsuls blieb nach wie vor das höchste Ziel jedes römischen Senators, doch die Tatsache, dass ein Wink von Augustus genügte, damit dieser oder jener zum Konsul gewählt wurde, gibt Aufschluss darüber, wie es um die Wahlen zur Zeit des Prinzipats bestellt war und welche Macht Augustus besaß. 5 v. Chr. erhielt Gaius den Titel *princeps iuventutis.* Drei Jahre später wurde auch Augustus noch eine neue Ehrung zuteil, die Ernennung zum «Vater des Vaterlandes» *(pater patriae).* Dies war ein reiner Ehrentitel ohne jegliche Vollmacht, dennoch war der Princeps zu Tränen gerührt, als Corvinus Messalla ihm die Ehrung antrug.

Diese Freude ist zu verstehen. 39 Jahre war es her, dass Augustus auf die politische Bühne getreten war. Damals war er unbekannt gewesen, und die Mehrzahl der römischen Aristokraten hatte sich über ihn mokiert. Durch unermüdliche Kämpfe erreichte er den höchsten Gipfel des Erfolgs. Die traditionsbewussten Herren der Aristokratie fanden sich nolens volens damit ab, doch er war niemals ihr Idol gewesen. Inzwischen wuchs eine neue Generation von Senatoren heran, die die Republik nicht kannte, den Prinzipat als gegeben hinnahm und Augustus mit Sympathie begegnete. Corvinus Messala allerdings, der ihm den Titel «Vater des Vaterlandes» antrug, hatte 42 v. Chr. an der Seite des Caesar-Mörders Cassius bei Philippi gekämpft. Der Titel *pater patriae,* den ihm die Senatoren, die Ritter und das römische Volk verliehen, war deshalb so wertvoll für Augustus, weil er ihn vom Führer einer Partei *(factio)* zum Vater der Nation machte.[7]

Das Jahr 2 scheint also gut begonnen zu haben. Augustus war Konsul und «Vater des Vaterlandes». Gaius war dabei, die Mission im Osten zu übernehmen, die Tiberius vier Jahre vorher abgelehnt hatte; Lucius war *princeps iuventutis* und sollte in Kürze seinen Legionen in Spanien einen Besuch abstatten. Mit großem Gepränge fand im Mai die Einweihung des neuen, nach Julius Caesar benannten Tempels statt, und auf dem Forum wurden Standbilder der Männer aufgestellt, die die Grenzen Roms erweitert hatten. Gigantische Spiele wurden in der Stadt veranstaltet: 300 Gladiatoren traten auf, 250 Löwen und 36 Krokodile wurden getötet. Außerdem wurde eine Seeschlacht *(naumachia)* riesigen Ausmaßes auf der Bühne nachgestellt, «Perser» kämpften gegen «Athener», und wie in alten Zeiten siegten die Letzteren. Der Trubel ließ die Leute Tiberius' Flucht vergessen. Die Freude war jedoch nicht von langer Dauer. Gerüchte über Julias Lebenswandel störten die Festlichkeiten. Nun verlor auch Augustus die Geduld. Als Initiator der rigorosen Sittengesetze konnte der Princeps nicht länger schweigen. Er versuchte Julia zum Selbstmord zu bewegen, doch Julia weigerte sich zu sterben. In einem Anfall von Wut informierte Augustus den Senat schriftlich über ihre Vergehen. Später bereute er diesen Schritt, der zur Folge hatte, dass Julia auf die Insel Pandateria verbannt wurde. Nur ihre Mutter Scribonia durfte sie ins Exil begleiten, und jeder Kontakt mit der Außenwelt war ihr untersagt. Bis zum heutigen Tag fragen sich Historiker, weshalb Augustus so grausam zu seiner Tochter war. Die naiveren behaupten, Augustus hätte nicht einfach über ihr Verhalten hinweggehen können. Seine ganze Gesetzgebung aus dem Jahr 18 sei wegen ihrer öffentlichen Ausschweifungen zum Gegenstand von Hohn und Spott geworden. Hätte er nicht darauf reagiert, wäre sein Ansehen für immer dahin gewesen. Die zynischeren vermuten dagegen, er sei erst außer Fassung geraten, als er gehört habe, wenigstens zwei der Liebhaber Julias hätten politische Ambitionen und schmiedeten unter dem Deckmantel dieser Liebesbeziehungen ein Komplott.[8] Beide Männer wurden hart bestraft: Julius Antonius, der Sohn von Antonius und Fulvia, der im Jahr 10 Konsul gewesen war, wurde aufgefordert, Selbstmord zu begehen, obwohl keine Beweise für die Anschuldigung vorlagen, er habe Augustus beerben wollen. Sempronius Gracchus, der als weniger gefährlich galt, wurde verbannt.

Inzwischen begab sich Gaius Caesar auf eine schwierige Mission nach dem Osten. Sein Gefolge war zwar umfangreich, doch die Liste seiner Helfer wenig eindrucksvoll. Ihn begleiteten Marcus Lollius, der sich als Feldherr am Rhein nicht ausgezeichnet hatte, der als grober Kerl berüchtigte Domitius (der Großvater Neros) sowie der junge Seianus, später der gefürchtete Präfekt der prätorianischen Garde des Tiberius. Auch der Geograph Isidorus und der gelehrte König Juba von Mauretanien gehörten der Abordnung an, denn Gaius sollte die arabische Halbinsel besuchen, um den Handel mit Indien voranzubringen.[9] Augustus hatte noch ein weiteres Ziel vor Augen, als er Gaius auf diese Reise schickte. Er wollte seinen jungen Enkel den Herrschern des Ostens vorstellen. Die meisten hatten auf der Seite des Tiberius gestanden, solange sie davon ausgingen, dass Augustus ihn zu seinem Erben bestimmt hatte. Möglicherweise wollte Augustus ihnen zeigen, dass er von nun an Gaius sein unbegrenztes Vertrauen schenkte. Wenn Ovid den Auszug des Gaius mit Versen begleitet, so ist das kein Zufall.[10] In Plutarchs Worten wünschte Augustus dem jungen Mann, die Götter sollten ihm die Weisheit des Pompeius schenken, die Tapferkeit Alexanders und das Glück, das ihm selbst beschert war.[11] In einem rührenden Brief sprach der alte Kaiser selbst die Hoffnung aus, eines Tages möge es Gaius und dessen jüngerem Bruder Lucius gelingen, seine Stellung einzunehmen.[12]

Der erste Teil der Expedition war erfolgreich. Athen begrüßte den jungen Mann begeistert und bezeichnete ihn als den neuen Mars. Selbst Tiberius kam aus seiner Isolation heraus und empfing Gaius auf Samos oder Keos. Niemand weiß, was Tiberius damit beabsichtigte. Wollte er zeigen, dass er sich mit dem neuen Rang des Gaius abgefunden hatte? Wollte er vielleicht seinen Anhängern im Osten einen Wink geben, sie sollten nicht voreilig für den jungen, unerfahrenen Enkel eintreten, er selbst werde demnächst wieder auf der politischen Bühne erscheinen? Die Berichte in den Quellen über die Begegnung widersprechen sich, und es ist schwer, sich für die eine oder andere zu entscheiden.

Über die Ergebnisse der Reise des Gaius wird in einem besonderen Kapitel, das sich mit den Provinzen und den Randgebieten des Imperiums befasst, berichtet. Hier nur zwei Bemerkungen dazu: Es ist anzunehmen, dass die Römer – den Anweisungen von Augustus entsprechend – versuchten, die Probleme im Osten auf diplomatischem Weg zu lösen, und sich bemühten, die Verwicklung in einen längeren Krieg zu vermeiden. Gaius hatte keine Erfahrung, und auf Lollius konnte man sich nicht verlassen. Die Parther erkannten offenbar, dass Rom Kämpfen abgeneigt war, und erpressten bessere Bedingungen als bei den Verhandlungen im Jahr 20. Rom war gezwungen, Parthien als entscheidenden Faktor bei der Lösung der armenischen Frage anzuerkennen. Doch vor allem hatte diese Expedition für Gaius tragische Folgen, denn als er sich im September 2. n. Chr. leichtsinnigerweise zu Verhandlungen mit einem parthischen Festungskommandanten begab, wurde er von seinen verräterischen Gastgebern mit dem Messer schwer verletzt. Es ist unklar, ob diese

Verwundung zwei Jahre später zu seinem Tod führte. Doch man kann mit Sicherheit sagen, dass der Vorfall den labilen jungen Mann in Depressionen gestürzt hat; er trat von allen seinen Verpflichtungen zurück und erklärte, er wolle als einfacher Bürger in Kleinasien bleiben. Augustus übte starken Druck auf ihn aus und bat ihn, wenigstens nach Italien zurückzukommen. Unterdessen verschlechterte sich Gaius' Gesundheitszustand zusehends, im Februar 4 n. Chr. starb er in der kleinen Stadt Limyra in Lykien im Alter von nur 24 Jahren.

Dem Prinzen, der so jung starb, lag offensichtlich viel weniger daran, das Erbe des Augustus anzutreten, als Augustus daran gelegen hatte, Gaius sein Erbe zu hinterlassen. Denn im Gegensatz zu Augustus, dessen Konkurrenzkampf mit Antonius begann, als er 19 Jahre alt war, und der sich all seine Erfolge lang und erbittert hatte erkämpfen müssen, wuchs der zarte, verwöhnte Gaius im Palast auf. Titel und Ehrungen erhielt er dank seines Großvaters, und es ist zweifelhaft, ob ihm das gefiel. Seine Verwundung diente ihm als Vorwand, nicht zum Hofleben zurückzukehren, dessen er anscheinend ebenso überdrüssig war wie sein Adoptivvater Tiberius. Augustus hatte ihn zwingen wollen zurückzukommen, doch der Tod befreite Gaius von dieser Pflicht. Auch dieses Mal gab der Klatsch in Rom Livia die Schuld. Zwei Jahre vorher (2 n. Chr.) war Lucius, der jüngere Bruder des Gaius, in Massilia (Marseille) gestorben. Durch den Tod von Gaius blieb Augustus nichts anderes übrig, als Tiberius erneut zu bitten, wichtige Ämter zu übernehmen. Augustus tat das mit demonstrativer Unlust und verzeichnete in seinem Testament: «Da das grausame Schicksal mir meine Söhne Gaius und Lucius geraubt hat, wird Tiberius zwei Drittel meines Erbes erhalten.»[13]

Augustus' Enkel hinterließen kaum Spuren in der Geschichte. Einige Jahre waren noch Münzen mit ihrem Bild in Umlauf, und in der römischen Kolonie Nemausus (Nîmes) wurde ein Tempel *(maison carree)* zur Erinnerung an Gaius und Lucius errichtet.

6 v. Chr. war Tiberius – wie erwähnt – die tribunizische Gewalt für die Dauer von fünf Jahren verliehen worden. Nachdem diese Zeit um war, erpresste Livia von Augustus den bedeutungslosen Titel *legatus* für ihren Sohn, um seinem Aufenthalt fern von Rom damit einen offiziellen Anstrich zu verleihen. Als Tiberius 4 n. Chr. nach Rom zurückgerufen wurde, erhielt er wiederum die *tribunicia potestas* für fünf Jahre, und jetzt adoptierte Augustus ihn. Bisher hatte sein offizieller Name Tiberius Claudius Nero gelautet (nach seinem natürlichen Vater); von nun an kannte man ihn in der Öffentlichkeit als Tiberius Julius Caesar. Augustus hatte sich dem Todesengel fügen müssen, doch er befahl Tiberius, Germanicus, den Sohn des verstorbenen Bruders Drusus, zu adoptieren. Der Fingerzeig war deutlich: Die Regierung des Tiberius sollte als Zwischenstation dienen, um dann auf die Familie von Drusus überzugehen.

Die alte Arbeitsteilung zwischen Augustus und Tiberius wurde wieder eingeführt. Augustus kümmerte sich um die inneren Angelegenheiten, wie gewöhnlich hatten soziale und sittliche Fragen bei ihm den Vorrang. Er initiierte ein wichtiges Gesetz die Freigelassenen betreffend und richtete ein besonderes Amt ein, das sich mit den Zuwendungen für die Veteranen befasste. Je älter er wurde, umso härter ging er gegen Verletzungen der öffentlichen Sittlichkeit vor. 7. n. Chr. wandte sich sein Zorn gegen die Enkelin Julia (Julias Tochter), die auf den Spuren ihrer Mutter wandelte. Ihr Mann Aemilius Paullus wurde wegen Verrats hingerichtet. Sie musste auf die Insel Trimerus ins Exil gehen. Ihr Liebhaber Silanus und Ovid, der Dichter der Liebe, wurden nach Tomis am Schwarzen Meer (heute Constanza) verbannt.

Während all dieser Jahre nahm Augustus weiter ständig an den Senatssitzungen teil. Mit vorbildlicher Geduld hörte er die meist langweiligen Reden an. Er zeigte sich an der Gesetzgebung und Rechtsprechung interessiert, begrüßte oft wichtige Delegationen aus weit entfernten Provinzen und anderen Ländern. Weniger einflussreiche Abgesandte wurden zwar von früheren Konsuln empfangen; dennoch war der Arbeitstag des Princeps lang und aufreibend. Einige Monate vor seinem Tod veranstaltete er noch einen Zensus, bei dem 4 837 000 römische Bürger gezählt wurden.[14]

Tiberius hatte wieder den Geschäftsbereich «Kriege» übernehmen müssen. Die Legionen an der Rheingrenze hießen ihren alten Befehlshaber mit Begeisterung willkommen. In zwei Feldzügen überrannte Tiberius die Gebiete jenseits der Weser und drang bis an die Elbe vor. Anscheinend kam er sofort (6 n. Chr.) zu dem Schluss, dass es unmöglich sei, die germanische Gefahr durch immer wiederkehrende Stoßangriffe ein für allemal zu beseitigen. Darum ersann er eine mächtige Zangenbewegung, deren Ziel es war, Marbod, der im Gebiet des heutigen Böhmen ein Königreich errichtet hatte, anzugreifen und zu vernichten; dazu beorderte er zusätzliche Legionen aus Syrien und Makedonien zum Einsatz.

Tiberius übernahm den Befehl über die Streitkräfte, die von Carnutum in Richtung Norden angreifen sollten. Es ist kaum anzunehmen, dass die germanischen Stämme imstande gewesen wären, gegen die gut geschmierte römische Kriegsmaschine Widerstand zu leisten. Der Plan konnte jedoch nicht ausgeführt werden, denn in der Etappe in Pannonien und Dalmatien waren Unruhen ausgebrochen. Statt anzugreifen sah Tiberius sich gezwungen umzukehren, auf den Ruhm zu verzichten, neue Gebiete erobert zu haben und sich mit dem schwierigen und undankbaren Geschäft abzugeben, Aufstände innerhalb der Grenzen des Imperiums niederzuschlagen. Auch diese Aufgabe erfüllte er tadellos. Doch er begriff anscheinend, dass die Schuld nicht allein die Aufrührer traf, sondern auch – und womöglich mehr noch – die Versäumnisse der römischen Verwaltung in den Provinzen Ursache für die Aufstände waren. Römische Geschichtsschreiber überliefern den Hauptvorwurf der Balkanstämme: «Die Römer haben über ihre Herden nicht Hirten, sondern Wölfe gesetzt.» Als nach Augustus' Tod im Jahr 14 n. Chr. Tiberius an die Regierung kam, gab er den Statthaltern in den Provinzen in der Tat Anweisungen, die ganz ähnlich lauteten: «ein guter Hirte».[15]

Drei Jahre lang bot Tiberius alle Kraft auf, um in Dalmatien und Pannonien Ordnung zu schaffen. Sein Erfolg ist der Kombination von wohldurchdachten diplomatischen Mitteln und blutigen militärischen Aktionen zuzuschreiben. Tiberius war ein vorsichtiger und vorausdenkender Feldherr, dem seine Krieger vertrauten, obwohl er nicht die Gewohnheit hatte, an der Spitze seiner Truppen die Stellungen des Feindes zu erstürmen. Von seiner Stellung in der Etappe aus hatte er einen besseren Überblick über den Verlauf der Schlacht. Doch es war ihm nicht vergönnt, seine Erfolge zu feiern und auf seinen Lorbeeren auszuruhen. 9 v. Chr. gelangten die Nachrichten von Varus' Niederlage im Teutoburger Wald nach Rom. Hier sei lediglich angemerkt, dass Quinctilius Varus der falsche Mann am falschen Ort gewesen ist. Auf seiner Habenseite stand lediglich die Eheschließung mit Claudia Pulchra; sie war die Enkelin Octavias, der Schwester von Augustus. Durch diese Heirat kam er in Augustus' Familie und gelangte zu Posten, für die er nicht geeignet war. Auf seinen Dienst in Syrien und Palästina konnte er sich nichts einbilden, und seine Statthalterschaft an der Rheingrenze war ein Skandal. Auch vor ihm war es den Römern schwergefallen, die germanischen Stämme zu bezwingen. Doch als Varus versuchte, mit Gewalt rigorose juristische Methoden (wie sie in Rom üblich waren) bei den Menschen einzuführen, die gar nicht wussten, was Gesetze sind, ging er zu weit. Den Feldzug leitete er mit beispielloser Unfähigkeit. Vielleicht war es kein Zufall, dass die Germanen nach der grausamen Vernichtung der Legionen des Varus ihre Wut gerade an den Rechtsanwälten ausließen, die zu seinem Lager gehörten.

Augustus war außer sich, als er die Nachricht über das Debakel im Teutoburger Wald erhielt. Berühmt ist sein Ausruf, den Sueton überliefert: «Quinctilius Varus, gib mir meine Legionen zurück.»[16]

Indessen erwies sich das Gerücht als unwahr, wonach eine ungeheure germanische Invasion ins Imperium drohte – ähnlich wie die der Kimbern und Teutonen zur Zeit des Marius. Die germanischen Stämme waren weit davon entfernt, einen geeinten Staat zu gründen, und die Bemühungen Armins, des Cheruskers, sich mit Marbod, dem Markomannenkönig, in Böhmen zu vereinen, schlugen fehl. Um Marbod zu beeindrucken, übersandte Armin ihm den abgeschlagenen Kopf des Varus, doch das kümmerte den Markomannen wenig: Nicht nur, dass er mit Armin kein Bündnis schloss, er sandte den Kopf an Augustus weiter, der anordnete, ihn beizusetzen. Viele Jahre später konnte Tacitus in seinem Buch über Germanien *(De origine et situ Germanorum)* schreiben: «[…] bei des Reiches drohendem Verhängnis nichts Größeres das Schicksal uns gewähren kann als Feindes Zwietracht […].»[17]

Trotz allem führte die römische Niederlage im Teutoburger Wald zu zwei wichtigen Ergebnissen: Erstens war Augustus jetzt überzeugt, dass der Eroberungspolitik ein Ende gemacht werden musste, in seinem Testament ordnete er deshalb an, «die Grenzen des Imperiums nicht zu erweitern». Zweitens wurde ihm klar, dass es für den eigenbrötlerischen, aber talentierten Tiberius keinen Ersatz gab. Er musste (mit einiger Verwunderung) zugeben, dass Tiberius' Erfolg in Dalmatien Lob verdiente, und nach dem Varus-Debakel *(clades Variana)* war Tiberius der Einzige, der dem geschlagenen römischen Heer das Gefühl von Sicherheit zurückzugeben vermochte. Zum Beleg wenigstens ein kurzer Auszug aus einem Brief des Augustus an Tiberius: «Du willst meine Ansicht über den Sommerfeldzugplan wissen? In der Tat, mein Tiberius, ich bin der Meinung, dass unter so unzähligen Schwierigkeiten aller Art und bei so großer Schlaffheit der Truppen kein Mensch klüger hätte verfahren können als Du getan hast. Auch gestehen die, welche bei Dir gewesen sind, nämlich dass der bekannte Vers des Ennius vor Dir gelten kann: ‹Ein Mann hat uns den Staat durch wachsame Sorge gerettet›.»[18]

Ein Mensch, dem ein langes Leben vergönnt ist, sieht viele Dinge, die er lieber nicht sähe.[19] So äußerte sich Publius Septimus Geta nach dem Tod seines Sohnes. Wäre Augustus 2 v. Chr. gestorben, sofort nachdem er den Titel «Vater des Vaterlandes» erhalten hatte, wäre ihm der Schmerz über den Tod seiner beiden Enkel Gaius und Lucius erspart geblieben; die Ausschweifungen seiner Tochter Julia und seiner Enkelin Julia sowie die Niederlage des Varus hätten ihm keinen Kummer gemacht. Aber Augustus zerbrach an dem Kummer nicht. Zwar hatte sich seine Gesundheit verschlechtert, doch er arbeitete weiter. Er verlangsamte das Tempo, schloss sich jedoch nicht in seinem Palast ein und erschien weiter in der Öffentlichkeit: Etwa einen Monat vor seinem Tod begleitete er Tiberius auf dem Weg nach Illyrien. Unterwegs erkältete er sich und beschloss deshalb wohl, auf Capri auszuruhen. Dort erholte er sich etwas und machte mit dem Schiff eine Rundfahrt in der Bucht von Neapel, von der Sueton berichtet:

> Als er zufällig vor dem Busen von Puterli vorbeifuhr, hatten Passagiere und Matrosen eines alexandrinischen Schiffes, welches eben erst eingelaufen war, in Festkleiden, bekränzt und Weihrauch opfernd ihm alles mögliche Glück angewünscht und ihn mit Lobeserhebungen überhäuft – indem sie ihm laut zuriefen: unter seinem Schutze lebten sie; unter seinem Schutze trieben sie ihre Schifffahrt, und unter seinem Schutze genössen sie Freiheit und Wohlstand. Dies machte ihm so viel Freude, dass er jedem seiner Reisegefährten 40 Goldstücke schenkte, aber sich dabei von jedem schwören ließ, dass sie die empfangene Summe ausschließlich auf den Ankauf alexandrinischer Waren verwenden wollten.[20]

Mit großem Vergnügen nahm er die Einladung der Stadt Neapel an, die militärischen Übungen der Epheben zu eröffnen und bei den Wettkämpfen, die ihm zu Ehren stattfanden, zugegen zu sein. Von dort begleitete er Tiberius noch nach Beneventum und kehrte dann nach Nola zurück, wo er erkrankte. Als Livia ihren Sohn Tiberius nach Nola rief, begriffen alle, dass Augustus im Sterben lag. Es wird berichtet, nicht einen Augenblick habe der alte Princeps das Bewusstsein verloren und er habe die verschiedensten Leute in schonungsloser Weise kritisiert. Später bat er um einen Spiegel und befahl, sein Haar zu kämmen und seinen herabhängenden Unterkiefer zu heben. Dann rief er seine nahen Verwandten und Freunde und fragte sie, ob er – ihrer Meinung nach – das Schauspiel seines Lebens ordentlich zu Ende gespielt habe: «Wenn euch denn nun das Spiel gefallen hat, so klatscht und leitet alle uns mit Dank nach Haus.»[21] Am 19. August 14 nahm er von Livia mit den Worten Abschied: «Gedenke unserer glücklichen Ehe und lebe wohl»[22] und starb im Alter von 77 Jahren. Er hatte noch die Geburt seines Urenkels, des Sohnes seiner Enkelin Julia, an der er keine Freude gehabt hatte, erlebt.

«Ein Herrscher, der eines natürlichen Todes starb» ist dieser Teil des Buches überschrieben, denn dieser Umstand war durchaus ungewöhnlich: Crassus fiel im Krieg gegen die Parther; Pompeius wurde in Balusa auf der Halbinsel Sinai ermordet; Julius Caesar wurde das Opfer von 44 Messerstichen; Brutus, Cassius und Antonius begingen Selbstmord. Auch das Schicksal von Augustus' Nachfolgern war nicht erfreulicher: Caligula und Claudius wurden ermordet; Nero brachte sich um; Galba wurde von seiner Leibwache getötet; Otho nahm sich das Leben; Vitellius fiel einer Gewalttat zum Opfer – die Menge misshandelte seine Leiche und warf sie in den Tiber. Nur Augustus starb eines natürlichen Todes.[23] Doch nicht nur das: Er schuf eine Form der Herrschaft, die ohne einschneidende Änderungen bis zur Zeit von Diokletian, also zum Ende des 3. Jahrhunderts bestehen blieb. Die Substanz der jeweiligen Regierung bestimmte jeder einzelne Kaiser, in dieser Beziehung war der Prinzipat des Tiberius anders als der Neros – Form und Aufbau jedoch blieben augusteisch.

2. TEIL

Die augusteische Gesellschaft

Vorbemerkung zur Bedeutung der *ordines* in der römischen Gesellschaft

Im 19. Jahrhundert und in der ersten Hälfte des 20. Jahrhunderts gab es verschiedene Versuche, den Prinzipat aufgrund seiner rechtlichen Grundlagen und der außergewöhnlichen Persönlichkeit des Augustus zu deuten. Im Zeitalter der Gesellschaftswissenschaften aber wird der Historiker gar nicht daran denken, auf die Darstellung der zeitgenössischen Wirtschafts- und Sozialgeschichte zu verzichten. Sie ist für ihn unentbehrlich, wenn er Augustus' Weg zur Regierungsspitze untersucht sowie das Herrschaftssystem, das er einführte.

Doch es türmen sich zahlreiche Schwierigkeiten vor dem Forscher auf, der der Wirtschaftsgeschichte dieser Zeit auf den Grund gehen will. Die wenigen ihm zur Verfügung stehenden Quellen ermöglichen ihm nicht, eine erhellende Abhandlung über die Wirtschaft der augusteischen Zeit zu verfassen. Trotzdem wird behauptet, zu Zeiten des Augustus und der Julier-Claudier sei die römische Wirtschaftspolitik liberal im Sinne des *laissez-faire* gewesen.[1] Für diese These spricht aber einzig der Umstand, dass es keinerlei Unterlagen gibt, die beweisen könnten, dass Augustus überhaupt irgendeine Wirtschaftspolitik betrieben hat. Es ist zweifelhaft, ob die Blüte der italischen Landwirtschaft zur damaligen Zeit auf kluge Vorausplanung zurückzuführen ist oder auf die Beendigung des Bürgerkrieges, auf die Requirierung des Besitzes von Aufrührern oder vielleicht auf den Zufluss von Riesensummen aus dem eroberten Ägypten in das siegreiche Italien. Ebenso wenig kann mit Sicherheit festgestellt werden, ob Augustus' Wirtschaftspolitik den Wachstumsprozess der Latifundien hemmte und den Kleinhandel förderte. Fest steht, dass Tarius Rufus es in dieser Zeit zu einem Vermögen von 100 Millionen Sesterzen brachte, und es ist kaum anzunehmen, dass ein Mann solch einen Reichtum mit einem kleinen Bauernhof erwirtschaftet hat.[2]

Ohne auf die Diskussion einzugehen, ob man von einer planvollen Wirtschaftspolitik bei Augustus sprechen kann, lässt sich die Behauptung Michael Rostovtzeffs nicht widerlegen, die Zeit des Augustus sei eine Zeit wirtschaftlichen Aufschwungs gewesen.[3] In Italien war viel Geld im Umlauf. Der Zinssatz wurde auf 4 % heruntergesetzt. Die Erhöhung der Preise um das Doppelte beeinträchtigte den Lebensstandard der Einwohner Italiens nicht. Die Handelsschifffahrt – zur See und auf den Flüssen – verlief ungestört und florierte. Es wurden in großem Maßstab öffentliche Bauprojekte ausgeführt, von Tempeln, Straßen und Gebäuden. Doch darf man nicht vergessen, dass – trotz der Blüte des Handels und Handwerks – die Wirtschaft des Imperiums zu Augustus' Zeiten auf Agrikultur gegründet war. Zwar gab es etwa tausend Städte im Imperium, doch nur in Rom, Alexandria und Antiochia erreichte die Zahl der Einwohner 800 000 bis eine Million. In den übrigen Städten schwankte sie zwischen 2000 und 20 000; nur in einigen Orten lebten 50 000 Menschen. Auch Städter besaßen Land in der Umgebung. Werkstätten stellten landwirtschaftliche Geräte her, und der Handel sorgte für den Vertrieb von Produkten wie Wein, Oliven, Fleisch, Obst und natürlich Getreide, das aus Nordafrika und Ägypten eingeführt wurde.

Während der letzten Lebensjahre des Augustus verschlechterte sich die wirtschaftliche Lage. Der Import von Gütern aus den Provinzen ging zurück. Die Zahl der Empfänger kostenlosen Korns wurde reduziert, die Mitglieder des stehenden Heeres mussten länger dienen; doch die Ausgaben, die den Staatshaushalt belasteten, verminderten sich nicht. Dass Augustus am Ende seines Lebens gezwungen war, eine neue Steuer – die Erbschaftssteuer – einzuführen, um die Einrichtung des *aerarium militare* zu finanzieren, zeigt deutlich, dass es um die Wirtschaft schlecht bestellt war.

Während man in der Neueren Geschichte oft einen direkten Zusammenhang zwischen der politischen Situation (dem Ausbruch eines Krieges, Aufstieg oder Fall eines Regimes usw.) und der wirtschaftlichen Lage (wie steigender Inflation, Krisen in der Aufrechterhaltung von Wirtschaftsbeziehungen, Arbeitslosigkeit) nachweisen kann, ist dies in der Alten Geschichte äußerst schwierig. So ist es kaum möglich, einen Kausalzusammenhang zwischen dem wirtschaftlichen Niedergang in Rom und den Plänen zur Eroberung Germaniens und Böhmens 6 bis 9 n. Chr. nachzuweisen.[4]

Leichter ist es, das Gefüge der Beziehungen zwischen Augustus und den verschiedenen Gesellschaftsschichten zu schildern. Allerdings hilft der nebulöse Begriff «Schichten» – höhere oder niedere – hier nicht mehr als der Ausdruck «Stände».

Im tagtäglichen Sprachgebrauch benutzt man im Allgemeinen die Wörter «Stand» und «Klasse» ohne genaue soziologische Definition, in der Annahme, die Gesprächspartner wüssten, was gemeint ist.[5] In einem Buch, das sich ausführlich mit der augusteischen Gesellschaft befasst, sollte man sich einer kurzen, grundsätzlichen Erörterung der «Stände» und *ordines* nicht entziehen. Die besten Überlegungen hierzu finden sich in der Doktorarbeit von Benjamin Cohen, *Die rö-*

mischen ordines zur Zeit der Republik (1972 auf hebräisch geschrieben). Die Arbeit ist im Ausland aufgrund des im Anhang der Dissertation stehenden französischen Resümees bekannt.

Auch im marxistischen Sprachgebrauch ist der Begriff «Klasse» umstritten, vor allem da Marx selbst keine autorisierte Definition hinterlassen hat. Im *Kommunistischen Manifest* brachte er sogar die Arten durcheinander, als er in einem Atemzug über Klassenkampf zwischen Patriziern und Plebejern und zwischen freien Menschen und Sklaven sprach. Aber Patrizier und Plebejer sowie Freie und Sklaven sind nach marxistischer Auffassung völlig verschiedene «Paare von Ständen», denn diese unterscheidet zwischen den Klassen unter dem Gesichtspunkt der Eigentumsverteilung. Nur Freie und Sklaven können als zwei entgegengesetzte Klassen gelten, denn der Sklave war in der Tat Eigentum des freien Menschen; der Plebejer jedoch konnte mehr Eigentum besitzen als der Patrizier, der Unterschied zwischen ihnen war konstitutionell-ständisch, nicht wirtschaftlich-ständisch. Mit Recht weist Cohen auf verschiedene mögliche Attribute eines Standes hin: So kann er etwa vererbt oder erworben, geschlossen oder offen, bewusst oder unbewusst sein. Deshalb beschloss Moses Finley, statt des Begriffs «Stand» in der Alten Geschichte von «Statusgruppe» zu sprechen.[6]

Es ist offensichtlich, dass sich die Soziologen, wenn sie von «Ständen» sprechen, auf die moderne kapitalistische Gesellschaft beziehen, ihre Definitionen können selbstverständlich nicht auf die römische Welt übertragen werden. Doch auch im antiken Rom bestanden Unterschiede zwischen der einen und der anderen Gesellschaftsgruppe, und zwar aufgrund der Vermögensverhältnisse, des Besitzes von Produktionsmitteln usw. Die römische Gesellschaft bestand aus Reichen und Armen, Freien von Geburt und Sklaven. Doch man darf nicht vergessen, dass sie auch in *ordines* gegliedert war, in der Sprache der modernen Soziologie in Statusgruppen. Das Ignorieren dieser Einteilung hat zu zahlreichen Missverständnissen geführt.

Vor vielen Jahren veröffentlichte Hermann Strasburger ein kleines Buch, *Concordia Ordinum*. Mit diesem Begriff bezeichnet er den Bund zwischen dem *ordo* der Senatoren und dem der Ritter.[7] Ich weiß noch, dass Benjamin Cohen 1965, als er Student war, Einspruch gegen die Auffassung Strasburgers erhob, und dies aus den verschiedensten Gründen. Cicero erwähnt oft «alle *ordines*», und es ist nicht anzunehmen, dass er mit dem Wort *omnes* nur Senatoren und Ritter meint. Cohen hat die literarischen und epigrafischen Quellen untersucht und 28 *ordines* gefunden, darunter den *ordo* der Herolde *(praecones)*, der Freigelassenen *(ordo libertinorum)* und der Richter *(iudices)*. Dagegen gab es keinen *ordo* der Bankiers *(argentarii)*, wohl aber waren die Publikanen mit Sicherheit ein *ordo*. Ein *ordo* der *nobilitas*, der senatorischen Elite, existierte nicht, jedoch ein *ordo* der Liktoren *(ordo lictorum)*. Es gab keinen *ordo* der Reichen *(divites)* oder der Armen *(pauperes)*, auch keinen *ordo* der Plebs, allerdings den *ordo* der Plebejer *(ordo plebeiorum)*. Was also ist ein *ordo*?

Eine verbürgte Definition des Begriffs *ordo* ist nirgendwo in der römischen Geschichtsschreibung zu finden. Aufgrund seiner Untersuchungen kam Benjamin Cohen zu folgenden Schlüssen: Erstens waren die sozioökonomischen Stände in Rom keine *ordines*; zweitens waren *ordines* nicht unbedingt voneinander verschiedene sozioökonomische Stände; und drittens bedeutet *ordo* nicht «Stand» im feudalen Sinn des Wortes, doch auch nicht «Klasse» im Sinn, den Smith, Marx und Max Weber ihm geben. Cohens Definition lautet: «Der *ordo* ist eine spezifisch römische Erscheinung, konstitutionell im Wesen und ‹dignitativ› in seiner Auswirkung, also eine Statusgruppe anerkannt staatlichen Standes.»[8]

Cohen verfährt, indem er sich der Wortschöpfung «dignitativ» bedient, ähnlich wie schon Claude Nicolet (ohne dass Cohen davon wusste), und beide Forscher kennen natürlich die sonstigen Beiträge zum Thema, von Mommsen bis Mispoulet.[9] Ich werde versuchen, die Definition in einfachen Worten zu erläutern: *ordo* ist eine juristisch genau definierte Gruppe von Bürgern. Es gibt *ordines*, in die man hineingeboren wird, und solche, in die man durch eine *adlectio* berufen wird. Zur ersten Gruppe gehören Patrizier und Plebejer *(ordines patrum et plebeiorum)*. Der *ordo* der Senatoren und der der Ritter *(ordo equester)* – die beiden *ordines*, die uns hier ausführlich beschäftigen werden – gehören der zweiten Gruppe an. Die Mitglieder eines *ordo* haben Pflichten zu erfüllen, besitzen aber auch Rechte. Zwischen den einzelnen *ordines* ist das Verhältnis hierarchisch. So wird der Status eines Mitglieds des *ordo senatorius* höher eingeschätzt als der eines Mitgliedes des *ordo equester*; dasselbe gilt für Mitglieder des *ordo scribarum*, deren Status über dem der Mitglieder des *ordo praeconum* liegt.

Die Kriterien für die Berufung in einen *ordo* änderten sich im Lauf der Zeit, im Allgemeinen gemäß den politischen Interessen und gesellschaftlichen Auffassungen der regierenden Oligarchie. Zur Zeit des Augustus war Reichtum nur eine der Voraussetzungen für die Ernennung in einen bestimmten *ordo*. Ebenso ausschlaggebend waren Herkunft, Gesundheitszustand und persönlicher Erfolg, denn Augustus hatte auf Maecenas' Rat gehört, niemanden seines mangelnden Geldes wegen zurückzusetzen. Im Weiteren wird noch davon die Rede sein, dass Augustus den Unterschied zwischen dem *ordo* der Senatoren und dem der Ritter hinsichtlich Rang, Ansehen und gesellschaftlichem Status besonders betonen wollte. Doch wenn er die Schätzung der Senatoren nach ihrem Vermögen auf eine Million Sesterzen festsetzte, so bedeutete das nicht, dass der Unterschied zwischen den *ordines* allein auf dem Vermögen beruhen sollte. Denn wenn er jemandem Ansehen verschaffen wollte, der den Bedingungen des Zensus nicht entsprach, ergänzte Augustes dessen Vermögen bereitwillig auf eine Million Sesterzen.[10]

Diese Hinweise genügen zwar nicht, um dem Problem auf den Grund zu gehen, doch sie reichen für die Erklärung aus, weshalb in den folgenden Kapiteln die Senatoren und die Ritter nicht als zwei Stände behandelt werden, sondern als zwei Statusgruppen mit gleichem sozioökonomischen Hintergrund – der herrschenden römischen Aristokratie. Und auch die Plebs – das gesamte übrige Volk – war in die verschiedensten Rangklassen eingeteilt, in den Quellen werden sie oft *ceteri ordines* genannt.

Die folgenden Kapitel wollen und können nicht eine Sozialgeschichte der Ära des Augustus bieten, dazu ist das Quellenmaterial zu unzulänglich. Doch sie sollen den ausschlaggebenden Einfluss vor Augen führen, den der Princeps – besonders auch durch seine Berufungen in diesen oder jenen *ordo* – auf die römische Gesellschaft ausübte.

Ich werde weiter die allgemeinen Bezeichnungen «höhere Schichten» und «niedere Schichten» benutzen; doch nach der Definition des Begriffs *ordo* sind die Dinge erheblich klarer: Zu den oberen Schichten gehörten die reichen Leute im Staat, die hohe politische Posten innehatten, doch großer Reichtum und gesellschaftliches Ansehen führten nicht automatisch zur Aufnahme in die *ordines*. Dazu war die ausdrückliche Ernennung erforderlich.

In den Tagen des Kaisers Nero schrieb Petronius eine 16-teilige Satire, die in einem Kapitel ein Festmahl im Haus des Freigelassenen Trimalchio schildert. Dieser war in Asien als Sklave geboren und als Kind nach Italien gekommen, wohl zu Augustus' Zeiten, wie sein Name Maecenatianus bezeugt. Sein Herr fand Gefallen an ihm und mehr noch die Frau des Hauses. Er wurde freigelassen, erbte sogar einen Teil des Besitzes seines Herrn und begann mit Wein zu handeln, den er aus Süditalien in Rom einführte. Er investierte drei Millionen Sesterzen in die Anschaffung von Schiffen, die allerdings zu seinem Pech während eines Sturms alle untergingen: «An einem Tag verschlang Neptun drei Millionen.» Doch Trimalchio verlor nicht den Mut: Seine Frau Fortunata verkaufte ihren Schmuck, der Erlös wurde wieder in das Weingeschäft investiert, und dieses Mal konnte Trimalchio einen Gewinn von 10 Millionen Sesterzen verzeichnen. Da er aber ein Freigelassener war, konnte er nicht einmal im Traum daran denken, in den *ordo senatorius* berufen zu werden. Rein wirtschaftlich betrachtet bestand kein Unterschied zwischen Trimalchio und den Großgrundbesitzern, die zum *ordo senatorius* gehörten. Wirkliche Satisfaktionsfähigkeit aber herrschte nur unter Senatoren, nicht zwischen einem Senator und einem Freigelassenen, mochte der noch so reich sein.[11]

Die *ordines* in Rom bildeten zwar keine geschlossene Kaste, dennoch war die soziale Mobilität ziemlich begrenzt. Hervorragende Leistungen beim Militär konnten den Weg in einen höheren *ordo* bahnen; wichtiger noch war eine Empfehlung von jemandem aus dem Umkreis des Kaisers.

Zu den Größenordnungen: Die absolute Zahl der Angehörigen der oberen Schichten war sehr klein, doch niemand kennt sie genau. Auch die Einwohnerzahl Roms ist umstritten, gar nicht zu reden von den Meinungsverschiedenheiten über die Einwohnerzahl des gesamten römischen Imperiums. Vor gut hundert Jahren stützten sich die meisten Forscher auf die ungefähren Berechnungen Julius Belochs und vor fünfzig Jahren auf die Schätzungen Tenney Franks. Die Folgerungen dieser beiden Gelehrten sind völlig unterschiedlich.[12] Heute folgt die Mehrzahl der Althistoriker den Berechnungen des bedeutenden Oxforder Forschers Peter Brunt, der den Ansichten Belochs nahe steht. Brunt meint, Italien habe 7 500 000 Einwohner gehabt, darunter 3 000 000 Sklaven.[13] Was man mit Sicherheit sagen kann, ist, dass im Tatenbericht des Augustus 14 n. Chr. in Italien nur von 4 937 000 römischen Bürgern die Rede ist.[14] Angenommen, das gesamte römische Imperium hätte 50 Millionen Einwohner gehabt, so ist die Zahl der Angehörigen der oberen Schichten (Senatoren, Ritter und Dekurionen) wirklich minimal, denn sie betrug nicht mehr als 200 000 (einschließlich der Kinder).[15]

Eine Aussage lässt sich mit Gewissheit treffen: Trotz der niedrigen Zahl der Angehörigen der oberen Schichten war ihr Einfluss gewaltig. Die wesentlichen sozialen Phänomene waren Patronage und Klientel.[16] Die Angehörigen der niederen Schichten entwickelten sich nie zu einer homogenen und organisierten Gruppe, und ihre Abhängigkeit von den oberen Schichten hielt sie davon ab, gegen den Klassenunterschied aufzumucken, jedenfalls während der Regierung des Augustus. Die Macht des Princeps beruhte vor allem auf der Loyalität der etwa 400 000 Mann starken Armee und auf Augustus' Geschick im Umgang mit allen Gesellschaftsschichten. Darüber nun also in den folgenden Kapiteln.

KAPITEL 8

Augustus und das Heer

Scipio Africanus sagte oft, Pferde, die viele Jahre lang an Schlachten teilgenommen hätten, würden wild. In Friedenszeiten müsse man sie zunächst ausgebildeten Trainern anvertrauen, und erst nachdem sie wieder gehorchten, seien sie von neuem einzusetzen. Es ist fraglich, ob Augustus diesen Abschnitt bei Cicero gelesen hat; doch der Sieger von Actium begriff rasch, dass sein 60 Legionen umfassendes kampfmüdes Heer im Frieden nicht nur eine überflüssige, kaum zu schulternde finanzielle Last darstellte, sondern auch kaum zu führen war.[1] Andererseits standen ihm die Probleme zur Zeit der Republik vor Augen. Damals hatte sich kein stehendes Heer an den Grenzen des Imperiums befunden, sodass jedes Mal, wenn die Gefahr einer Invasion in diesen Randgebieten drohte, das Militär in größter Eile hatte mobilisiert und an die gefährdeten Stellen kommandiert werden müssen. Sehr oft hatten die Truppen die Gefahrenzone erst erreicht, nachdem der Feind den Bewohnern und dem Ansehen Roms bereits größten Schaden zugefügt hatte. Zudem hatten sich die Kommandeure solcher fern von Rom agierender Truppenverbände als potenzielle Gefahrenquelle erwiesen: Manche nutzten die Entfernung von Rom aus und missachteten die Befehle des Senats. Öfter war es auch geschehen, dass ein Heerführer siegreich nach Rom zurückgekehrt war und, von der Welle der Begeisterung der Menge getragen, Belohnungen für die entlassenen Soldaten forderte. Solche Vorfälle hatten das labile Gleichgewicht der Kräfte innerhalb der Führung der republikanischen Oligarchie in Gefahr gebracht und für viel Ärger gesorgt. Man denke nur an Marius und Sulla, an Pompeius und Caesar – schon versteht man Augustus' Befürchtungen und die Maßnahmen, die er ergriff, um eine Wiederholung solcher Geschehnisse um jeden Preis zu verhindern.[2]

Tatsächlich muss man die Verkleinerung des Heeres und seine Umwandlung in ein konservatives Element, das *einem* Mann ergeben ist, zudem gewissenhaft über die Grenzen des Imperiums wacht und sich gleichwohl aus innenpolitischen Angelegenheiten heraushält, als den glanzvollsten Erfolg des Augustus betrachten.

Die vorhandenen Quellen genügen nicht, um eine genaue Beschreibung abzugeben, wie das Militär neu organisiert wurde. Sueton berichtet, Augustus habe zahlreiche Änderungen und Neuerungen eingeführt, aber er spricht vor allem über die Verschärfung der Disziplin im römischen Heer.[3] Augustus selbst erwähnt in seinem Tatenbericht nur beiläufig diese große Umstrukturierung.[4] Demnach entließ er 300 000 Mann aus dem Militärdienst; einen Teil siedelte er in den Kolonien an, andere schickte er nach Hause. Alle Veteranen versorgte er in Anerkennung ihres langen Dienstes mit Land oder Geld.[5] Natürlich wurden diese Massenentlassungen nicht auf einmal vorgenommen[6], und sie endeten offenbar um 13 v. Chr., als die von Augustus gewünschte Truppenstärke erreicht war.

13 v. Chr. standen Augustus 28 reguläre Legionen zur Verfügung, dazu die Hilfstruppen *(auxilia)*, die 150 000 Mann zählten. Bei den Hilfstruppen dienten die Männer aus den Provinzen; besonders die Belgier, die Galater und die Rei-

tertruppe der Bataver zeichneten sich aus. Nachdem im Teutoburger Wald 9 n. Chr. drei Legionen vernichtet worden waren, blieben 25 übrig. Ein in den Schriften von Tacitus erhaltener Bericht gibt Auskunft über die Aufstellung der römischen Legionen 29 n. Chr.[7] Die Verteilung sah so aus: 3 Legionen in Spanien, 8 an der Rheingrenze, 6 an der Donaugrenze, 4 in Syrien, 2 in Ägypten und 2 in der Provinz Afrika (im Allgemeinen war dort nur eine Legion stationiert). – Aus diesem Bericht geht auch hervor, dass keine der Legionen, die 9 n. Chr. vernichtet worden waren, neu aufgestellt wurde; in der Nummerierung fehlten jetzt die Zahlen 17, 18 und 19, denn sie galten als Unglück bringend.

Wie weitsichtig Augustus' auf die Sicherheitsbedürfnisse des Imperiums ausgerichtete militärische Planungen waren, zeigt die Tatsache, dass Kaiser Trajan im 2. Jahrhundert n. Chr. große Eroberungskriege jenseits der Donau und des Euphrats unternahm und die römische Kriegsmaschine nur um fünf Legionen vergrößerte. Die Grundstruktur, die Augustus etabliert hatte, blieb während der ersten 200 Jahre des römischen Kaisertums (mit nur leichten Änderungen) bestehen. Mit Stolz behielten die Legionen die Nummern bei, die sie in der Zeit des Augustus erhalten hatten, so finden sich in den aus dem 5. Jahrhundert n. Chr. erhalten gebliebenen Listen des Militärs, in den *notitia dignitatum*, 16 der 28 augusteischen Legionen.

Augustus' Macht beruhte zweifellos in der Hauptsache auf dem Militär. Es gelang ihm aber, gegenüber der Öffentlichkeit den Eindruck zu erwecken, der Ursprung seiner Vollmachten stamme vom Senat und vom römischen Volk. Nicht alle seine Nachfolger besaßen diese Begabung. In einer späteren Epoche entstand aus dem Kaisertum ein Regime, das die Historiker «Militärdespotismus» nennen. Das Militär hielt Augustus Zeit seines Lebens die Treue und wurde zum wichtigsten Stützpfeiler des Prinzipats. Doch Augustus verließ sich nicht allein auf den Treueid der Soldaten *(sacramentum)*, mit dem sie vor allem dem Heerführer ihre Ergebenheit gelobten. Er wusste, dass seine Befehle auf Dauer nur dann ordnungsgemäß befolgt wurden, wenn er das Vertrauen der Soldaten genoss und sie das Gefühl hatten, dass er auf ihre Bedürfnisse einging. Ohne ihr Vertrauen in ihn – das begriff er sehr gut – würde kein Treueid nützen.[8] Er hielt auch die Verbindung zu den Veteranen, die ihm treu gedient hatten, und unterstützte sie, wenn sie seine Hilfe brauchten.[9]

Gerade nach Actium, als der Staat Friedenszeiten entgegenging und viele Entlassungen von Soldaten bevorstanden, musste Augustus auf größere Disziplin bei den Truppen des stehenden Heeres achten. Sueton beschreibt die Maßnahmen, die er ergriff: Er verbot, die Soldaten «Waffenbrüder» *(commilitones)* zu nennen, ein gängiger Beiname in den Tagen der Bürgerkriege, und befahl, sie einfach mit «Soldaten» anzureden. Soldaten und selbst hohen Offizieren gab er oft abschlägige Antwort, wenn sie Urlaub erbaten – wenn er genehmigt wurde, dann ausschließlich in der Wintersaison, wenn keine Kämpfe stattfanden. Die 10. Legion entließ er mit Schimpf und Schande *(cum ignominia)* – das heißt, ohne den Sold zu zahlen, der Soldaten zustand, die sich ausgezeichnet hatten –, ebenso verfuhr er mit allen anderen, die ihre Entlassung auf unverschämte Art gefordert hatten. Wenn eine Militäreinheit sich von ihrer Stellung ohne ausdrücklichen Befehl zurückgezogen hatte, ließ er jeden zehnten Soldaten der Einheit hinrichten, und die übrigen bekamen nur Gerstenbrot zu essen. Auch Zenturionen, die ihren Posten verließen, wurden wie die einfachen Soldaten mit dem Tod bestraft.[10]

Einige Forscher bezweifeln, dass im römischen Heer tatsächlich diese strenge militärische Disziplin geherrscht hat. Doch auch wenn Varus gegen die Germanen wegen fehlender Disziplin und mangelnder Wachsamkeit der Truppen verloren haben sollte, sollte man die Hinweise, denen zu entnehmen ist, dass Augustus zu Beginn der Reorganisation der Armee eiserne Disziplin einforderte, ernst nehmen. Von 13 v. Chr. an mussten die Legionäre 16 Jahre dienen.[11] 5 n. Chr. wurde die Zahl der Dienstjahre auf 20 erhöht.[12] Die Verlängerung der Dienstzeit lag nicht am Mangel von Freiwilligen, Zwangsaushebung war nicht notwendig, solange Ruhe an der Front herrschte.[13] Die Legionäre kamen meist aus Italien, vor allem aus Gallia Cisalpina. Die Hilfstruppen wurden aus den Provinzen eingezogen, nur eine kleine privilegierte Einheit von Freiwilligen bestand aus Bürgern Roms *(cohortes civium Romanorum voluntariorum ingenuorum)*.

Zwischen 6 und 9 n. Chr. (während des großen Aufstands der Pannonier) weigerten sich junge Männer freier Herkunft, freiwillig zum Militär zu gehen. Deshalb mussten auch Söhne von Sklaven eingezogen werden. Sie wurden besonderen Einheiten zugeordnet, *cohortes civium Romanorum voluntariorum* genannt. Darauf nahm wohl Plinius der Ältere Bezug, als er die Krise als *iuventutis penuria* bezeichnete.[14] Cassius Dio erzählt, der Kaiser habe sich an die Reichen mit der Bitte gewandt, ihre Sklaven zum Heeresdienst einziehen zu dürfen, und versprochen, sie ihren Herren nach sechs Monaten zurückzuschicken.[15] Auch nach dem Debakel im Teutoburger Wald war es schwer, Freiwillige zu finden.[16] Das ist vielleicht der beste Beweis dafür, dass die Freiwilligen zur Zeit des Prinzipats sich nicht aus Begeisterung für den Kampf meldeten und auch nicht aus patriotischen Gründen.

Moderne Soziologen könnten den römischen Militärdienst als ein Mittel zur sozialen Mobilität betrachten. Einem

Soldaten, der sich im Militär ausgezeichnet und es vielleicht sogar zum Zenturion gebracht hatte, war auch nach seiner Entlassung im bürgerlichen Leben ein gesellschaftlicher Aufstieg gewiss. Ehemalige Zenturionen wurden wichtige Magistrate in den Munizipien; sie wurden zum Ritter *(eques Romanus)* befördert, einigen stand sogar der Weg in den Senat offen.[17] Obgleich der Sold in den Legionen nicht sonderlich hoch war (12 000 Sesterzen gegenüber 20 000, die den Prätorianern ausgezahlt wurden), ist auch der wirtschaftliche Anreiz nicht gering einzuschätzen. Während seiner Dienstzeit konnte der Legionär einen ansehnlichen Betrag sparen. Und nicht nur das: Von dem Augenblick an, da er ins Heer eingetreten war, war der Soldat frei vom strengen Regime des *pater familias*; wenn er seinen Sold und die Kriegsbeute – die ihm hin und wieder zufiel – nicht verschwendete, konnte er sich ein kleines Vermögen *(peculium castrense)* erwerben. Dieses durfte er selbständig vererben, ohne die Einmischung des *pater familias* fürchten zu müssen. So regelte es das *testamentum militare* im römischen Recht. Obendrein wusste jeder Soldat, dass er am Ende seiner Dienstzeit entweder ein Stück Land oder eine Sonderzuwendung oder beides bekommen würde.[18]

Die Neuorganisation des Heeres hatte weitreichende Folgen auf sozialem und politischem Gebiet, die hier wenigstens am Rande erwähnt werden sollen: Das tägliche Leben des römischen Soldaten in der Garnison in einer der weit entfernten Provinzen war im Allgemeinen langweilig und kaum mit großen Gefahren verbunden. Versetzungen von einer Einheit in eine andere kamen selten vor, manchmal dienten die Soldaten 20 Jahre am selben Ort. In dieser Zeit befreundeten sie sich mit den Mädchen aus der Umgebung, heirateten diese oft nach der Entlassung und strebten dann nicht danach, in ihre Heimat zurückzukehren. Die so entstehenden Verbindungen zwischen Legionären und Einwohnern waren ein maßgeblicher Faktor bei der Romanisierung der Westprovinzen; im Osten allerdings waren die Umstände anders. Doch auch das Gegenteil konnte eintreten: Oft bildeten sich in den Garnisonstädten Widerstandsnester gegen das römische Regime, und es kam vor, dass Einheimische, die ihre militärische Ausbildung bei den Hilfstruppen *(auxilia)* erhalten hatten, gegen die römische Herrschaft revoltierten: Tacfarinas, der seine Kameraden in Nordafrika zur Rebellion aufhetzte, und Armin der Cherusker sind nur zwei Beispiele unter vielen.

Zurück zu Augustus' Zielen, als er sein Heer neu organisierte. Er wollte die Gemüter in den verschiedenen Einheiten beruhigen, die aufrührerischen Elemente möglichst ohne Konflikte aus der Armee entlassen, reguläre Truppen an den Grenzen des Imperiums aufstellen und jeden ehrgeizigen Befehlshaber daran hindern, das Militär als Vehikel für innenpolitische Kämpfe zu missbrauchen. All dies erreichte er mit seiner Heeresreform, und bis auf einige Ausnahmefälle herrschte Ruhe in der Armee.

Nur Augustus' getreue Anhänger kommandierten die großen Militäreinheiten – ganz oben Agrippa, die Adoptivsöhne Tiberius und Drusus sowie der junge Enkel Gaius Caesar. Diese Dominanz der Familienmitglieder und engsten Freunde rührte daher, dass in der Kaiserzeit die Kommandeure der Legionen *(legati)* keine Berufssoldaten waren. Diese hohen Offiziere waren sämtlich Senatoren (zumindest ehemalige Quästoren, meist frühere Prätoren) und betrachteten ihre militärische Funktion nur als Stufe auf dem Weg nach oben im Senat. Ähnliches gilt für die Militärtribunen: Der oberste Militärtribun war ein zukünftiger Senator *(tri-*

bunus laticlavus); der Militärdienst vor seinem 25. Lebensjahr war eine unerlässliche Phase in der senatorischen Karriere. Die übrigen Militärtribunen waren Söhne von Rittern *(tribuni angusticlavii)*, auch sie rechneten mit hohen Posten in der Verwaltung am Ende ihrer Dienstzeit. Aus ihren Kreisen wurden meist die Präfekten und Prokuratoren (Provinzstatthalter) gewählt.

Augustus kümmerte sich auch um die Versorgung der Flotte. Vermutlich hat er nach den Siegen über Sextus Pompeius in Naulochus und über Antonius in Actium die Konsequenz gezogen, von der republikanischen Gewohnheit abzuweichen, die Flotte sofort nach der Schlacht aufzulösen. Er errichtete zwei Flottenstützpunkte, in Misenum im Süden und in Ravenna im Norden.[19] Kleinere Marineeinheiten ankerten auch in anderen Häfen, zum Beispiel in Forum Iulii (heute Fréjus) in Gallia Narbonensis. Zuerst waren die Ruderer meist Sklaven, doch im Laufe der Jahre wurden sie gegen Provinzeinwohner ausgetauscht; diese erhielten das Versprechen, dass sie nach Abschluss ihres Dienstes in der Marine die römische Staatsbürgerschaft bekämen. Selbst die Präfekten der Flotte *(praefecti classis)* stammten nicht immer aus Rom.[20]

Ferner standen Augustus neun Kohorten der Prätorianer – 1000 Mann pro Einheit – zur Verfügung. Theoretisch dienten diese Kohorten während des Kampfes als Leibwache des Kommandeurs. Da aber Augustus nach dem Jahr 17 kaum noch selbst in den Krieg zog, waren diese Kohorten in einem besonderen Lager im Norden Roms stationiert.[21] Mit der Zeit wurden die Prätorianer, die im Allgemeinen aus dem Zentrum Italiens kamen (im Gegensatz zu den Legionären, die meist aus Norditalien stammten), zur Elitetruppe des römischen Heeres. Ihr Sold war höher als der der

Legionäre, und sie mussten nicht so lange dienen: im Anfang 12 Jahre[22], später wurde die Dienstzeit auf 16 Jahre erhöht.[23] Gewöhnliche Legionäre hatten dagegen mindestens 20 Jahre zu dienen.

An der Spitze der prätorianischen Garde standen meist zwei Befehlshaber, nur wenn so herausragende Männer wie Seianus (zur Zeit von Tiberius 31–34 n. Chr.) oder Burrus (zur Zeit Neros 51–62 n. Chr.) dienten, befehligte ein einziger die gesamte Einheit. Der Befehlshaber musste zum Ritterstand *(ordo equester)* gehören. Einem Senator war es untersagt, die Wache zu kommandieren.[24]

Augustus hütete sich, die Prätorianer in den bürgerlichen Bereich der Stadt *(pomerium)* hineinzulassen, und niemals setzte er sie als Polizei ein. Hierfür wurde ein zusätzlicher Verband von drei städtischen Kohorten geschaffen, an deren Spitze ein Stadtpräfekt *(praefectus urbi)* stand, der Magistrat mit dem Rang eines Konsuls war. Der Dienst in diesen Einheiten dauerte 20 Jahre, wie bei den Legionen, und der Sold war niedriger als bei den Prätorianern. Sie waren verantwortlich für die Ordnung in der Stadt und wurden unterstützt von sieben Kohorten der Feuerwehr *(cohortes vigilum)*.

Nachdem eine Reihe von Bränden großen Schaden in der Stadt angerichtet hatte, war diese Feuerwehr 7 v. Chr. gegründet worden.[25] (Anscheinend hatten Personen, die hoch verschuldet waren, die Brände verursacht, in der Hoffnung, ein Teil ihrer Schulden würde wegen des Feuerschadens gestrichen.) Diese Einheiten lösten die Truppe von 600 Stadtsklaven ab, die 21 v. Chr. – nach der Affäre Egnatius Rufus – den Ädilen beigegeben worden waren.[26]

Der Posten des Präfekten der sieben Feuerwehr-Kohorten *(praefectus vigilum)* wurde zu einem der wichtigsten für Angehörige des Ritterstandes. Jede Kohorte bestand aus 1000

Freigelassenen, der Sold wurde vom Staatsschatz gezahlt, und jede der sieben Kohorten war verantwortlich für zwei der 14 Stadtbezirke. Obwohl ihre Präfekten im Allgemeinen ehemalige Zenturionen waren, galten die Feuerwehrleute selbst nicht als Soldaten, denn das Prinzip, dass Soldaten Freie sein mussten, wurde damals noch streng eingehalten.[27] Doch für Freigelassene waren diese Stellen nicht sehr attraktiv. Das geht aus dem Gesetz hervor, das 24 n. Chr. verkündet wurde und denjenigen die volle römische Bürgerschaft verlieh, die den Status *Latini Iuniani* besaßen und bereit waren, bei der Feuerwehr zu dienen. Bald darauf konnte man in ihren Reihen bereits Freie finden.[28] Die Feuerwehr hatte nicht nur mit dem Löschen von Bränden zu tun; sie entwickelte sich in kurzer Zeit zu einer Polizeitruppe, die die Bürger Roms vor Diebstählen, Einbrüchen und nächtlichen Gewalttaten schützte.

Rechnet man zum Heer Prätorianer, Polizei und Feuerwehr (und auch die germanischen Leibwächter des Princeps, die nach der Niederlage von Varus im Teutoburger Wald entlassen wurden) hinzu, zeigt sich, dass Augustus selbst nach den Einsparungen eine riesige Armee von etwa 300 000 Mann zur Verfügung stand. Das kostete natürlich viel Geld; 6 n. Chr. ließ der Princeps für die Militärangelegenheiten eine eigene Finanzbehörde *(militare aerarium)* einrichten, über die Sueton berichtet: «Um ferner immer ohne Schwierigkeiten die Mittel zu ihrem Unterhalt während der Dienstzeit und nach derselben bereit zu haben, gründete er eine mit eigenen neuen Einkünften ausgestattete Kriegskasse.»[29] Das Jahreseinkommen eines Soldaten betrug 225 Denare. So mancher bezweifelt, ob die neue Behörde sich wirklich auch um den Lohn der Soldaten kümmern musste. Wahrscheinlich konnte dieser geringfügige Betrag durch die Steuern aus den Provinzen, wo die Legionen stationiert waren, gedeckt werden. Problematisch wurde die Lage, wenn die Sondervergütung bei der Entlassung auszuzahlen war; dabei handelte es sich immerhin um 3000 Denare (12 000 Sesterzen), was dem Sold für etwa 13 Dienstjahre entsprach (Prätoren erhielten 20 000 Sesterzen)[30] Um dieses Geld aufzubringen, wurden neue Steuern erhoben: 1 % auf die Einnahmen bei Auktionen und 5 % auf Erbschaften, wenn es sich um entfernte Verwandte handelte. Auch erbat Augustus Spenden von wohlhabenden Bürgern, und er selbst stiftete beträchtliche Summen aus seinem Privatvermögen.[31] Die Soldaten beschwerten sich, soweit wir wissen, niemals über die Höhe der Vergütung, sie murrten und rebellierten wegen der Länge der Dienstzeit. 14 n. Chr. monierten die Aufrührer, dass sie 30 oder 40 Jahre dienen mussten[32]; doch wenn sie endlich aus dem Dienst entlassen wurden, konnten sie mit Hilfe der Zuwendung ein kleines Geschäft eröffnen und ihr Auskommen haben. Überall in den Munizipien gab es eine Vielzahl von Tavernen *(tabernae)*, ein Beweis, dass sich nicht alle Veteranen der Landwirtschaft zuwendeten. Die neuen Siedler bewahrten ihrem Patron Augustus die Treue, und der Princeps selbst tat sein Möglichstes, um die Verbindung mit ihnen auch nach ihrer Entlassung aufrechtzuerhalten.[33]

Kurz: Augustus sparte keine Mühe, den Veteranen das Leben zu erleichtern, und verließ sich auf ihre Loyalität. Er legte das Fundament für eine Streitmacht, die jeden Gegner seiner Herrschaft abzuschrecken vermochte. Diese Methode erwies sich als wirksam, und seine Nachfolger, von Tiberius bis Nero, übernahmen sie. Das galt innen- wie außenpolitisch: Tacitus berichtet, wie oft es genügte, dass Rom mit dem Erscheinen einer Kohorte drohte – und die Ordnung war wiederhergestellt.[34] Abschließend sei betont, dass Augustus' Stärke sich besonders im Nichteinsetzen des Militärs zeigte. Kaiser, die Militärgewalt brauchten, um die Regierung zu festigen oder um sie gar zu ergreifen, konnten zwar eine Zeitlang Erfolg haben, doch ein Abweichen von Augustus' Prinzipien führte zur Rückkehr des Militärs in die Politik. Die Aufstände des Vierkaiserjahres (68–69) sind ein Beweis dafür.

KAPITEL 9

Augustus und die Senatoren

Zur Zeit der späten Republik hatten die Meinungsverschiedenheiten zwischen zwei politischen Lagern der römischen Aristokratie die Machtstellung der senatorischen Oligarchie ins Wanken gebracht, der Konflikt zwischen den die Vormachtstellung des Senats verteidigenden Optimaten und den sich für Entscheidungen direkt an die Volksversammlung wendenden Popularen. Die Optimaten wollten, wie Cicero schreibt, nicht nur als die Partei der Besten gelten, sondern das auch sein.[1] Piso musste einen Strom von Beschimpfungen über sich ergehen lassen, da er dem Senat nicht die ihm gebührende Ehre erwiesen hatte[2], und Julius Caesar wurde ermordet, weil er den Senat als Institution und die Senatoren als hochgestellte Persönlichkeiten gedemütigt hatte. Augustus sah sich vor, nicht die Fehler der Popularen am Ende der Republik zu wiederholen und bemühte sich, das Bild eines Herrschers abzugeben, der für den Senat das Beste will.[3] Er vermied – soweit möglich –, Senatoren öffentlich zu beleidigen, und tat viel dafür, dem Senat seinen alten Glanz zurückzugeben.

Theoretisch blieben der Senat und das römische Volk *(senatus populusque romanus)* die Institutionen des Staates; doch faktisch wurde der größte Teil der Fragen dem Senat zur alleinigen Bearbeitung übergeben.[4] Augustus erhielt seine immensen Vollmachten vom Senat und achtete darauf, den Senatoren das Gefühl zu vermitteln, sie seien es, die die entscheidenden Beschlüsse fassten, er führe lediglich ihren Willen aus. Geduldig verbrachte er viele Stunden in den langweiligen Senatssitzungen und hörte den Diskussionsteilnehmern zu, die in den meisten Fällen nicht Bescheid wussten über die Themen, die auf der Tagesordnung standen. Nicht immer hatten sie die Schuld daran, denn es fehlten ihnen die nötige Information. Hatten in den Tagen der Republik die Feldherren dem Senat Bericht erstattet, so informierten sie, seit Augustus regierte, den Princeps direkt.[5] Ähnlich verhielt es sich auch in anderen Politikfeldern.

Augustus zog es vor, die Gegenseite auf milde Art umzustimmen statt durch Befehle. Der Princeps war befugt, persönlich dem Senat verschiedene Vorschläge zu unterbreiten; er konnte sie auch schriftlich machen oder sie durch einen Boten überbringen lassen. Zudem durfte er den Senat auch ohne vorherige Diskussion zur Abstimmung zwingen. Doch er gab seine Stimme nicht als Erster ab, um den Verdacht zu vermeiden, er wollte die anderen mit seiner Wahl beeinflussen; außerdem verzichtete er, wenn er den Vorsitz bei den Senatssitzungen führte, oft darauf, sich an der Abstimmung zu beteiligen. Die Senatsmitglieder rief er nicht nach der üblichen Reihenfolge auf, vielmehr so, wie er wollte; auf diese Weise musste jeder einzelne Senator seine Aufmerksamkeit der Sache selbst zuwenden und seine Ansicht nach reiflicher Überlegung und mit Verantwortungsbewusstsein darlegen. Trotzdem gab es von Zeit zu Zeit Anzeichen drohenden Widerstands im Senat: Jemand fiel Augustus ins Wort und sagte: «Böte sich mir der rechte Augenblick, würde ich dir widersprechen.» Der Rechtsgelehrte Antistius Labeo erklärte ihm einmal: «Jeder Mensch hat seine Meinung»[6] und wurde von Tacitus für seinen «unbestechlichen Freiheitssinn» gelobt.[7] Letztlich entschied der Senat jedoch nie gegen den Willen des Princeps. Es ist nicht bekannt, wie die Senatssitzungen vorbereitet wurden, wer mit wem hinter den Kulissen sprach, ob Augustus offenen oder versteckten Druck ausübte – oder ob seine Sendboten es taten. Tatsache ist: Der Senat störte den Princeps nicht, den Staat zu führen, daher die Auffassung, er habe auch keine Gründe dafür gehabt. Die republikanischen Magistraturen wurden nicht aufgelöst, und jedes Jahr wurden – wie früher – Konsuln, Prätoren, Quästoren, Ädilen und Tribunen gewählt. In den senatorischen Provinzen dienten weiter Prokonsuln als oberste Statthalter, und der Rat des Princeps *(consilium principis)* bestand ausschließlich aus Senatoren. Es gehörten dazu die beiden Konsuln, ein Vertreter jeder der übrigen wichtigen Magistraturen und 15 durch das Los bestimmte Senatoren. Da die Mitglieder der Ratsversammlung jedes halbe Jahr ausgewechselt wurden, konnten viele Senatoren wenigstens ein Mal in ihrem Leben in diesen hohen Rat berufen werden.[8] Die Senatoren vergaßen auch nicht, dass Augustus nach der Schlacht bei Actium seinen Feinden Gnade erwiesen und sich nicht an seinen früheren Rivalen gerächt hatte (er hatte weder Sosius noch Furnius bestraft, die zu den führenden Anhängern von Antonius gehörten). Bekanntlich zögerte er nicht, Menschen zu helfen, die eine unabhängige Meinung hatten und zu ihr standen. Ovid gibt zu, dass – hätte Antonius den Kampf gewonnen – die Dinge anders ausgesehen hätten[9], während Sueton sich entschuldigt, er habe keinen Platz, um die Namen all der Männer zu nennen, die Augustus begnadigt hatte.[10] Zu Beginn seiner Regierung hatte er allerdings Gegner unter den Senatoren; die Namen Crassus und Lepidus, Cornelius Gallus, Primus, Caepio, Murena und Egnatius Rufus bezeugen das. Doch nach dem Jahr 8 v. Chr. hatte Augustus keine

Widersacher mehr, und die Folgen der Verschwörung des Gnaeus Cornelius Cinna, Enkel des Pompeius Magnus, sind ein Beweis für diese Behauptung. Hier einige Worte über diese merkwürdige «Verschwörung»:

Es gibt Historiker, die den Vorfall, der als die Verschwörung des Cinna in die Geschichte eingegangen ist, anzweifeln.[11] Die Darstellung in den Quellen ist ohne historischen Aussagewert, und das Gespräch, das Livia und Augustus im Schlafzimmer geführt haben sollen, blühende Phantasie. Selbst das Datum des Komplotts ist unbestimmt: Seneca behauptet, Cinna habe den Coup geplant, als Augustus sich in Gallien aufhielt und nachdem er 40 Jahre alt geworden war.[12] Doch er war dreimal in Gallien, als er über 40 war: in der Zeit zwischen 16 und 13 sowie 8 v. Chr. Heutzutage verlässt man sich im Allgemeinen auf Cassius Dio, der das Jahr 4 v. Chr. als Datum der Verschwörung angibt.[13] Die Behauptung, das Komplott sei ein Hirngespinst, ist unbegründet. Senecas Version scheint plausibel, und es ist anzunehmen, dass – wie bei den anderen Verschwörungen[14] – auch dieses Mal Vertrauensbruch und Denunziation eine entscheidende Rolle bei der Aufdeckung des Plans gespielt haben. So war dem Princeps bekannt, wo, wann und wie man ihn umzubringen gedachte. Er wollte mit Härte *(severitas)* reagieren, ließ sich jedoch von Livia überzeugen, es sei besser, Nachsicht *(clementia)* walten zu lassen, und in der Tat lud er Cinna zu sich ein und erklärte ihm mit Geduld, er, Cinna, habe eigentlich keinen Grund, zu rebellieren, und keine Aussichten, seine Ziele mit Gewalt durchzusetzen. Cinna ließ sich von Augustus umstimmen, wurde zum Freund der Familie, und Augustus half ihm sogar bei der Wahl zum Konsul.[15]

Doch nicht alle waren überzeugt, Augustus sei ein milder Herrscher, der tatsächlich auch das Beste für den Senat wolle. Im römischen Volksschatz findet sich eine Erzählung über den die *toga praetexta* (mit Purpurstreifen gesäumte Toga, die Tracht der römischen Jünglinge) zum ersten Mal tragenden Octavian: Als er diese Toga zum ersten Mal trug, sollen die Nähte der darunter getragenen Tunika mit dem breiten Purpurstreifen an beiden Seiten aufgegangen sein, sodass diese zu seinen Füßen fiel. Die Geschichte wurde so gedeutet, dass der *ordo senatorius*, dessen Tunika ein breiter Purpurstreifen *(latus clavus)* schmückte, ihm eines Tages versklavt sein werde[16]; sie ist ein Indiz, dass so mancher befürchtete, Augustus werde den Senat unterjochen. An anderer Stelle ist beschrieben, wie grausam er gegen seine Gegner und wie rachsüchtig gegen seine Feinde bei Actium war. Es erübrigt sich, weitere Einzelheiten hinzuzufügen, es sei nur bemerkt, dass er seiner Barmherzigkeit selber Grenzen setzte und erklärte, begnadigen werde er nur diejenigen, die sich vor ihm erniedrigten und um Verzeihung bäten.[17] *«clementia»* dieser Art war nicht dazu angetan, den standesbewussten Senatoren zu imponieren. Nach dem Jahr 27 konnte Octavian sich Milde leisten. Seine gefährlichsten Feinde lebten nicht mehr. Lepidus, der ehemalige Triumvir, war nie eine ernstliche Gefahr für Augustus gewesen. Er galt als Müßiggänger ohne jede Initiative und Energie, war weder beim einfachen Volk beliebt noch bei den Soldaten, die unter seinem Kommando standen.[18] Trotzdem nahm Augustus sich vor ihm in Acht: Zwar ließ er ihm sein hohes Amt als Pontifex maximus, doch er reagierte wütend auf den Vorschlag von Antistius Labeo, Lepidus zum Mitglied des Senats zu ernennen.[19] Unter den übrigen Senatoren war niemand, der in der Lage gewesen wäre, Augustus' Stellung ernstlich zu gefährden, wie Seneca mit bitterem Hohn feststellt.[20] Kurz, Augustus stellte sich gut mit dem Senat, doch der war ein klägliches Abbild dieser Institution aus den glanzvollen Tagen der Republik.

Aufgrund seiner zensorischen Vollmacht führte Augustus drei Säuberungsaktionen im Senat durch, die erste 28 v. Chr. Auch wenn man die Ansicht des Velleius Paterculus akzeptiert, die Aktion sei schonungsvoll und ohne unnötige Härte vor sich gegangen[21], so war das Resultat eindeutig: Etwa 200 unerwünschte Senatoren wurden «gebeten», die höchste staatliche Institution zu verlassen, was es ohne Zweifel den verbleibenden Senatoren leichter machte, Octavian zu bitten, ihr Princeps zu sein. Doch Octavian begnügte sich nicht damit. Nach kurzer Zeit vollzog er zwei weitere Säuberungsaktionen. Einer der Überlieferungen gemäß war der Princeps über die Unruhe im Senat in der Zeit zwischen 23 und 19 v. Chr. besorgt. Er fürchtete sich vor einem Attentat und traf Vorsichtsmaßnahmen. Es wird erzählt, er habe in jenen Tagen, wenn er bei den Verhandlungen im Senat den Vorsitz führte, unter seinen Kleidern eine Rüstung und ein Schwert getragen, und die mutigsten seiner Freunde unter den Senatoren hätten seinen Stuhl umringt. Cremutius Cordus schrieb, zu dieser Zeit habe ein Senator nur vor dem Princeps erscheinen dürfen, wenn er allein kam und nachdem seine Kleider durchsucht worden waren.[22] Anscheinend hat es mehrere Versuche gegeben, Augustus zu ermorden. Einmal, als die Senatoren gebeten worden waren, Wachen am Eingang zum Schlafzimmer des Princeps aufzustellen, kursierten zahlreiche witzige Anekdoten in der Stadt: So soll der geistreiche Antistius Labeo gebeten haben, ihn von der Pflicht des Wachens zu befreien, denn er schnarche, wolle aber die Ruhe des Princeps nicht stören.[23] Das ist zweifellos eine gelungene Geschichte, doch ob es wirklich die Angst vor einem Attentat war, die Augustus veranlasste, 18 v. Chr. erneut «Säuberungen» im Senat vorzunehmen, ist nicht sicher. Er hatte auch andere Gründe:

Zu Zeiten Julius Caesars erreichte die Zahl der Senatoren 1000. Augustus verringerte sie, wie erwähnt, im Jahr 28 auf 800. Aber auch dieser Kreis schien ihm noch zu groß, wie er ausdrücklich sagte.[24] Deshalb bemühte er sich, ihre Zahl auf 300 herabzusetzen. Als Augustus einmal, entnervt von den Verhandlungen, die Sitzung verließ und die Tür hinter sich zuschlug, schrie einer der Senatoren ihn voll Bitterkeit an: «Dürfen Senatoren nicht über öffentliche Angelegenheiten reden?»[25] Daraufhin entwickelte der Princeps ein neues Auswahlsystem für den Senat: Er wählte 30 Senatoren aus und forderte jeden von ihnen auf, fünf Senatoren vorzuschlagen. Jeder Senator der ersten 30 notierte auf fünf kleinen Tafeln fünf Namen, von denen einer ausgelost wurde. dieser wurde in den Senat gewählt und gebeten, fünf weitere Namen vorzuschlagen, unter denen wieder nur einer durch das Los zum Senator bestimmt wurde.[26] Dem ersten Anschein nach war das ein faires Verfahren, denn der Princeps wählte selbst nur 30 der insgesamt 600 Senatoren aus. Doch in Wirklichkeit waren die Senatoren nicht frei in der Ausführung ihres Vorrechts. Denn es ist bekannt, dass Augustus über Antistius Labeo verärgert war, weil er Lepidus für den Senat vorgeschlagen hatte. Nach ein paar Tagen war allen klar, dass dieses Verfahren nicht funktionieren konnte, schließlich bat man Augustus, er möge die Liste der Senatoren auf 600 Namen ergänzen. In diesem Senat konnte der Princeps Toleranz und Großmut bekunden; er war sogar bereit, von Zeit zu Zeit kritische Bemerkungen anzuhören unter der Bedingung, dass sie nicht zu boshaft waren.

Die Anforderung an die Senatoren war ebenso streng wie ihre Kontrolle: Augustus achtete auf den Gesundheitszustand der Kandidaten für den Senat und darauf, dass keine Körperbehinderten ernannt wurden. Senatoren durften Italien nicht ohne die Erlaubnis des Princeps verlassen, die Teilnahme an den Senatssitzungen war Pflicht, wer unentschuldigt abwesend war, musste Strafe zahlen.[27] Dennoch sind weitere Kenntnisse über die Senatssitzungen ziemlich lückenhaft. Die Akten des Senats *(acta senatus)* sind nicht erhalten geblieben, und auch die Senatsbeschlüsse *(senatus consulta)* sind verloren gegangen. Nicht eine einzige vollständige Rede eines römischen Senators hat überdauert. Aufgrund literarischer Quellen weiß man, dass die Sitzungen mindestens zweimal im Monat stattfanden und Beschlüsse nur gesetzlich anerkannt wurden, wenn sie in Anwesenheit von wenigstens 400 Teilnehmern gefasst worden waren. Der Inhalt der Verhandlungen wurde nicht bekannt gemacht, und so hatten die Senatoren keine Möglichkeit, das Podium des Senats für ihre eigenen «Public Relations» mit der breiten Masse auszunutzen.[28] Während der Monate September und Oktober machten die Senatoren Ferien. Am Ende jedes Jahres wurde die Liste der Senatoren *(album senatorium)* veröffentlicht; obenan stand der Name des Princeps, des Ersten der Senatoren.

Diese Einzelheiten dürften genügen, um den enormen Einfluss zu zeigen, den Augustus auf den Senat und die Senatoren ausübte; doch damit ist das Thema noch nicht erschöpft. Der Weitblick des Princeps erfasste die jungen Römer bereits, bevor sie sich entschlossen, dem Senat beizutreten. Die Karriere eines jungen Mannes in Rom blieb nicht dem Zufall überlassen. Sie wurde so geregelt, dass draufgängerische und unverschämte Burschen *(audaces)*, die schnell weiterkommen wollten, keine Chance hatten, einen hohen Posten zu erlangen, wenn sie nicht den üblichen Weg der Beförderungen gegangen waren. Das Avancement von einem Rang zum nächsten *(cursus honorum)* wurde streng kontrolliert, auch Tacitus muss zugeben, dass die Angelegenheit unter strikter Aufsicht stand *(certus ordo magistratum)*.[29] Ein junger Römer, der beschlossen hatte, in den öffentlichen Dienst zu gehen, musste sich zuerst an einem der subalternen Posten versuchen, deren Inhaber in Rom die *vigintiviri* (20 Männer) genannt wurden. Es handelte sich um Ämter in der Zivilverwaltung (die Beaufsichtigung der Straßen, das Prägen von Münzen usw.), wobei die wirkliche Autorität bei dazu ernannten Präfekten lag.[30] Über die «20 Männer» zur Zeit des Augustus kann man bei Cassius Dio nachlesen.[31] Auf diese Weise lernten die jungen Leute aus bestimmten Familien die Probleme in der Zivilverwaltung kennen. Hatten sie diesen Dienst absolviert, gingen sie mit dem Rang eines Militärtribunen *(tribunus militum)* zur Armee, eine Ernennung, die vom Amt des Princeps bestätigt werden musste. Da heißt nicht, dass der Princeps alle Militärtribunen persönlich kannte, doch wahrscheinlich konnte er sich auf den Rat seiner engen Mitarbeiter verlassen. Erst nach seiner Rückkehr aus dem Militär und nicht bevor er 25 Jahre alt war, konnte der junge Mann sich um die Stelle eines Quästors bewerben; dazu musste er beweisen, dass er der Sohn freier Eltern war und ein Einkommen von wenigstens einer Million Sesterzen hatte. Zu Zeiten des Kaisers Claudius wurden diese Bedingungen noch verschärft: Der junge Mann musste beweisen, dass er aus einer Familie kam, deren Mitglieder bereits seit drei Generationen Freie waren *(ingenuus)*, damit nicht etwa Söhne von Freigelassenen in den Senat gelangten.[32]

Nach der Quästur waren die jungen Männer plebejischer Abstammung verpflichtet, als Ädilen oder Tribunen zu amtieren. Diese Posten, die während der Republik sehr einflussreich gewesen waren, hatten im Prinzipat ihre Bedeutung verloren. Wegen ihrer Belanglosigkeit und der großen, damit verbundenen Ausgaben war es schwierig, Kandidaten zu finden. Der Princeps zwang die Stellung im Allgemeinen den jungen Leuten auf, die unbedingt schnell weiterkommen wollten.[33] Das Bestreben aller war es, in die Prätur zu kommen (Mindestalter 30), von wo sich der Weg zum Kommando über eine Legion *(legatus legionis)* auftat, und danach zum Konsulat (Mindestalter 33). Dies war während des Prinzipats noch immer ein sehr angesehenes Amt, und die ehemaligen Konsuln *(consulares)* waren die Elite des Senats. Doch seit der Regierungszeit des Augustus kam es immer häufiger vor, dass die Konsuln nach zwei, drei Monaten ihr Amt niederlegten. Statt ihrer wurden andere ernannt. Diejenigen, die am 1. Januar gewählt wurden *(consules ordinarii)*, genossen höheres Ansehen als die Stellvertreter *(consules suffecti)*, die das Amt im laufenden Dienstjahr antraten. Durch die Berufung von Stellvertretern konnte Augustus das Verlangen zahlreicher Senatoren nach hohen Positionen erfüllen; aber die wichtigen unter ihnen lehnten derart zweifelhafte Ehrungen ab. Antistius Labeo zum Beispiel nahm das Angebot nicht an, als *consul suffectus* zu dienen.

Während der Republik hatten die Zensoren die neuen Senatoren gewählt. Sie hatten sich an die *lex Ovinia* halten müssen, die befahl, nur diejenigen zu Senatoren zu wählen, die schon früher ein offizielles Amt innegehabt hatten. Zur Zeit des Prinzipats lag die alleinige Vollmacht dazu beim Princeps. Dadurch, dass er dem Kandidaten den oben beschriebenen mühsamen Weg ersparte, hatte er freie Hand bei den Ernennungen zu den niedrigen Rängen, und deshalb konnte er sich mit der Nominierung *(nominatio)* eines Drittels der Kandidaten begnügen, die in die Volksversammlung gewählt wurden. Zusätzlich war der Princeps befugt, neue Patrizier zu ernennen, ihre Zahl war durch die Bürgerkriege sehr zurückgegangen.[34] Als der Zensus auf eine Million Sesterzen erhöht wurde, gewährte Augustus einem Senator, dem die erforderlichen Mittel fehlten, um seinen Rang zu behalten, finanzielle Unterstützung, damit er die neuen Bedingungen erfüllen konnte.[35] Nach der Schlacht bei Actium verteilte er großzügig Gelder an die Senatoren und Ritter, die am Krieg teilgenommen hatten, und im Jahr 28 bedachte er diejenigen Senatoren mit Geld, die Bedenken hatten, den Posten eines Ädilen zu übernehmen, weil dieses Amt mit hohen finanziellen Aufwendungen verbunden war.[36] Wenn er Senatoren oder Rittern mit Geld aushalf, um ihre hohe Stellung zu bewahren, vergewisserte er sich zunächst, dass die Verarmten ihr Geld ohne eigene Schuld verloren hatten.[37] 14 n. Chr. gab er 80 Männern die erforderlichen Beträge, damit sie den senatorischen Zensus erfüllen konnten. Senatoren und Ritter zögerten auch nicht, seine Freigebigkeit auszunutzen, wie viele Geschichten belegen. Einmal schenkte der Princeps einem Mann, der tief in Schulden steckte, vier Millionen Sesterzen. Dem Mann genügte das nicht, und er beschwerte sich: «Das alles ist für Schulden, aber was gibst du mir?»[38] Quellen belegen, dass dieser Anekdote ein wahrer Kern zugrunde liegt, und es gibt weitere Beispiele: Marcus Hortalus erhielt eine Million Sesterzen, damit er heiraten und eine Familie gründen konnte.[39] Tarius Rufus gelang es, 17 v. Chr. ins Konsulat zu kommen, weil Augustus ihm eine Million Sesterzen zur Verfügung gestellt hatte, und Messalla Corvinus erhielt einen ansehnlichen Betrag, als sein Haus auf dem Palatin den Flammen zum Opfer gefallen war.[40] Die Annahme, Augustus habe dafür gesorgt, dass seine Vertrauensleute in den Senat kamen, und dann ihre Gewogenheit mit Geld und

Geschenken erkauft, greift aber zu kurz. Das Netz der Beziehungen zwischen ihm und dem Senat war vielschichtiger.

Tacitus beschreibt die Situation der senatorischen Aristokratie am Ende der Bürgerkriege so: «Die Mutigsten waren in den Schlachten oder durch die Acht gefallen, die Übrigen von Adel wurden, je geneigter sie der Dienstbarkeit sich zeigten, durch Güter und Ehrenstellungen ausgezeichnet und zogen, durch die neuen Verhältnisse gehoben, die sichere Gegenwart der gefallenen Vergangenheit vor.»[41] Den modernen Historikern genügten allgemeine Sätze dieser Art nicht, und mit Hilfe detaillierter prosopografischer Untersuchungen haben sie Listen angefertigt, auf denen fast alle Namen der Senatoren zur Zeit des Augustus aufgeführt sind.[42] Daraus geht hervor, dass Familien, die generationenlang wichtige Funktionen erfüllt hatten – zum Beispiel das Haus Porcius – völlig verschwunden waren. Die Familien Lucullus, Lutatius, Hortensius, Servilius, Caepio und Calpurnius Bibulus stellten keine Konsuln mehr. Später verschwanden auch die Familien Claudius Marcellus und Marcus Philippus. Dagegen begegnet man auf hohen Posten Mitgliedern aus den Familien Iulius, Aemilius, Antonius und Domitius, und sogar konservative Häuser wie die Familien Fabius und Valerius fanden sich mit dem Prinzipat ab.

Man kann sagen, dass die Claudier durch Vermittlung von Livia in die kaiserliche Dynastie hineingelangten.[43] Als Livia sich mit Augustus vermählte, brachte sie die vornehme, althergebrachte Tradition mit ins Haus, die dem jungen Octavian fehlte. Auch andere aristokratische Familien hielten die Beziehungen mit der Familie des Princeps aufrecht; so war der Vater Caligulas ein Familienmitglied der Antonier und der Vater Neros aus der Familie der Domitiera. Ein Blick auf die Liste der Konsuln zur Zeit des Augustus beweist, dass aber auch Nachkommen der ehrenwertesten republikanischen Familien (die am Leben geblieben waren) weiter eine Rolle spielten: Messalla Corvinus und Asinius Pollio waren reich und angesehen bis zum Ende, obwohl sie sich auch in der Öffentlichkeit lobend über Brutus, Cassius und den jungen Cato äußerten; im Jahr 23 empfahl Augustus Lucius Sestius für das Konsulat, obgleich dieser bei Philippi auf der Seite von Brutus gekämpft hatte.[44]

Sie alle waren jedoch eine Minderheit. Die meisten augusteischen Senatoren waren «neue Männer» *(homines novi)*, Söhne aus Ritterfamilien und besonders Söhne reicher italischer Munizipalen. Letzten Endes war Augustus selbst einer von ihnen, und er vergaß nicht, dass er ohne die «Einheit Italiens» Antonius in Actium nicht hätte schlagen können. Das galt ganz besonders für die Freunde des Princeps *(amici principis)*. Der größte Teil der Reichen Italiens zog es vor, sich aus der Politik herauszuhalten, und lehnte es ab, in den Senat zu gehen.[45] Doch diejenigen, die zustimmten, von Augustus für ein Amt nominiert zu werden, waren stolz auf ihre Stellung und dem Princeps dankbar.[46]

In seiner Trauerrede auf Augustus sagte Kaiser Tiberius, der Princeps habe den Ruf des Senats dadurch verbessert, dass er die Erfordernisse des Zensus von 400 000 auf 1 000 000 Sesterzen erhöht und die Senatoren großzügig bereichert hatte. Wenn diese Worte auch erst in dem Nachruf erscheinen, den Cassius Dio 200 Jahre später verfasste, so liegt doch viel Wahrheit darin, wie die oben genannten Beispiele belegen. Die Erhöhung des Zensus zeigt Augustus' Willen, auch nach außen hin das hierarchische Verhältnis des *ordo senatorius* gegenüber den Rittern hervorzuheben. Das geschah allein schon durch die Kleidung: Auch auf den Straßen der Stadt stachen die Senatoren aus der Menge heraus des breiten Purpurstreifens wegen, der den Saum ihrer Tunika schmückte, und wegen ihrer besonderen roten oder schwarzen Sandalen, die mit einer kleinen Mondsichel verziert und mit schwarzen Schnüren am Bein festgebunden waren. Doch eines fehlte ihnen – die Tradition des alten römischen Adels, und die war nicht mit Reichtum zu erkaufen. Wohl gaben sie sich Mühe, der Aristokratie zu gleichen, deren Platz sie eingenommen hatten, und Augustus bestärkte sie darin: Er verlangte von allen, sie müssten Besitzer von Landgütern in Italien sein, verbot ihnen, Mägde oder Töchter von Freigelassenen zu heiraten, und erlaubte ihnen nicht, in der Arena als Gladiatoren zu erscheinen.[47] Doch solche äußeren Merkmale können eine lange Tradition nicht ersetzen. Die «neuen Männer» von Augustus waren nicht von der politischen Begeisterung durchdrungen, die die senatorische Aristokratie in den Tagen der Republik charakterisiert hatte. Nur wenige *homines novi* wurden Befehlshaber großer Militäreinheiten, und es fragt sich, ob die übrigen das überhaupt anstrebten. Sie wünschten politische Ruhe *(otium)* ohne Gefahren. In dieser Hinsicht glichen sie eher den republikanischen Rittern, Bankiers und großen Geschäftsleuten.[48] Zugleich aber wollten Augustus' neue Männer in der Öffentlichkeit gewürdigt werden wie die republikanischen Senatoren, auch wenn diese Würde durch keine politischen Vollmachten mehr gedeckt war. In den Tagen des Prinzipats hatte der Begriff *libertas* seinen alten republikanischen Sinn verloren. Von nun an bezog *libertas* sich nur auf freie Meinungsäußerung im Senat, ohne dass die Gespräche eine wirkliche politische Relevanz gehabt hätten. Die neuen Senatoren gaben sich mit diesem Anschein von Freiheit *(species libertatis)* zufrieden, wissend, dass gerade die hohen Bäume beim Sturm zu Schaden kommen und der Blitz meist in die höchsten

Baumkronen einschlägt. Horaz gibt in einem seiner Gedichte Licinius den Rat, sich mit dem Mittelweg zu bescheiden, froh über das zu sein, was er habe, und Höhen zu meiden, denn dort lauere die Gefahr[49], und er erinnert ihn daran, dass in den griechischen Städten unter der Tyrannis immer die Männer von hohem Rang und vornehmer Herkunft die ersten Opfer waren. Horaz, Sohn eines Freigelassenen, wusste, wovon er da sprach, ebenso wie die neuen augusteischen Senatoren.

Agrippa konnte diesen Männern als Beispiel dienen. Sein Verhalten bewies, dass man auch im Prinzipat einen hohen Rang erreichen konnte, wenn man – das war die Bedingung – die Überlegenheit von Augustus auf allen Gebieten des Lebens anerkannte. Er bemühte sich nicht um übermäßige Popularität und erbat keinen Triumphzug für sich, wenn er auf dem Schlachtfeld gesiegt hatte. Tiberius dagegen wollte seinen Sieg mit einem Triumph feiern, doch es wurde ihm verboten, und wahrscheinlich schadete das seinem Ansehen. Während der Republik hatten Senatoren, um sich ein bleibendes Andenken zu verschaffen, Statuen von sich aufstellen lassen dürfen – unter der Bedingung, dass der Senat ihre Bitte genehmigte. Dieser Brauch kam allmählich abhanden, und zwar nicht durch ein formelles Verbot. In der Anfangszeit des Prinzipats war es ihnen noch erlaubt, zur Schönheit Roms beizutragen, indem sie für den Bau von Aquädukten oder das Pflastern von Straßen Geld spendeten; aber im Laufe der Zeit verschwand auch diese Gewohnheit, und jedes neue Gebäude wurde *ex auctoritate principis* errichtet.

Die Senatoren begnügten sich also damit, nur dem Anschein nach Einfluss zu haben, und diesen Anschein war Augustus bereit, ihnen zuzugestehen. Er wusste genau, wie man Geschenke verteilt, nämlich auf würdige Art, und so verwandelte sich das Geschenk in eine Gabe für den Geber.[50] Sueton bemerkt, Augustus habe niemals jemanden wegen seiner freien Meinungsäußerung und auch nicht wegen Frechheit gestraft.[51] Auch Schmähschriften, die gegen ihn verbreitet wurden, kümmerten ihn wenig, und er gab sich keine Mühe, etwas dagegen zu unternehmen oder ihre Autoren ausfindig zu machen. Er befahl nur, diejenigen zu beobachten, die unter einem Pseudonym Schriften oder Gedichte zur Demütigung eines anderen veröffentlichten.[52] Da er Sinn für Humor hatte, verstand er es, sich über sich selbst lustig zu machen, Witze zu überhören, die ihn verletzten, und nicht zu reagieren, wenn er verleumdet wurde.[53] Für Asinius Pollio hatte er wegen dessen wohlbekannten, geistreichen Sticheleien viel übrig; er unternahm nichts gegen ihn, selbst als Pollio am Todestag des Enkels von Augustus mit Freunden ein vergnügtes Fest feierte und so demonstrierte, wie wenig ihn die Gefühle des Princeps kümmerten.[54] Der Geschichtsschreiber Timagenes überschritt die Grenzen des guten Geschmacks, als er Augustus ohne jede Zurückhaltung schlecht machte. Von da an verbot ihm der Princeps, in den Palast zu kommen; doch er strafte Asinius Pollio nicht, als er Timagenes zu sich nach Hause einlud.[55]

Seneca erzählt von einem Senator mit dem Namen Rufus, der auf einem Fest äußerte, er wünsche, dass der Princeps von einer seiner Fahrten nicht mehr nach Hause zurückkehre, und fügte boshaft hinzu, die Ochsen und Kälber würden Augustus' Tod feiern (denn ansonsten würden sie zum Dank für Augustus' Rückkehr ja geschlachtet werden). Ein Sklave machte seinen Herrn auf den Ernst der Situation aufmerksam und riet ihm, sich sofort zu entschuldigen. Einsichtig eilte Rufus, Augustus zu sprechen, begegnete ihm auf dem Weg zum Forum und entschuldigte sich. Er sei betrunken gewesen, als er diese Dinge sagte, der Princeps möge seine Kinder nicht strafen. Augustus verzieh ihm auf der Stelle. Aber das genügte Rufus noch nicht: «Niemand wird mir glauben», sagte er, «dass du mir wirklich vergeben hast, Du musst mir auch ein Geschenk machen.» Und auch diese Bitte erfüllte der Princeps.[56]

Auch in Bezug auf die nostalgische Verklärung der Republik zeigte Augustus viel Geduld. Es wurde Mode, sich in der Öffentlichkeit lobend über Pompeius zu äußern[57] und von Julius Caesar gar nicht oder abfällig zu sprechen. Die Bezeichnung «Pompeianus» (ein Ausdruck, der während der Republik nicht existiert hatte) wurde zum Synonym für einen Republikaner.[58] So nannte Augustus den Livius, als dieser voll des Lobes über Pompeius sprach, «Pompeianus», doch das tat der Freundschaft zwischen dem Geschichtsschreiber und dem Princeps keinen Abbruch. – Auch Brutus wurde zum Helden. Augustus tolerierte, dass seine Statue in zahlreichen Privathäusern aufgestellt wurde, und er bestärkte sogar die Einwohner Mailands darin, das Standbild des «letzten Römers» öffentlich in der Stadt aufzustellen.[59] Bei einer Gerichtsverhandlung behauptete Albucius, Brutus sei ein Symbol für Recht und Freiheit[60]; und als Augustus einmal seine Enkel antraf, als sie Cicero lasen, blätterte er lange in dem Buch und bemerkte: «Ein gelehrter und seine Heimat liebender Mann war er.»[61] Auch auf einem anderen Gebiet zeigte Augustus viel Feingefühl: im Respekt für den *pater familias*. Die Senatoren herrschten gebieterisch in ihrem Haus, und wehe der Frau, dem Klienten oder dem Sklaven, die es wagten, dem Familienoberhaupt ungebührend entgegenzutreten. Vom Princeps dagegen verlangten sie, dass er Dinge gewähre, die sie selbst nicht einmal im Traum einem anderen zugestanden hätten.[62]

Dazu eine kleine Geschichte: Einmal war Augustus im Haus von Vedius Pollio zu Gast. Als das Abendessen serviert wurde, stolperte einer der bedienenden Sklaven und zerbrach einen kostbaren Pokal. Wütend befahl der Hausherr, den Sklaven auf der Stelle in ein Bassin voller Seeschlangen zu werfen. Dieser fiel vor Augustus auf die Knie und beschwor ihn, auf seinen Herrn einzuwirken, damit der ihm die Strafe erlasse. Der Princeps reagierte nicht auf die flehenden Bitten des Sklaven. Stattdessen bat er, man möge noch mehr Pokale bringen, und er selbst zerschlug sie alle. Pollio konnte den Princeps nicht bestrafen, und begnadigte deshalb auch den Sklaven.[63] Ein weiteres Beispiel: Als Caepio eine Verschwörung gegen Augustus anzettelte, flüchtete einer seiner Sklaven aus dem Haus. Caepios Vater ließ den Sklaven kreuzigen, Augustus griff dagegen nicht ein.[64] Der Sklave hatte zwar eine patriotische Tat vollbracht, doch nach altrömischer Tradition hatte das Recht des Staates an der Schwelle des Hauses haltzumachen, und Augustus respektierte die Tradition der Ahnen.

All diese Geschichten belegen, dass Augustus sich um eine Formel bemühte, nach der er auf der einen Seite uneingeschränkt regieren konnte, zugleich aber, bei Dingen, die ihm weniger wichtig erschienen, dem Senat beziehungsweise den Senatoren Entscheidungsfreiheit ließ. Der Senat entschied in der Tat niemals gegen den Willen des Princeps in Angelegenheiten der Außenpolitik, der Verteidigung an den Grenzen des Imperiums, der Verwaltung in den Provinzen und des Staatshaushalts. Dem Senat als politische Körperschaft gestand er sehr wenige Rechte zu. Da er aber sehr auf äußere Formen achtete, erwies er ihm Ehre in der Öffentlichkeit und ließ ihm die Redefreiheit, stets nach dem Prinzip verfahrend: Der Senat hat sich nach den Verkehrsregeln des Staates zu richten, doch – das gab Augustus auf verschiedene Weisen zu verstehen – grün wird die Ampel erst, nachdem der Wagen des Princeps sie passiert hat.

Dem Princeps standen genügend Streitkräfte zur Verfügung, um bewaffnete Aufstände im Keim zu ersticken. Daher scheinen mir die Aussagen über senatorische Opposition zu Augustus' Regierungszeit leicht übertrieben.[65] Es existierte zwar Unzufriedenheit, doch praktisch kam sie nicht zum Ausdruck. Der durchschnittliche Senator besaß keine besondere Zivilcourage, sondern verhielt sich so, wie Juvenal es beschrieben hat: Er wagte am Kaiser vernichtende Kritik zu üben – aber erst nach dessen Tod.[66] Mehr als während der Regierung anderer römischer Herrscher waren unter Augustus Stimmen der Missbilligung zu vernehmen, aber nur im Flüsterton. Überschritten sie die Grenze des Erlaubten, wurden sie zum Schweigen gebracht.

Schriftliche Propaganda gegen das Regime ahndete Augustus ziemlich streng. So ordnete er 12 v. Chr. Durchsuchungen nach Schmähschriften an und befahl, sie alle zu verbrennen.[67] Einige der Verfasser wurden bestraft, und keine der Schriften oppositioneller Senatoren blieb erhalten. Cremutius Cordus kann als besonders typisches Beispiel dienen. In seinen Büchern erging er sich in Lobesworten über Brutus und Cassius, nannte Cassius sogar den «letzten Römer». Sein Leben dauerte nicht lange – in den Tagen des Tiberius wurde er gezwungen, Selbstmord zu begehen.[68] Auch die Bücher von Asinius Pollio, der in einem prägnanten, rauen Stil schrieb, schmeichelten dem Princeps nicht.[69] Dass sie nicht erhalten blieben, mag kein Zufall sein. Einzelne Andeutungen in den Schriften von Labienus und Cassius Severus lassen ebenfalls Kritik durchblicken; ihre Bücher waren zu Caligulas Zeiten noch verboten.[70] Die bissigen Worte des

Schauspielers Bathyllus waren vermutlich amüsant, doch in wirkliche Opposition arteten sie nie aus. Wer es wagte, gegen Augustus' Herrschaft aufzustehen, wurde erbarmungslos vernichtet. Tacitus spricht in der Mehrzahl, wenn er die Familien der Varroner, Egnatier und Julier erwähnt, die hingerichtet wurden. Sah er in ihnen Rebellen, die mit Augustus um den höchsten Posten in der Armee konkurrierten (wie Varro, der die Armee befehligte, die dazu bestimmt war, gegen die Stämme in den Alpen zu kämpfen) oder um die Gunst der Plebs (wie Egnatius Rufus).[71] Oder dachte Tacitus an diejenigen, die sich für würdiger als Augustus hielten, die erste monarchische Dynastie in Rom zu begründen.[72] Nachdem ihr Einfluss beseitigt war, gaben sich die widerspenstigen Senatoren mit Verleumdungen und gehässigen Witzen zufrieden – die bis heute übliche Waffe gegen Regime, gegen die anders nicht zu kämpfen ist.

Klatsch und üble Nachrede bildeten einen integralen Bestandteil des politischen Lebens in Rom. Ein römischer Senator, der etwas auf sich hielt, war eher bereit, seinen Kopf zu verlieren, als sich einen guten Witz oder eine Skandalgeschichte entgehen zu lassen. Augustus hielt diese Tradition in Ehren und behandelte unschädliche Ankläger im Allgemeinen mit Geduld und relativer Toleranz. Er nahm ihnen politische Macht, ließ ihnen aber kleinere Klientelen und versprach ihnen wirtschaftlichen Wohlstand und gesellschaftlichen Status.[73] Sie gaben sich damit zufrieden und standen dem Prinzipat zur Seite – ohne Begeisterung, doch sie hatten keine andere Wahl.

KAPITEL 10

Augustus und die Ritter

Auf die Ausführungen zu Augustus und den Senatoren muss ein Kapitel über Augustus und die Ritter folgen. Dies ist ein schwieriges und umstrittenes Thema. Hätte die moderne Forschung es nicht so verkompliziert, könnte uns zunächst die einfache Feststellung genügen, dass die Ritter das Rückgrat des augusteischen Prinzipats bildeten. Augustus, der selbst aus einer alten, angesehenen Ritterfamilie stammte, verleugnete seine Herkunft nicht. Der größte Teil der wohlhabenden Schichten aus den italischen Kolonien und Munizipien, die Ritter waren oder als solche galten, hatte ohnehin keine Sehnsucht nach der alten aristokratischen Republik. Sie standen fast uneingeschränkt hinter Augustus. Über ihre Treue zu ihm wird in einer berühmten Inschrift ausdrücklich berichtet.[1] Noch 1939 schien es Syme, jeder wisse genau, was «der Ritterstand» war. Heute ist klarer, was er nicht war; daher lohnt es sich, zunächst einige eingewurzelte Irrtümer zu beseitigen.

Erstens waren die Ritter in Rom keine Plutokratie, ebenso wenig wie die Senatoren eine Landaristokratie darstellten. Alle Angehörigen des *ordo equester* waren auch Landgutbesitzer, und eine ganze Reihe von Senatoren war an Handel und Finanzgeschäften beteiligt, wenn diese Kontakte auch nach außen hin nicht besonders auffielen. Das nach Claudius benannte Gesetz aus dem Jahre 218 v. Chr., das es den

Senatoren fast unmöglich machte, Handel in großem Maßstab zu treiben, galt bereits seit Ciceros Tagen als «tot».[2] Auch die Einstellung zur Geschäftstätigkeit hatte sich verändert: Wenn die römische Aristokratie einst den Handel überhaupt verachtet hatte, so verachtete sie zu Ciceros Zeiten nur den Kleinhandel – Großhandel galt als ehrenwert. Viele Senatoren waren stille Teilhaber an allen möglichen Geschäften. Selbst Brutus, «der ehrlichste Mensch», erwirtschaftete mit Geldverleih gegen Zinsen Riesenbeträge.[3]

Zweitens bildeten die Ritter nicht einen Stand in der Mitte zwischen Senatoren und einfachem Volk. Was Plinius der Ältere darüber schreibt, täuscht hinsichtlich der tatsächlichen Verhältnisse.[4] Fast während der gesamten Zeit der Republik war der für die Ritter obligate Zensus derselbe wie der für Senatoren (400 000 Sesterzen) – das war der Mindestbetrag.[5] Ritter waren häufig reicher als Senatoren, auch zu Augustus' Zeiten. Zwar beabsichtigte Augustus durch die Anhebung des senatorischen Zensus auf 1 000 000 Sesterzen zu betonen, dass die Senatoren zu einer höheren Gesellschaftsstufe zählten; doch rein wirtschaftlich gesehen bestand kein Standesunterschied zwischen Senatoren und Rittern. Noch einmal sei auf die Worte Suetons verwiesen, wonach die Senatoren keinerlei Vorrechte den Rittern gegenüber genossen, der Unterschied zwischen ihnen habe sich nur im öffentlichen Ansehen gezeigt; wie es im Originaltext heißt: *non tam libertate [...] quam dignitate.*[6] Obwohl dieser Satz den Forschern seit langem bekannt ist, machte erst Claude Nicolet unmissverständlich deutlich, dass der *ordo equester* kein eigenständiger wirtschaftlicher und sozialer Stand war, sondern ein Gebilde ausgesprochen juristischen und staatlichen Gepräges, in der gesellschaftlichen Zusammensetzung zwar ähnlich dem Stand der Senatoren, doch von ihm unterschieden, was Vorrechte und öffentliches Ansehen betraf. Bestimmte Ämter waren für Angehörige des *ordo equester* reserviert, andere für Mitglieder des *ordo senatoris.*[7]

Drittens änderten sich zur Zeit des Prinzipats die Verhältnisse hinsichtlich der Ritter nicht erheblich. Die Meinung, die Ritter seien anstelle der Publikanen Regierungsbeamte im vollen Sinn des Wortes geworden, entspricht nicht den Tatsachen. Wahr ist, dass Augustus einige wichtige Posten in der Hauptstadt, in der Armee und in den Provinzen Rittern gab, doch die meisten Ritter waren – wie in der Vergangenheit – sehr reiche Leute, die es vorzogen, sich der Politik fernzuhalten. Die wirkliche Beamtenarbeit hatten Freigelassene und Sklaven zu verrichten. Die Magistratur in Rom (ähnlich wie die hohe Militärführung) war nicht auf Fachkunde gegründet. Die tägliche Arbeit erledigten ohnehin geübte niedrige Beamte; Magistrate, die ihre Aufgabe übertrieben ernst nahmen und sich mit den Details befassten, störten da nur.[8]

Bevor die Beziehungen zwischen Princeps und Rittern geschildert werden, zunächst zur Entstehung dieser Gesellschaftsschicht: Im frühen Rom wurden 600 Mitglieder der Aristokratie gewählt, um in der römischen Armee als Reiter zu dienen. In einer späteren Epoche, wahrscheinlich zur Zeit des Königs Servius Tullius im 6. Jahrhundert v. Chr., kamen weitere 1200 dazu; diese 1800 Reiter hießen *Equites equo publico* (Reiter öffentlicher Pferde), da der Staat ihnen das Pferd für die Zeit ihres Dienstes zur Verfügung stellte.

Diese 1800 Reiter waren im bürgerlichen Leben in den 18 angesehensten Zenturien der nach Hundertschaften eingeteilten Volksversammlung *(comitia centuriata)* organisiert. Auch im täglichen Leben konnte man sie von weitem erkennen: Ein schmaler Purpurstreifen schmückte den Saum ihrer Tunika und ein goldener Ring ihre Hand.[9] Sie bildeten einen besonderen *ordo*, denn sie wurden von den Zensoren nach einer Prüfung ernannt *(recognita)*, bei der untersucht wurde, ob sie wirklich als freie Bürger (und nicht als Sklaven) geboren waren; weiter wurde ihre finanziellen Verhältnisse, ihr Gesundheitszustand und ihr öffentliches Gebaren begutachtet. Verlust ihres Vermögens, Schulden oder schändliches Betragen konnten ihre Entlassung aus dem *ordo* nach sich ziehen. Jedes Jahr am 15. Juli zogen die Reiter aufs Kapitol zu einer Festparade *(transvectio)*.

Wegen der Verschlechterung der Sicherheitslage und der Notwendigkeit, die Zahl der Legionen zu erhöhen, wurden seit 400 v. Chr. auch gewöhnliche reiche Männer rekrutiert, die selbst ein Pferd kaufen und es während ihres Dienstes auf eigene Rechnung halten konnten. Zwar zahlte der Staat den Unterhalt oder wenigstens einen Teil, und diese zusätzlichen Reiter durften auch die äußeren Merkmale der ursprünglichen Reiter tragen, doch sie wurden nicht den 18 Zenturien in der Volksversammlung angeschlossen. Seit dem Ende des 3. Jahrhunderts begannen die Römer im Krieg die Hilfstruppen *(auxilia)* als Kavallerie einzusetzen; die ursprünglichen Reiter verloren nach und nach ihre miltärische Funktion, doch sie wahrten ihr gesellschaftliches Ansehen und gewannen politisch an Bedeutung (im Folgenden wieder deutsch «Ritter»). Prinzipiell konnte nun jeder Bürger, der es zu einem Vermögen von mindestens 400 000 Sesterzen gebracht hatte, von den Zensoren zum Ritter ernannt werden.[10]

Seit der Zeit der Gracchen war es den Senatoren nicht mehr gestattet, in die Reiterzenturien einzutreten, Gaius Gracchus förderte den *ordo equester* und stärkte seine Eigenständigkeit. Was das öffentliche Ansehen *(dignitas)* anging, so behielten die Senatoren den ersten Platz in der Gesellschaft. Doch der Einfluss der Ritter nahm, ihres Reichtums wegen, mehr und mehr zu, und mit der Verabschiedung der *lex Roscia* im Jahr 67 v. Chr. kam die Privilegierung ihres Standes auch öffentlich zum Ausdruck: Fortan wurden die ersten 14 Reihen im Theater für sie reserviert.[11]

In der Geschichte Roms von Gaius Gracchus bis zu Julius Caesar (123–49) gibt es Zusammenstöße und Reibereien zwischen Senatoren und Rittern in ununterbrochener Folge; doch bei diesen Konflikten handelte es sich nicht um einen Klassenkonflikt, sondern um Interessengegensätze zwischen Provinzstatthaltern, die Prokonsuln oder Proprätoren waren und dem *ordo senatorius* angehörten, sowie den *societates publicanorum* – Zusammenschlüssen von Publikanen, die sich mit der Steuereinziehung in den Provinzen befassten und an deren Spitze Ritter standen. Die Querelen wurden im Allgemeinen an römischen Gerichten ausgetragen. Bei Gefahr für ihrer beider politische oder wirtschaftliche Stellung taten sich Senatoren und Ritter jedoch unverzüglich zusammen: Mit vereinten Kräften gingen sie gegen Gaius Gracchus, Catilina und Clodius zugrunde. Eheschließungen zwischen Familienmitgliedern von Senatoren und Rittern waren an der Tagesordnung. In den blutigen Auseinandersetzungen zwischen Caesar und Pompeius oder zwischen Octavian und Antonius spielte die Zugehörigkeit zum *ordo* keine Rolle; man konnte Senatoren und Ritter auf beiden Seiten der Barrikaden finden.

Die größte Veränderung in der Geschichte der Ritter ereignete sich nach dem Bundesgenossenkrieg (91–88 v. Chr.), als alle Einwohner Italiens südlich des Po römisches Bürgerrecht erhielten. Tausende reicher Einwohner ganz Italiens begannen sich als Ritter zu betrachten, ohne in den 18 Zenturien eingeschrieben zu sein. Sulla intervenierte energisch, denn es bestand die Gefahr, dass die Ritter auf größere politische Macht drängen würden, was zweifellos zu heftigen Zusammenstößen mit den Senatoren geführt hätte. Sulla verhütete das, indem er die Zahl der Senatoren von 300 auf 600 erhöhte. Die 300 neuen Senatoren wählte er aus den Kreisen jener Ritter, die bereits erfahren hatten, was politische Macht heißt. Auf diese Weise erreichte er zwei Ziele: Einerseits gewöhnten sich die neuen Senatoren sehr rasch an ihre hohe Stellung; sie verstärkten den Einfluss des Senats und traten zuweilen mit größerer Begeisterung für ihn ein als die alten Mitglieder. Andererseits verloren die Ritter ihre politische Führung und wendeten sich wieder ihren Geschäften zu. Seit Sullas Zeiten hatte die Zensur ihre Bedeutung weitgehend verloren, niemand achtete mehr auf die vorschriftsmäßige Einschreibung in die 18 Zenturien. Vermögende Kaufleute und bekannte Bankiers, quasi alle Einwohner der Munizipien und Kolonien Italiens, die wohlhabend waren, rechneten sich nun zu den Rittern, solange ihr Vermögen nicht weniger als 400 000 Sesterzen betrug – auch ohne dass sie von den Zensoren zu Rittern ernannt worden waren.[12]

So standen die Dinge, als der Bürgerkrieg zwischen Pompeius und Caesar ausbrach. Caesar bezog die nichtsenatorische Plutokratie Italiens von Anfang an in sein Machtkalkül ein. Die Bindung der besitzenden Klassen an die republikanische Prinzipien war ohnehin begrenzt. Sie waren bereit, jedes Regime zu unterstützen, das in der Lage war, für Ruhe und Stabilität in Italien und den Provinzen zu sorgen und die Sicherheit ihres Besitzes sowie das Florieren ihrer Geschäfte zu gewährleisten. Gegen eine Alleinherrschaft hatten sie grundsätzlich nichts einzuwenden, nur gegen einen Alleinherrscher, der gegen ihre Interessen handelte. Nachdem er den Rubikon überschritten hatte, verzichtete Caesar auf seine revolutionären Wahlsprüche, und wer erwartet hatte, er werde Schulden streichen und Pfändungen unterlassen, sah sich schnell enttäuscht. 48 v. Chr. schrieb ein hoch verschuldeter Aristokrat voller Wut, nur die Wucherer stünden Caesar zur Seite.[13] Der große Diktator gewann auch die Bürgermeister der italischen Städte für sich, nicht durch Zufall nahmen die Marrucini, die Marsi und die Paeligni einen ehrenvollen Platz in seinem Gefolge ein.[14]

In dieser Hinsicht nahm sich der junge Octavian Caesar zum Vorbild, die Hilfe der Italiker war während seines Kampfes gegen Antonius für ihn entscheidend. Er renommierte damit in seinem Tatenbericht und schrieb: «Ganz Italien hat mir den Gefolgschaftseid geleistet und mich als Führer für den Krieg erwählt, in welchem ich den Sieg bei Actium errang.» Jahre später freute er sich, als ihn Abordnungen aus allen Teilen Italiens zu seiner Ernennung zum Pontifex maximus beglückwünschten[15], und auch seine Verehrung der Götter Italiens war wohlüberlegt. Wenn Augustus den Ausdruck «ganz Italien» benutzte, meinte er nicht das einfache Volk, sondern dachte vor allem an die Wohlhabenden des Landes, an jene guten und reichen Männer *(viri boni et locupletes)* die Syme – ohne besondere soziologische Genauigkeit – als den «Ritterstand» bezeichnete, der uneingeschränkt hinter Augustus stand.[16] Der juristisch genau definierte *ordo equester* war offensichtlich auch zu Augustus' Zeiten wesentlich kleiner als diese Gruppe.[17] Statt der Zensoren nahm von nun an der Princeps selbst die Ernennungen in den Ritterstand vor.

Es ist leichter, die Geschichte der Ritter von Augustus bis Diokletian zu schreiben als die nur über die Ära Augustus. Jedoch kann man einige Neuerungen entschieden der Politik des ersten Princeps zuschreiben. Er vergrößerte die Zahl derjenigen, die ein «Staatspferd» erhielten, teilte sie in sechs Einheiten *(turmae equitum)* ein und stellte an die Spitze einer jeden Einheit den Sohn eines Senators, der noch keine 35 Jahre alt war; sein Titel lautete *sevir equitum Romanorum*. Augustus führte die große Parade der Ritter am 15. Juli bei der Rückgabe der Pferde *(transvectio equitum)* wieder ein und nahm den Appell persönlich entgegen.[18]

Während der späten Republik und zu Beginn des Prinzipats gehörten zur Schicht der Ritter drei Gruppen römischer Bürger: erstens alle Söhne von Senatoren, bis sie in den Senat aufgenommen wurden; zweitens große Bankiers *(argentarii)*, Großkaufleute *(negotiatores)* sowie Steuerpächter und Großunternehmer für öffentliche Arbeiten *(publicani)*, drittens in Italien ansässige reiche Männer und deren Söhne. Doch nicht alle waren gleich, Senatorensöhne bis zum Alter von 35 Jahren wurden automatisch zu den Rittern gerechnet, ohne dass sie dem *ordo equester* angehörten. Da sie berechtigt waren, eine Tunika mit breitem Purpurstreifen *(latus clavus)* zu tragen, gehörten sie praktisch zum *ordo senatorius*. Söhne von Rittern dagegen durften sich nur in eine Tunika mit schmalem Purpurstreifen *(angustus clavus)* kleiden, und wer von ihnen, bevor er 35 Jahre alt war, nicht in den *ordo senatorius* eingetreten war, blieb Ritter.[19] Doch nicht jeder junge Ritter drang darauf, in den *ordo senatorius* aufgenommen zu werden. Viele bevorzugten ihre persönliche Unabhängigkeit und politikferne Ruhe, die «Sorgenfreiheit der Ritter» *(otium equester)*.

Zweifellos wollte Augustus dem *ordo equester* Ansehen und Rang als dem zweiten *ordo* im Staat zurückgeben Mit Männern, die nicht wenigstens dem Ritterstand angehörten, setzte er sich nicht gemeinsam zu Tisch, und diejenigen, die keine Ritter waren, sich aber in die ersten 14 Reihen im Theater durchgeschmuggelt hatten, ließ er von diesen Plätzen verjagen.

Außerdem war der Princeps bestrebt, die Beziehungen zwischen den Rittern und der Armee zu festigen. Da er die 360 hohen Posten, die jedes Jahr beim Militär frei wurden, nicht nur mit Senatoren besetzen konnte, war er auch auf Ritter angewiesen, doch der Militärdienst war bei vielen von ihnen nicht gerade beliebt. Das belegt drastisch der bekannte Fall eines römischen Ritters, der seinen Söhnen die Finger abgehackt hat, damit sie nicht in die Armee eintreten mussten; zur Strafe wurde sein gesamter Besitz versteigert. Doch der Militärdienst, zumal in den oberen Rängen, war der Karriere tatsächlich oft förderlich und erhöhte auch im späteren bürgerlichen Leben das Ansehen. Hervorragende Leistungen im Rahmen des ritterlichen Aufgabenkreises eröffneten auch deshalb zahlreiche Möglichkeiten für die Rangerhöhung, weil der Princeps, ebenso wie er befugt war, einen Ritter zum Zenturionen zu befördern, einem Ritter den Rang eines Senators verleihen konnte.[20]

Einige sehr einflussreiche und wichtige Posten blieben allein den Rittern vorbehalten, so der des prätorianischen Präfekten *(praefectus praetorio)*, des Statthalters von Ägypten *(praefectus Aegypti)*, des Präfekten der Feuerwehr und der Polizei *(praefectus vigilum)*, verschiedener Prokuratoren (Sachwalter, hauptsächlich in den Provinzen), der Präfekten im Heer (z. B. *praefectus fabrum*), des Verantwortlichen für die Getreidelieferungen an die Stadt Rom *(curator annonae)*, des Verantwortlichen für die Lieferungen an die Armee *(praefectus castrorum)* und des Kommandeurs der Flotte *(praefectus classis)*. Ebenso wurden die meisten Geschworenen am Gericht aus dem Kreis der Ritter ernannt.[21] Ihr Einfluss war ausschlaggebend, denn Vorsitzender des Gerichts *(quaestio)* war ein Richter *(iudex)*, doch das Urteil fällten die Geschworenen.

Seit seinem Regierungsantritt unterstützte Augustus die wohlhabenden Schichten. Über die ersten Tage nach der Schlacht bei Actium berichtet Sueton: «Als er beim alexandrinischen Triumphe den königlichen Schatz nach Rom gebracht hatte, kam dadurch so viel Geld in Umlauf, dass der Zinsfuß sank und die Grundstücke beträchtlich im Preise stiegen. Sooft später aus dem Erlös von Konfiskationen Geld reichlich in der Kasse war, lieh er es zinsfrei auf bestimmte Zeitfrist an solche aus, welche doppeltes Unterpfand bieten konnten.»[22] Dem Anschein nach verletzte Octavian dadurch die Interessen der Geldverleiher, doch tatsächlich konnten nur die Reichen die Anleihen ohne Zinsen ausnutzen, wie die Forschungen Claude Nicolets zu Augustus und den «wohlhabenden Schichten» klar belegen.[23] Mit Recht lenkte Nicolet die Aufmerksamkeit auf die Tatsache, dass die Aufhebung der Steuern für die Einwohner Italiens auch den Erlass von Schulden der Publikanen beim Staatsschatz einschloss. Die Publikanen kassierten große Beträge in den verschiedenen Provinzen (nicht immer auf ehrliche Art) ein, und nach dem Schuldenerlass blieb das ganze Geld in ihrer Tasche.[24] Außerdem weist Nicolet darauf hin, dass die Publikanen (die während des Prinzipats des Augustus eben nicht völlig verschwanden) weiter Steuern einzogen, wenn auch ein Teil der Steuerpacht in die Hände der reichen Provinziale gelangte. Doch nicht allein den Publikanen und Bankiers brachte Augustus' Regime Vorteile. Die Tatsache, dass die Zahl der Beschwerden von Seiten der Provinzeinwohner gegen die Bestechlichkeit der römischen Statthalter zu dieser Zeit abnahm, darf uns nicht irreführen. Die Ausnutzung der Provinzen hörte nicht auf, auch wenn ein erheblicher Teil der Funktionen den reichen Einwohnern der Provinzen übertragen wurde. Man könnte zwar sagen, dass schon Augustus für das Prinzip war, das später Vespasian mit Erfolg einführte: «Zuerst ernannte er geldgierige Statthalter, um sie dann später zu desto größeren Geldbußen verurteilen zu können. Es hieß allgemein, er bediene sich ihrer als Schwämme, weil er sie sozusagen aufsuchte, wenn sie trocken waren, und ausdrückte, wenn sie vollgesogen waren.»[25] Doch auch er war nicht imstande, solche Korruptionen zu unterbinden wie die des Licinius, des Prokurators von Gallia Lugdunensis.[26] Prozesse allerdings wie der Ciceros gegen Verres im Jahr 70 v. Chr. wurden nun nicht mehr geführt. Alles wurde hinter verschlossenen Türen im Amt des Princeps diskutiert und nach außen hin totgeschwiegen, so nahm die Zahl der Korruptionsfälle, die an die Öffentlichkeit gelangten, beträchtlich ab.[27]

Seit der Zeit der Proskriptionen Sullas begleitete die wohlhabenden Schichten Roms die Angst vor Verfolgung und Enteignung, insbesondere auch wieder während der unruhigen Zeiten der Bürgerkriege von Caesars Kampf gegen Pompeius bis zum Krieg von Perusia, als Octavian gegen Lucius und Antonius kämpfte. Während seiner letzten Lebensjahre widmete Cicero deshalb der Unantastbarkeit des Privatvermögens seine besondere Aufmerksamkeit und erklärte die Aufsicht darüber zur Grundlage jedes Rechtsstaats.[28] Er nannte die Publikanen «Blüte der Ritter» *(flos equitum)* und schrieb einmal an seinen Freund Atticus: «Letzten Endes ist unsere Armee eine Armee reicher Männer.»[29]

Augustus schützte nicht nur den Grundbesitz der reichen Einwohner Italiens, sondern auch ihr Geld. Als 7 v. Chr. Unruhen wegen der drückenden Schulden ausbrachen, hütete er sich, einen Schuldenerlass zu verkünden: Er unterdrückte den Aufruhr und löste das Problem, ohne den Geldverleihern zu schaden, indem er dem Markt Geld zuführte und zinslose Anleihen für drei Jahre gewährte. Als die Geldnot des Staatsschatzes sich verschlimmerte und es schwer wurde, den Soldaten am Ende ihres Dienstes das Entlassungsgeld zu zahlen, erhob Augustus neue Steuern (5 % auf die Freilassung von Sklaven, 5 % Erbschaftssteuer, 1 % auf Auktionen); aber auch diese Steuern waren so beschaffen, dass sie die reichen Familien nicht besonders belasteten. Zum Beispiel war die Erbschaftssteuer nur fällig, wenn der Besitz nicht an direkte Verwandte ging, sondern an Freunde oder Freigelassene. Den größten Teil des Steueraufkommens leisteten weiterhin die Provinzen, nicht die wohlhabenden Kreise Italiens.

Augustus' Politik war also zugleich darauf gerichtet, den wohlhabenden Schichten Sicherheit zu geben, sie finanziell nicht zu belasten und sie an den Regierungsgeschäften teilhaben zu lassen. Sueton fasst das in die Worte: «Damit so viele wie möglich an der Führung des Staates teilnehmen konnten, erfand er neue Posten.»[30] Es ist jedoch sehr zweifelhaft, ob diese wohlhabenden Schichten für einige Posten – mochten diese auch noch so ehrenvoll sein – zu «kaufen» waren. Die reichen Männer Italiens wussten sehr wohl, dass ein politischer oder administrativer Posten ihre Freiheit einschränken und es dem Princeps ermöglichen würde, sie eingehender zu kontrollieren. Nicht wenige übernahmen öffentliche Posten, doch die meisten zogen wirtschaftlichen Erfolg vor und hielten sich so weit wie möglich fern von der Politik. Auch das ermöglichte Augustus ihnen bereitwillig. Der römische Frieden war vor allem durch die uneingeschränkte Begünstigung der wohlhabenden Schichten Roms, Italiens und der Provinzen im neuen Regime garantiert. Die Schriftsteller nahmen es nicht genau mit den feinen Unterschieden zwischen wohlhabenden Nichtmitgliedern und Mitgliedern des *ordo equester*. Sie hielten auch die Ritter mit hohen und die mit niedrigeren Rängen nicht auseinander.[31] Sie setzten «Ritter» mit dem unklaren Begriff «obere Schichten» gleich und meinten damit reiche Männer aus gutem Hause. Horaz zum Beispiel nahm keine Notiz vom einfachen Volk und begnügte sich mit dem «Applaus der Ritter».[32] Und auch Augustus erkannte in den wohlhabenden Schichten die Hauptstütze seiner Herrschaft. Dies hatte Syme im Sinn, als er feststellte, die «römische Revolution» habe sich allein im Sieg der «non political classes» ausgedrückt.

KAPITEL 11

Augustus und die Plebs

Wer nach dem Studium der Beziehungen zwischen Augustus und den Senatoren und Rittern zu dem Schluss gelangt, der Princeps sei nichts anderes gewesen als der Held der wohlhabenden Schichten, der kennt im besten Fall nur die halbe Wahrheit. Seit Beginn seines Auftretens auf der politischen Bühne hatte der junge Octavian ein äußerst komplexes System der Beziehungen zur römischen Plebs aufgebaut, auch dieses Verhältnis ist für das Verständnis des Prinzipats zentral. In meinem Buch *Plebs and Princeps* habe ich das im Einzelnen beschrieben.[1] Hier soll nur auf die wichtigsten Punkte eingegangen werden.

Einige Monate vor der Ermordung Julius Caesars schien es, als habe die Beziehung zwischen dem Diktator und der Plebs etwas gelitten. Er hatte viele Jahre keine Mühe gescheut, um die Sympathie der Menge zu gewinnen; doch nach der Schlacht bei Munda 45 v. Chr. widmete er der Plebs nicht mehr dieselbe Aufmerksamkeit wie früher. Er beleidigte Tribunen in Kollegien und bei Volksversammlungen und – was das Schlimmste war – führte sich arrogant und überheblich auf.[2] Die Folgen ließen nicht auf sich warten: Die Menge spendete ihm nicht mehr Beifall wie früher, und so waren Brutus und Cassius der Meinung, das einfache Volk werde sich letzten Endes mit der Ermordung Caesars abfinden. Wenige Tage nach dem Mord erkannten sie ihren Irrtum.

Die breite Masse in Rom war nicht bereit, der senatorischen Aristokratie die Herrschaft zurückzugeben. Sie blieben dem Andenken Caesars treu und applaudierten Amatius, der sich als Familienmitglied des toten Diktators ausgab und öffentlich die Vergottung Caesars forderte. Im April 44 v. Chr. war Rom am Rande der Anarchie. Die *nobilitas* verbündete sich mit Antonius und atmete auf, als dieser den Aufstand des Amatius gewaltsam niederschlug. Doch die Vernichtung von Amatius machte Antonius beim einfachen Volk nicht beliebter. Als Octavian im Mai 44 v. Chr. nach Italien zurückkam, nutzte er diese Situation gründlich aus: Er trat nicht nur als Adoptivsohn und Erbe Julius Caesars auf, sondern auch als der letzte Getreue des großen Diktators. Antonius, der Caesars rechte Hand und Adjutant gewesen war, wurde als Verräter hingestellt, der sich mit den Mördern verbündet habe. Dem jungen Octavian also genügte es nicht, dass ein Teil der Legionen hinter ihm stand, sondern er versuchte auch sofort bei seinem Eintritt in die Politik, das Wohlwollen der römischen Plebs zu gewinnen. Hier war sein Erfolg vollkommen, und Antonius war gezwungen, sich eine neue Machtbasis an einem anderen Ort zu suchen.

Doch nach der kurzen Zeitspanne etwa seit der Schlacht von Philippi bis Naulochus verlor Octavian praktisch das Interesse an der Plebs und bemühte sich vor allem um die Gunst der Wohlhabenden. Diese Politik zeigte schon zur Zeit des Kampfes gegen Sextus Pompeius Folgen, als Octavian auf den Straßen Roms mit Spott und Verachtung empfangen worden war.[3] Er hätte diese allgemeine Stimmung ignorieren können, denn er besaß ja genügend Macht, um Ordnung in der Stadt zu schaffen und den Aufruhr niederzuschlagen; doch er verachtete die Empfindungen des einfachen Volkes nicht. In der Zeit von 36 bis 23 v. Chr. unternahm er große

Anstrengungen, um wieder als der Freund des Volkes wahrgenommen zu werden, der das Beste für die römische Plebs will.[4] Etwa ein Drittel seines Tatenberichts (die Abschnitte 15–24) ist der Beschreibung seiner Aktivitäten für die römische Plebs gewidmet. Hier einige Zeilen daraus:

> Der Bevölkerung in Rom habe ich pro Kopf dreihundert Sesterzen aufgrund des Testaments meines Vaters [44 v. Chr.] zuteilen lassen, und in meinem Namen in meinem fünften Konsulat [29 v. Chr.] je vierhundert Sesterzen aus Mitteln der Kriegsbeute gegeben; ein zweites Mal habe ich während meines zehnten Konsulats [24 v. Chr.] als Gabe aus meinem Erbe pro Kopf vierhundert Sesterzen ausbezahlt, und in meinem elften Konsulat [23 v. Chr.] zwölf Getreidespenden zuweisen lassen, wobei das Getreide aus meinen eigenen Mitteln aufgekauft worden war; im zwölften Jahr meiner *tribunicia potestas* [12 v. Chr.] nun habe ich zum dritten Mal vierhundert Sesterzen pro Kopf gegeben. Diese meine Geldspenden kamen niemals weniger Menschen zugute als zweihundertfünfzigtausend. Als ich die *tribunicia potestas* zum achtzehnten Mal innehatte, in meinem zwölften Konsulat [5 v. Chr.], habe ich dreihundertzwanzigtausend Angehörigen der Stadtbevölkerung pro Kopf sechzig Denare geben lassen.[5]

Weiter berichtet Augustus über die Beträge, die er den neuen Siedlern unter den Veteranen 29 v. Chr. zuteilte, und er beendet das Kapitel mit der Erinnerung daran, dass er 2 v. Chr. 200 000 Personen aus der Stadtplebs, denen Getreide aus öffentlichen Geldern zustand *(frumentum publicum)*, 60 *denarii* pro Kopf gab. Die Beträge sind in der Tat sehr eindrucksvoll.

Doch Augustus ließ es mit den materiellen Zuwendungen (Geld und Getreide) nicht genug sein; er sorgte vielmehr für jene «Kost», an die jeder Römer angeblich schon im Mutterleib gewöhnt war. Sueton schreibt: «Mit den Schauspielen, welche er dem Volke gab, übertraf er sowohl an Zahl als an Mannigfaltigkeit alle früheren.»[6] Augustus selbst schildert in allen Einzelheiten die acht Spiele der Gladiatoren, die er in seinem Namen und dem seiner Enkel veranstaltete: Zehntausende Gladiatoren traten vor der römischen Menge auf. 3500 Tiere wurden in 26 Jagdspielen *(venationes)* unter dem begeisterten Jubel des Publikums getötet. Auch Verbrecher oder Aufrührer wurden vor den Augen der Zuschauer von den Tieren zerrissen. Der Geograf Strabo schildert dies ohne Ausdruck der Verachtung oder des Entsetzens.[7] Während die Bewohner ganze Tage im Zirkus verbrachten, setzte Augustus zahlreiche Patrouillen seiner Polizei ein, die Wohnhäuser zu bewachen, die zum bequemen Ziel für Einbrecher und Diebe geworden waren. Spiele fanden in verschiedenen Stadtvierteln gleichzeitig statt, um zu großes Gedränge bei einer Veranstaltung zu vermeiden. Dass auf vielen Bühnen der Stadt Schauspieler in verschiedenen Sprachen auftraten, ist ein untrüglicher Beweis für die zahlreichen ethnischen Nuancen in der Stadtplebs und für die Rücksicht des Princeps auf die Einwohner, die die lateinische Sprache nicht verstanden. Seit den Zeiten Julius Caesars strömten viele Fremde nach Rom, man konnte ihre Gegenwart nicht ignorieren.

Augustus selbst liebte die Aufführungen und Kampfspiele und mischte sich gern unter die Menge. Er förderte die Spieler, die im Wettkampf Begabung gezeigt hatten, aber gegen verantwortungslose Schauspieler und wilde Zuschauer griff er energisch durch. Senatoren und Rittern ließ er feste, standesgemäße Plätze für alle Darbietungen zuweisen; und da er nicht vergessen hatte, dass Julius Ceasar vom Volk gerügt worden war, weil er während der Spiele Briefe diktiert hatte, unterließ er das und ging, wann immer er selbst sich freimachen konnte, in Begleitung seiner Familie zu den Vorführungen. Wenn wichtige Geschäfte ihn davon abhielten, persönlich zu erscheinen, entschuldigte er sich und schickte einen Stellvertreter. Die Menge wusste diese Gesten zu schätzen, die Augustus den Ruf einbrachten, nicht nur ein milder *(clemens)*, sondern auch ein besonders großzügiger *(liberaliter)* Herrscher zu sein. Diese Eigenschaften zeigte er auch gegenüber den oberen Schichten, wenn sie seine Hilfe brauchten. Doch sie waren besonders charakteristisch für sein Verhältnis zur Plebs: Seine Gegner bezeichneten diese Freigebigkeit *(largitio)* dem Volk gegenüber als Bestechung, doch das war nichts Neues. In der späten Republik war die Situation nicht anders gewesen. Alle römischen Führer waren gezwungen, der Plebs «zu geben» – einige mit ehrlichem guten Willen, andere mit Abscheu – und alle, weil sie keine andere Wahl hatten.[8] Einige bestachen die Menge, um die Herrschaft zu erringen, andere waren sich der Gefahren bewusst, die entstehen, wenn das einfache Volk dem Hunger und der Bedrückung überlassen bleibt.[9] Warum Augustus es tat, wissen wir von Sueton: «Er habe einen Anlauf dazu genommen, die öffentlichen Getreidespenden für immer abzuschaffen, weil die sichere Hoffnung auf dieselben dem Ackerbau eine Menge Hände entziehe; aber er habe von der Durchführung dieser Maßregel Abstand genommen, weil er überzeugt war, dass nach seinem Tode das Streben nach Volksgunst doch den alten Missbrauch über kurz oder lang wieder einführen werde.»[10]

In all den Jahren seiner Regierung lässt Augustus' Politik eine klare Linie erkennen: die Beseitigung derjenigen, die die Sympathie der Armee und der Plebs zu gewinnen suchten. Argwöhnisch beobachtete er auch beim Volk beliebte Männer, die aus den armen Schichten stammten und versuchten, sich hervorzutun[11], ergriff jedoch besonders scharfe Maßnahmen gegen Konkurrenten aus den oberen Schichten. Die Schicksale von Cornelius Gallus und Egnatius Rufus bezeugten das. In diesem Zusammenhang ist sein Befehl zu sehen, die Kontrolle über die privaten Ausgaben der Magistrate, die Spiele und andere Amüsements veranstalteten, zu verstärken.[12] Der Grund dafür ist einfach: Nach alter römischer Tradition wurde jeder, der irgendeine Vergütung *(beneficium)* erhalten hatte, zum Klienten des Wohltäters *(benefactor)*, und Augustus tat sein Bestes, keinen neben sich zum Gönner der Massen werden zu lassen. Er ließ Egnatius Rufus hinrichten, weil er ihm nicht abnahm, dass die einzige Absicht bei der Errichtung der Feuerwehr gewesen sei, den durch Brände betroffenen Menschen *bona fide* zu helfen, sondern unterstellte, es handele sich um die Aufstellung einer ihm feindlich gesinnten Gruppe. Zu seiner Zeit war die Auffassung weit verbreitet, dass Menschen, die für die Massen Gutes taten, dies machten, um so zur Alleinherrschaft zu gelangen. Publilius Syrus fasste das in die Worte: «Nur Bösewichte oder Dummköpfe glauben, Vergütungen würden umsonst gegeben.»[13]

Trotz all der Geld- und Getreideverteilungen, der Herabsetzung der Mieten und des Zinssatzes, trotz der Wasserversorgung, der Anlage von Straßen, dem Bau von Tempeln, Theatern und Bädern kann also von Sozialpolitik nicht die Rede sein. Die Idee des Wohlfahrtsstaates war den Herrschern der antiken Welt fremd, und es ist nicht anzunehmen, Augustus hätte die Prachtbauten errichten und die vielen Tempel renovieren lassen, um den Massen Roms Arbeit zu beschaffen. «Vollbeschäftigung» war kein soziales Ideal im Altertum. Auch als Augustus prahlerisch bemerkte, er hinterlasse «eine Stadt von Marmor, während er eine Stadt von Backstein vorgefunden» habe[14], ging es ihm nicht um Kunst und Ästhetik; vielmehr sollte der Bau von Städten, die Stärke und Sicherheit ausstrahlen, seine Macht und seinen Ruhm, demonstrieren.[15] Zuwendungen, Lustbarkeiten und Monumentalbauten sind ein integraler Bestandteil der Großzügigkeit eines Herrschers, der – mag er in seinem privaten Haushalt auch bescheiden leben – an nichts spart, wenn es sich um die Allgemeinheit handelt.[16] Augustus witzelte zwar über seine Freigebigkeit, wenn er beim Würfelspiel verlor[17], doch vergaß er nicht, sich auf seinen Münzen dafür zu rühmen.[18]

Die Frage, ob Augustus ein «wahrer Freund» des einfachen Volkes war oder ein Zyniker, der vorgab, ein «wahrer Freund» zu sein, muss offen bleiben. Wenn Augustus sich wirklich verstellt hat, dann war er ein Schauspieler ersten Ranges. Er hatte in jedem Fall verstanden, dass die einfachen Leute verschwenderische Herrscher, die ihre Geringschätzung des Volkes bei Brotverteilungen und Spielen kundtun, nicht leiden können. Daher achtete er nicht nur genau auf die Art der Vergünstigungen, sondern auch auf die Weise, wie sie erteilt wurden. Er vermied es, die Gefühle des einfachen Mannes zu verletzen, und – wenn nötig – erschien er in der Öffentlichkeit als ein Mann aus dem Volk. Dieses Verhalten wurde ihm zur zweiten Natur, und seine testamentarische Verfügung, nach seinem Tod unter der Plebs dreiundvierzigeinhalb Millionen Sesterzen zu verteilen[19], wunderte niemanden.

Die Folgen dieser Politik lassen sich als «Entpolitisierung der Plebs» bezeichnen. Der Begriff «Entpolitisierung» ist modern und existiert nicht in der antiken Literatur; doch auch im Altertum war man sich seiner Bedeutung bewusst, wie einer Anekdote bei Cassius Dio zu entnehmen ist: Einmal wies Augustus den Tänzer Pylades zurecht, als dieser mit seinem Kollegen Bathyllus stritt. Der Princeps ermahnte ihn, keinen Skandal zu verursachen und die Aufmerksamkeit des Publikums nicht übermäßig auf sich zu ziehen. Bathyllus entgegnete: «Es ist zu deinen Gunsten, Caesar, dass das Volk sich in seiner freien Zeit mit uns abgibt.»[20] Augustus' Antwort wird nicht berichtet, doch man darf annehmen, dass er im Prinzip mit Bathyllus einverstanden war. Seine Politik der Plebs gegenüber lässt sich ungefähr so zusammenfassen: Er war bereit, viel für das Volk zu tun – aber er war nicht bereit, dem Volk ein wirkliches Mitspracherecht zuzugestehen.

Ungefähr 300 Jahre später beschrieb Ammianus Marcellinus die römische Plebs als faulenzende Masse, als Pöbel, für den der Zirkus als Tempel galt.[21] Wie sehr hat der erste Princeps zur Entstehung solcher Zustände beigetragen? Einerseits hat er angeordnet, auf dem Forum Vordächer anzubringen, um die Massen, die dort zusammenkamen, vor der glühenden Sonne zu schützen – ganz im Gegensatz zu der Empfehlung von Cato dem Älteren, der das Forum mit spitzen Steinen pflastern lassen wollte, um Nichtstuer fernzuhalten. Andererseits jedoch kann man sagen, schon zu Augustus' Zeiten habe der Prozess begonnen, der schließlich dazu führte, dass die Volksmassen auf dem Forum kleinen Füchsen glichen, als Löwen konnten sie nur bei sich zu Hause auftreten, wie Petronius in seinem *Satyricon* bemerkt.[22]

Um die Richtigkeit dieser Annahme zu prüfen, sollte man den Stellenwert der Volksversammlungen zu Augustus' Zeit begutachten. Einige Forscher sind der Meinung, es sei sinnlos, sich mit dieser Frage auseinanderzusetzen, denn schon in den Tagen Julius Caesars hätten die Volksversammlungen jeden Einfluss verloren. Die Wahrheit ist, dass Julius Caesar kaum noch etwas zugrunde zu richten blieb, denn die Römer hatten niemals behauptet, Kämpfer für die Demokratie zu sein. Sie prahlten damit, dass nur ein kleiner Teil der Staatsangelegenheiten durch die Abstimmung des Volkes entschieden wurde.[23] In der frühen Republik wurde mit größter Sorgfalt darauf geachtet, dass die Beschlüsse der Volksversammlung nur dann Gültigkeit hatten, wenn die Senatoren ihre Zustimmung gegeben hatten. Zudem besaßen die Menschen aus dem einfachen Volk nur das passive Wahlrecht. In der späten Republik kämpfte niemand um zusätzliche Befugnisse der Volksversammlung. Der Kampf des Appuleius Saturninus 100 v. Chr. ist eine Ausnahme, die die Regel bestätigt. Die Fehden zwischen Optimaten und Popularen am Ende der Republik führten nicht zur Konsolidierung der Institution der Volksversammlungen, sondern dazu, dass die Machthaber die Oberhand über sie gewannen. Auch die Einführung der geheimen Wahl 139 v. Chr. vergrößerte den Einfluss der Volksversammlung nicht unbedingt: Einerseits wurde der Klient zwar von der strengen Kontrolle seines Wahlverhaltens in der Volksversammlung befreit; andererseits verlor er dadurch die Möglichkeit, seinem Patron die Treue zu beweisen – und so auch das Recht, einen besonderen Dienst als Entgelt für seine Wahl zu verlangen.[24] Cicero berichtet, in jedem *tribus* (Stamm) habe es einen unbeugsamen Patron gegeben, der faktisch den Ausgang der Wahl bestimmte.[25] Die Korruption nahm ständig zu, zum einen weil die Anwärter auf die verschiedenen Posten wussten, dass sie zuerst die berufsmäßigen Verteiler der Bestechungen *(divisores)* kaufen mussten, zum anderen aber auch weil die Vorsitzenden der Wahlversammlungen die Staatsreligion missbrauchen konnten, wenn sie meinten, dass die Wahlen nicht in ihrem Sinn durchgeführt worden waren. So hatte Pompeius die Wahlen zur Prätur 55 v. Chr. mit der Ausrede abgebrochen, er habe es donnern hören. In Wirklichkeit hatte er während der Abstimmung erfahren, dass die erste Zenturie *(praerogativa)* für den jungen Cato gestimmt hatte, und gemäß der römischen Tradition folgten die übrigen Zenturien diesem Votum. Die Verschiebung der Wahlen ermöglichte es Pompeius und Crassus, die Wahl ihres größten Gegners zu verhindern.[26] In den Tagen der Triumvirn hatte sich die Lage weiter verschlechtert, doch zu Augustus' Zeiten traten die Volksversammlungen wieder ordnungsgemäß zusammen und befassten sich wie früher mit der Wahl von Magistraten und Angelegenheiten der Gesetzgebung. Darüber gibt es eine ausdrückliche Erklärung von Frontinus[27], und Sueton berichtet, Augustus habe den Volksversammlungen den alten Glanz zurückgegeben. Er schreibt: «Auch das alte Recht der Wahlversammlungen führte er wieder ein, und während er vielfach Strafen auf den Stimmenkauf setzte, verteilte er an seine Tribungenossen [...], damit sie von keinem Kandidaten was verlangen möchten, jedem einzelnen aus seiner Tasche tausend Sesterzen.»[28] Niemand weiß genau, wie eine Wahlversammlung in Rom vor sich ging – wie abgestimmt wurde, und wie die Stimmen gezählt wurden. Unsere Kenntnisse beruhen auf fragmentarischen Beschreibungen. Mit viel Phantasie setzten moderne Geschichtsforscher ein vollständiges Bild zusammen. Dazu verbanden sie die Kenntnisse, die von Inschriften und Münzen stammten, mit Schilderungen Ciceros und Hinweisen späterer Schriftsteller.[29] Das Ergebnis dieser Mutmaßungen ist einleuchtend, doch es bleibt umstritten. Hier zwei entgegengesetzte Standpunkte:

Syme empfiehlt, sich auf Tacitus zu verlassen, der Senator und Konsul war, weshalb anzunehmen sei, dass der größte Teil seiner Schilderungen der Wahrheit entspricht. Tacitus sagt ausdrücklich, ein Jahr nach Augustus' Tod (d. h. 15 n. Chr.) seien die Volksversammlungen aufgehoben worden. Er schreibt: «Damals zuerst wurden die Komitien vom Marsfelde den Vätern des Senats übertragen.» Dieser Satz lässt keinen Zweifel zu: In der Zeit des Augustus bestimmte der

Princeps die Wahlergebnisse für das Konsulat und die Prätur. Denn das meint Tacitus, wenn er sagt: «Die wichtigen Wahlen sind der Entscheidung des Princeps überlassen.»[30] Bei den Wahlen für die subalternen Posten behielt die Volksversammlung (über deren Zusammensetzung er keine Einzelheiten mitteilt) einige Vollmachten. Doch es scheint, dass die Dinge komplizierter waren, als Tacitus uns erzählt, und es erheben sich nicht wenige Fragen:

Verzichtete Augustus ohne Weiteres auf seinen Einfluss bei den Wahlen der untergeordneten Magistrate? War er sich nicht bewusst, dass diese Nichteinmischung bei den Wahlen der Subalternen sich eines Tages bei der Zusammensetzung des Senats bemerkbar machen würde? Andererseits wissen wir, dass die subalternen Magistraturen sehr viel an Geltung verloren hatten und niemand bereit war, sich um sie zu bewerben. Der Princeps war gezwungen, junge Leute unter Druck zu setzen, damit sie die Posten von Tribunen und Ädilen übernahmen. Setzte er auch solche jungen Männer unter Druck, die seinen Wünschen nicht entsprachen? Seine Befugnis, den breiten Purpurstreifen ohne Wahlen zu vergeben, konnte nicht alle Probleme lösen.

Wenn aber die Bedeutung der Wahlen abgenommen hatte, warum versuchte Augustus dann, den Einfluss der neuen Kolonisten bei den Wahlen zu stärken, und ermöglichte ihren Dekurionen aus ganz Italien, an den Wahlen in Rom durch «Abstimmung per Post» teilzunehmen, wie Sueton berichtet?[31]

Schließlich ist zu fragen, warum Augustus so einschneidende Maßnahmen ergriff, um den Kauf von Stimmen zu unterbinden, wenn doch die Wahlen keine Bedeutung hatten. Wäre die Abstimmung wertlos gewesen, hätte kein Mensch versucht, Stimmen zu kaufen. Weshalb erließ Augustus ein besonderes Gesetz gegen Bestechung *(lex Iulia de ambitu)*? Es wird berichtet der Princeps selbst habe am Wahltag jedem der Wähler seines Bezirks mindestens 1000 Sesterzen ausgeteilt, damit sie keine Geschenke von den Kandidaten erwarteten.[32] Wenn er bei den Magistratswahlen zugegen war, begleitete er seine Kandidaten und bat, für sie zu stimmen, wie es nach der alten Tradition üblich war.

Wie gesagt, in den literarischen Quellen gibt es keine Beschreibung einer Wahlversammlung zu Augustus' Zeiten. Merkwürdig ist auch, dass das als *lex Valeria Cornelia* bekannte Wahlgesetz von 5 n. Chr. in den Texten nicht erwähnt wird.

Und dann entdeckt man 1947 im Städtchen Heba bei Grosseto eine lange Inschrift auf einer Bronzetafel. Diese Inschrift, in der Literatur *Tabula Hebana* genannt, handelt von den Ehrungen für Germanicus nach seinem Tod 19 n. Chr. Das war ein sensationeller Fund: In einem der Abschnitte steht, dass den zehn Zenturien, die nach Gaius und Lucius Caesar benannt waren und zu deren Aufgabe es gehörte, Namen von Konsuln und Prätoren als Wahlkandidaten vorzuschlagen *(destinare)*, weitere fünf Zenturien hinzugefügt wurden, die nach Germanicus benannt wurden. In diesen Zenturien sollten die Senatoren und Ritter aus den Dekurien wählen, die für öffentliche Gerichtsverhandlungen bestimmt waren.[33]

Die bedeutendste Untersuchung der *Tabula Hebana* hat der italienische Gelehrte Gianfranco Tibiletti publiziert, es folgten (mit kleinen Berichtigungen) Arbeiten von Arnold Jones, Peter Brunt und Regula Frei-Stolba.[34] Nur Syme blieb bei seinen Zweifeln und war nicht bereit, seine Meinung über Tacitus' Aussage wegen einer Inschrift mit «Einzelheiten, die mit größter Sorgfalt in einer kleinen Stadt niedergeschrieben» worden waren, zu ändern.[35] Nach Symes Meinung erwähnte Tacitus das Wahlrecht des Augustus aus dem Jahr 5 n. Chr. *(lex Valeria Cornelia)* nicht, weil es keine praktische Bedeutung hatte. Schon 7 n. Chr. brachen Unruhen während der Wahlen aus, so dass Augustus gezwungen war, alle Kandidaten selbst zu ernennen. Auch Tacitus weiß über die Ehrungen zu berichten, die Germanicus nach seinem Tod erwiesen wurden, doch die fünf angeblich nach ihm benannten Zenturien erwähnt er mit keinem Wort. Tacitus erklärt den Grund seines Schweigens in einem vielsagenden Satz: «Die meisten dieser Ehrungen haben sich bis heute gehalten; einzelne wurden von vornherein nicht beachtet, oder der Zeitverlauf ließ sie in Vergessenheit geraten.»[36]

Die übrigen Forscher waren nicht bereit, auf die *Tabula Hebana* zu verzichten, aber all ihre Bemühungen führten zu nichts anderem, als zu beweisen, dass eigentlich kein Widerspruch zwischen der 1947 entdeckten Inschrift und den Schilderungen von Tacitus und Cassius Dio besteht. Hierzu einige erklärende Worte ohne jede Polemik: Erstens kann man Tacitus nicht den Vorwurf machen, dass er das Gesetz *Valeria Cornelia* aus dem Jahr 5 nicht erwähnt, über dessen Existenz wir aus der *Tabula Hebana* erfuhren. Die Institution der Wahlen in der Volksversammlung zu Tiberius' Zeiten und danach scheint ihm unwichtig, deshalb zieht er es vor, nicht über sie zu berichten. Das heißt nicht, dass es diese Einrichtung nicht gab, wenngleich auch andere Schriftsteller wenig über sie schrieben. Sueton macht nur einige Andeutungen wie: «Er erneuerte den alten Brauch der Wahlversammlungen» *(ad pristinum ius redduxit)*, Cassius Dio macht es uns noch schwerer: Die griechische Terminologie, die er benutzt, entspricht überhaupt nicht der exakten und klaren Ausdrucksweise, die uns aus der römischen juristischen Terminologie bekannt ist. So weiß kein Mensch, wie das griechische Verb *apodeiknumi* zu übersetzen ist – ob es sich um eine Ernennung von hoher offizieller Stelle handelt oder damit vielleicht eine «Empfehlung» gemeint ist, die man keinesfalls ablehnen kann.

Zweitens hat sich in den 1960er Jahren gezeigt, dass auch die lateinischen Ausdrücke *nominatio, suffragatio, commendatio* keine eindeutige juristische Bedeutung haben. Alle drei weisen auf ein bestimmtes Stadium während des Empfehlungsverfahrens hin, wobei die Empfehlung so viel Gewicht hatte, dass sie letzten Endes zur Wahl des Empfohlenen führte, sowohl wegen des persönlichen Prestiges *(auctoritas)* desjenigen, der die Empfehlung gegeben hatte, als auch aufgrund des Gesetzes. Doch über die verschiedenen Stadien dieses Empfehlungsverfahrens und ihre Nuancen besteht keine genügende Klarheit. Manchmal ließ der Princeps bei einer Rede wie unbeabsichtigt den Namen eines Mannes fallen. Eine derartige Bemerkung konnte unter Umständen als Bestimmung eines Namens *(nominatio)* in Verbindung mit *suffragatio* aufgefasst werden, denn allein durch das Erwähnen des Namens übte ja der Princeps auf die Wähler Einfluss aus. Wie sich erweist, erhielt der Begriff *suffragium* zur Zeit des Prinzipats eine neue Bedeutung. Darauf machte bereits in den 1930er Jahren der englische Forscher Geoffrey de Ste Croix aufmerksam; doch seine Abhandlung, die etwas abseitig in einer soziologischen Zeitschrift erschien, erfuhr nur geringe Aufmerksamkeit. Er beweist darin, dass der Begriff *suffragium* ursprünglich «Abstimmung» oder «Stimme» im eigentlichen Sinn des Wortes meinte. Am Ende der Republik wandelte sich die Bedeutung in «Einfluss auf die Wähler», also das Betreiben von Wahlpropaganda, *suffragium* wurde im Laufe der Zeit gleichbedeutend mit Protektion, in unserem Fall durch den Princeps.[37] Manchmal wandte sich der Princeps schriftlich an einen der *tribus* und empfahl einen bestimmten Kandidaten: Das war natürlich eine Empfehlung *(commendatio)* im wahrsten Sinne des Wortes; sie enthielt aber auch eine Ernennung *(nominatio)* zu einem bestimmten Posten, die durch *suffragatio* in Kraft trat.

Die Wahlprozedur zu Augustus' Zeiten war nicht durch nur einen Gesetzgebungsakt geregelt worden. Ohne Zweifel traten während der langen Regierungszeit Änderungen ein. Es ist jedoch nicht möglich, mit Sicherheit zu sagen, was wann geändert wurde. Die Änderungen aus den Jahren 27, 23 und 19 v. Chr. und die *lex Valeria Cornelia* sind zweifellos die wichtigsten. Deshalb soll hier kurz darauf eingegangen werden. Über das Jahr 27 v. Chr. schreibt Cassius Dio ausdrücklich: «Augustus selbst bestimmte und empfahl einen Teil der Kandidaten, und auch wenn er hinsichtlich der anderen Kandidaten die Entscheidung der alten Überlieferung gemäß dem Volk überließ, sorgte er dafür, dass keiner für einen Posten gewählt würde, dessen er nicht würdig war.» Cassius Dio erklärt sogar, wen er mit «nicht würdig» meinte: Männer, die durch Bestechung oder das Aufhetzen zu Kämpfen zwischen den Faktionen an ihre Posten gekommen waren.[38]

Wir sehen also, dass das Ansehen des Princeps *(auctoritas)* ausschlaggebender war, als alle möglichen juristischen Kautelen es sein konnten; zwar wurden die Wahlen weiter dem republikanischen Vorbild gemäß nach Stämmen *(tribus)* abgehalten, aber im Übrigen gingen sie nun ganz anders vor sich. Aus Angst oder Interesselosigkeit wandte niemand etwas gegen das neue System ein. Die *nobiles*, die noch lebten, waren müde und einflusslos geworden. Sie hatten kein Interesse, es wieder zu Streitigkeiten zwischen den Faktionen kommen zu lassen, die so charakteristisch für die Wahlen im ersten Jahrhundert v. Chr. gewesen waren. Augustus setzte auch das Mindestalter für die Übernahme eines Amtes herunter: Mit 25 Jahren konnte man in die Quästur kommen (statt mit 30) und mit 33 ins Konsulat (statt mit 42). Mit der Zeit weigerten sich die jungen Römer, wie vorgeschrieben bei den Wahlen um öffentliche Ämter anzusuchen. Während der Republik hatten drei oder vier Kandidaten um jeden Posten gekämpft. Zu Augustus' Zeiten entsprach die Zahl der Kandidaten der der zu besetzenden Ämter. Es gab keinen Konkurrenzkampf mehr. Das Volk war gleichgültig geworden. Es war ihm einerlei, wer Konsul, Prätor oder Tribun war. Als Tiberius die Wahlen dem Senat übertrug, protestierte das Volk nicht gegen den Verlust eines seiner wichtigsten Rechte, und als Caligula das Wahlrecht der Volksversammlung zurückgab, zeigte sich das Volk uninteressiert. Dies war kein plötzlicher Umschwung, sondern ein Vorgang, der sich erklären lässt: Man darf sich nicht von der Terminologie von Cassius Dio irreführen lassen, der das republikanische Regime als «Demokratie» bezeichnet. Cicero betrachtete die Volksversammlungen niemals als demokratische Institution. Von jeher war die Wahlversammlung ein allgemein akzeptiertes Schlachtfeld gewesen, wo die Oligarchie entschied, welchem ihrer Söhne die auf ein Jahr begrenzte Amtsgewalt übergeben würde. Die Oligarchie war gesichert, solange es keine Streitigkeiten gab und sich alle einig waren, dass keiner von ihnen den anderen übertrumpfen durfte. Das Prinzip – pragmatisch formuliert – hieß: «Sei du kein Konsul für mich, wenn ich kein Senator für dich bin.» Das bedeutete: Jemandem, der zum Konsul gewählt wurde, gebührte *dignitas* nicht nur für das Jahr, in dem er dieses Amt innehatte; vielmehr trat er nach dem Konsulat dem exklusiven Klub der führenden Aristokraten, der *nobilitas* bei – doch all dies unter der Bedingung, dass er nicht vergesse, wie er zu seinen Vollmachten und seiner Ehre gekommen war: durch die *auctoritas* des Senats. Den Senat musste er als oberste Institution im Staat anerkennen, auch während er als höchster Magistrat (Konsul) diente. Wenn in den oberen Schichten Meinungsverschiedenheiten auftraten und die diversen Widersacher sich an die niedrigeren Schichten wandten, um ihre Position zu festigen, wurde das labile Gleichgewicht gestört. Der Versuch des Tiberius Gracchus, sich für ein zweites Amtsjahr wählen zu lassen, brachte das Establishment ins Wanken. Doch sein Versuch bedeutete nichts im Vergleich zu dem Unterfangen eines erfolgreichen Feldherrn, mit Hilfe seiner Soldaten Macht im Staat zu gewinnen. Julius Caesar sah dem Bürgerkrieg nicht mit Freude entgegen. 49 v. Chr. schlug er «freie Wahlen» vor unter der Bedingung, dass sowohl er als auch Pompeius ihre Truppen entlassen würden. Caesar fürchtete die Volksversammlung in Rom nicht, seine Popularität kam sogar in einem Kinderspiel auf den Straßen Roms zum Ausdruck. Pompeius wies die Herausforderung freier Wahlen zurück, und der Kampf wurde 48 v. Chr. auf dem Schlachtfeld bei Pharsalus entschieden. Das war der Todesstoß für die Volksversammlungen. Während der Bürgerkriege hatten sie keine Bedeutung mehr und auch nach der Errichtung des Prinzipats ließ sich das Rad der Geschichte nicht zurückdrehen. Die *nobiles* hatten einen fürchterlichen Schlag erlitten; als sie versuchten, sich zu erholen, lockte die Idee sie wenig, in den Volksversammlungen gegeneinander anzutreten. Sie wussten außerdem, dass sie ohne Unterstützung von Augustus nichts erreichen konnten. Die Mehrheit des Volkes stand ohnehin hinter ihm. Hier sah man keinen besonderen Sinn in Wahlen, die überholt waren. Nur Augustus wollte nicht auf sie verzichten, denn er war sich ihrer Ergebnisse sicher. Er wünschte diese Einrichtung beizubehalten; sie konnte seine Position nur stärken.

Während der Jahre 27 bis 23 v. Chr. fanden die Wahlen demnach wie gewöhnlich statt; doch dann, von 23 bis 19, brachen während der Wahlen jedes Mal Unruhen aus, hauptsächlich weil Augustus nicht in der Stadt war. Man bat ihn einzugreifen, und er tat das auch; aber 19 v. Chr., am Ende der Krise, übernahm er die konsularische Vollmacht *(Imperium consulare)* und behielt sie bis zu seinem letzten Tag, ohne wirklich als Konsul zu fungieren. An anderer Stelle wurde bereits darüber berichtet, doch hier soll die Beschreibung die Vermutung bekräftigen, dass Augustus den Posten übernahm, um bei den Wahlversammlungen mit doppelter Kraft zu gebieten. Der Konsul leitete ja offiziell die Wahlversammlung. Von 27 bis 23 v. Chr. war Augustus jedes Jahr Konsul. 23 v. Chr. verzichtete er auf das Konsulat und behielt nur die tribunizische Vollmacht und das prokonsularische Kommando. In der Folge brachen während der Wahlen zum Konsulat Krawalle los. Augustus hat die konsularische Vollmacht (ohne Konsul zu sein) also nur übernommen, um Herr über die Wahlversammlungen zu sein. Vielleicht begann der Princeps schon damals, sich in die Aufstellung der Kandidaten einzumischen; klar ist jedenfalls, dass 7 v. Chr. ein entscheidender Schritt in diese Richtung getan wurde. In seinem Buch über die Ereignisse des Jahres 8 schreibt Cassius Dio: «Seit diesem Jahre beteiligte sich Augustus nicht mehr an den Volksversammlungen. Aber schon ein Jahr vorher ernannte er selbst die wichtigsten Magistraten, weil zwischen den verschiedenen Faktionen Streit ausbrach. Seither veröffentlichte er die Namen der Kandidaten, die ihm lieb waren, und empfahl sie dem Volke.»[39] Er erklärt nicht, wie Augustus diese Liste publik machte. Empfahl er alle Kandidaten oder nur einen Teil? Erst jetzt zeigt sich, was die *lex Valeria Cornelia* aus dem Jahr 5 n. Chr. bedeutete, auf die sich die *Tabula Hebana* bezieht.

Augustus sah, dass die Abstimmung nach Zenturien in der Volksversammlung unmöglich geworden war. Daher stellte er zehn künstliche Zenturien auf, die aus Senatoren und Rittern bestanden – fünf waren nach seinem Enkel Gaius und fünf nach Lucius benannt. Ihnen übertrug er die ehrenvolle Aufgabe, die Kandidaten für die hohen öffentlichen Ämter zu nominieren. Die Aufstellung der Kandidatenliste wurde *destinatio* genannt. Im Laufe der Jahre wurde die Zahl der Zenturien vergrößert. 19 n. Chr. kamen die fünf nach Germanicus benannten hinzu (wie auf der *Tabula Hebana* zu lesen ist) und danach weitere fünf nach Drusus, dem Sohn von Tiberius, benannte; doch diese Details ändern nichts an der Absicht des Verfassers der *lex Valeria Cornelia*. Die Zenturien, die der Princeps neu gegründet hatte und zu denen nur Senatoren und Ritter gehörten, erfüllten von diesem Jahr an dieselbe Aufgabe wie die *centuria praerogativa* (die während der Republik als erste in der Volksversammlung abgestimmt hatte). Hier begann eine Diskussion zwischen den modernen Forschern: Vertraute der Princeps darauf, dass die Volksversammlung sich seinen beiden Zenturien gegenüber so verhalten würde, wie sich das Volk in früheren Zeiten gegenüber der *centuria praerogativa* verhalten hatte, und überließ er deshalb die Abstimmung und die Wahl *(creatio)* der Volksversammlung? Einige Historiker beantworten diese Frage positiv: Die Volksversammlung trat nach der Veröffentlichung der *destinatio* zusammen, und die Abstimmung fiel meist den Erwartungen entsprechend aus; dies, obwohl sie berechtigt war, für Kandidaten zu stimmen, die die beiden Zenturien von Gaius und Lucius für untauglich erklärt hatten. Andere

Wissenschaftler vertreten die Auffassung dass der Volksversammlung nur eine Aufgabe blieb: die Kandidatenliste, die in der *destinatio* vollständig festgelegt worden war, zu akzeptieren oder abzulehnen. Die Volksversammlung war nicht berechtigt, eigene Kandidaten vorzuschlagen, und in der *destinatio* entsprach die Zahl der Kandidaten der Zahl der freien Posten, um so einem überflüssigen Wettbewerb aus dem Weg zu gehen.

Wir besitzen nicht genügend Unterlagen, um uns für die eine oder andere Seite zu entscheiden; wir kennen keinen Bericht, der besagt, die Volksversammlung habe irgendetwas gegen die *destinatio* der 15 Zenturien einzuwenden gehabt. Diese ihrerseits handelten niemals gegen den Willen des Princeps.

Deswegen kann man annehmen, dass in der Zeit des Augustus Volksversammlungen stattfanden; doch ihre Bedeutung nahm immer mehr ab. Politische Macht hatten sie nicht, denn die Vollmacht, Krieg zu erklären und Frieden zu schließen, war in die Hände des Princeps übergegangen. Augustus ließ die Volksversammlung auch keine juristischen Angelegenheiten behandeln. Er delegierte alles an die zuständigen Gerichte *(quaestiones)*. Auch wenn Tacitus also die *lex Valeria Cornelia* gar nicht erwähnt, schließt die *digesta* jeden Zweifel aus. Dort steht ausdrücklich, dass «die Ernennung von Magistraten Angelegenheit des Princeps»[40] sei, und Cassius Dio, der mehr als jeder andere über die Volksversammlung zu Augustus' Zeit schreibt, vergisst nicht, daran zu erinnern, dass «nichts gegen den Willen des Princeps unternommen wurde».[41] Dagegen erregten die lokalen Wahlen weiter Interesse bei der Bevölkerung, wie den Wandinschriften in Pompeji zu entnehmen ist.[42] Dort standen allerdings politische Fragen nicht auf der Tagesordnung. Deshalb mischte sich die Zentralregierung in die tagtäglichen Probleme nicht ein, zumal die Gegensätze zwischen den alteingesessenen Bewohnern der Kolonien *(veteres)* und den unter Augustus neu hinzugekommenen Veteranen *(novi)* sich immer mehr verwischten.[43]

Doch die Schilderung der Beziehungen zwischen Augustus und der Plebs wäre ohne einige Worte über die Kollegien im frühen Prinzipat unvollständig. In und um Rom herrschten schlimme Zustände, eine Folge der Bürgerkriege. Die Fahrt von einem Ort zum anderen war mit zahlreichen Gefahren verbunden, und die Menschen waren gezwungen, ein Schwert zu tragen, um sich verteidigen zu können. Wahrscheinlich akzeptierten die geplagten Bürger gern die Dienste privater Gesellschaften, die es übernahmen, friedliche Menschen zu schützen und gegen die Verbrecher zu kämpfen. Diese Wachschutzdienste schlossen sich, nach dem Vorbild anderer Berufe, zu *collegia* genannten Innungen zusammen, was sofort den Argwohn des Princeps erregte. Leider beschreibt Sueton seine Reaktion nur in einem kurzen Satz: *collegia praeter antiqua et legitima dissolvit* (Er löste die Kollegien mit Ausnahme der alten und gesetzlichen auf).[44] In meinem Buch *Caesar in der öffentlichen Meinung* habe ich Caesars Gesetzgebung hinsichtlich der Kollegien ausführlich behandelt[45]; doch um die Begriffe «alte Kollegien» und «gesetzliche Kollegien» zu erklären, muss ich auch hier kurz auf ihre Geschichte zurückkommen.

Die Entstehung der Kollegien ist in Dunkel gehüllt; die römische Überlieferung schreibt sie dem sagenhaften König Numa Pompilius zu. Laut Plutarch gründete Numa die ersten Innungen im 8. Jahrhundert v. Chr., darunter die der Goldschmiede und der Schreiner, der Anstreicher und der Gerber, der Schmiede und der Töpfer. Auch wenn keiner weiß, worüber die Mitglieder der Kollegien bei ihren Treffen verhandelten, können wir mit Sicherheit sagen, dass bis zur Epoche des Augustus keine «gewerkschaftliche» Aktivität der Kollegien erwähnt wird. Zum Beispiel protestierten sie nicht gegen die billige Sklavenarbeit, die ihren eigenen Lebensunterhalt gefährden konnte. Die *tabernarii* genannten Handwerker Roms beschäftigten sich nicht allein mit der Herstellung, sondern auch mit dem Verkauf ihrer Erzeugnisse. Zumeist fanden sich die *tabernarii* einer Branche in ein und derselbsen Straße (die Sensen- und Sichelschmiede, die Metzger, die Ölverkäufer usw.). Der Beitritt zur entsprechenden Innung wurde anscheinend als eine Selbstverständlichkeit betrachtet. Die Generalversammlung aller Kollegienmitglieder hatte die Aufnahme jedes neuen Mitglieds zu bestätigen; aber es war nicht schwer, aufgenommen zu werden, mit der Zeit blieb auch Freigelassenen (und sogar Sklaven) die Tür nicht versperrt. Für den Beitritt musste gezahlt und ein monatlicher Mitgliedsbeitrag *(stips menstrua)* entrichtet werden. Die Mitglieder des gewählten Vorstands hatten imposante Titel (wie *curator, quaestor, magister*). Man darf annehmen, dass das Kollegium in erster Linie eine gesellschaftliche Funktion erfüllte: eine Art Klub für die Angehörigen der römischen Plebs, die zu den anderen «Klubs» der Stadt keinen Zugang hatten. Die Tatsache, dass jedes Kollegium unter der Schutzherrschaft eines Gottes oder einer Göttin stand, darf uns nicht irreführen, das Kollegium als solches hatte keine religiösen Funktionen. Im Übrigen waren die Priester ebenfalls in Kollegien organisiert, diese gehörten zu den vornehmsten und angesehensten, wie das Kollegium der Pontifices oder das der Auguren; weniger renommiert war das der der *Arvales* oder das der *Fetiales*.

Geschickte Politiker bemächtigten sich gegen Ende der

Republik vieler Innungen und machten sie zu politischen Klubs. Der aufsässige Tribun Clodius rekrutierte dort seine bewaffneten Truppen, die von seinen Gegnern «Banden» genannt wurden. Mit ihrer Hilfe terrorisierte er zahlreiche Senatoren und zwang sogar Pompeius Magnus eine Art Hausarrest auf.

Vor diesem Hintergrund ist das Gesetz vom Ende der Republik zu sehen, das alle Kollegien, die gegründet worden waren, um «gegen den Staat» vorzugehen, verbot. Julius Caesar wollte die Innungen friedlicher Handwerker von den Innungen trennen, die ihren Mitgliedern gefährliche politische Aktivitäten gestatteten, und erklärte diese für ungesetzlich. Während der Bürgerkriege nach Caesars Ermordung herrschte wieder Anarchie, und unter dem Deckmantel «Kollegium» organisierten sich alle möglichen Gruppen, die den öffentlichen Frieden gefährden konnten. Als Augustus die Regierung übernommen hatte, ließ er die traditionellen Kollegien der Handwerker und der Priester bestehen und erteilte denjenigen, die aufgrund eines früheren Gesetzes zugelassen waren, neue Genehmigungen, diese wurden *collegia legitima* genannt. Ausdrücklich verbot er Verbände, die sich unberechtigterweise «Kollegium» nannten, wie den «Verein zum Schutz der auf den Wegen Fahrenden». Er misstraute auch Kollegien, die sich zwecks religiöser Kulthandlungen, die ihm verdächtig schienen, organisierten. – Zusammenkünfte allerdings von Juden in und um ihre Synagoge beunruhigten Augustus ebenso wenig wie seinen Vorgänger Julius Caesar.[46] Anscheinend hegte er keine Zweifel an ihrer Loyalität dem römischen Staat gegenüber. – Es ist nicht klar, ob auch nach Augustus' Tod jedes Kollegium die Erlaubnis des Senats einholen musste, um sich zusammenzuschließen. Sicher ist aber, dass, wenn Verdacht bestand, der Senat berechtigt war, die Auflösung einer solchen Vereinigung anzuordnen.[47] Und es ist deutlich geworden, dass Augustus auch gegenüber den Kollegien vor allem eines beabsichtigte: die Entpolitisierung der Plebs.

Zur Zusammenfassung eine allgemeine Bemerkung: Die römische Plebs war – vom sozialen Standpunkt – eine amorphe Gemeinschaft. Nicht ohne Grund bemerkte Horaz, jeder freie Mann, der nicht beweisen könne, dass er mehr als vier Millionen Sesterzen besitze, gehöre zur Plebs.[48] Man ordnete mit Recht die reichen Bauern und die Kleinbauern, die trotz der Agrarkrise im 2. und 1. Jahrhundert nicht verschwunden waren, der Plebs zu.[49] Doch über die einfachen Leute in den Dörfern ist weniger bekannt, und da sie vom Betrieb der Großstadt weit entfernt waren, übten sie kaum politischen Einfluss aus. Was ihren gesellschaftlichen Stand betraf, so gehörten sie alle zur *plebs rustica*: Freie von Geburt, Freigelassene, reiche Bauern, Kleinbauern, die in Enge und Armut lebten, Landarbeiter, Pächter *(coloni)*, die vom Besitzer des Latifundiums ein Stück Land gepachtet hatten. Die Städter betrachteten die *plebs rustica* demonstrativ von oben herab, und der Ausdruck *rusticitas* (Ländlichkeit) wurde zum Synonym für Unwissenheit und Kulturlosigkeit – im Gegensatz zu *urbanitas*. Dies heißt nicht, die Angehörigen der Stadtplebs *(plebs urbana)* seien gebildeter gewesen als die Bauern; doch den Städtern schien das Leben in der Hauptstadt interessanter, auch da es mehr Möglichkeiten bot, sein Auskommen zu finden. Die Stadtsklaven erschienen Columella vergnügungssüchtig im Vergleich zu den Sklaven in der Landwirtschaft[50], und trotz der oft unerträglichen Wohnverhältnisse war das Leben in der Stadt wohl insgesamt leichter als auf dem Dorf. Im Allgemeinen nimmt man an, dass (abgesehen von den Sklaven) die Kleinbauern im gesamten Imperium mehr ausgenutzt wurden als jede andere Schicht. An einer Stelle wird von einer Bauernhütte in Ägypten erzählt, in der 24 Menschen hausten; es ist kein Zufall, dass die Rebellen in den Provinzen häufig aus der ausgebeuteten Landbevölkerung stammten.

Die Stadtplebs bestand aus Kaufleuten und Handwerkern, aus Facharbeitern, die festen Lohn erhielten, und Gelegenheitsarbeitern, die Saisonarbeit außerhalb der Stadt verrichteten, aus Beamten und Schreibern, Lehrern und Ärzten, Fuhrleuten und Bademeistern, Schauspielern und Tänzern. Natürlich gab es unter ihnen auch Bettler und Faulpelze. Es wäre jedoch falsch, die Plebs in Rom als «Lumpenproletariat» zu bezeichnen – was bis zum Zweiten Weltkrieg gang und gäbe war. Zahlreiche Untersuchungen über das Leben in Rom belegen zweifelsfrei, dass man von den kostenlosen Lebensmittelverteilungen an die Plebs allein nicht existieren konnte, zudem kümmerten sich die römischen Behörden niemals um Wohn- und Bekleidungsbedürfnisse der Bevölkerung. Dagegen lässt sich allerdings einwenden, dass Augustus es nicht bei den Lebensmittelverteilungen beließ, sondern auch 250 000 Bürgern je 400 Sesterzen (100 Denare) auszahlte. Angenommen, die Einnahmen eines einfachen Mannes seien ein Denar pro Tag gewesen, so war eine Zulage von 100 Denaren ein ansehnlicher Betrag. Doch solch ein «Wunder» geschah nicht jedes Jahr, sodass auch jene, die in der Arbeit nicht ihr «Ideal» sahen, gezwungen waren, wenigstens gelegentlich etwas zu tun. Wegen des Fehlens statistischer Daten ist es nicht möglich, konkrete quantitative Aussagen zu treffen. Hinzu kommt, dass sich die ethnische Zusammensetzung der Plebs durch die Befreiung Zehntausender von Sklaven seit den Tagen Sullas bis zum Tod des Augustus änderte. Viele Freigelassene besetzten Schlüsselstellungen in Handwerksbetrieben und wurden wegen ihrer Fachkenntnisse geschätzt. Doch es zeigte sich, dass die Freigelassenen Bräuche und religiöse Überzeugungen pflegten, die den Vorstellungen der Alteingesessenen nicht entsprachen. Die schärfste Kritik richtete sich gegen die aus dem Osten Gekommenen, ein Schriftsteller wetterte, «dass der Orontes in den Tiber» fließe.[51] Obwohl die Freigelassenen, rein juristisch gesehen, einen integralen Bestandteil der Plebs bildeten, müssen wir uns mit ihnen gesondert befassen, andernfalls sind die in diesen Jahren entstandenen gesellschaftlichen Spannungen mit ihren zahlreichen Auswirkungen nicht zu verstehen.

KAPITEL 12

Augustus, Sklaven und Freigelassene

Wissenschaftler in Westeuropa und den Vereinigten Staaten hatten nichts an dem von Syme (und vorher auch schon von Theodor Mommsen) geprägten Ausdruck «die römische Revolution» auszusetzen. In Osteuropa dagegen durfte man lange von «Revolution» nicht sprechen, es sei denn, man konnte einen grundlegenden Wandel im Verhältnis zwischen Eigentum und Produktion nachweisen. Und wirklich besteht in dieser Beziehung kein wesentlicher Unterschied zwischen der Ära der Gracchen und der des Augustus. Die Marxisten stimmen zwar Symes Auffassung zu, der Prinzipat habe die «non political classes» (insbesondere die Ritter und die Wohlhabenden aus den Munizipien Italiens) zum höchsten Rang erhoben; sie sehen darin aber keine Revolution, da die Sklaverei bestehen blieb, und zwar nicht nur während des frühen Prinzipats, sondern auch nach dem Beginn des Christentums. Die Ausbeuter wechselten, nicht aber die Methoden der Ausbeutung.

Dagegen wehren sich die Wissenschaftler im Westen dagegen, den Prinzipat in erster Linie vom engen Gesichtspunkt des Besitzes der Produktionsmittel zu betrachten. In einem anderen Buch habe ich mich ausführlich mit den Problemen der Sklaverei und der Sklaven in der historischen Forschung beschäftigt.[1] Hier möchte ich nur sagen: Was das Verhältnis zu Sklaven als einzelnen Menschen und der Sklaverei als

System betrifft, so trat zur Zeit des Prinzipats des Augustus keine umwälzende Änderung ein. Die Zahl der Sklaven in der Stadt und auf dem Land änderte sich im Vergleich zu der Zeit der späten Republik nicht wesentlich. Auch die Stellung der Sklaven in der Produktion blieb so wie früher; und im Verhältnis der Herren zu den Sklaven war kaum ein Wandel zu merken. Aber man darf die Sklaverei und die Sklaven nicht nur vom statistischen Standpunkt aus betrachten.

Hegel stellt schon vor Marx fest, dass die Sklaverei zum Verlust der Menschlichkeit der Herren führe, bereits Plinius der Ältere hat das auf anschauliche Weise beschrieben: «Wir gehen auf den Füßen anderer Leute [wichtige Männer wurden in Rom in einer Sänfte getragen], wir erkennen unsere Bekannten mit den Augen anderer, wir verlassen uns auf das Gedächtnis anderer [...].»[2]

Die Freigelassenen erfüllten in der augusteischen Gesellschaft wichtige Aufgaben. Daher ist der größte Teil dieses Kapitels ihnen gewidmet. Um ihre Stellung zu verstehen, müssen wir ihre besondere Rechtsstellung darlegen. Danach werden wir Augustus' Verhältnis zu ihnen sowie ihren Platz in Gesellschaft und Wirtschaft schildern.

Das römische Recht unterschied zwischen zwei Verfahren, Sklaven freizulassen: Das eine – *manumissio iusta* – war die formelle, vorschriftsmäßige Freilassung, bei der alle förmlichen und zeremoniellen Vorschriften genau beachtet wurden. Der andere Weg – *manumissio minus iusta* – war die praktische oder informelle Freilassung. Die *manumissio iusta* ist die ältere der beiden. Sie konnte auf drei Arten vorgenommen werden:

1. *manumissia vindicta*: Der Herr brachte seinen Sklaven vor einen autorisierten römischen Magistrat (meist einen Prätor) und gab offiziell bekannt, dass er den Sklaven freilas-

sen wollte. Einer der niedrigeren Beamten (meist ein Liktor) der in dieser Funktion *assertor libertatis* genannt wurde, berührte den Sklaven mit Stroh *(festuca)* oder Reisig *(vindicta)* – daher der Name der Zeremonie – und erklärte die Freilassung für gültig. Der Herr des Sklaven brachte nichts dagegen vor, gab dem Sklaven eine Ohrfeige *(alapa)*, und nachdem der Staatsschatz die Freilassungssteuer bekommen hatte, war der Sklave frei.

2. *manumissio censu*: Der Herr des Sklaven wandte sich an den Zensor und bat ihn, den Namen des freizulassenden Sklaven in das Verzeichnis der römischen Bürger aufzunehmen.
3. *manumissio testamento*: Bei der testamentarischen Freilassung ordnete der Herr an, nach seinem Tod einen bestimmten Sklaven freizulassen. Das römische Recht schrieb dafür einen obligatorischen Text vor, von dem keinesfalls abgewichen werden durfte. (Die Worte «Hiermit befehle ich, dass der und der ein freier Mensch sei» wurden anerkannt; dagegen war die Formulierung «Ich will, dass der und der frei sei» nach dem Gesetz nicht gültig.)[3]

Diese dritte war die üblichste Methode gegen Ende der Republik und zur Zeit des frühen Prinzipats. Die zweite Variante dagegen war nicht mehr durchführbar, denn ein Sklave konnte nur in das Verzeichnis der Bürger eingetragen werden, wenn ein Zensus, wie vorgeschrieben, stattgefunden hatte (das heißt alle fünf Jahre). Während der späten Republik fanden die Volkszählungen aber immer seltener statt, und die Institution der Zensur verlor mehr und mehr an Bedeutung. Wer seinen Sklaven ehrlich und wahrhaftig freilassen wollte, wartete deshalb nicht auf eine Volkszählung. Daher verschwand mit der Zeit diese Form der Freilassung. Die erste Methode *(vindicta)* wurde weiter angewandt; sie kostete den Herrn jedoch Zeit und Geld, weil er persönlich vor der Behörde erscheinen und die Freilassungssteuer *(vicesima libertatis)* zahlen musste. Diese Steuer betrug bis zu 5 % des Werts des Sklaven. Bei der testamentarischen Freilassung hatten die Erben die Freilassungssteuer zu zahlen, und der Herr konnte die Dienste des Sklaven bis an sein Lebensende genießen. Wohl aber blieb dem, der seinen Sklaven testamentarisch freiließ, versagt, das Abhängigkeitsverhältnis auszunutzen, das zwischen Herrn und Freigelassenem entstand. Das Abhängigkeitsverhältnis hatte maßgebliche Bedeutung, denn der Freigelassene fühlte sich verpflichtet, seinem Befreier für die Befreiung Dankbarkeit zu erweisen. Das drückte sich in Geld aus, in politischer Unterstützung und in der Loyalität, wie sie in Rom zwischen Klient und Patron üblich war.[4] Die testamentarisch Freigelassenen gingen zwar bei den Beerdigungen ihrer Herren mit, wobei sie den bunten Kopfputz der Freigelassenen trugen[5], doch es gab Sklavenhalter, die größere Unterstützung wünschten, solange sie lebten, und sich nicht mit Lobsprüchen nach ihrem Tod begnügten. Daher entwickelte sich noch zur Zeit der späten Republik ein zusätzlicher (weniger formeller) Weg, Sklaven auf eine von drei Weisen freizulassen *(manumissio minus iusta)*. Der Herr erklärte die Freilassung seines Sklaven brieflich *(per epistulam)* oder mündlich während der Mahlzeit *(per mensam)* oder einfach unter Freunden *(inter amicos)*. Dadurch wurde der Sklave praktisch freigelassen, jedoch von den Behörden nicht als freier Bürger anerkannt, sein Name nicht in das Bürgerregister eingetragen, und es bestand die Möglichkeit, ihn wieder zum Sklaven zu machen. Es gibt aber keinen Bericht über Fälle, bei denen nicht rechtsgültig (d. h. durch *manumissio minus iusta*) Freigelassene zum Sklaventum zurückkehren mussten. Die Herren hatten davon zwei Vorteile: Es standen ihnen die Klientendienste der Freigelassenen zur Verfügung, und sie kamen um die Bezahlung der Freilassungssteuer herum. Der Betrag konnte ziemlich hoch sein, wenn es sich um einen fachkundigen Sklaven handelte, der für einen hohen Preis gekauft worden war. Das Abhängigkeitsverhältnis des Freigelassenen war ohnehin gesichert, denn der Herr behielt auf jeden Fall das Recht, eines Tages zur Prätur zu gehen, die erforderliche Steuer zu zahlen und die Freilassung amtlich bestätigen zu lassen. Diese offizielle Bestätigung war sehr wichtig für die Kinder der unvorschriftsmäßig Freigelassenen, denn nur vom Staat anerkannte Freiheit konnte vererbt werden.

Dieser Zustand verursachte nicht wenig Durcheinander, und es ist gut zu verstehen, weshalb Augustus die Freilassung der Sklaven durch eine Reihe von Gesetzen regeln musste:

1. Die *lex Iunia*, ein Gesetz aus dem Jahr 17 v. Chr., bezog sich speziell auf Menschen, die nur praktisch freigelassen worden waren. Sie waren zwar nach dem Gesetz frei *(personae liberae)*, doch ihre Rechte auf Besitz waren auf Lebenszeit begrenzt. Sie durften kein Erbe annehmen, und ihre Hinterlassenschaft unterlag allen Vorschriften über das Eigentum der Sklaven *(peculium)*. Das Gesetz bestimmte, Kinder nicht rechtsgültig freigelassener Sklaven zu Bürgern zweiten Ranges, ihre Rechte waren ähnlich denen der Einwohner der latinischen Kolonien: Diese besaßen volle wirtschaftliche Rechte, durften also Boden, Sklaven, Kleinvieh und Rinder kaufen und verkaufen, doch es war ihnen untersagt, ihren Besitz durch ein Testament rechtmäßig zu vererben *(ius testamentum facere)*. Formell ging das Eigentum des *Latinus Iunianus* nach dessen Tod an seinen Patron, und es hing vom gutem Willen des Patrons ab, ob die natürlichen Erben (Kinder, Ehefrau

oder andere Verwandte) die Erbschaft erhielten. Trotz dieser Einschränkungen bedeutete dieses Gesetz für diese Gruppe der Freigelassenen einen großen Schritt nach vorn auf dem Weg zum vollen römischen Bürgerrecht.

2. Die *lex Fufia Caninia*, ein nach den Konsuln Fufius Geminus und Caninius Gallus benanntes Gesetz aus dem Jahr 2 v. Chr., bezog sich speziell auf Sklaven, die rechtsgültig *(manumissia iusta)* aufgrund eines Testaments *(testamento)* freigelassen wurden, also die Freiheit nach dem Tod ihres Herrn erhielten. Augustus reagierte mit diesem Gesetz darauf, dass ihre Zahl stetig gewachsen war, denn sie erhielten bei ihrer Freilassung automatisch das römische Bürgerrecht. Von nun an durfte ein römischer Bürger nur einen bestimmten Prozentsatz seiner Sklaven freilassen, dieser Anteil verringerte sich, je größer die Zahl der Sklaven im Besitz des Bürgers war. So durfte ein Patron dreier Sklaven alle freilassen; ein Patron, der vier bis zehn Sklaven besaß, durfte die Hälfte freilassen; hatte er elf bis 30 Sklaven, durfte er ein Drittel freilassen, ein Herr von 31 bis 100 Sklaven ein Viertel, und einer mit 101 bis 500 Sklaven ein Fünftel. In jedem Fall war es verboten, mehr als 100 Sklaven freizulassen. Das Gesetz schrieb bis in die kleinste Einzelheit vor, wie die Namen der Kandidaten für die Freilassung eingetragen werden mussten, und befahl den Behörden, jede Freilassung über die erlaubte Quote hinaus rückgängig zu machen.[6]
3. Die *lex Aelia Sentia* aus dem Jahr 4 v. Chr., benannt nach den Konsuln Aelius Catus und Sentius Saturninus, schränkte auch die rechtsgültige Freilassung *(manumissio iusta vindicta)*. die bei einem autorisierten römischen Magistrat vorgenommen wurde, ein. Das Gesetz sollte vor allem die Einbürgerung von Sklaven ausschließen, die eine

kriminelle Vergangenheit hatten. Ließ der Patron solche Sklaven dennoch frei, wurden sie nicht Bürger, sondern *peregrini dediticii*, also Fremde beziehungsweise Ausländer. Weder war es ihnen gestattet, Eigentum zu erben noch zu vererben. Außerdem mussten sie etwa 100 Meilen entfernt von der Hauptstadt wohnen. Freigelassene, die gegen einen der Paragrafen verstießen, verloren die Freiheit auf Lebenszeit.[7]

Auch die Freilassung von Sklaven mit einwandfreier Vergangenheit unterlag von nun an Bedingungen, die zuvor nicht existiert hatten: Nur wenn der Herr des Sklaven älter als 20 Jahre war und der Sklave älter als 30, konnte die Freilassung durch die feierliche Amtshandlung der *manumissia vindicta* durchgeführt werden. Hatte eine der Seiten am Tag der Freilassung das vorgeschriebene Alter noch nicht erreicht, musste die Angelegenheit vor ein autorisiertes Gremium von fünf Senatoren und fünf Rittern (in den Provinzen von 20 römischen Bürgern) gebracht werden, das befugt war, den Sklaven freizulassen, wenn es sich der Richtigkeit der vorgelegten Aussagen vergewissert hatte. Waren die Behauptungen des Patrons nicht überzeugend, konnte der Sklave nicht freigelassen werden.[8] Diese Alterseinschränkung verhinderte, dass Minderjährige in einer so wichtigen Frage entschieden. Testamentarisch konnte ein Sklave nur freigelassen werden, wenn sein Herr mit über 20 Jahren starb.[9] War der Herr älter als 20, doch der Sklave unter 30, wurde die Freilassung *(manumissio iusta)* zur nicht rechtsgültigen *(manumissio minus iusta)* und der Freigelassene nur ein Bürger mit nur latinischen Rechten *(Latinus Iunianus)*.[10]

Obgleich es keinen Beweis gibt, dass Augustus diese Gesetze selbst initiierte, darf man annehmen, dass die Konsuln nicht gewagt hätten, sie gegen seinen Willen einzubringen.

Kann man also aus dieser Gesetzgebung Schlüsse ziehen über Augustus' Absichten oder über seine Einstellung den Sklaven im Allgemeinen und den Freigelassenen im Besonderen gegenüber? Eine Antwort gab es schon im Altertum: Sueton berichtet, Augustus habe größten Wert auf die Makellosigkeit des römischen Volkes gelegt und sich dafür eingesetzt, die Verunreinigung römischen Blutes durch die Vermischung mit fremdem, von Sklaven stammendem Blut zu verhindern.[11] Cassius Dio fügt hinzu, Augustus habe im Testament seine Erben angewiesen, die Zahl der Freilassungen zu begrenzen, damit sich nicht zu viel fremder Pöbel in der Stadt herumtreibe, und um zu verhindern, dass eine zu große Zahl von Ausländern römische Bürger würden; ferner sollten sie auf die Einhaltung der Unterschiede zwischen Herrschern und Untergebenen, Herren und Sklaven achten.[12]

Der sowjetische Forscher Nikolaj Maschkin interpretierte die augusteische Gesetzgebung vom marxistischen Standpunkt aus. Diese Gesetze bestärkten ihn in seiner Überzeugung, der Prinzipat sei nichts anderes als eine verkappte Diktatur gewesen, die die Auflösung der Sklavenordnung verhindern und die Patrone vor einer Revolution der Sklaven schützen wollte.[13] Seiner Meinung nach hatte die aristokratische römische Republik den Massenbewegungen und den Sklaven machtlos gegenübergestanden: Der Spartacus-Aufstand war nur mit Mühe niedergeschlagen worden; die Banden des Clodius, zu denen nicht wenige Sklaven gehört hatten, hatten Grundfesten der Republik erschüttert; viele Sklaven waren von den Latifundien geflohen und hatten sich der Armee von Sextus Pompeius angeschlossen. Also war der Sinn der augusteischen Gesetzgebung, die Herrschaft der Patrone über die Sklaven fortbestehen zu lassen. Als weiteren Beleg führt Maschkin den Senatsbeschluss von 10 v.

Chr. an *(senatus consultum Silanianum)*, der gesetzlich verankert wurde und die Strafen für Sklaven erhöhte, gegen deren Loyalität es etwas einzuwenden gab.[14]

Ein gewisses Maß von Wahrheit enthalten beide Interpretationen. Mir scheint jedoch, dass weder Rassismus (die Version Suetons) noch die Klassenfrage (die Version Maschkins) den Ausschlag für die augusteische Gesetzgebung gaben. Zunächst muss man klären, was überhaupt die Gründe für die Freilassung der Sklaven waren und weshalb die Freilassungen zur Endzeit der Republik häufiger vorkamen; erst danach sollte man sich der Auslegung der augusteischen Gesetzgebung zuwenden.

Manchmal wurden Sklaven aus besonderen Gründen freigelassen, zum Beispiel, wenn dem Patron eine Untersuchung vor Gericht bevorstand: Da er fürchtete, seine Sklaven könnten – durch Misshandlungen gezwungen – gegen ihn aussagen, ließ er sie rechtsgültig frei, denn als freie Bürger durften sie nicht gefoltert werden. Und jemand, dessen Vermögen gegen seinen Willen in andere Hände übergehen sollte (etwa durch Beschlagnahme), vermied durch die Freilassung, dass sie Besitz seiner Feinde würden. Doch in den meisten Fällen wurden die Sklaven aus positiven (wenn auch nicht immer altruistischen) Gründen freigelassen. Die Römer wussten, dass die Hoffnung auf Freilassung der beste Ansporn für jeden Sklaven war, gut zu arbeiten und seinem Herrn treu zu dienen. Cicero behauptet, jeder Sklave in Rom habe geglaubt, er werde eines Tages frei werden.[15] Von alters her war die Freilassung von Sklaven hier üblich: Der Staat mobilisierte bei Bedarf Sklaven für die Armee und ließ sie später als Zeichen der Anerkennung für ihren Dienst am Vaterland frei. Privatmänner handelten als Dank für treue Dienste ebenso.

Den Sklaven in Rom war es gestattet, Geld zu sparen und sich ein kleines Vermögen *(peculium)* zu schaffen, das der Patron nicht anrühren durfte. Die Einnahmen stammten zum einen aus Trinkgeldern, die sie von freigebigen Gästen ihres Patrons erhielten, zum anderen aus Beträgen, die der Verkauf von Resten üppiger Mahlzeiten (mit Erlaubnis des Patrons) eingebracht hatte. Seneca schreibt, viele hätten ihr *peculium* erspart, indem sie ihren Magen betrogen *(ventre fraudato)*.[16] Sie hungerten, weil sie hofften, eines Tages könnten sie sich mit Hilfe ihrer Ersparnisse loskaufen oder wenigstens aus ihrer Tasche die Freilassungssteuer von 5 % bezahlen, vor der sich die Herren so gern drückten.

Nicht immer waren finanzielle Überlegungen entscheidend für die Freilassung. Zwischen Lehrern, Kinderfrauen, Ärzten, persönlichen Sekretären und ihren Herren oder Herrinnen entwickelten sich im Lauf der Zeit persönliche Beziehungen, die enger waren als die herkömmlichen zwischen Patron und Sklave. Sklaven dieser Art wurden in Anerkennung ihrer Dienste und Fähigkeiten freigelassen. Eine solche Freilassung brachte dem Patron kaum finanziellen Nutzen. Dagegen konnte er davon profitieren, wenn er einen Sklaven auf den freien Markt entließ, der – bevor er Sklave wurde – ein erstklassiger Handwerker, begabter Administrator oder gewiegter Kaufmann gewesen war. Freigelassene dieser Kategorie wurden häufig Geschäftspartner ihrer früheren Herrn, andere eröffneten selbst Geschäfte oder Werkstätten und zahlten einen bestimmten Prozentsatz an ihre Gönner, wieder andere dienten den publikanischen Gesellschaften. Die Arbeitsleistung der Freigelassenen war unvergleichlich höher als die der Sklaven, und für ihren Fleiß wurden sie belohnt. Für das erste Jahrhundert v. Chr. lässt sich mit großer Sicherheit sagen, dass die Freilassung von Sklaven in Rom geordnet und wohl kontrolliert ablief, den Grundfesten der römischen Gesellschaft keinen Schaden zufügte.

Die Änderung, die in der Zeit des Tribunen Gaius Gracchus (123 v. Chr.) begann, erreichte ihren Höhepunkt zur Zeit des Tribunen Clodius (58 v. Chr.); Gaius hatte den Bürgern Roms billiges Getreide geliefert, Clodius beschloss, allen römischen Bürgern Getreide umsonst zuzuteilen. Zu Julius Caesars Zeiten erreichte die Zahl der Empfänger kostenlosen Getreides 320 000. Viele Patrone ließen Sklaven in Mengen frei, womit sie dem Staatsschatz die Last ihres Unterhalts aufbürdeten. Wir wissen nicht, um wie viele Sklaven es sich handelte; die Vermutung Tenney Franks, pro Jahr seien 16 000 Sklaven am Ende der Republik (zwischen der Zeit Sullas und Caesars) freigelassen worden, hält einer wissenschaftlichen Überprüfung nicht stand. Diese Zahlen beruhen auf den Einnahmen des Staates aus der Freilassungssteuer.[17] Das ist insofern richtig gedacht, als nur ein Sklave, der rechtsgültig freigelassen *(manumissio iusta)* und für den die Freilassungssteuer gezahlt wurde, als römischer Bürger in jeder Beziehung galt und berechtigt war, kostenlos Getreide zu empfangen. Sklaven, für die die Steuer nicht gezahlt wurde, konnten nicht zu den Bürgern gerechnet und in die Liste der Kornempfänger aufgenommen werden; unter diesem Aspekt hatte es also keinen Sinn, sie freizulassen. Leider verfügen wir nicht über genügend Angaben. Niemand weiß, was der Preis eines durchschnittlichen Sklaven im ersten Jahrhundert v. Chr. war und ob die 12 Millionen Denare, die sich 43 v. Chr. im Staatsschatz angesammelt hatten und die Julius Caesar beschlagnahmte, wirklich nur aus der Freilassungssteuer stammten. Doch niemand bezweifelt, dass die Freilassung von Sklaven am Ende der Republik und zu Beginn des Prinzipats ungeordnet, unkontrolliert und willkürlich geschah.

Aus den Daten der Volkszählungen von 70 v. Chr. bis 14 n. Chr. (dem Todesjahr von Augustus) geht hervor, dass die Einwohnerzahl erstaunlich anstieg: 70 v. Chr. 910 000 Bürger, 28 v. Chr. 4 063 000 Bürger, 8 v. Chr. 4 233 000 Bürger und 4 n. Chr. 4 937 000 Bürger.

Selbst wenn man annimmt, die Registrierungen zur Spätzeit der Republik seien schlampig durchgeführt worden und die Zahl 910 000 sei niedriger gewesen als die reale Ziffer, kann man sich nur schwer vorstellen, der Anstieg auf 4 063 000 zu Beginn der Regierungszeit des Augustus rühre allein von der Geburtenzunahme her. Auch ohne sich auf die Schätzungen der Freilassungssteuer zu stützen, darf man annehmen, dass die Einbürgerungspolitik ziemlich liberal war und diejenigen, denen sie zugute kam, zum größten Teil Freigelassene waren.[18]

Der Freigelassene sah in dem, der ihn freiließ, seinen Gönner und Patron. Das Abhängigkeitsverhältnis, das sich zwischen den beiden Seiten entwickelte, trieb die Zahl der Klienten des Adels und der Reichen in Rom enorm in die Höhe. Diesem Prozess versuchte Augustus durch die Gesetze über die Freilassung von Sklaven Einhalt zu gebieten. Der Trend zeigt sich besonders im Gesetz von Fufius und Caninius. Die Zahl der Freigelassenen interessierte den Gesetzgeber, nicht ihre Herkunft (hinsichtlich ihrer Rasse). Natürlich blieben zu Augustus' Zeiten die Klientelen der römischen Senatoren bestehen. Auch noch in Neros Tagen – so wird berichtet – blieben viele einfache Leute mit den «großen Häusern» verbunden.[19] Doch von der Ära des Augustus an verminderten sich diese Klientelen und verloren erheblich an Bedeutung.

Im Gegensatz dazu schränkte Augustus die Zahl der Freigelassenen seines eigenen Hauses in keiner Weise ein, und während sich der Unterschied zwischen den Finanzen des

Princeps und denen des Staates mehr und mehr verwischte, erhielt das Problem der Beschäftigung Freigelassener in der Wirtschaft des Staates neue Dimensionen. Dies muss ausführlich erörtert werden, erst dann wird klar, dass es nicht genügt, die Gesetzgebung zu analysieren, um die Stellung der Freigelassenen zur Zeit des Prinzipats von Augustus zu verstehen.

Es gibt kaum einen Beruf, den Freigelassene nicht ausübten, sie waren Schneider, Schuster, Gerber, Goldschmiede, Schreiner und Metallarbeiter, Bäcker und «Apotheker» (sie stellten die Arzneien her und verkauften sie auch), Anstreicher und Wäscher, Friseure und Metzger, Bademeister und Kutscher, aber auch Ärzte und Architekten, Lehrer und Sekretäre, Buchhalter und Stenografen, Bildhauer und Maler, Schauspieler und Musiker.[20] Der größte Teil der Freigelassenen lebte in Städten, doch auch in der Landwirtschaft waren sie zu finden. Die Großgrundbesitzer wohnten im Allgemeinen in der Stadt und überließen die Verwaltung ihres Guts einem zuverlässigen Aufseher *(vilicus)*, der häufig ein Freigelassener war. Auch die Prokuratoren von Privatpersonen sowie die Diener höheren Ranges in den Häusern der Reichen wie Köche und Boten waren meist Freigelassene.[21] Zweifellos war es ähnlich in der Landwirtschaft, was belegt, dass die Sklaven in erster Linie wegen ihrer Fähigkeiten freigelassen wurden, nicht wegen ihrer Herkunft oder ihrer Rasse. Da aber die meisten Forscher der Ansicht sind, die Sklaven aus Syrien, Ägypten und Kleinasien hätten eine bessere Erziehung und eine höhere Fachausbildung genossen als die Sklaven aus Sardinien, Gallien und Thrakien[22], hat sich die Verallgemeinerung eingebürgert, die «östlichen» Sklaven seien leichter freigelassen worden als die «westlichen». Darauf spielt auch die schon zitierte Metapher von Juvenal an, wonach der syrische Orontes in den Tiber floss, also der Osten den Westen überflutete.[23] Doch auch diese Hypothese kann nicht statistisch belegt werden, denn nur wenn es uns ausdrücklich berichtet wird, wissen wir, wer aus dem Westen stammte und wer aus dem Osten. Der Name deutet zwar manchmal auf die Herkunft eines Mannes hin, ist aber kein zwingender Beweis für die ethnische Abstammung, denn auch Freigelassene aus Gallien nahmen oft griechische Namen an.

Bereits während der Republik waren auch viele Freigelassene im öffentlichen Dienst beschäftigt, vor allem als Beamte bei den gewählten Magistraten. Allgemein wurden sie als *apparitores* bezeichnet[24], unterschieden in die Gruppe der Sekretäre mit höherem Rang und Schriftsteller *(scribae)*, die persönlichen Assistenten der Inhaber des *imperium (accensi)*, die Liktoren *(lictores)*, die Boten *(viatores)* und die Ausrufer *(praecones)*. Sie bekamen ein gutes Gehalt, und einige von ihnen brachten es sogar zum Ritter.[25] Von Julius Caesars Zeiten an wuchs ihre Zahl ständig, und unter Augustus' Herrschaft wurden sie zu einem bedeutenden Faktor in der kaiserlichen Bürokratie. Darüber soll hier ausführlich gesprochen werden.[26]

Der dürftigen Quellenlage wegen ist es schwierig, mit Sicherheit festzustellen, welche Posten die Freigelassenen schon zur Zeit des Augustus erhielten und welche sie erst allmählich während der Ära der julisch-claudischen Kaiser, die nach ihm regierten, einnahmen. Die folgende Beschreibung beruht auf den plausiblen Vermutungen von Gelehrten, die dieses Thema gründlich studiert haben.[27]

Schon zu Augustus' Zeiten waren die Freigelassenen berechtigt, als Priester fremder, in Rom erlaubter Götter zu fungieren (wie Isis, Kybele und Mithras). Zwar war ihnen der Eintritt in die angeseheneren Priesterkollegien (*pontifices*, Auguren etc.) verboten, doch nicht wenige Freigelassene dienten als Gehilfen von *pontifices* und Auguren. Augustus hat Rom neu in Stadtbezirke *(vici)* eingeteilt. Jeder Bezirk hatte ein Zentrum *(compitum)*, das nichts anderes war als die Kreuzung von Hauptstraßen; im Mittelpunkt dieser Kreuzungen wohnten die *lares compitales* genannten Schutzgötter des Bezirks, denen Augustus den *genius Augustus* hinzufügte. Alle zusammen hießen von da an *lares Augusti, und* die Beamten des Viertels *(magistri vicorum)* hatten die Verantwortung für den neuen Kult. Der größte Teil dieser Beamten stammte aus den Kreisen der Freigelassenen. In den Munizipien Italiens wurden *seviri Augustales* als Verantwortliche für den Augustus-Kult ernannt. Die *seviri* waren reich gewordene Freigelassene, die mit ihrem Geld Feste und Spiele in ihren Wohnorten finanzierten. Die Ernennung zu Augustalen erhöhte ihr Prestige und öffnete ihnen die Salons des gesellschaftlichen Establishments, wie eine berühmte Inschrift aus dem Jahre 26 n. Chr. bezeugt:

> Es wurde einstimmig beschlossen, dass – bis zur Abfassung einer offiziellen Anweisung und aufgrund eines Beschlusses aller Anwesenden – der Freigelassene des Augustus, G. Julius Gelos, der jahrelang der Stadt Veii nicht nur mit seinem Rat und seinem Einfluss geholfen, sondern auch gebeten hat, sein Sohn möge die Spiele auf eigene Rechnung ausrichten, der Ehre würdig ist, die ihm gegeben wurde, und er als einer der Augustalen gelten soll, als habe er schon in der Vergangenheit als *Augustalis* gegolten, und ihm erlaubt sei, bei allen öffentlichen Vorstellungen der Stadt auf seinem eigenen Platz unter den Augustalen zu sitzen und mit den Mitgliedern des Stadtrates bei allen öffentlichen Festen zugegen zu sein.[28]

In Italien wurde der Augustus-Kult lange Zeit abgelehnt. Dieser östliche Brauch war den Einwohnern Roms und Italiens fremd, und Augustus sah sich vor, ihn ihnen aufzuzwingen. Von der Zeit nach seiner Ernennung zum Pontifex maximus 12 v. Chr. an tauchen Berichte über die Existenz der *magistri Augustales* auf, zuerst in Etrurien, dann auch in anderen Städten Italiens. Manchmal werden sie *seviri* genannt, dann wieder *Augustales*, oft auch *seviri Augustales* oder *seviri et Augustales*. Es ist nicht schwer, dies zu erklären. Die römische Gesellschaft war in *ordines* eingeteilt. Die Zugehörigkeit zu einem *collegium* oder *ordo* war äußerst wichtig für den gesellschaftlichen Status jedes einzelnen Bürgers. Mit den *Augustales* entstand auch unter den Freigelassenen eine Art Aristokratie oder *libertina nobilitas*.

Freigelassene waren auch in niedrigen Verwaltungsposten in den Munizipien zu finden (Sekretäre, Ausrufer, Boten usw.). In Rom wurden die ersten Einheiten der *vigiles* ausschließlich aus Freigelassenen rekrutiert, doch diese Gepflogenheit wurde nach kurzer Zeit abgeschafft. Die Freigelassenen dienten ungern in solchen Einheiten und suchten andere Wege, um in die höheren Kreise der römischen Gesellschaft vorzudringen. Der Dienst am Hof des Princeps wurde zum tauglichsten Mittel für den gesellschaftlichen Aufstieg.

Schließlich sei auch das Phänomen der «Luxussklaven» erwähnt, die in jenen Zeiten in den Häusern der Wohlhabenden gang und gäbe waren. Die Arbeitslast, die jedem von ihnen zufiel, war minimal, die große Mehrheit tat den ganzen Tag nichts. Zu Ciceros Zeiten war es eine Schande, denselben Sklaven als Koch und auch als Verantwortlichen für den Salon *(atrium)* zu beschäftigen.[29] Im protzigen Haus des Trimalchio gab es einen Sklaven, dessen ganze Arbeit darin bestand, *dextro pede* zu sagen, also sich an die Gäste mit der Bitte zu wenden, sie mögen das Haus seines Herren mit dem rechten Fuß zuerst betreten.[30] Wem Petronius' *Satyricon* als Beleg für die Existenz von Luxussklaven in den Häusern der Reichen zur Zeit des Augustus nicht ausreicht, der sei auf die zahlreichen Stellen bei Horaz verwiesen. Reiche Matronen beschäftigten Sklavinnen, die allein dazu da waren, sie zu frisieren und ihr Haar zu schmücken *(ornatricis)*, sich nur um die Juwelen *(ad magaritas)* zu kümmern oder ihre Gewänder zu falten *(vestiplica)*. Außerdem standen der Matrone eine Weberin *(textrix)*, eine Spinnerin *(quasillaria)* und eine Sklavin zur Verfügung, die sie überallhin begleitete und auf die anderen Sklavinnen aufpasste *(pedisequa)*.

War dies der Brauch in den Häusern der Reichen, dann unvergleichlich mehr so am Hofe des Kaisers: Ein Freigelassener hatte für das weiße Gewand zu sorgen, in dem der Kaiser beim Triumphzug erschien *(praepositus vestis albae triumphalis)*.[31] Andere waren verantwortlich für die Möbel, das Tafelgeschirr, das Speisezimmer; außerdem gab es einen sehr einflussreichen Freigelassenen, der das Schlafzimmer zu beaufsichtigen hatte *(cubicularius)*.[32] Die Freigelassenen waren natürlich Inspektoren und Verwalter. Unter ihnen dienten zahlreiche Sklaven. Zu den wichtigsten Freigelassenen im Hause des Princeps gehörte der *libertus a mandatis*, der die Befehle direkt vom Princeps empfing und sie an die entsprechenden «Abteilungen» weiterleitete. Ebenso einflussreich war der für den Grundbesitz des Princeps Verantwortliche *(procurator castrensis)*. Möglicherweise gab es auch zu Augustus' Zeiten einen Freigelassenen, der für den Empfang von Bitten eingesetzt war *(libelli)*, und ebenso einen, der die Korrespondenz verwaltete *(ab epistulis)*.

Augustus' Einstellung den Freigelassenen gegenüber ist

nicht eindeutig: Einerseits wird berichtet, er habe niemals einen Freigelassenen eingeladen, mit ihm zusammen ein Mahl einzunehmen[33], und denen, die sich hatten etwas zuschulden kommen lassen, erlegte er schwere Strafen auf. So befahl er, die Beine eines Freigelassenen zu brechen, der Bestechungen angenommen hatte, und ließ Freigelassene seines Enkels Gaius mit zusammengebundenen Beinen ins Meer werfen, die die Krankheit ihres Herrn ausgenutzt und sich in Syrien auf betrügerische Weise bereichert hatten. Auf der anderen Seite jedoch rief er auch die Freigelassenen – nicht nur die freien Bürger – zur Erhöhung der Geburtenziffer auf und verlieh freigelassenen Sklavinnen besondere Rechte, wenn sie mindestens vier Kinder zur Welt gebracht hatten. Er sorgte auch für den Status der nicht rechtsgültig Freigelassenen, ermöglichte deren Nachkommen, volle römische Bürgerschaft zu erlangen, gestattete testamentarische Freilassung (wenn auch mit Einschränkungen) ebenso wie das Freilassen von Sklaven zu Lebzeiten ihrer Herren innerhalb festgesetzter Größenordnungen. Zudem erlaubte er Sklaven, die bei ihrer Freilassung jünger als 30 Jahre alt waren, eine freie Frau zu heiraten und volle römische Bürgerschaft zu erlangen.

Was war mit den Freigelassenen, die keinen Platz im öffentlichen Dienst fanden? Vor allem sind da die hervorragenden Fachleute zu nennen, die noch während sie Sklaven waren, viel Geld sparen konnten. In einer der Inschriften wird über einen Augenarzt berichtet, der 50 000 Sesterzen zurückgelegt und sich damit aus der Sklaverei losgekauft hatte. An seinem Todestag wurde sein Vermögen auf 800 000 Sesterzen geschätzt.[34] Andere Freigelassene traten unter dem Schutz ihres Patrons in Handels- oder Handwerksbetriebe ein; auch in der Schifffahrt und im Bankwesen waren sie zu finden. Viele Inschriften in italienischen Städten, besonders in den Häfen Ostia und Puteoli, erzählen von diesen Menschen: Sie waren Schifffahrtsunternehmer *(navicularii)* und Besitzer von Booten für den Flussverkehr, Großhändler *(negotiatores)* und Inhaber großer Werkstätten *(purpurarii, marmorarii)*. Arthur Darby Nock hat darauf aufmerksam gemacht, dass es nicht richtig sei, die Augustalen nur im Zusammenhang mit ihrer Funktion beim Kult des Augustus zu betrachten[35], und französische Wissenschaftler wie Monique Clarel, Pierre Levêque sowie Robert Duthoy zögern nicht, sie zum Bürgerstand zu zählen.[36] Im Lauf der Jahre machten sich die Freigelassenen vom Protektorat ihres Patrons los, manche, die geschäftlichen Erfolg hatten, konkurrierten sogar mit ihren ehemaligen Herren. Zwar sind quantitative Aussagen aufgrund ungenauer Daten nicht möglich, doch dürfen diese in den Quellen erwähnten Erfolgsgeschichten nicht darüber hinwegtäuschen, dass ein großer Teil der Freigelassenen bettelarm gewesen sein muss: arme Schlucker *(egentes)*, die sich schwer für ihr Auskommen plagen mussten und die häufig in Massengräbern *(columbaria)* bestattet wurden, weil sie nicht das für den Kauf eines persönlichen Grabes erforderliche Geld besaßen, ganz zu schweigen von all denjenigen, die die Freilassung nie erreichten. Eine ergreifende Inschrift auf dem Grab eines Sklaven, der dem Verwalter eines Landguts gehört hatte und mit 25 Jahren gestorben war, lautet: «Die Freiheit, die ihm wegen seiner Jugend versagt blieb, erhielt er auf ewig wegen seines frühen Todes.»[37]

Freigelassenen gelang also während des Prinzipats, wie in den Zeiten der Republik, der Aufstieg in öffentliche Ämter und in die private Wirtschaft. Woher stammt aber dann die Überlieferung, dass Augustus die Freigelassenen nicht förderte – im Gegensatz zu späteren Kaisern wie Claudius, Nero oder Domitian? Und woher speisen sich die Verachtung und der Hass den Freigelassenen gegenüber, wie sie in der römischen Literatur – besonders in den Schriften von Petronius, Tacitus, Martial und Juvenal – zum Ausdruck kommen?

Die Antwort auf die erste Frage ist klar: Augustus war kein radikaler Mensch, seine Politik gegenüber den Freigelassenen war gemäßigt wie seine Politik auf den meisten Gebieten. Die kaiserliche Bürokratie entwickelte sich nach und nach, erst gegen Ende der julisch-claudischen Epoche kann man mit Gewissheit über mindestens fünf «Ämter» sprechen, und zwar: erstens das des Verantwortlichen für die Memoranden und Bittschriften an den Kaiser *a libellis*, zweitens das des Verantwortlichen für die Korrespondenz *ab epistulis*, drittens das des Verantwortlichen für die Finanzen *a rationibus*, viertens das des Sekretärs für Rechts- und Untersuchungsfragen *a cognitionibus*, fünftens das des Bibliothekssekretärs und Literaturberaters *a studiis*.

Zu Augustus' Zeiten waren diese «Ämter» noch ganz neu, doch aus reichlichem epigrafischen Material, das vor einiger Zeit entdeckt und entziffert worden ist, geht auch hervor, dass der erste Princeps sich mit vielen unterschiedlichen Themen beschäftigt hat.[38] Es ist ausgeschlossen, dass er sich in diesen Fragen bis in alle Einzelheiten auskennen konnte, wenn ihm nicht ein entsprechender Beamtenstab zur Verfügung stand. Wahrscheinlich dienten schon zu seiner Zeit in diesem Verwaltungsapparat nicht wenige Freigelassene, doch ihr Einfluss war noch unbedeutend, und sie besaßen keine nennenswerte Macht. Dies war das Geheimnis des Erfolgs von Augustus: Auch wenn die Freigelassenen wichtige und verantwortungsvolle Aufgaben zu erfüllen hatten, auch wenn sie sich durch ihren Fleiß, ihre Tüchtigkeit und Loyalität auszeichneten – er erinnerte sie immer wieder daran, dass sie von seiner Gnade abhängig waren, und wehe ihnen, sollten sie auf Ehrungen spekulieren, die allein freigeborenen Bürgern vorbehalten waren. Nach außen wenigstens blieben die wichtigen und ehrenvollen Posten in den Händen der Senatoren und Ritter. Solange deren Ehre nicht öffentlich verletzt wurde, murrten sie nicht, und die Ernennungen von Freigelassenen im öffentlichen Dienst waren ihnen gleichgültig.

Kaiser Claudius nahm es mit dem augusteischen Prinzip nicht genau. Die Macht seiner Freigelassenen Narcissus, Pallas, Callisthus und Polybius erreichte Ausmaße, wie man sie vorher nicht gekannt hatte. Sollte auch die Einschätzung von Tacitus übertrieben sein, der meinte, der Einfluss der Freigelassenen habe den der Senatoren überstiegen, so gibt es doch keinen Zweifel daran, dass dies das Gefühl der oberen Schichten war – und sie hatten gute Gründe dafür: Als Nero die Regierung übernahm, stufte er zwar die Freigelassenen des Claudius im Rang herunter, ernannte aber an ihrer Stelle seine eigenen Anhänger Polycleitus und Helius – auch sie Freigelassene. Als Galba an die Regierung kam, wurden einige der Anhänger Neros hingerichtet; sein Sklave Icelus jedoch brachte es zu hohem Ansehen. In den Zeiten Othos, Vitellius', Vespasians und Domitians war die Situation nicht anders.[39] So entwickelte sich die Überlieferung, der natürlich ein Kern von Wahrheit nicht fehlte, wonach in den Tagen des göttlichen Augustus alles anders gewesen sei: Ein Princeps, der Freigelassene von den Machtzentren entfernte und mit dem Senat kooperierte, galt als guter und einsichtiger Herrscher, oder in den Worten Plinius' des Jüngeren: «Nur ein kleiner und schwacher Kaiser umgibt sich mit starken Freigelassenen.» Wollte man Nerva oder Trajan preisen, verglich man sie mit Augustus; er galt als nachahmenswertes Beispiel wegen seiner angeblich reservierten Haltung den Freigelassenen gegenüber.

Die Antwort auf die zweite Frage ist schwieriger: Es ist zweifelhaft, ob das fremde Blut in den Adern der Freigelassenen die römischen Aristokraten besonders störte. Trotz aller Vorurteile der Römer gegenüber Fremden – Vorurteile, die bei den Römern nicht weniger, aber auch nicht mehr zu finden waren als bei anderen Völkern – waren sie keine Rassisten und stolz auf ihre mannigfaltige Abstammung. Die Behauptung, Rom sei nichts anderes gewesen als ein kunterbuntes Völkergemisch, war niemals leeres Gerede.[40] Roms Aufgeschlossenheit anderen Völkern gegenüber, seine Bereitschaft, Mitglieder gestern noch feindlicher Eliten aufzunehmen und sie in die Regierung einzugliedern, war wohlbekannt. Viele sahen darin das Geheimnis, das hinter dem Erfolg des Imperiums steckte.[41]

Die Römer hassten nicht alle Freigelassenen, doch den wohlhabenden unter ihnen neideten sie Erfolg und Reichtum und bezichtigten diese der Ignoranz und der Wichtigtuerei. Die Assoziation, die sich hier aufdrängt, ist die Gestalt des reichen Freigelassenen Trimalchio aus Petronius' *Satyricon* – Fellini hat ihn mit seinem Film auch in unserer Zeit dem breiten Publikum bekannt gemacht. Doch Petronius schrieb zur Zeit Neros, wer es genau nimmt, kann also einwenden, seine Schilderung treffe nicht auf die Epoche des Augustus zu; zudem sei Trimalchio eine fiktive, keine historische Figur, daher könne er nicht als Beweis angeführt werden.

An anderer Stelle habe ich selbst davor gewarnt, literarische mit historischen Wirklichkeiten zu identifizieren[42], die Darstellung in einem literarischen Werk kann nur unter der Bedingung als Illustration akzeptiert werden, dass historische Fakten die Schilderung untermauern. Der Trimalchio des Petronius ist eine Karikatur, und jede Karikatur ist übertrieben. Doch diese Schilderung zeigt, dass der Typus des reichen, erfolgreichen Freigelassenen Anstoß erregte, und diesen Typus gab es, wie zahlreiche Quellen belegen, schon in der Epoche der Republik: In Julius Caesars Diensten standen viele Freigelassene, und sie gehörten nicht zu den Bedürftigen; Chrysogonus, der Freigelassene Sullas, konnte es sich leisten, auf dem Palatin zu wohnen, der vornehmsten Gegend des alten Rom; die luxuriöseste Villa in Tusculum gehörte Marcius Sotericus, der sie dem Millionär Crassus verkaufte.[43] Caelius Phileros spendete Geld zur Errichtung von Tempeln in Italien und außerhalb des Landes; Licinius, Geganius und Eurysaces ließen für sich Neid erweckend prunkvolle Grabmale aufstellen; und die Prahlerei des Eros, des Julius Licinius oder des Vedius Pollio unterschieden sich nicht von der des Trimalchio.[44] Caecilius Isidorus war steinreich – mehr noch als Trimalchio: 8 v. Chr. (also zur Zeit des Augustus) besaß er 60 Millionen Sesterzen, 4116 Sklaven, 3600 Rinder, 257 000 Stück Ziegen und Schafe und nicht weniger Land als Crassus.[45] Diese Beispiele belegen, dass die Gestalt des Trimalchio, mag sie auch noch so fiktiv sein, keine pure Erfindung ist.

Doch auch Freigelassene, die als kleine Leute ihr Brot im Schweiße ihres Angesichts verdienten, konnten sich nicht vor dem Neid der Nachbarn retten, wie wir aus einer Geschichte von Plinius dem Älteren erfahren: Der Freigelassene Furius Chresimus hatte ein zwar kleines Stück Land, doch er bearbeitete es mit Fleiß und Hingabe, und seine Erträge waren höher als die der Nachbarn. Aus Neid bezichtigten diese ihn der Hexerei. Da Chresimus fürchtete, seine Sache würde vor die Volksversammlung gebracht und er letzten Endes für schuldig befunden werden, beschloss er der Angelegenheit vorzubeugen. Er erschien mit all seinen Arbeitswerkzeugen vor Gericht samt seinen gepflegten Ochsen und seinen gesunden, ordentlich gekleideten Sklaven und entschuldigte sich, dass er dem Publikum nicht auch seine Arbeit, sein frühes Aufstehen am Morgen und den Schweiß seines Angesichts vorführen könne.[46]

Auch in Rom machte man sich nicht leicht von Vorurteilen frei, wer gewohnt war, Sklaven als «sprechende Werkzeuge» anzusehen, war nicht bereit, ihre Einbürgerung und ihren Eintritt als Gleichberechtigte in die römische Gesellschaft gelassen hinzunehmen. Der neue juristische Status schützte die Freigelassenen nicht vor Kränkungen bei gesellschaftlichen Zusammenkünften mit von Geburt an römischen Bürgern. Nicht nur Neros geistesgestörter Großvater, der Augustus' Enkel auf seinem Zug in den Osten begleitete, erlaubte es sich, Freigelassene zu misshandeln.[47] Auch zurechnungsfähigere Männer verhielten sich ebenso schändlich: Um Kleopatra gegen Antonius auszuspielen, schickte Octavian in Actium seinen Freigelassenen Thyrsos, einen sehr wohlhabenden Mann, mit der Botschaft zu ihr, sie werde gerechte Behandlung erfahren, wenn sie Antonius töten ließe. Als Antonius fand, dass Thyrsos zu lange in Kleopatras Gemach blieb, befahl er, ihn herauszuholen und auszupeitschen. Octavian teilte er mit: «Wenn dich diese Geschichte verdrießt, hier ist mein freigelassener Sklave Hipparchos, lass ihn meinetwegen verprügeln oder hängen. Dann sind wir quitt.»[48] Die Geschichte erinnert an das Verhalten jenes österreichischen Gutsbesitzers, der seinem Nachbarn androhte: «Haust du meinen Juden, hau' ich deinen Juden.» Die Stellung der Freigelassenen gleicht in der Tat der Position einer Minderheit, die für jede Sünde und jeden Erfolg jedes Einzelnen ihres Standes verantwortlich gemacht wird und die gesellschaftlich nicht akzeptiert wird, obwohl sie inzwischen formaljuristisch weitgehend gleichberechtigt ist.

Ähnlich wie Petronius machte sich auch Martial über die Angeberei der Freigelassenen lustig. Er erzählte von einem gewissen Zoilus, der sich krank stellte, nur um seinen Besuchern die teuren Bettdecken zu zeigen. Ununterbrochen erinnert der Dichter die Angehörigen des neuen Standes daran, dass sie früher Sklaven waren und die Ärzte bitten mussten, ihnen die Narben und Flecken zu entfernen, die ihnen von den Schlägen geblieben waren.[49] Diese Schriftsteller sprechen die Meinung des verbitterten Durchschnittsrömers aus, der den Eindruck hat, dass ihm seine freie Geburt keinerlei Vorteile bringt. Er wird gewahr, dass Armut den Menschen unglücklich, elend und lächerlich macht.[50] In dieser Beziehung besteht kein Unterschied zwischen der Zeit des Horaz und der des Martial.[51]

KAPITEL 13

Augustus, die Provinzen und die Grenzen des Imperiums

Die römischen Geschichtsschreiber wussten nicht gut Bescheid über die Geschichte der Völker und Stämme, die an den Grenzen des Imperiums lebten. Bei Cassius Dio, Strabo und Velleius Paterculus zeigt sich des Öfteren diese mangelhafte Kenntnis, sogar der große Tacitus hat keine Anstrengungen gemacht, die Zuverlässigkeit seiner Quellen zu prüfen. Wenn er zum Beispiel Ereignisse aus der jüdischen Geschichte schilderte, fand er nichts dabei, antijüdische Schmähschriften umzuschreiben. Außer den Werken von Josephus Flavius ist keine einzige Schrift erhalten geblieben, die die Geschichte des l. Jahrhunderts vor und des l. Jahrhunderts nach unserer Zeitrechnung vom Blickwinkel der Unterlegenen aus darstellt. Die Thraker und Illyrer, Daker und Sarmaten, Gallier und Germanen, Parther und Armenier haben keine Geschichte geschrieben. Die in Ägypten entdeckten Papyri sagen viel über das tägliche Leben aus. Sie ermöglichen uns, Verträge und Rechnungen, Briefe und Memoranden an lokale Bürokraten und deren Antworten zu inspizieren; doch wir kennen keine Geschichtsschreibung, die diese Zeit von ägyptischer Seite gesehen beschreibt. Archäologie und Numismatik, Epigrafik und Papyrologie haben vielfaltige Informationen über den Zustand der Provinzen in den erwähnten Jahren erbracht; sie haben aber das altbekannte Bild nicht radikal verändert.

Augustus war sich der Bedeutung der Provinzen sehr wohl bewusst und widmete ihnen die größte Aufmerksamkeit. Die Aufsicht über sie aus der Ferne genügte ihm nicht; tatsächlich verbrachte er von den ersten 18 Jahren als Princeps nur sieben in der Hauptstadt.

Nordafrika

Seit der Zerstörung Karthagos 146 v. Chr. hatte Nordafrika Rom keine Sorgen bereitet. Der Jugurthinische Krieg hatte das Imperium nicht ernstlich gefährdet. Hätte Sallust das Thema nicht dazu genutzt, zu beschreiben, was im Grunde ein innerer, sozialer Kampf gegen Rom war, hätte dieser Krieg wahrscheinlich nicht so viel Interesse erregt.[1] Bis zu Julius Caesars Zeiten hat Rom keine größeren Gebiete Nordafrikas annektiert, sondern nur den schmalen Streifen Land, der zu Karthago gehörte, zur römischen Provinz gemacht. Die gesamte Fläche zwischen dem heutigen Marokko und Libyen (Mauretania und Numidien) wurde lokalen Königen übergeben, die Rom freundlich gesonnen waren.[2]

Im Bürgerkrieg zwischen Julius Caesar und Pompeius stand der numidische König Juba auf der Seite der Pompeianer. Curio wurde 49 v. Chr. von Caesar angewiesen, Numidien zu unterwerfen, doch er blieb erfolglos. 46 v. Chr. gelang es Caesar, Juba zu schlagen. Der König beging nach seiner Niederlage Selbstmord, sein Land wurde römische Provinz.[3] Doch während der Kämpfe zwischen Octavian und Antonius wurde das Gebiet wieder zum Unruheherd. 25 v. Chr. griff Augustus auf die erprobte römische Methode[4] zurück, einen Rom loyalen Klientenkönig einzusetzen. Nach Jubas Tod 46 v. Chr. war sein kleiner Sohn nach Rom gebracht und dort erzogen worden. Auch sein Name war Juba. Augustus verheiratete ihn mt Kleopatra Selene, der Tochter von Kleopatra und Antonius, und diesen Juba setzte er als König über Mauretanien und einen Teil Numidiens ein. Der junge Juba hatte in Rom die griechische Kultur studiert und interessierte sich für Literatur und Geschichte. Gleichzeitig begriff er aber, was seine Hauptaufgabe war, und übernahm die Verteidigung der afrikanischen Grenze gegen die Wüstenstämme (z. B. die Gätuler). Diese Stämme waren mehr oder weniger machtlos; die Gegenwart einer römischen Legion in der Provinz Afrika reichte aus, damit Juba seine Missionen ausführen konnte. Wurde die Lage gefährlich, zögerte die römische Armee nicht einzugreifen, und in den Jahren 6 und 5 v. Chr. unterwarf Cornelius Lentulus die Gätuler. In Afrika kehrte Ruhe ein, und die beiden römischen Niederlassungen in Karthago und Cirta (dem heutigen Constantine) trugen viel zur schnellen Romanisierung des ganzen Gebiets bei.[5] Zusammen mit Ägypten lieferte die Provinz Afrika Rom einen beträchtlichen Teil seiner Lebensmittel.

Ägypten

Sofort nach der Niederlage Kleopatras – der «Göttin, die ihren Vater liebt» *(Thea Philopater)* wie sie genannt wurde – nahm Rom Ägypten in Besitz. Augustus widmete diesem Ereignis nur fünf Wörter in seinem Tatenbericht: *Aegyptum imperio populi Romano adieci.* (Ägypten habe ich dem Herrschaftsbereich des römischen Volkes hinzugefügt.)[6] Es war nun die Kornkammer Roms, und die Schätze von dort halfen Augustus, die ungeheuren finanziellen Schwierigkeiten zu überwinden, in die Rom nach den langjährigen Bürgerkriegen geraten war. Die Verwaltung der neuen Provinz übernahm ein Präfekt, der aus dem Ritterstand ausgewählt wurde und direkt dem Princeps unterstand. Ohne Erlaubnis durften hochgestellte Senatoren und Ritter nicht nach Ägypten reisen, Tacitus rechnete diese Verordnung unter die «Geheimnisse der Herrschaft» *(arcana imperii)*.[7]

Die Einnahme Ägyptens ging ohne große Gegenwehr vor sich. Die Ägypter waren von Natur aus keine Aufrührer. Sie fanden sich mit ihrem Schicksal ab, dies ist vielleicht einer der Gründe, weshalb die Römer sie verachteten.[8] Schon den Ptolemäern war es nicht schwergefallen, die Ägypter zu beherrschen, die sich nicht in blutige innere Kriege verwickeln ließen wie die Seleukiden in Syrien. Im Gegensatz zu Syrien, wo die relative Autonomie der Städte die absolute Herrschaft der hellenistischen Machthaber behinderte, gab es in Ägypten keine großen Städte mit Ausnahme von Alexandria, Naukratis und Ptolemais. Diese Tatsache erleichterte es der Zentralregierung in der Hauptstadt sehr, die gehorsamen Fellachen unter ihre Befehlsgewalt zu bringen.

Augustus wurde als Erbe der Ptolemäer akzeptiert. Seiner konservativen Haltung entsprechend, führte er keine wesentlichen Änderungen in der Verwaltung ein, die von einem Gouverneur *(strategos)* geleitet wurde, der allerdings lediglich administrative Aufgaben hatte (zur Zeit der Ptolemäer hatte er auch militärische Befugnisse besessen). Streng und effizient war die Steuereintreibung organisiert: Ägypten – diese «Gabe des Nils», wie Herodot es nannte[9] – lieferte Rom fortan ein Drittel seiner Lebensmittel. Über die Erhebung der Steuern kann man nirgendwo so viel erfahren wie aus den Papyri. Bei Lukas im Neuen Testament steht, dass «ein Gebot von dem Kaiser Augustus ausging, dass alle Welt geschätzt würde [...] Und jedermann ging, dass er sich schätzen ließe, ein jeglicher in seine Stadt»; in einem der Papyri ist in der Tat verzeichnet, dass die Einwohner der Provinz sich alle 14 Jahre zählen lassen mussten.[10]

Die Gefahr, Feinde von außen könnten Ägypten überfallen, war gering, denn die natürlichen Grenzen schützten das Land am Nil vor Invasionen; Flavius Josephus schrieb nicht ohne Grund, Ägypten sei von allen Seiten mit einer Mauer umgeben.[11] Nur im Süden traten Probleme auf, mit denen sich der erste Statthalter, Cornelius Gallus, 29 v. Chr., gleich nach seinem Dienstantritt, befassen musste. Er zog seine Truppen in Philae zusammen und signalisierte den nubischen Stämmen, Provokationen von ihrer Seite an der Südgrenze Ägyptens würden mit ihrer schmählichen Niederlage enden. Aber Cornelius Gallus prahlte mit seinen militärischen Erfolgen und verewigte seinen Namen in einer dreisprachigen Inschrift, in der er sich rühmte, der Erste zu sein, der die römischen Waffen in diese gottverlassene Gegend gebracht habe.[12] Damit erregte er den Zorn des Princeps. Augustus entließ Gallus, und an seiner Stelle wurde Gaius Petronius nach Ägypten entsandt. Petronius verdrängte die Nubier aus Pselchis und Premis, etwa 50 km nördlich von Abu Simbel. Als er in die alte Hauptstadt von Äthiopien Napata kam, war die äthiopische Königin Kandake gezwungen, mit den Römern ins Gespräch zu kommen.[13] Augustus hatte nicht die Absicht, weiter als bis Syene (heute Assuan) vorzurücken, doch musste die Wüstenkönigin begreifen, dass das römische Imperium das heimliche Übertreten der Südgrenze zwecks Rauben und Plündern nicht dulden werde. Das endgültige Abkommen kam bei einer Begegnung zwischen Augustus und der Königin 20 v. Chr. auf Samos zustande, und es zeigte sich, dass eine römische Legion zur Verteidigung Ägyptens genügte. Strabo, der ausführlich darüber berichtet, ist wenig beeindruckt von dem militärischen Können der Äthiopier und der Ägypter. Als die Menge in Alexandria versuchte, Petronius mit Steinen zu bewerfen, liquidierte seine Leibwache die Unruhestifter auf der Stelle.[14]

Obgleich Rom Ägypten wirtschaftlich ausbeutete (zuerst durch Beschlagnahme riesiger Schätze, die nach Rom transportiert wurden, dann durch die Erhebung von Steuern), blühte das Land während der Zeit der augusteischen Eroberung. Kaufleute und Handwerker aus Alexandria lieferten der Geldaristokratie Italiens Stoffe und Parfüm, Silbergerät und Edelsteine sowie Artikel aus Glas und aus Elfenbein. Das nach Ägypten strömende Geld wurde in Grundbesitz angelegt, und man begann, sich für eine Verbindung mit dem Fernen Osten zu interessieren.[15]

Die arabische Halbinsel

25 v. Chr. überfiel Aelius Gallus an der Spitze einer Arme von 10 000 Mann die arabische Halbinsel. Herodes schickte ihm zur Unterstützung etwa 500 Mann. Obodas, König der Nabatäer, sandte 1000 Mann und stellte ihm auch einen Führer Namens Syllaeos, der die Gegend gut kannte, zur Verfügung. Ihm schreibt Strabo einen großen Teil der Schuld für das Scheitern des Feldzugs zu.[16] Es wäre naheliegend gewesen, die Truppen auf Schiffen von Berenike, dem südlichen Hafen Ägyptens, nach Leuke Kome auf der arabischen Halbinsel zu transportieren, doch Aelius Gallus machte es anders. Er stach von Arsinoe, dem heutigen Hafen Suez, nach Süden in See und erreichte die arabische Halbinsel nach 14 aufreibenden Tagen bei Leuke-Kome, wobei eine Anzahl Schiffe verloren ging. Krankheiten plagten seine Soldaten vom ers-

ten Tag an, und der schwere Weg durch die Wüste erschöpfte sie völlig, noch bevor sie dazu kamen, irgendwelche Kampfhandlungen auszuführen. In die reichen Gebiete des Königreichs Saba gelangten die Truppen erst gar nicht.

Strabo schreibt allerdings, die Römer hätten Marsyabae belagert. Einige Forscher behaupten, es handele sich dabei um das heutige Marib, die wasserreiche Stadt östlich Sanaa, der heutigen Hauptstadt Jemens. Andere sind überzeugt, Aelius Gallus sei niemals so weit vorgedrungen, er sei nur in belanglose Kämpfe gegen mehrere Wüstenstamme verwickelt gewesen, habe dann letzten Endes wegen Wassermangel zurückweichen müssen und sich damit zufrieden gegeben, Bericht über das Leben der Beduinen zu erstatten. Es war ohne Zweifel ein missglückter Feldzug, darüber ist man sich einig. Nur bleibt die Frage bestehen, was die Römer dazu bewegte, die arabische Halbinsel zu überfallen.[17]

Es ist nicht anzunehmen, dass Augustus die arabische Halbinsel erobern wollte. Andererseits besteht kein Zweifel an seinem wirtschafts- und sicherheitspolitischen Interesse, sie römischer Schutzherrschaft zu unterstellen, was auch Strabo, der Aelius Gallus nahestand, zugibt. Alle Handelswege von Indien führten über die arabische Halbinsel, doch nicht immer konnten die Karawanen die große Wüste unbeschadet durchqueren. Wilde Stämme überfielen die Händler, noch bevor sie Petra erreichten; dabei teilten sich die Karawanen erst von da an in zwei Kolonnen: die eine brachte die Waren nach Gaza, die andere nach der Provinz Syrien.

Das Land der Nabatäer wurde nicht erobert. Die Herrschaft der Söhne Arethas' reichte von Leuke-Kome bis zu den Vororten von Damaskus. Als aber Arethas III. 9 v. Chr. an die Regierung kam, betrachtete er sich nicht als Augustus' Schützling und bezeichnete sich nicht als Freund der Griechen, sondern als «Liebhaber seines Volkes».[18] Augustus ging mit Schweigen darüber hinweg. In diesem Teil der Welt genügte Rom die Loyalität des Königs von Judäa, Herodes.

Die Grenze im Osten

Von der Bedeutung, aber auch der Anfälligkeit der Grenze im Osten zeugt allein schon Augustus' langer Aufenthalt in dieser Gegend zu Beginn seiner Regierung, gleich nach der Schlacht bei Actium 30 und 29 v. Chr., sowie 22 bis 19 v. Chr. Hinzu kommen Agrippas Feldzüge in den Jahren 23 bis 21 v. Chr. sowie 16 und 15 v. Chr. Die Gefahr, die im Hintergrund lauerte, war Parthien, das die römischen Provinzen in Syrien und Kleinasien ernstlich zu bedrohen vermochte. Außerdem konnte es die Übereinkommen stören, die Rom mit den Klientenkönigen im Osten geschlossen hatte.

Syrien

Syrien war bereits zu Zeiten der Republik Provinz, aber von 27 v. Chr. an wurde es kaiserliche Provinz und unterstand einem persönlichen Abgesandten von Augustus *(legatus pro praetore)* im Rang eines Konsuls. Die Provinz mit der Hauptstadt Antiochia erstreckte sich über das heutige Syrien und den Libanon, während der Regierung des Augustus kam noch Ostkilikien bis in den Taurus hinzu. Syrien war die bedeutendste der kaiserlichen Provinzen; dass drei oder vier Legionen innerhalb ihrer Grenze stationiert waren, mag als Beleg für die strategische Bedeutung genügen.[19] Die Legionen standen im Norden und konnten von da aus im Notfall jenseits des Euphrats Armenien oder Kleinasien erreichen. Im Süden patrouillierten Streifen der Klientenkönige von Emesa, Ituräa und Judäa routinemäßig für Rom.

Im Gegensatz zu den Legionen an der Rheingrenze, die in Festungen oder Kasernen untergebracht waren, lagerten die römischen Soldaten im Osten in der Nähe großer Städte. Das vereinfachte die Versorgung beträchtlich, erzeugte aber Probleme in Bezug auf die Disziplin. Da die Truppen nicht oft kämpfen mussten, kamen sie mit der lokalen Bevölkerung zusammen, die Folge war zu lockere Zucht und wenig Begeisterung zu kämpfen. Das milde Klima und die Kriege, die nicht stattfanden, machten den Dienst in Syrien (und auch in Palästina) zu einem angenehmen Zeitvertreib. Als in den Tagen Neros der Beschluss gefasst wurde, in den Krieg gegen die Parther zu ziehen, hatte Corbulo, der Kommandeur der Ostfront, große Mühe, Ordnung und Disziplin, wie sie bei den übrigen römischen Einheiten herrschten, in diesen Garnisonen wieder einzuführen. Und Vitellius konnte die Sympathie seiner Soldaten durch das Versprechen gewinnen, sie vom Rhein in das angenehm warme und ruhige Syrien zu versetzen. Umgekehrt ließen sich während des großen Aufstands in Judäa die Soldaten Vespasians dadurch einschüchtern, dass man ihnen sagte, sie würden an den Rhein versetzt, in die Gegend von Schnee und Eis.[20]

Kleinasien

Die Herrscher Kleinasiens hatten viel unter den Bürgerkriegen zu leiden. Sie klagten über den Druck, den Brutus und Cassius auf sie ausübten, und gingen 42 v. Chr., nach der Schlacht bei Philippi, auf die Seite der Triumvirn über. Es machte ihnen auch nichts aus, Antonius im Stich zu lassen. Nach der Schlacht bei Actium, als es Augustus gelang, seine Herrschaft zu festigen, atmeten sie auf. In diesem Gebiet gab es schon seit den Zeiten der Republik drei römische Provinzen: Asien, Bithynien und Kilikien (das später zu einem Teil der Provinz Syrien, zum anderen der neuen Provinz Galatien zugeschlagen wurde). Die übrigen Regionen Kleinasiens standen unter dem Schutz wichtiger Klientenkönige: Polemo, König von Pontus, Archelaus, König von Kappadokien, und Amyntas, König Galatiens.[21]

Amyntas zog aus, um die Straßenräuber in den Bergen des Taurus zu vernichten, und fiel im Kampf. Da es Augustus nicht gelang, einen Erben für Amyntas einzusetzen, sah er sich gezwungen, Galatien zu annektieren. Zuerst nahm er alles Land, das Amyntas beherrscht hatte, in Besitz, doch dann übergab er Archelaus Teile des Königreichs. Das römische Galatien erstreckte sich über Pisidien, Ituräa und Westlykaonien. Seine Hauptstadt war Ankyra, das heutige Ankara.

Bithynien und Kleinasien blieben auch zu Augustus' Zeiten senatorische Provinzen, denn sie waren von außen nicht bedroht. An ihrer Spitze standen Konsuln oder frühere Prätoren, die der Senat ernannte. Die Einwohner der Provinzen Asien und Bithynien jedoch betrachteten Augustus als ihren Monarchen und nahmen es nicht so genau mit dem Unterschied zwischen einer senatorischen und einer kaiserlichen Provinz. Augustus seinerseits zögerte nicht, den Statthaltern in den Provinzen Anordnungen zu erteilen, ohne vorher vom Senat die Erlaubnis einzuholen.

In Kleinasien hielt sich Augustus an einige Prinzipien, die auch die republikanische Außenpolitik in diesem Gebiet bestimmt hatten: Er vermied es, Länder in Besitz zu nehmen, die nicht «griechisch» genug waren und deren Annexion

Rom mehr Schwierigkeiten eingebracht haben würde, als es seinen Interessen gedient hätte. Er verpflichtete die Klientenkönige, bestimmte Kriege zu führen, zum Beispiel gegen Straßenräuber, denn das machten sie besser als eine römische Legion. Um Ordnung und Verteidigungskraft zu erhalten, gründete er fünf Veteranenkolonien in den neuen von Rom annektierten Gebieten.

Parthien und Armenien

Bei Überlegungen zur Situation in den Provinzen und an den Grenzen des Imperiums lassen sich Parthien und Armenien nicht voneinander trennen. Die komplizierten Probleme in beiden Ländern waren zwar verschieden, doch unlösbar miteinander verknüpft.[22]

Die erste Begegnung Roms mit Parthien war freundschaftlich, denn Roms Feinde waren die Feinde der Parther, nämlich die Armenier. Parthien war keine zentralistische Großmacht, vielmehr ein riesiges Gemeinwesen von Volksstämmen, das von lokalen Adligen regiert wurde. Der große König (König der Könige) war nichts anderes als ein Erster unter Gleichen. Nur mit Hilfe der Adligen, die direkt über Tausende von Bauern und Hirten herrschten, war er in der Lage, eine große Armee aufzustellen. Drohte Gefahr, wurden diese Untertanen mobilisiert. Die Abhängigkeit zwischen König und Adligen sowie zwischen Adligen und Bauern veranlasste einige moderne Historiker, diese Herrschaft als «parthischen Feudalismus» zu bezeichnen.

Die Reibereien zwischen Rom und den Parthern begannen in der ersten Hälfte des 1. Jahrhunderts v. Chr., als Mithridates, König von Pontus, für einen Feldzug gegen die römischen Provinzen in Kleinasien seinen Schwiegersohn Tigranes, König von Armenien, zu Hilfe rief. Der römische Feldherr Lucullus besiegte Mithridates und zwang Tigranes, sein Land westlich des Euphrats zu räumen. Die damit etablierte römische Präsenz an der Grenze Parthiens wurde zum Stein des Anstoßes zwischen den beiden Staaten. Ein kurzer Blick auf die Landkarte veranschaulicht, dass das unter römischer Herrschaft stehende Armenien eine dauernde Gefahr für Parthien bedeutete. Solange das römische Imperium an Parthien grenzte, waren künftige Konflikte vorprogrammiert. Eine Eroberung zieht bekanntlich die andere nach sich.

Es gab vier verschiedene Möglichkeiten, die parthische Frage zu behandeln: Man konnte erstens versuchen, Parthien zu erstürmen und seine Macht ein für alle Male zu brechen. Solche Versuche wurden unternommen – die Feldzüge des Crassus und des Antonius –, doch alle schlugen fehl. Zweitens konnte man sich vollkommen aus Armenien zurückziehen und davon ausgehen, der Abzug würde die Parther beruhigen und sie davon abhalten, Rom zu provozieren. Die Verfechter dieser Politik argumentierten, dass die Parther ohnehin keine angreiferischen Absichten hätten, daher bestehe kein Anlass, sie herauszufordern. Vielen römischen Führern schien diese Linie jedoch gefährlich und defätistisch. Die militärische Einmischung der Parther in Armenien, Syrien und Judäa in den Jahren 41 bis 37 v. Chr. diente diesen Kritikern als Beleg, dass die Parther weit davon entfernt seien, den Frieden zu suchen.[23] Drittens konnte man Armenien annektieren, wodurch Parthien ständig bedroht gewesen wäre. Aber Rom unterließ das, denn es zog im Allgemeinen indirekte Überwachung einer Annexion vor. Die vierte Möglichkeit war, einen Rom freundlich gesinnten König in Armenien einzusetzen; aber dann hätte sich der Streit zwischen Rom und Parthien auf die Frage der politischen und strategischen Herrschaft über Armenien konzentriert. Von der Herrschaft des Augustus an drehte sich der Streit um die Ernennung eines armenischen Regenten, das ist der Grund, weshalb bei unseren Erörterungen Armenien und Parthien nicht voneinander zu trennen sind.

An anderer Stelle wurde bereits erwähnt, dass Augustus nach der Schlacht bei Actium um jeden Preis einen Krieg im Osten vermeiden wollte. Es gab dringendere Probleme. Vor allem musste er seine eigene Herrschaft sichern, dann für Ruhe in Italien sorgen, sich zum Herrscher über Ägypten machen und außerdem die Provinzen im Westen (hauptsächlich Spanien) beschwichtigen. Der vorsichtige Augustus teilte nicht die Begierde derjenigen, die unbedingt und so schnell wie möglich die Schande von Carrhae ausmerzen wollten, wo die römischen Feldzeichen verloren gegangen waren. Aufreizenden Worten im Stil Vergils schenkte er keine Beachtung: «Kampf oder irgendein Großes im Angriff zu wagen, dazu drängt / längst mein Herz, oder wird seine Leidenschaft jedem zum Gotte?»[24]

Ebenso hatte er nicht die Absicht, die Weissagung des Anchises wahrzumachen, nach der er über Inder und Garamanten, ein Berbervolk im Inneren Libyens, herrschen sollte.[25] Augustus beabsichtigte zwar, die den Parthern in die Hände gefallenen Feldzeichen nach Rom zurückzubringen, doch nicht in der Art der glühenden Verse Ovids[26], vielmehr auf seine eigene Weise. Er glaubte weder an ein unendliches Imperium *(imperium sine fine)*[27], noch war er mit Horaz der Meinung, Rom drohe Gefahr aus dem Osten. Die Sicherheit Roms versuchte er durch Verhandlungen zu gewährleisten, und er hatte Glück: Parthien war in den 30er Jahren des 1. Jahrhunderts v. Chr. ziemlich machtlos. Das Regime Phraates' IV. wankte, und sein Rivale, Tiridates II., stand in Syrien unter römischem Schutz, bereit, jederzeit nach Parthien zurückzukehren und Phraates mit Hilfe fremder Truppen zu stürzen. Augustus hatte sich aber verpflichtet, Tiridates nicht einzuschalten. Das beruhigte Phraates, und er versprach, den Frieden an der Grenze im Osten zu bewahren. Ohnehin war er nicht stark genug, um sich in die Angelegenheiten Syriens oder Armeniens einzumischen.

Auch dem König von Armenien, Artaxes, waren die Hände gebunden. Sein Bruder befand sich als Geisel im Lager Octavians, und je mehr die Spannung zwischen Rom und Parthien nachließ, umso unwichtiger wurde Armenien für Rom.

In Armenien selbst gab es zwei Fraktionen, die eine proparthisch, die andere prorömisch. Was politische Tradition, religiösen Glauben und das tagtägliche Leben betraf, standen die Armenier den Parthern näher. Der Hellenismus war nicht nach Armenien eingedrungen, und ein Herrscher mit «westlichen» Lebensformen hatte wenig Chancen zu überleben. Andererseits gab es Armenier, die mit der Regierung dieses oder jenes Herrschers aus diesen oder jenen Gründen unzufrieden waren und wünschten, ihn mit Hilfe Roms abzusetzen.

Octavian nutzte diese Situation mit großem Geschick aus und kehrte im Bewusstsein, dass Armenien von einem Rom freundlich gesinnten Herrscher regiert wurde, zu seinen Geschäften im Westen zurück. Den Königen Herodes, Archelaus, Amyntas und Polemo in Kleinasien und Palästina vertraute er. Als 25 v. Chr. Amyntas fiel, blieb Augustus keine andere Wahl, als Galatien zu annektieren. Im Jahr 23 oder 22

v. Chr. erschien eine parthische Abordnung in Rom, die von Augustus forderte, Tiridates nicht mehr zu unterstützen, und verlangte, den kleinen Sohn des parthischen Königs, der als Geisel in Rom festgehalten wurde, nach Parthien zurückkehren zu lassen. Augustus machte seine Zustimmung von der Herausgabe der römischen Feldzeichen abhängig. Phraates lehnte das ab. Daraufhin ließ Augustus große Truppenverbände an der Grenze Parthiens zusammenziehen. Zu dieser Zeit herrschte in Spanien Ruhe; vom Gebiet des Rheins drohte keine Gefahr, deshalb konnten auch Einheiten aus Illyrien und Makedonien nach Kleinasien verlegt werden. Um die Parther vom Ernst seiner Absichten zu überzeugen, begab Augustus sich selbst in den Osten. Es ist zweifelhaft, ob er wirklich beabsichtigte, einen Krieg anzufangen, aber er wollte von einer Machtposition aus verhandeln.

Zudem erhielt Tiberius den Befehl, in Armenien einzugreifen und Tigranes als König einzusetzen, der ein Freund Roms war; Artaxes wurde ermordet. Phraates verstand diesen Fingerzeig, und 20 v. Chr. endeten die Verhandlungen auf Samos zur Zufriedenheit Roms. Die Feldzeichen wurden mit großem Gepränge nach Rom zurückgebracht. Nicht ohne Stolz notierte Augustus: «Die Parther zwang ich, die Feldzeichen zurückzugeben und die Freundschaft des römischen Volkes zu erbitten.»[28]

Auf den Münzen aus den Jahren 18 und 17 v. Chr. wurde die Niederlage der Parther zum vorherrschenden künstlerischen Motiv, das auch auf Augustus' Rüstung und auf der berühmten Statue, die in Prima Porta entdeckt wurde, erscheint.

20 v. Chr. war Parthien so geschwächt, dass es nicht mehr als gleichberechtigter Partner im römischen Imperium galt. Phraates lieferte seine vier Söhne als Geiseln an Rom aus,

denn von ihnen drohte ihm echte Gefahr. Er zog es vor, das Erbe seinem Sohn Phraatakes zu vermachen, der aus der Verbindung mit einer italischen Sklavin hervorgegangen war, die er als Geschenk von Augustus erhalten hatte. Rom hatte also Möglichkeit 4 angewandt und Parthien durch einen armenischen Herrscher unter Kontrolle gebracht. Vergils Traum wurde ohne Blutvergießen wahr, und Rom war nun die erste Großmacht im Osten.[29] Aber auch diese Regelung war nicht von langer Dauer.

Die Geschichte hat unzählige Male bewiesen, dass Verträge mit instabilen Regierungen und mit Herrschern, die nicht das Vertrauen der gesamten Bevölkerung ihres Landes genießen, das Papier nicht wert sind, auf dem sie geschrieben wurden. Das Abkommen zwischen Rom und Parthien bildet da keine Ausnahme. 6 v. Chr. wurde der prorömische armenische König Tigranes II. ermordet, ihm folgte Tigranes III. im Amt, der auf der Seite der Parther stand.

Vier Jahre später fiel Phraates IV. in Armenien einem Attentat zum Opfer. Seinen Platz nahm der von ihm sehr geliebte Sohn Phraatakes ein. Doch die parthische Aristokratie betrachtete den Sohn der italischen Sklavin als Bastard und weigerte sich, ihn zu akzeptieren. Um seine Stellung durch äußere Erfolge zu festigen, fiel Phraatakes in Armenien ein. Außerdem verlangte er von Augustus, die vier Söhne des Phraates, die noch in Rom waren, unverzüglich zurückzuschicken. Da Augustus wusste, dass Phraatakes seine vier Brüder, die eine ständige Gefahr für ihn als König bedeuteten, umbringen würde, wies er diese Forderung entschieden zurück.

Die Reaktion Roms ließ nicht lange auf sich warten, doch standen seine bewährten Feldherren dem Princeps nicht mehr zur Verfügung: Agrippa, der in ganz Kleinasien Ordnung geschaffen hatte und dessen Ruhm bis an das Königreich am Bosporus reichte, war bereits 12 v. Chr. gestorben. Drusus, Livias von Augustus besonders geliebter Sohn, war drei Jahre später am Rhein gefallen. Tiberius, der gezwungen worden war, seine glückliche Ehe zu lösen, um Julia, Augustus' Tochter und Agrippas Witwe, zu heiraten, hatte sich mit dem Princeps zerstritten und war in die Einsamkeit nach Rhodos gezogen.

So entsandte Augustus seinen jungen und unerfahrenen Enkel, Gaius Caesar, nach dem Osten und gab ihm Marcus Lollius als Berater mit. Zwei große Armeen standen sich gegenüber; doch es ist zweifelhaft, ob tatsächlich eine der beiden Seiten daran interessiert war, sich in einen gefahrvollen, langen Krieg zu stürzen, dessen Ende nicht abzusehen war. Nach außen hin spielte sich Phraatakes zwar als starker Mann auf, doch er wusste, dass seine Stellung in Parthien einigermaßen unsicher war. Augustus dagegen traute den militärischen Fähigkeiten seines Enkels nicht und ließ anscheinend durchblicken, dass er zu Verhandlungen bereit sei. Die zwei Männer, Phraatakes und Gaius Caesar, trafen sich auf einer kleinen Insel mitten im Euphrat, während an den beiden Ufern die jeweiligen Armeen standen. Velleius Paterculus, der später die Geschichte Roms schreiben sollte, war bei diesem Ereignis anwesend.[30]

Über die Einzelheiten des Abkommens findet sich nichts in Augustus' Tatenbericht. Dieses Mal konnte er sich nicht rühmen, die Parther hätten ihn angefleht, man möge sie als Freunde des römischen Volkes anerkennen. Auch die Mitteilung bei Justinus – die auf den römischen Historiker Trogus Pompeius, einen Zeitgenossen Augustus', zurückgehen soll, wonach die Römer und die Parther die Welt unter sich geteilt hätten, ist hochgradig übertrieben.[31] Es besteht ja kein Zweifel, dass das römische Imperium in den Verhandlungen auf dem Euphrat das Nebeneinanderbestehen Roms und Parthiens akzeptierte. Im Laufe der Gespräche hatten sich anscheinend freundschaftliche Beziehungen zwischen Gaius Caesar und Phraatakes entwickelt – so verriet Phraatakes, dass Lollius sich hatte bestechen lassen, worauf dieser sich das Leben nahm[32] –, doch die Probleme blieben bestehen. Nach dem Tod des armenischen Königs Tigranes III. machte Gaius Caesar Ariobarzanes zum König; da dieser aber der proparthischen Partei nicht genehm war, musste Gaius Caesar in Armenien selbst einschreiten, um Ordnung zu schaffen. Im Ararat-Hochland ließ sich der gutgläubige junge Mann darauf ein, mit einem dortigen Befehlshaber zusammenzutreffen, um geheime Nachrichten entgegenzunehmen. Das war jedoch eine Falle. Er wurde schwer verwundet und starb 4 n. Chr. auf dem Weg nach Italien an den Folgen dieser Verletzung.

So also schlugen die Bemühungen fehl, in Armenien einen proрömischen Herrscher zu installieren, denn die Armenier lehnten jeden König ab, der ihnen zu «griechisch» zu sein schien. Statt die Namen aller Könige aufzuzählen, die erfolglos blieben, sei nur daran erinnert, dass auch Tigranes III. den Armeniern zu «westlich» war und sich nicht lange im Amt hielt. Als Augustus 14 n. Chr starb, gab es in Armenien keinen König.

Die Situation in Parthien war ähnlich. Etwa ein Jahr nach dem Tod Gaius Caesars wurde Phraatakes abgesetzt, und Orodes, ein arsakidischer antirömischer Prinz, der unzurechnungsfähig und brutal war, statt seiner zum König gekrönt (Orodes III.). Als dieser nach kurzer Zeit ermordet wurde, zog eine parthische Abordnung nach Rom, um von dort Vonones, einen der Söhne des Phraates, zurückzubringen, der seit vielen Jahren im Westen lebte. Dieser kultivierte junge Mann fand sich besser in den prächtigen römischen Palästen zurecht als in der parthischen Einöde und zeichnete sich eher bei Gesprächen über westliche Kultur aus als beim Reiten und Jagen. Die lokale Aristokratie schaffte auch ihn beiseite und machte den Arsakiden Artabanus zum König.

Um zusammenzufassen: Wirkliche Gefahr drohte dem römischen Imperium nicht von der Front im Osten; doch das Problem belastete auch Augustus und die nachfolgenden Herrscher Roms von Tiberius bis zu Trajan immer wieder. Militärgewalt wurde nur eingesetzt, wenn diplomatische Mittel versagten. An der Rheingrenze und der Donau waren mehr Legionen stationiert, davon wird nun die Rede sein.

Von den Alpen bis zum Rhein

Blutige Kämpfe gingen dem «römischen Frieden» an der Nordgrenze des Imperiums – von den Alpen bis zur Donau – voraus. Gallia Cisalpina, das seit 42 v. Chr. ein integraler Bestandteil Italiens war, konnte keinen Nutzen aus dem Zusammenschluss ziehen, solange Ruhe und Sicherheit der Alpenpässe nicht garantiert waren.[33] Vom Standpunkt des Augustus aus war dies natürlich ein «gerechter Krieg» *(bellum iustum)*. Die Salasser – ein gallischer Volksstamm – beherrschten die Alpenpässe und hatten die Frechheit, von den Römern Wegegeld zu fordern, Grund genug für diese, sie als Straßenräuber zu betrachten. Aber die Salasser besaßen auch Goldminen, und Strabo verschweigt nicht die Reibereien zwischen ihnen und den Publikanen, die sehr begierig auf diese Minen waren.[34] Augustus versuchte in diesem Fall nicht, die Frage durch Verhandlungen zu lösen, sondern entschied sich für Gewalt. 25 v. Chr. besiegte Terentius Varro die Salasser. Die meisten wurden erbarmungslos niedergemacht und über 40 000 Mann als Sklaven verkauft. Im Aostatal entstand die römische Kolonie Augusta Praetoria, in der, wie der Name schon sagt, Veteranen der prätorianischen Garde angesiedelt wurden. Sehr bald war der Sankt Bernhard ein sicherer Alpenübergang. Zehn Jahre später wurden die Stämme am Comer See und am Gardasee unterworfen. In einer der Inschriften, die überdauerten, rühmt sich Augustus dieses Erfolgs und betont, die Bergstämme seien unter seiner Führung bezwungen worden.[35] Schließlich wurde auch Noricum, das heutige Österreich, annektiert, und die beiden Adoptivsöhne von Augustus, Tiberius und Drusus, rückten an der Spitze ihrer Armeen bis Raetia, dem heutigen Bayern, vor. Die römische Grenze hatte sich um ein großes Stück nach Norden verschoben. Das Hauptquartier kam nach Augsburg (Augusta Vindelicorum). Das südliche Ufer der Donau bis Wien befand sich in den Händen der Römer, doch das Imperium war dauernd bedroht von den Pannoniern und den Illyrern, den Dakern und den Thrakern. Besondere Aufmerksamkeit wurde deswegen dem Balkan gewidmet.

Noch vor Errichtung des Prinzipats, zwischen 35 und 33 v. Chr., war Octavian mit den Illyrern fertig geworden, in seiner unvollendeten Autobiografie renommiert er damit.[36] Doch zu dieser Zeit machte Antonius ihm mehr Sorgen als die Bastarnen. Deshalb genügte es ihm zu diesem Zeitpunkt, im adriatischen Küstenstreifen (Dalmatien und Herzegowina) und in einem großen Teil Kroatiens für Ruhe zu sorgen. Die Pannonier zu schlagen, die in den Tälern der Save und der Drau wohnten, gelang ihm nicht;die heutigen geografischen Bezeichnungen benutzend, könnte man sagen, dass das heutige Serbien und das heutige Bosnien außerhalb des römischen Einflussbereichs lagen. Nach Actium konnte der junge Crassus die Bastarnen bezwingen und verlangte – zu Augustus' Missfallen, wie bereits erwähnt – einen Triumph für sich. Die Historiker der Antike berichten nicht viel über die Balkanstämme. Aufgrund des Wenigen, das uns zur Verfügung steht, lässt sich die Lage ungefähr so beschreiben: Zuerst standen der thrakische Kindkönig Rheskuporis und sein Vormund Rhoimetalkes Rom freundlich gegenüber, aber sie wurden bei einem Aufstand der Bevölkerung gestürzt. 13 v. Chr. sandte Augustus Agrippa an die Front, nach dessen Tod übernahm Tiberius das Kommando.

Dass die Befehlsgewalt im Balkankrieg, 13 bis 9 v. Chr., in den Händen so hochgestellter Persönlichkeiten wie Agrippa und Tiberius lag, beweist, dass die römische Regierung diese Front für wichtiger hielt, als es in der antiken Historiografie zum Ausdruck kommt. Der Stamm der Scordisci schloss sich Tiberius an; dieser diplomatische Erfolg erleichterte es ihm, die Pannonier zu besiegen und das Land in der Linie von Siscia bis Sirmium (dem heutigen Mitrowitz, westlich von Belgrad) unter Kontrolle zu bringen. Ein Jahr danach wurden auch die Dalmatier geschlagen, und es schien, als sei wenigstens an dieser Front des Imperiums Ruhe eingekehrt. Die Thraker waren den Römern freundlich gesinnt, und die Daker, die in den Bergen Transsylvaniens lebten, hatten nach dem Tod ihres Königs Burebista viel von ihrem Einfluss eingebüßt. Nach kurzer Zeit stellte sich heraus, dass diese «rosige» Beurteilung der Lage übereilt war. 6 n. Chr. brach ein großer Aufstand in den Balkanländern aus. An der Spitze stand Bato, der Führer der Däsitiaten, eines dalmatischen Stammes aus den Bergen Bosniens. Ihm schlossen sich die Pannonier an, angeführt von einem Mann, der ebenfalls Bato hieß. Weil sie die Last der Steuern sowie die Einziehung ihrer Söhne zum Militär unerträglich fanden, eröffneten die beiden Stämme wütende Angriffe auf die römischen Basen und ermordeten römische Kaufleute. Statt auf Erfolge in den böhmischen Bergen auszugehen, musste Tiberius an diesen Schauplatz zurückkehren. Drei Jahre lang, bis 9 n. Chr., musste er alle Kraft aufbieten, um die Lage wieder in den alten Zustand zu bringen. Dabei kamen ihm die Verrätereien und Streitigkeiten im Lager der Aufständischen eher zugute als die Überlegenheit der römischen Waffen. Die Römer siegten, mussten aber zugeben, dass es seit den Punischen Kriegen keine solche Schlacht gegeben hatte.[37] Große Siegesfreude war ohnehin nicht angebracht, denn im selben Jahr erreichte Rom eine Hiobsbotschaft von einer anderen Front: Im Teutoburger Wald waren drei römische Legionen vernichtet worden.

Germanien

Julius Caesar hatte die Eroberung Galliens genügt. Er machte keinerlei Anstrengungen, Britannien zu annektieren, und zeigte wenig Interesse für die Gebiete jenseits des Rheins. Das kalte und bewaldete Germanien reizte den Sohn des Mittelmeeres nicht. Die germanischen Stämme waren als wilde, hartnäckige Kämpfer bekannt; die Eroberung ihres Landes hätte den großen Aufwand, der dafür erforderlich gewesen wäre, nicht gerechtfertigt.[38] Dies jedoch ist nur ein Teil der Geschichte. Strabo wusste, dass es zwischen dem Rhein und Böhmen auch Gebiete gab, die sich für die Landwirtschaft eigneten, und meinte, wenn es in Germanien Dörfer und Städte gebe, die dazu taugten, große Armeen mit dem nötigen Nachschub zu versorgen (wie es in Gallien der

Fall war), so sollten die Römer vielleicht doch in Germanien einfallen.[39] In der Tat überschritt Drusus, der Bruder des Tiberius, 12 v. Chr. den Rhein. Die Cherusker verfolgte er bis an die Elbe, besiegte die Usipeter, schloss Bündnisse mit den Friesen und den Batavern und gelangte bis an die Nordsee. Er kämpfte gegen die Chatten, doch im Innern Germaniens konnte er nicht standhalten. In der Einöde, ohne geeignete Zufahrtswege, war es schwer, eine Basis zu etablieren. Das römische Hauptquartier schlug er in Moguntiacum (Mainz) an der Mündung des Mains in den Rhein auf. Er starb als ganz junger Mann. Es ist nichts Wahres an den Gerüchten, er sei vergiftet worden. Er stürzte vom Pferd, brach sich das Bein, verlor viel Blut und konnte den mühevollen Heimweg nicht überstehen. Der Senat ehrte ihn mit dem Titel «Germanicus», und auch seine Nachkommen durften diesen Beinamen tragen. Den Oberbefehl an der Rheingrenze übernahm Tiberius. Ihm gelang es, die Sugambrer zu schlagen. Es ist schwer zu sagen, was das Schicksal der übrigen germanischen Stämme gewesen wäre, wenn dieser hervorragende Feldherr am Rhein geblieben wäre. Doch Tiberius geriet mit Augustus aneinander und zog sich nach Rhodos zurück. An seiner Stelle übernahm Domitius Ahenobarbus den Posten an der Grenze. Er war der Schwiegersohn Octavias, Gatte der Antonia maior und Schwager des Drusus, der mit Antonia minor verheiratet war. Domitius drang ins Wesertal vor, zog die Lippe entlang und stieß auf die Cherusker. Doch seine Erfolge auf dem Schlachtfeld waren von geringer Bedeutung. In dieser Zeit galt das Interesse der Grenze im Osten. Wo Augustus' Enkel, Gaius Caesar, der Sohn Agrippas und Julias, im Einsatz war.

Doch wir wollen nicht vorgreifen. Zu Drusus' Zeiten zogen sich die Markomannen mit Marbod an der Spitze von den Ufern des Mains nach Böhmen zurück. Marbod hatte als junger Mann im römischen Heer gedient, hatte die Männer seines Stammes nach den Regeln römischer Disziplin organisiert und begann nun Schlesien und Sachsen zu terrorisieren In Rom wurde deshalb 6 n. Chr. beschlossen, gegen ihn vorzugehen. Eine riesige römische Streitmacht rückte aus drei verschiedenen Richtungen auf Böhmen zu. Sentius Saturninus zog von Moguntiacum nach Osten. Einige Legionen marschierten von Rätien nach Norden, Tiberius war im Begriff, Böhmen von Südosten anzugreifen, und brach an der Spitze seiner Truppen von Illyrien aus auf.

Doch trotz dieser eindrucksvollen Planung konnte die Operation nicht erfolgreich durchgeführt werden. Denn wie bereits erwähnt brach zur selben Zeit der Aufstand der Dalmatier und Pannonier im Süden aus, und Tiberius musste sich zurückziehen. Er verhielt sich diplomatisch und bezeichnete Marbod als Freund und Bundesgenossen des römischen Volkes und widmete – anstatt auf neue Eroberungen auszugehen – seine Tatkraft der Erhaltung des Bestehenden. Im Laufe der Jahre wurde das Mittel, das Tiberius zum kritischen Zeitpunkt angewandt hatte, zur politischen Methode: Die Grenze ist sicher, solange ein Bundesgenosse auf der anderen Seite wohnt.

Doch die germanischen Stämme blieben unruhig. Der Aufstand Armins erschütterte das römische Imperium von neuem. Es ist zweifelhaft, ob er sich, der später zum deutschen Nationalhelden stilisierte Hermann der Cherusker, bewusst war, dass er ein Germane war. In Wirklichkeit war er der Stammesführer der Cherusker, früher Offizier im römischen Militär, der römische Staatsbürgerschaft erhalten hatte und zum Rang eines Ritters *(eques)* aufgestiegen war. Er kommandierte einen Truppenverband, der aus Einwohnern des Wesergebiets bestand und zu den Auxiliareinheiten des römischen Heeres gehörte. Nachdem er rebelliert hatte, gelang es ihm, einige römische Legionen zu überraschen, ähnlich wie Simon Bar Giora den Cestius Gallus auf der Anhöhe von Horon oder wie die Indianer General Custer am Little Bighorn. Aber ebenso wie die Juden nicht in der Lage waren, Rom nach ihrem einmaligen Sieg zu bezwingen, und die Indianer die Amerikaner nicht aus dem neuen Erdteil vertreiben konnten, gelang es Armin nicht, das römische Imperium zu vernichten. Trotzdem wurde der Sieg im Teutoburger Wald Teil eines deutschen Nationalmythos. Armin gelang es, Varus aus dem befestigten römischen Lager herauszulocken, er stellte sich ihm im Teutoburger Wald – irgendwo zwischen Osnabrück und Detmold, der genaue Schauplatz der Varusschlacht ist nicht mit Sicherheit zu bestimmen[40] – entgegen und schlug seine Legionen vernichtend. Die Germanen brachten die römischen Soldaten grausam um und schändeten die Leichen. Es wird zum Beispiel erzählt, ein Germane habe einem Gefangenen die Zunge abgeschnitten und gesagt: «Endlich, Kreuzotter, hast du aufgehört zu zischen.»[41] Es bleibt festzuhalten, dass es sich bei dieser Schlacht nicht um einen allgemeinen Aufstand der Germanen handelte. Zwar schickte Armin Marbod den abgeschlagenen Kopf des Varus nach Böhmen – die übrigen Köpfe der römischen Gefallenen «zierten» noch lange die Bäume im Teutoburger Wald – in der Hoffnung, der markomannische König werde sich, dadurch beeindruckt, dem Aufstand anschließen. Marbod aber hielt Rom die Treue und lehnte Armins Ansinnen ab.

Dennoch sind die militärischen Fähigkeiten Armins nicht zu unterschätzen.[42] Sie zeigten sich nicht so sehr bei dem spektakulären Sieg im Teutoburger Wald, vielmehr in den Jahren 14 und 15, als er den riesigen Truppenverbänden des

Germanicus eisern standhielt. Augustus nahm die Nachricht über die Niederlage sehr schwer: Er brach in Tränen aus und beklagte bis zu seinem Tode fünf Jahre später den Verlust der Legionen.

Es war nicht leicht, Freiwillige für die gefährliche Nordgrenze zu finden, doch andererseits ließen Rachegelüste einigen der hohen römischen Offiziere keine Ruhe. Tatsächlich versuchte Germanicus, Drusus' Sohn, sofort nach Augustus' Tod, sein Glück und drang über den Rhein hinaus vor. Tacitus beschreibt den Feldzug ausführlich, doch ohne Bewunderung für Germanicus' Fähigkeiten. Der vorsichtige Tiberius lehnte es ab, sich auf Abenteuer einzulassen. Da er kein Interesse an der Fortsetzung des Krieges jenseits des Rheins hatte und auch keinen Sinn darin sah, löste er das Problem auf die für ihn charakteristische Art: Er holte Germanicus von der Front zurück, arrangierte ihm einen prächtigen Triumphzug in Rom und bezeichnete seine «Erfolge» in Germanien als glänzenden Sieg. Praktisch aber brach er den Krieg ab.

Gallien und Spanien

In den Jahren 59 und 58 v. Chr. bemächtigte Julius Caesar sich ganz Galliens und machte es zur Provinz. Er vernichtete erbarmungslos die Führer der Gallier, die Widerstand leisteten, und schloss Vertrauensbündnisse mit den Stammeshäuptern, die bereit waren, mit Rom zu kooperieren. Wie erfolgreich diese Strategie Julius Caesars war, zeigte sich daran, dass in Gallien auch nach seinem Tod (relative) Ruhe herrschte. Bis auf die Aquitanier, die manchmal rebellierten – 37 v. Chr. wurden sie von Agrippa niedergeworfen, 27 v. Chr.

von Valerius Messala Corvinus –, fand Gallien sich mit der römischen Eroberung ab.[43]

Die Verteidigung Galliens gegen Überfälle germanischer Stämme jenseits des Rheins übernahmen die römischen Legionen, und als Drusus 12 v. Chr. den Rhein überschritt, um bis an die Elbe vorzudringen, musste er nicht befürchten, die Gallier würden ihm in den Rücken fallen. Die Romanisierung Galliens verlief langsam, aber systematisch. Um die Eintreibung der Steuern rationell zu organisieren, wurde es in drei Teile gegliedert. Zudem gründeten die Römer, um den Einfluss in der Provinz zu festigen, zahlreiche neue Kolonien, deren Namen bis zum heutigen Tag erhalten geblieben sind: Tolosa (Toulouse), Nemausus (Nimes), Carpentorate (Carpentras), Avennio (Avignon), Aquae Sextae (Aix-en-Provence), Valentia (Valence).

Vollkommen anders war die Situation in Spanien.[44] Die Heimat der Guerillas ergab sich nicht so leicht. Bereits im 2. Jahrhundert v. Chr. waren selbst kampferprobte, erfahrene Legionen an der Hartnäckigkeit der spanischen Stämme verzweifelt. Im 1. Jahrhundert v. Chr. besaßen die Römer noch nicht die Herrschaft in Spanien, zwischen 38 und 27 v. Chr. kam es dort zu heftigen Kämpfen. Es ist kein Wunder, dass Augustus sich 27 v. Chr., unmittelbar nach Errichtung des Prinzipats, persönlich auf die iberische Halbinsel begab; sein Hauptquartier schlug er in Tarraco (heute Taragona) auf.[45]

Der Krieg gegen die spanischen Stämme zog sich – mit Unterbrechungen – von 26 bis 16 v. Chr. hin. In zwei Feldzügen, in den Jahren 26 und 27 v. Chr., wurden die Kantabrer zwar besiegt, doch es fragt sich, ob diese Siege Augustus schon berechtigten, die Schließung der Tore des Janustempels zu verfügen, denn der spanische Widerstand war noch nicht gebrochen. Die Spanier fochten heldenhaft, Mütter töteten ihre Kinder, Krieger stürzten sich in die Flammen, und Kinder töteten ihre Eltern, um nicht in die Hände der Römer zu fallen.[46] Kantabrer, die in die Sklaverei verkauft worden waren, ermordeten ihre Herren, kehrten nach Hause zurück und erhoben sich erneut gegen Rom. Erst Agrippa, der 19 v. Chr. nach Spanien entsandt wurde, gelang es, dem Krieg ein Ende zu machen. Doch Augustus ist zugute zu halten, dass er während seines langen Aufenthalts in Spanien, von 16 bis 13 v. Chr., das Fundament für die Umwandlung Spaniens in eine Provinz ausgesprochen latinischen Einschlags legte. Die Latinisierung war die Folge der wohlorganisierten römischen Besiedlung. Diese war aber nur eine Begleiterscheinung des besonderen Interesses, das Augustus an Spanien hatte, denn im Land befanden sich viele Naturschätze, insbesondere Goldminen, die dem Princeps gehörten. Eine große Zahl Veteranen wurde in den Kolonien angesiedelt, zum Beispiel in Emerita (heute Merida) und in Caesaraugusta (Saragossa). Neue Städte wurden gegründet, wie Locus Astrum (heute Lugo) und Asturica Augusta (Astruga). Außerdem wurden viele Straßen angelegt. Das war die gewohnte Verfahrensweise überall im Imperium oder, in den Worten Senecas: «An jedem Ort, wo der Römer siegt, lässt er sich nieder.»[47]

Die rebellischen Stämme verjagte Augustus von den Bergen und zwang sie, sich in der Ebene niederzulassen. Er gestattete ihnen, in verlassenen Garnisonen zu wohnen, und brachte sie auf diese Weise einem ruhigeren Leben näher, wie man es in der Stadt gewohnt war. Die Garnison wurde sehr schnell zum Sitz des Stammesrats *(consilium)* und mit der Zeit zum Handelszentrum *(forum)* des neuen Wohnorts. Durch die Umsiedlung der widerständigen Bevölkerung, weg von ihrer ursprünglichen Umgebung, wurde aufrührerischen Führern, wie dem kantabrischen «Räuber» Corocotta, der

Boden unter den Füßen weggezogen. Zwar setzte Augustus einen Preis von 25 000 Sesterzen auf den Kopf Corocottas aus, aber dieser meldete sich zur allgemeinen Überraschung selbst im Quartier des Princeps und verlangte das Geld für sich. Augustus begnadigte ihn auf der Stelle, was auf die örtliche Bevölkerung großen Eindruck machte.[48] 14 v. Chr. kehrte Ruhe in Spanien ein, das war auch in Augustus' Augen ein großer Erfolg, dem zu Ehren ein Friedensaltar, *Ara Pacis,* errichtet wurde.

Es waren die Altphilologen, die den Althistorikern die genaue Bedeutung der Begriffe in den klassischen Sprachen beibrachten und sie auf den Fehler aufmerksam machten, moderne Ausdrücke zur Beschreibung von Erscheinungen in der Antike zu benutzen. Man kann den Beitrag der Altphilologen zur Erforschung der Alten Geschichte gar nicht hoch genug einschätzen. Gleichzeitig aber besteht die Gefahr, dass das Festhalten an eisernen Prinzipien zu gedanklicher Stagnation führt, die den Durchbruch zu neuen Forschungsgebieten verhindert. Die Tatsache, dass Begriffe wie «Imperialismus» oder «Antisemitismus», wie «Öffentliche Meinung», «Polizei», «Image», «Sozialhilfe», «Bank» oder «Generationenkonflikt» im lateinischen Wörterbuch nicht zu finden sind, bedeutet nicht, dass diese Dinge im alten Rom nicht existiert haben. Das Fehlen eines wortgetreuen Schriftstücks bedeutet nicht, dass es diese oder jene gesellschaftliche Funktion in der Wirklichkeit nicht gegeben hat, und neue Fragestellungen sind dazu angetan, gerade die Zweifler zu überraschen.[49]

Am Ende dieses langen Kapitels über die römischen Provinzen vom Atlantik bis zum Euphrat müssen wir den Altphilologen beistimmen, dass der Begriff *imperium populi Romani* nicht identisch ist mit den modernen Bezeichnungen «Römisches Reich» oder «Roman Empire». Bis zum 1. Jahrhundert v. Chr. hatte der Begriff keine territoriale Bedeutung.[50] Imperium war die militärische Vollmacht, die das römische Volk den Konsuln und den Prätoren verlieh, und sie machten von dieser Vollmacht in Gebieten außerhalb Roms Gebrauch. Wenn man in den Schriften Ciceros liest, Pompeius habe Kilikien dem *imperium* des römischen Volkes einverleibt, lässt sich das nur als Annexion an die Regierungsvollmacht des römischen Volkes übersetzen und nicht als Annexion eines Territoriums an den römischen Staat. Trotzdem waren sich die römischen Führer zweifellos schon zu Pompeius' und Julius Caesars Zeiten bewusst, dass sie einer gewaltigen Großmacht vorstanden. Nach und nach bekam der Begriff *imperium* auch geografische Bedeutung. Niemand weiß, wann der Wandel eintrat; doch es ist kaum anzunehmen, dass Augustus bei seinen Lobreden auf die Heerführer, die die Grenzen des Imperiums *(fines imperii)* erweitert hatten, den territorialen Sinn des Begriffs nicht verstand. In seinem Tatenbericht schrieb er, der Tempel des Janus sei nach dem Willen der Vorfahren zu schließen, wenn im ganzen Herrschaftsbereich des römischen Volkes zu Wasser und zu Lande ein durch Siege gefestigter Friede eingekehrt sei.[51] Meinte er damit nur Vollmacht und nicht Territorium?

Während der Republik betrachteten die Römer die Einwohner der Provinzen als Fremde, doch zur Zeit des Augustus galten auch die Klientenkönige (deren Länder nicht annektiert worden waren) als feste Mitglieder des römischen Imperiums *(membra partesque imperii)*.[52] Sie erhielten römische Staatsbürgerschaft, und wenn sie nach Rom kamen, erschienen sie in der Toga ohne Zeichen ihres Königtums.[53] Es ist möglich, dass die Römer zu einer Zeit ihr Imperium «die römische Welt» *(orbis Romanus)*[54] nannten, und es ist möglich, dass Tiberius, als er beabsichtigte, nur einen Teil des Staates zu übernehmen, da er sich nicht in der Lage sah, die Verantwortung für die ganze Republik *(tota respublica)* zu tragen, dabei die Teilung von Regierungsvollmachten im Sinn hatte und nicht eine geografische Teilung.[55] Doch es besteht kein Zweifel, dass Tacitus die territoriale Bedeutung des Begriffs *imperium* klar war, in den Annalen, seinem Buch über Augustus schrieb er ausdrücklich: *mari Oceano aut omnibus longinquis saeptum imperium* (mit dem Ozean oder entfernten Flüssen war das Reich umgürtet).[56]

Was auch immer die Bedeutung des Begriffs war, das imperiale Bewusstsein nahm während der langen Regierungszeit des Augustus immer mehr zu. Hier seien zum Abschluss dieses Kapitels die hauptsächlichen Faktoren benannt, die dazu beitrugen, dieses Bewusstsein zu stärken: erstens Augustus' Zuständigkeit für *alle* Teile des Imperiums nach dem Sieg bei Actium; zweitens die Errichtung von Kolonien für die Veteranen überall im Imperium und die Verleihung der vollen römischen Bürgerrechte jenseits der Grenzen Italiens[57]; drittens die planvolle Urbanisierungspolitik in allen Teilen des Imperiums – nicht zufällig nennt der Geschichtsforscher Michael Rostovtzeff das römische Kaiserreich der tausend Städte die «Föderation der Städte»; viertens die Einberufung der Männer aus den Provinzen zum römischen Militär; fünftens die Entwicklungspolitik in allen Teilen des Imperiums, insbesondere die Anlage von Straßen und der Bau von Brücken, die dazu bestimmt waren, die Verbindung zwischen den verschiedenen Teilen des Kaiserreichs zu verstärken; sechstens die Einrichtung regulärer Postverbindungen *(cursus publicus)* zwischen allen Teilen des Kaiserreichs; schließlich siebtens die Vereinheitlichung der Währung im gesamten Imperium: Die kleinste Einheit war ein *sestertius* aus Bronze; der silberne *denarius* war vier Sesterzen wert, und der goldene *denarius (aureus)* war 25 Silber-*denarii* oder 100 Sesterzen wert. Diese «Währungsunion» vereinfachte nicht nur die Handelsbeziehungen, sie vermittelte auch den von Ort zu Ort Reisenden das Gefühl, dass sie sich in einem einzigen Kaiserreich befanden.[58]

Als Ovid Augustus den «Herrn der Welt» *(terrarum dominus)* nannte, drückte er damit eine übertriebene, doch anscheinend unter seinen Zeitgenossen allgemein akzeptierte Meinung aus: Man identifizierte das römische Imperium mit der Herrschaft über die ganze bewohnte Welt.[59] Nach Meinung Ciceros musste der ideale Führer ein *rector civitatis* oder ein *rector reipublicae* sein.[60] 12 oder 13 n. Chr. galt Augustus unter den Leuten von Narbo als *rector orbis terrarum* (Lenker der ganzen Welt)[61], und in einer Inschrift in Pisa ist über ihn als Schützer der ganzen Welt zu lesen: *custodis imperii Romani totiusque orbis terrarum praesidis*[62].

Nun müssen wir Augustus' Außenpolitik begutachten, um festzustellen, ob sie imperial im vollen Sinne des Wortes war.

KAPITEL 14

Augustus und die «Außenpolitik»

Sueton und Cassius Dio sehen in Augustus den Begründer der *pax Romana*, des römischen Friedens, denn er sorgte durch die Beendigung des Bürgerkriegs nicht nur für Ruhe im Innern des Landes, sondern auch an den Grenzen des Imperiums, auch indem er, soweit wie möglich, große überseeische Eroberungszüge vermied. Dieser Auffassung entsprechend beruhte Augustus' defensive Außenpolitik auf dem Schutz des Bestehenden und der Abneigung gegen weitere Eroberungen. Seine gemäßigte Haltung an der Grenze im Osten ist ein Beweis für diese Denkweise. Der einsichtige beherrschte Augustus ignorierte die häufigen Aufrufe der Dichter Italiens, in den Kampf zu ziehen, um die schändliche Niederlage zu rächen, die Crassus in Carrhae erlitten hatte.[1] Im Gegensatz zu Julius Caesar, der einen Feldzug gegen die Parther geplant hatte, und zu Antonius, der bei seinem Versuch, den Traum Caesars zu verwirklichen, gescheitert war, zog Augustus eine politische Lösung vor und begnügte sich mit der Rückgabe der Feldzeichen der Armee des Crassus, die den Parthern in die Hände gefallen waren.

Eine der Tatsachen, die diese Theorie widerlegen könnten, ist natürlich Varus' missglückter Versuch, die Region zwischen Rhein und Elbe zu erobern. Doch auf Seiten ihrer Anhänger fand man auch auf diese schwierige Frage eine Antwort: Varus hatte keine Anweisung erhalten, dieses Gebiet zu erobern; er fiel, als er sich bemühte, in bereits erobertem Land Ordnung zu schaffen. Auf jeden Fall steht fest, dass Augustus nach dem Desaster im Teutoburger Wald ausdrücklich befahl, keine weiteren Angriffskampagnen zu beginnen, und in seinem Testament ordnete er an, das Reich innerhalb seiner Grenzen zu erhalten.[2] An dieser Stelle ist es sinnvoll, mehr ins Einzelne zu gehen.

Cassius Dio betonte, Augustus' Friedenspolitik habe sich schon 20 v. Chr. gezeigt, als er mit den Parthern ein Abkommen schloss.[3] Auch Sueton bestätigte, dies seien wirklich die Absichten von Augustus gewesen.[4] Mit diesen Zeugen neigen einige Historiker dazu, die böswillige Bemerkung von Tacitus abzutun, Augustus habe die Friedenspolitik «entweder aus Furcht oder aus Neid»[5] betrieben. Augustus' Verehrer behaupten, dass der erste Princeps auf friedlichem Wege größere Erfolge erzielte als diejenigen, die versuchten Roms Namen durch Waffengewalt zu Ruhm zu verhelfen.[6]

Auf den ersten Blick scheint diese Darstellung der Dinge ziemlich plausibel. In den meisten Gebieten des Imperiums sorgte Augustus für natürliche Grenzen, und wenn er hier und da einen Krieg führte, so beabsichtigte er damit allein, die Grenzen des Imperiums entlang dem Rhein, der Donau, dem Euphrat, am ersten Katarakt des Nils in Südägypten und in der Sahara zu festigen. Die Länder jenseits dieser Grenzen waren zu arm für die habgierigen römischen Eroberer. Zur Bekräftigung dieser Behauptung lässt sich noch manches sagen: Der Staatsschatz in Rom verfügte nicht über genügend Mittel, um große Eroberungskriege zu finanzieren. Die ungeheuren Schätze, die nach dem Tod Kleopatras von Ägypten nach Italien gebracht worden waren, dienten in erster Linie dazu, die Gelder für die Entlassung Zehntausender Soldaten aus dem Militär aufzubringen, und Augustus gab diesem Zweck den Vorrang vor allem anderen. Er musste sich schnellstens der Veteranen aus den Bürgerkriegen entledigen und das Militär neu aufbauen. Außerdem war Augustus selbst kein fähiger Heerführer, sondern fürchtete sich, in neue Kriege zu ziehen, da dann vielleicht ein tüchtigerer und den Soldaten willkommenerer Feldherr auftauchen könnte – daher übergab er große Armeen nur seinen Getreuen wie Agrippa und den Stiefsöhnen Tiberius und Drusus. Letzten Endes wollte Augustus Italien zum Zentrum des Imperiums machen und dort die alte römische Tradition wieder einführen. Jede Expansion über den Euphrat hinaus hätte Alexandrias zentrale Lage betont. Gerade gegen diesen Zentralismus hatte Augustus in Actium gekämpft. Seine Grundsätze konnte er nicht verleugnen. Daher seine Friedenspolitik. Tacitus' gehässige psychologische Erklärung beruht auf einem Irrtum.

Allein die Hypothesen der antiken Geschichtsschreiber sind eine unzureichende Grundlage für Überlegungen zur Außen- und Sicherheitspolitik des Augustus. Man muss dagegen auf Fakten hinweisen, die unwiderlegbar sind: Augustus, der angeblich den Krieg hasste und den Frieden suchte, brachte mehr Gebiete in den Besitz des Imperiums als Julius Caesar, der als Feldherr und Eroberer in die Geschichte eingegangen ist. Ein kurzer Blick auf zwei Landkarten – die eine von 27 v. Chr., die andere von 14 n. Chr. – verdeutlicht das Bild. Julius Caesar annektierte nur Gallien, Augustus dagegen Ägypten, Rätien, Noricum, Pannonien und Mösien.

Die folgende ausführliche Chronologie beweist, dass vom «römischen Frieden» nur bei höchst selektiver Wahrnehmung von Teilen des Imperiums gesprochen werden konnte, die Schließung des Janus-Tempels also nichts anderes war als ein

Propagandatrick.[7] Das Wort *pax* war ein politisches Schlagwort, Eroberungs- und Annexionskriege brachen während Augustus' Regierungszeit immer wieder aus.

31 v. Chr.	– Schlacht bei Actium
30 v. Chr.	– Octavian annektiert Ägypten
30–29 v. Chr.	– Cornelius Gallus kämpft in Südägypten
29 v. Chr.	– der junge Crassus kämpft auf der Balkanhalbinsel
27–25 v. Chr.	– Augustus kämpft in Spanien
25 v. Chr.	– Augustus macht Juba zum König von Mauretanien und annektiert Galatien nach Amyntas' Tod;
	– Terentius Varro vernichtet die Salasser in Norditalien;
	– Aelius Gallus überfällt die arabische Halbinsel
20 u.23 v. Chr.	– Agrippa schafft Ordnung im Osten
20 v. Chr.	– Nach Verhandlungen Übereinkommen mit den Parthern
	– Tiberius macht Tigranes zum König in Armenien
	– Agrippa kämpft in Gallien und an der Rheingrenze
19 v. Chr.	– Agrippa unterwirft Spanien endgültig
16–14 v. Chr.	– Agrippa im Osten
16–15 v. Chr.	– Augustus annektiert Noricum
16–13 v. Chr.	– Augustus in Gallien und in Spanien
15–9 v. Chr.	– Tiberius und Drusus fallen in Germanien ein und versuchen, bis zur Donau (und vielleicht zur Elbe) zu kommen
9 v. Chr.	– Tod des Drusus

2 v. Chr.	– der junge Gaius Caesar handelt ein neues Abkommen mit den Parthern aus
4–5 n. Chr.	– Cossus Cornelius Lentulus kämpft gegen die Gätuler in Nordafrika
	– Tiberius überschreitet die Weser und gelangt an die Elbe
6 n. Chr.	– Aufstand in Pannonien und Illyrien
	– Rom erkennt Marbod als König der Markomannen an
8 n. Chr.	– Sieg über die Pannonier und Dalmatier
9 n. Chr.	– Niederlage des Varus im Teutoburger Wald
14 n. Chr.	– Tod des Augustus. Germanicus überfällt Germanien, um Varus' Niederlage zu rächen.

Man sollte die Redewendung «Die Tatsachen sprechen für sich» besser nicht benutzen. Die Tatsachen sprechen nie – weder für noch gegen sich. Der Historiker kann höchstens über eine Anzahl von Ereignissen berichten und – darauf gestützt – die Meinungen anderer Historiker beanstanden. Die oben erwähnten Geschehnisse bestätigen die Ansichten Suetons und Dios nicht, wonach Augustus' Politik eine Politik des Friedens war, des Sichbescheidens mit den Erfolgen in der Vergangenheit und der Bewahrung des Bestehenden. Wir haben zu zeigen versucht, dass es unmöglich ist, Augustus' politische Ziele mit Hilfe von Sueton und Cassius Dio zu ergründen, nicht weil Sueton oder Dio unglaubwürdig wären, sondern weil sie einfach nicht darüber Bescheid wissen konnten. Im Altertum gab es weder Außen- noch Sicherheitsministerien. Es sind keine Dokumente erhalten geblieben, die über Beratungen oder Erwägungen auf dem Gebiet der «Außenpolitik» Zeugnis ablegen könnten. Niemand ist in der Lage, den Hergang des Beschlussfassens in der Welt der Antike zu untersuchen, denn damals – wie auch häufig in der Gegenwart – wurde dabei kein Protokoll geführt. Die wichtigsten Entscheidungen traf man oft bei informellen Gesprächen und Beratungen: Ihr Inhalt wurde nicht notiert, und die Intentionen der Beteiligten blieben geheim. Geschehnisse werden in der Geschichte nicht nach ihren Zielen, sondern nach ihren Folgen beurteilt. Auch in neuerer Zeit ist eine ganze Anzahl Vorkommnisse ohne logische Erklärung geblieben. Ist es schwierig, auf Ereignisse in neuerer Zeit befriedigende Antworten zu geben, so gilt das erst recht in Bezug auf die Welt der Antike.

Sueton war ein Zeitgenosse Hadrians, der beschloss, auf die von Trajan eroberten Gebiete jenseits des Euphrats zu verzichten. Es passte Sueton gut ins Konzept, einer so bedeutenden Persönlichkeit wie Augustus, dem ersten Princeps, die Absicht zuzuschreiben, er habe das Bestehende bewahren wollen und sei gegen die Erweiterung der Grenzen des Imperiums gewesen.[8] Ohne die Diskrepanz zu beachten, schreibt Sueton in einem anderen Kapitel das Gegenteil und betont, Augustus habe gerade mit der Vergrößerung des Imperiums renommiert und allen Feldherren Statuen aufstellen lassen, die zur Expansion des Landes beigetragen hatten.[9] Auch Cassius Dio, der in der Zeit der severischen Kaiser im 3. Jahrhundert n. Chr. lebte, war ein Gegner weiterer Eroberungen[10]; es ist gut möglich, dass er Augustus außenpolitische Absichten zuschrieb, die mit der Wirklichkeit kaum etwas zu tun hatten.

Nikolaos von Damaskus, Zeitgenosse des Augustus, sagt ausdrücklich, der Princeps habe die Grenzen des Imperiums erheblich erweitert und Völker unterworfen, deren Namen bis dahin dem römischen Volk unbekannt gewesen seien.[11]

Seneca, der den Geschehnissen näher war als Cassio Dio, schildert Augustus nicht als friedliebenden Menschen: Zwar sei Augustus am Anfang gezwungen gewesen, gegen römische Bürger zu kämpfen, später auch gegen seine Freunde und sogar gegen die Familie, doch sei in seinem Namen sehr viel Blut vergossen worden: «In Makedonien, in Sizilien, in Ägypten, Syrien und Kleinasien hat Augustus viel Blut vergossen, und als seine Soldaten ermüdet waren, Römer zu töten, wendete Augustus deren Energie gegen Fremdvölker.»[12]

Tacitus schließlich berichtet, Augustus habe ein Imperium mit natürlichen Grenzen geschaffen: «[...] mit dem Ozean oder entfernten Flüssen war das Reich umgürtet. Legionen, Provinzen und Flotten, alles war miteinander verbunden.»[13] Was Wunder also, dass moderne Wissenschaftler wie Syme zu der Ansicht neigen, Augustus habe in geografisch-strategischen Kategorien gedacht und sich bemüht, die Nordgrenze des römischen Imperiums entlang der Linie Hamburg–Leipzig–Prag–Wien verlaufen zu lassen? Als ihm das nicht gelungen sei, habe er sich mit einer nicht weniger günstigen Verteidigungslinie begnügt: Köln–Basel–Wien.[14]

Wir wissen nicht, wie weit Augustus und seine Feldherren sich in Geografie auskannten; doch von Plinius dem Älteren erfahren wir, dass Agrippa anordnete, auf die Wand des Portikus von Augustus' Schwester Octavia eine Weltkarte *(pictus orbis)* zeichnen zu lassen, und er anscheinend selbst erklärende Anmerkungen hinzufügte.[15] Die Römer wussten also, was eine Landkarte ist und dass Geografie zur Erziehung eines gebildeten Menschen gehört.[16] Man darf deshalb annehmen, dass die Probleme Augustus nicht fremd waren. Ohne Kenntnis einer Landkarte hätte die gleichzeitige Zangenbewegung durch Truppen vom Rhein und aus Illyrien wohl kaum durchgeführt werden können. Trotzdem werden wir nie erfahren, in welchem Maß geografische Erwägungen (natürliche Grenzen, Entfernungen, Bodenbeschaffenheit usw.) die Entscheidungen über Eroberungsziele oder darüber, wo Halt gemacht werden sollte, beeinflussten.

Die Altphilologen hatten und haben ihre Zweifel. Hypothesen wie die Symes zur Verteidigungslinie Hamburg–Leipzig–Prag–Wien leuchten ihnen nicht ein, da man sie den klassischen Texten selbst nicht entnehmen kann. 1961 verfasste Hans D. Meyer ein Buch über die Außenpolitik des Augustus, in dem er zu beweisen versuchte, dass der Kaiser im Grunde eine defensive Politik betrieben habe. Nur in Ausnahmefällen habe er Gebiete annektiert, und die Kampfaufrufe der Dichter seiner Generation, die sich für Eroberungspolitik einsetzten, wie sie während der Republik geherrscht hatte, habe er nicht beachtet.[17] Horaz und Properz befürworteten zusätzliche Eroberungen im Osten und Norden und riefen wie früher dazu auf, die Parther zu strafen. Mit Recht wies Peter Brunt die Behauptungen Meyers zurück und legte auf überzeugende Art dar, dass zwischen Republikanismus und Expansionspolitik keine zwingende Verbindung besteht: Cicero zum Beispiel war bewusster Republikaner und gleichzeitig Gegner der Eroberungen Julius Caesars. Außerdem, so Brunt, habe Augustus die Kampfaufrufe der Dichter keineswegs abgelehnt und Gebiete oft gewaltsam an sich gerissen. Allein die Tatsache, dass er an der Grenze Parthiens seinen Willen auf friedliche Art durchgesetzt habe, führt Brunt an, mache ihn noch nicht zum Verteidigungspolitiker.[18] Es war die Pflicht jedes Princeps, den Einwohnern des Imperiums Sicherheit *(securitas)* vor barbarischen Königen zu garantieren. Wurde dieses Ziel ohne Krieg erreicht, umso besser. Die geplante Eroberung der arabischen Halbinsel lässt sich nicht mit Sicherheitserwägungen begründen. Augustus hatte da ganz entschieden wirtschaftliche Vorteile im Sinn, und wäre nicht die Niederlage im Teutoburger Wald gewesen, hätte der Princeps seine Erben nicht davor gewarnt, die Grenzen des Imperiums zu erweitern.

Man kann schwerlich behaupten, derartige Diskussionen machten den Geschichtsforscher weiser; doch trotz alledem ging der Forschungsstreit weiter: 1976 veröffentlichte ein Fachmann für strategische Fragen, Edward N. Luttwak, ein Buch über die Probleme der Außen- und Sicherheitspolitik des römischen Imperiums und tat damit etwas, was die römischen Historiker selbst nicht fertiggebracht hatten: Er schrieb ein spannendes Werk über eine Epoche, die Tacitus langweilig genannt hatte.[19] Die Altphilologen äußerten zuerst ihre Zweifel – Luttwak kam ja schließlich aus «einer anderen Welt», benutzte die Terminologie der Politikwissenschaft und Soziologie, einen damals die Kollegen befremdenden «Wissenschaftsjargon» (als ob die Altphilologen nicht ihren eigenen Jargon hätten) – doch dann begannen zahlreiche Kollegen, sich ernsthafter mit Luttwaks Analysen zu beschäftigen.[20] Was also ist seine Auffassung?

In Luttwaks Monografie ist keine Rede von der Außen- und Sicherheitspolitik dieses oder jenes Kaisers, er untersucht größere Zeitabschnitte. Die Persönlichkeit des Kaisers ist nur eine der Komponenten (und nicht die wichtigste) des ganzen Systems. Er spricht von «Verteidigungsschlachtordnungen» und nicht von Verteidigungslinien, in seine Analyse bezieht er diplomatische Schritte, Militär, Straßennetze und Befestigungen ein. Sie alle dienten einem Ziel. Bis zum Erscheinen von Luttwaks Buch hatten die Historiker nach einer Antwort auf die Frage gesucht, wie wohl die Verteidigungslinien des römischen Imperiums ausgesehen hatten und wieso diese Stellungen von so wenigen Legionen verteidigt wurden.

Sie hatten den Eindruck, in Rom hätte niemand sich vorstellen können, dass das Imperium gleichzeitig im Norden und im Osten von Barbaren überfallen werden könnte. In der Tat gab es keine zentral stationierte militärische Reserve, die mit der nötigen Geschwindigkeit in der Gefahrenzone hätte eingesetzt werden können. Doch ein Versuch, Legionen von einer Front zur anderen zu bewegen, wäre zum Scheitern verurteilt gewesen: Erstens wäre dann eine andere Front schutzlos geblieben, und zweitens konnten die Legionen in voller Ausrüstung höchstens fünf Kilometer in der Stunde marschieren. Sie hätten die Gefahrenzone also kaum rechtzeitig erreicht.

Luttwak beweist überzeugend, dass es in den Zeiten des Augustus und der Julier-Claudier keine Verteidigungslinie entlang der Grenzen des Imperiums gab. Wie sich zeigt, war das, was die Verteidigungspolitik des römischen Imperiums von den Tagen des Augustus an charakterisierte, gerade das Fehlen einer solchen Befestigung. Die Römer wussten, dass der wichtigste Maßstab für die Macht des Militärs sein Abschreckungsvermögen war, nicht seine wirkliche Stärke. Sie zogen es vor, die Nachbarn zu überzeugen, es lohne sich nicht, die römische Macht auf die Probe zu stellen, und fanden, dass gerade der Verzicht auf Gewaltanwendung nützlicher als ihr Einsatz sei. Um zu diesem Schluss zu gelangen, brauchten sie weniger strategische Theoretiker als Erfahrung und Intuition. Im Laufe der Zeit begriffen sie die Wichtigkeit des Abschreckungsvermögens ebenso wie die Grenzen dieses Konzepts.

Die Verteilung der Legionen entlang der Grenzen stand nicht immer in direkter Beziehung zur Größe der militärischen Gefahr von außerhalb. Die Legionen in den Provinzen waren nicht in Befestigungen an den Grenzen stationiert, sondern in Kasernen im Inneren des Landes. Denn ihre Aufgabe bestand vor allem darin, im Landesinneren für Ruhe zu sorgen und Unruhen – wenn sie ausbrechen sollten – niederzuschlagen. Die Abwehr äußerer Feinde war dagegen zweitrangig. An Spaniens Grenzen drohte Rom keine Gefahr, und trotzdem standen in Spanien drei Legionen, eben weil die Römer Aufstände der spanischen Stämme befürchteten. Die wilden germanischen Stämme wussten nicht, was eine Großmacht ist, und weigerten sich, die Römer als Befreier anzusehen. Daher musste Rom größere Truppenverbände an Rhein und Donau konzentrieren. Es gibt ja nichts Besseres zur Abwehr als die Demonstration von Macht. Im Osten dagegen war die Strategie der Römer anders. Die Völker dort waren klüger und geschickter als die im Westen und Norden. Sie wussten genau, was römische Macht hieß. In Kleinasien, Syrien und Ägypten waren sie während der langen Jahre hellenistischer Herrschaft allmählich williger geworden, und den Römern fiel es nicht sonderlich schwer, sie zu unterwerfen und zu regieren. Deshalb genügte eine kleine Anzahl Legionen als Abschreckungsmittel.[21]

Die Römer unterschieden zwei endemische Formen äußerer Gefahr: Die eine hielt lange an oder existierte ständig (wie die germanische und die parthische), die andere war eine augenblickliche Gefahr, deren Art unmöglich vorauszusehen war (eine plötzliche Invasion irgendeines Stammes aus dem Norden, wie die der Kimbern unter Marius, eine unerwartete Revolte wie die der Pannonier oder der große Aufstand der Juden in Palästina 66 n. Chr.). Mit den Legionen allein war es unmöglich, derartige Gefahren zu bewältigen, und es ist zweifelhaft, ob eine zentrale Reservestreitmacht die Unruheherde früh genug hätte erreichen können.

Deshalb benutzten die Römer zwei weitere erprobte Mittel: zum einen ein Netz von Kolonien, in denen Veteranen angesiedelt waren, und zum anderen – das war das noch wichtigere Mittel – Hilfe von Seiten der Rom treuen Klientenfürsten. Wenn Tacitus Klientenfürsten erwähnt, stellt er sie den Legionen an Wichtigkeit gleich, und an einer Stelle nennt er sie «Unterwerfungsinstrument» *(instrumentum servitutis)*.[22]

Sueton berichtet: «Die Königreiche, derer er sich durch Waffenrecht bemächtigt hatte, gab er mit wenigen Ausnahmen entweder ihren früheren Besitzern, denen er sie genommen, zurück oder teilte sie Freunden zu. Die verbündeten Könige vereinigte er auch untereinander durch gegenseitige Verschwörungen [...], ja er sorgte für sie alle insgesamt nicht anders, als wären sie Glieder und Teile seines Reiches *(membra partesque imperii)*.»[23] Die Klientenfürsten an den Grenzen des Imperiums übernahmen also die Funktion der Grenzwache. Sie spielten eine aktive Rolle, nicht die eines Pufferstaates. Die Römer sorgten dafür, dass die Klientenkönige stark genug waren, um gegen die Aggressoren zu kämpfen, nicht aber so stark, dass sie das Imperium hätten gefährden können.[24]

Wenn die Klientenkönige die Feinde nicht allein bezwingen konnten, kamen ihnen die Legionen zu Hilfe. Zum Beispiel wurden die Legionen in Mauretanien an Jubas Seite gegen die Gätuler eingesetzt und an Rhoimetalkes Seite gegen die Bastarnen. Das waren aber Ausnahmefälle, die die Regel bestätigten, dass die Römer indirekte Verteidigungsmittel der direkten Abwehr vorzogen und abhängige und loyale Staaten ihnen lieber waren als schwierig zu verwaltende und zu kontrollierende Provinzen. So war also das römische Imperium umringt von großen, kleinen und kleineren Klientenkönigtümern: vom nabatäischen Arabien, von Kappadokien, Pontus und dem Bosporanischen Reich, von Kommagene, Thrakien, Jubas Mauretanien und anderen. Rom musste diese Königtümer Tag und Nacht im Auge behalten und sofort eingreifen, wenn sich etwas im negativen Sinn verändert hatte. Die Kanzlei des Kaisers war für die Aufsicht verantwortlich, und es zeigte sich, dass die Überwachung der Klienten zwar viel Arbeit erforderte, doch entschieden billiger war als die Aufstellung riesiger Armeen entlang der durchlässigen Grenzen des Imperiums.

Ohne Clausewitz gelesen zu haben, wussten die Römer, dass die Struktur des Heeres und seine Organisation politischen Zielen zu dienen hat; und ohne sich in die Schriften des Chinesen Sun Tzu vertieft zu haben, war ihnen klar, dass die Bezwingung eines Feindes ohne Krieg der größtmögliche Erfolg ist. Sie bedienten sich diplomatischer Tricks – nicht immer der feinsten Art –, um Zwietracht unter ihren Feinden zu säen, und nutzten innere Streitigkeiten oder persönliche Differenzen unter den barbarischen Stammesführern zu ihren Gunsten aus. Die Uneinigkeit zwischen den pannonischen und illyrischen Stämmen sowie die Fehden zwischen Armin und Marbod an der Grenze Germaniens halfen den Römern mehr als Waffengewalt. Von der Zeit des Tiberius an wurde diese Erkenntnis systematisch angewandt, und die aggressive Politik des Germanicus dauerte nicht lange. – Das ist kurz gefasst die Analyse von Luttwak.

Tatsächlich ist es sehr schwierig, die Außen- und Sicherheitspolitik auf die Regierungszeit dieses oder jenes Kaisers zu begrenzen. Deshalb teilte Luttwak die römische Außenpolitik während der Kaiserzeit in drei große Epochen: erstens die Zeit der Julier-Claudier; zweitens die Zeit von Vespasian bis zu Mark Aurel; drittens die Außenpolitik während der Krise im 3. Jahrhundert n. Chr. In einem Buch, das sich nur mit Augustus befasst, muss man sich dennoch bemühen, die Besonderheit seiner Politik zu erklären. Es zeigt sich, dass die für seine Innenpolitik charakteristische Richtung auch in seiner Außenpolitik entscheidend war. Bis zu einem gewissen Punkt handelte es sich um eine Fortsetzung der Politik, die seit der Zeit der Republik gang und gäbe war. Doch in seiner Regierungszeit wurden die Prinzipien bestimmt, nach welchen die julisch-claudischen Kaiser später handelten.

Fest steht: Nicht immer war Augustus' Politik friedlich und nicht expansionistisch. Auch das Verbot, den römischen Herrschaftsraum zu vergrößern, war nicht prinzipiellen Erwägungen entsprungen, sondern rührte von der Niederlage des Varus im Teutoburger Wald her. Der Plan aus dem Jahr 6 n. Chr., Germanien vom Rhein bis zur Elbe «in die Zange zu nehmen», mag als Beweis genügen, dass während einer langen Zeit seiner Regierung das Prinzip des Vorliebnehmens mit den bestehenden Grenzen noch nicht aufgestellt worden war. Erst nach Ausbruch der pannonischen Rebellion im Nachschubgebiet ihrer Legionen begnügten sich die Römer mit dem Vorstoß bis an die Donau. Alle Anzeichen sprechen dafür, dass sie, wäre es nicht so gekommen, das Land Marbods überfallen hätten. Die Staatsführung nach dem Motto «Rom ist gesättigt» ist also das Resultat missglückter Expansionspolitik, die die Ausdehnung über Rhein und Donau hinaus zum Ziel hatte, und Folge der Niederlage des Gallus auf der arabischen Halbinsel. Doch man kann die Regierungszeit von Augustus in zwei Zeitabschnitte teilen: zunächst die Periode der Konsolidierung der Regierung von der Schlacht bei Actium bis zu den Säkularspielen 31–17 v. Chr. und dann die Periode seiner unumstrittenen Regierung von 17 v. Chr. bis zu seinem Tod im Jahr 14 n. Chr.

Seine Außenpolitik hing meist eng mit der Situation im Inneren des Imperiums zusammen. Die ersten Jahre nach Actium waren der Organisation und Festigung des Bestehenden gewidmet. An der Ostgrenze gelangte Augustus zu einem Abkommen mit den Parthern und erreichte auf diplomatischem Weg alles, was er wollte. Er hatte keine Absichten, nach Osten bis jenseits des Euphrats vorzudringen, und als Armenien unter römisches Protektorat kam, war die Grenze im Osten gesichert. Kommagene, Pontus und das Bosporanische Reich waren getreue Klientenstaaten. Zwei weitere Visiten Agrippas im Osten stabilisierten die Situation in dieser Zone. Solange das Übereinkommen aus dem Jahre 20 v. Chr. nicht verletzt wurde, hatte Augustus keine Pläne, die Dinge zu ändern.

In den Westprovinzen sah seine Politik ähnlich aus. Zeugnisse, die etwas über Expansionspolitik aussagen, existieren nicht. Gallien war zur Zeit Julius Caesars erobert worden, Augustus ließ dort die Verwaltung organisieren, um die Steuereintreibung zu erleichtern.[25] 25 v. Chr. schlugen die Römer die Salasser und annektierten den Alpenbereich. Darin lag keine Änderung der Politik, die Beherrschung der Übergänge erleichterte Rom die Verbindung mit Gallien. Zudem war die Zahl der Opfer dieser Auseinandersetzung nicht unerträglich hoch. Dagegen zog Augustus nicht gegen Britannien aus, denn dazu hätten die Römer nicht nur den Kanal überqueren müssen: Die Einkünfte von dort hätten die Ausgaben der Eroberung nicht gedeckt, außerdem drohte von Britannien keinerlei Gefahr für die Sicherheit Roms.[26] In Spanien war die Lage komplizierter. Augustus' Feldzüge in diese Gefahrenzone änderten nichts; erst 19 v. Chr. gelang es Agrippa, Ordnung in der Provinz zu schaffen und sie in drei Bezirke einzuteilen.[27] Erst danach begab Augustus sich wieder nach Spanien und führte die Verwaltung der Provinz ein.

Während Augustus mit der Konsolidierung seiner Herrschaft beschäftigt war, bediente er sich aller möglichen republikanischen Parolen, um zu beweisen, dass er keine umwälzenden Neuerungen einzuführen gedachte, sondern sich für die Rückkehr zum Brauch der Vorväter einsetzte. Das fiel ihm nicht schwer, denn er selber war konservativ und hing an der Überlieferung. Dieser Trend zeigte sich auch in der Außenpolitik. Schon die republikanische Aristokratie hatte Gebiete nicht ohne weiteres annektiert, wenn sie sie verwalten und sich ihre Loyalität durch Klientenkönige verschaffen konnte. Statt wie einst Alexander der Große im Sturm gegen den Osten vorzugehen, hatten die Römer sich behutsam, langsam und systematisch auf Griechenland, Makedonien, Kleinasien, Syrien und Ägypten zubewegt. Immer zogen sie indirektes Herrschen der Annexion vor. Das mag einer der Gründe sein, weshalb die römische Okkupation effektiver war als die Alexanders des Großen.[28] In der römischen Tradition wird stets betont, es sei viel schwieriger, ein Imperium zu verwalten und zu erhalten, als es zu erobern. Daraus sollte man nicht schließen (wie nicht wenige Historiker es taten), der Verzicht auf die Annexion bezeuge, dass der Wunsch nach Expansion nicht bestanden habe. Im Gegenteil: Wenn sich herausstellte, dass die indirekte Kontrolle nicht funktionierte, zögerte Rom nicht, das Gebiet zu annektieren. Augustus wich nicht von dieser Politik ab.

Doch eine Annexion hatte immense ökonomische Vorteile, das wussten auch die konservativsten Republikaner. Möglicherweise hatten die Römer zur Zeit des zweiten Punischen Krieges den wirtschaftlichen Wert eroberter Gebiete noch nicht begriffen. Doch im Laufe der Jahre sahen sie, «dass es gut war»[29], und erkannten die Bedeutung der Provinzen für die Wirtschaft Roms. Zeugnis dafür legen die berühmten Abschnitte aus Ciceros Rede für das Gesetz des Manilius ab.[30] Zu Augustus' Zeiten war man sich in Rom darüber im Klaren, dass die Stadt ohne die Kriegsbeuten und Plünderungen in den Provinzen nicht so ausgesehen hätte, wie sie aussah: «eine goldene Stadt», wie Ovid schrieb.[31] Die Schätze Ägyptens hatten Augustus entscheidend geholfen, seine Stellung in Italien zu festigen, und es ist anzunehmen, dass er nach weiteren Einnahmequellen Ausschau hielt. Dies war wahrscheinlich der Hauptgrund für die Expedition gegen die arabische Halbinsel. Die dortigen Stämme galten als reich und agierten als Makler zwischen dem vermögenden, luxushungrigen Europa und dem Fernen Osten. Doch eine schmähliche Niederlage machte diesem Unternehmen ein Ende.

Inzwischen war es Augustus gelungen, über die letzten seiner Gegner in Rom die Oberhand zu gewinnen. Nach der Angelegenheit mit Egnatius Rufus wagte niemand mehr, gegen den Princeps aufzubegehren, und nach der Organisation der Säkularspiele mussten selbst Augustus' Feinde seine Erfolge anerkennen. Hier erhebt sich die Frage: Ist eine Änderung in Augustus' Außenpolitik nach 17 v. Chr. festzustellen, nachdem die Sicherheit in der Etappe garantiert und das Innere des Landes ruhig war?

Nach Ansicht mancher Historiker war Agrippa im Grunde friedliebend. Als hervorragender Feldherr verstand er den Sinn des Krieges besser als andere. Augustus hörte auf seinen weisen Rat und brachte von Zeit zu Zeit die «Falken», die auf weitere Eroberungen drängten, zum Schweigen. Doch Agrippa starb 12 v. Chr., seither hatten die Kriegshetzer die Oberhand.

Nachdem die Versuche, Germanien bis zur Elbe zu erobern, so dramatisch fehlgeschlagen waren, befahl Augustus, die Grenzen des Imperiums nicht zu erweitern. Von seinem

Standpunkt aus war das ein vernünftiger Rat, und Tiberius betrachtete ihn als Befehl, der zu befolgen war. Trotzdem muss man sich fragen, weshalb die Römer so einfach auf eine weitere Ausdehnung der Grenzen des Imperiums verzichteten. Bis dahin hatte noch nie eine militärische Niederlage dazu geführt, dass Rom «klein beigab»; denn wenn überhaupt eine Eigenschaft existierte, in der die Römer als Volk sich auszeichneten, so war das ihre Hartnäckigkeit und ihr Zielbewusstsein. Über 30 Jahre lang kämpften sie gegen die Samniten, und schwere, selbst beschämende Niederlagen am Ende des 4. Jahrhunderts v. Chr. entmutigten sie nicht. Während des Ersten Punischen Krieges (264–241), als eine Flotte nach der anderen von den Karthagern versenkt wurde, verzweifelten sie nicht. Mit erstaunlicher Leichtigkeit rafften sie sich wieder auf nach ihren schweren Niederlagen während des Zweiten Punischen Krieges (218–202) und triumphierten schließlich bei Zama. Die Siege über Jugurtha, König von Numidien, und über Mithridates wurden schwer errungen, setzten jedoch den römischen Eroberungszügen kein Ende. Julius Caesar focht mit Verbissenheit, bis er Gallien bezwungen hatte. Zu Augustus' Zeiten trat dennoch eine Änderung ein. Dieser Wandel beruhte nicht auf mangelndem Interesse an Neuerwerbungen weiterer Gebiete, sondern auf der Unlust, besondere Anstrengungen zu unternehmen, um die Grenzen des Imperiums zu erweitern.

Ernsthafte Forschungen in dieser Richtung sind bis heute nicht unternommen worden; vielleicht ermöglichen die Quellen keine eindeutige Antwort. Dennoch muss man darauf eingehen. Es hat keinen Sinn, neue Untersuchungen über den römischen Imperialismus anzustellen, wenn das einzige Problem, das die Wissenschaftler beschäftigt, das ist, ob die Römer aufgrund eines sorgfältig vorbereiteten Plans auf Eroberungen ausgingen oder durch Zufall. Ebenso wenig hat es Sinn, über die Frage zu philosophieren, ob der römische Imperialismus defensiv oder aggressiv war, ob die Kriege Präventivkriege waren oder Eroberungskriege mit dem Ziel, Gebiete auszunutzen. Die Frage, die man stellen muss, lautet: Wer hat das römische Volk zu den Eroberungen aufgestachelt? Hierauf gibt es noch keine erschöpfende und befriedigende Antwort, und es scheint, dass nur der Charakter des Eroberers etwas über den Charakter der Eroberung auszusagen vermag.

Nie hat ein ganzes Volk es auf Eroberungen abgesehen. Immer ist es eine Minderheit, die den Anstoß gibt. Die soziale Struktur der zu Eroberungen treibenden Minderheit bestimmt letzten Endes, wie die militärischen Erfolge genutzt werden sollen. Das eingehende Studium der römischen Expansionsphasen zeigt, dass diejenigen, die für Eroberungen innerhalb Italiens eintraten, gegen die Eroberung von Gebieten jenseits der Meere waren und dass zu unterscheiden ist zwischen dem römischen Imperium mit einer Armee von Bauern und, von Marius an, dem römischen Imperium mit einer proletarischen Berufsarmee.

Eine präzise soziale Analyse kann – wie sich zeigt – auch etwas über die Außenpolitik aussagen. Zur Zeit des Prinzipats des Augustus war anscheinend keine einzige Gesellschaftsschicht mehr da, die imstande gewesen wäre, wirklichen Druck auf den Princeps auszuüben, damit er weitere Eroberungskriege führe. Auch Senatoren, Ritter, die Plebs und Freigelassene waren nicht daran interessiert, weil andere Probleme sie beschäftigten und belasteten. Die zeitgenössischen Dichter versuchten unausgesetzt, Augustus für die Eroberung Parthiens zu begeistern – aus Nostalgie oder weil sie annahmen, der Princeps wolle es; doch es gelang ihnen nicht, eine Massenbewegung dafür ins Leben zu rufen.

Vermutlich drückte Properz die Ansicht der Mehrheit der Römer aus, als er schrieb, er sei bereit, siegreichen Feldherren Beifall zu spenden, solange er selbst nur als Zuschauer beim Siegeszug teilnehmen müsse. Er weigerte sich, Soldat zu werden, und versicherte in seinen Gedichten, keiner seiner Nachkommen werde beim Militär dienen. Die Freiwilligen in der Armee waren keineswegs kampfbegeistert. Das Militär war für sie ein Mittel des sozialen Aufstiegs. Sie rechneten damit, bei ihrer Entlassung eine großzügige Geldzuwendung sowie ein Stück Land zu bekommen und vielleicht auch im gesellschaftlichen Rang aufzusteigen. Eroberungsabsichten lagen ihnen fern. Sie hofften auf einen ruhigen Dienst in den Kasernen, nicht auf militärische Zusammenstöße. Als während des pannonischen Aufstands den Freiwilligen klar wurde, dass auf dem Schlachtfeld echte Gefahr drohte, setzten sie sich in hoher Zahl ab, und Rom musste Freigelassene mobilisieren. Wenn die öffentliche Meinung überhaupt etwas bedeutete, so kam sie in einer Inschrift zum Ausdruck, die behauptete, nach der Wiederherstellung der Republik kämen gute Zeiten und glückliche Tage.

Die wirtschaftliche Situation der meisten Bürger Italiens war zur Zeit des Augustus ziemlich gut; elende Armut *(saeva paupertas)* drängte sie nicht in den Krieg.[32] Die Römer hatten keinerlei Grund, weitere Gebiete zu erobern, im Gegenteil, das Beste vom Besten aus der Welt gelangte nach Rom. Das bezeugt Strabo ausdrücklich.[33] Korn wurde aus Ägypten und Kleinasien eingeführt, Textilien aus Milet, Papyri aus Ägypten, Glas aus Syrien und Alexandria. Das Problem einer «negativen Zahlungsbilanz» kümmerte die Römer und die Italiker wenig. Für sie bedeutete der römische Friede die uneingeschränkte Herrschaft über die ganze «kultivierte Welt» vom Atlantischen Ozean bis zum Euphrat. Der Durchschnittsbürger machte sich keine Sorgen darüber, dass die Schiffe, die in den italischen Häfen anlegten, fast leer in die Provinzen zurückkehrten. Sogar in späteren Epochen hatten die Stimmen derjenigen wenig Einfluss, die behaupteten. Rom produziere nicht genug.[34]

Doch zurück zur Außenpolitik des ersten Princeps: Augustus war kein Theoretiker, seine Art. sich über Politik zu äußern, erinnert eher an Chruschtschow als an Kissinger. Oft verglich er den Krieg mit dem Fischer, der eine Angel mit einen goldenen Haken hat: Auch der beste Fang des Fischers kann ihn nicht über den Verlust des goldenen Angelhakens trösten. Derartige Erwägungen waren es, die ihn davon abhielten, Britannien zu überfallen[35], und aus denselben Gründen zog er ein diplomatisches Übereinkommen einem Krieg gegen die Parther vor. Dagegen zögerte er nicht anzugreifen und zu erobern, wenn der Erfolg sicher war, etwa im Fall des Krieges gegen die Salasser. Über den Verlust der Legionen des Varus kam er auch deshalb nicht hinweg, weil es ihm nicht gelungen war, die Verstrickung in dieses überflüssige Abenteuer zu vermeiden. Im Teutoburger Wald verlor Rom den goldenen Angelhaken. Daher der ausdrückliche Befehl an die Erben: «Erweitere nicht die Grenzen des Imperiums.»[36]

3. TEIL

Der Herrscher und sein Erscheinungsbild

KAPITEL 15

Augustus und seine Autobiografie

Die Autobiografie des Augustus aus den erhaltenen Fragmenten rekonstruieren zu wollen, ist ein aussichtsloses Unterfangen.[1] Selbst die genaueste Untersuchung jedes einzelnen Bruchstücks auf seine Authentizität wird erfolglos bleiben. Auch der Versuch ostdeutscher Forscher, durch den Vergleich der Fragmente in direkter mit denen in indirekter Rede dem Ursprungstext näher zu kommen, endete mit dem Schluss: «Letzten Endes muss man die Autobiografie des Augustus als verloren betrachten.»[2] Doch selbst unter der Voraussetzung, dass eine obskure Anthologie von *prodigia* (wunderbaren Ereignissen) und nicht die Autobiografie selbst die Quelle für die meisten in den alten Dokumenten erhaltenen Zitate ist, auch wenn man diesen oder jenen Abschnitt als authentisch erkennt[3], kann man zwei grundlegende Tatsachen mit Sicherheit konstatieren: Erstens wurde die Niederschrift der dreizehnbändigen, Maecenas und Agrippa gewidmeten Autobiografie nach dem Kantabrischen Krieg (23 v. Chr.) unterbrochen.[4] Zweitens unternahm Augustus in seiner Autobiografie große Anstrengungen, sich dem Publikum als eine andere Persönlichkeit darzustellen als die, welche die Propaganda seiner Gegner zeichnete.

Als Erstes trat Augustus jedem entgegen, der ihn wegen der einfachen Herkunft seiner Familie angriff. Er gab zu, dass sein Vater der Erste in der Familie war, der es zum Senator gebracht hatte, unterstrich aber die Herkunft seiner Familie aus dem Ritterstand; alt, wohlhabend und ehrenwert sei die Familie gewesen.[5] Aus einem Abschnitt von Tertullian, dessen Echtheit nicht feststeht, und aus einigen Anmerkungen von Sueton, Plutarch und Nikolaos von Damaskus geht hervor, dass Augustus den Lesern hatte vermitteln wollen, seine außergewöhnlichen Fähigkeiten seien bereits in der Kindheit zu erkennen gewesen.[6] Weder der Zufall noch die Intrigen und Manöver seiner Mutter hätten dazu geführt, dass sein Onkel Julius Caesar ihn adoptierte, sondern das Schicksal sei es gewesen, das ihm eine glanzvolle Zukunft bestimmt habe.

Darauf folgten in der Autobiografie wohl Abschnitte, die versuchten, Augustus' Verhalten seinen früheren Verbündeten Cicero und Antonius gegenüber zu rechtfertigen und den Vorwurf der Treulosigkeit zurückzuweisen. Vermutlich betonte Augustus, es sei seine Absicht gewesen, den Mord an seinem Adoptivvater zu rächen und die Republik zu retten[7], diese hehren Ziele hätten die nicht ganz einwandfreien Mittel gerechtfertigt. Augustus musste aggressiv und unbarmherzig sein, um fünf Bürgerkriege zu überstehen. Doch es überraschte ihn, dass er sich während dieser Zeit einen Namen als brutaler, rachsüchtiger, egoistischer und verräterischer junger Mann gemacht hatte.[8] Zwar konnte er sich nicht über Nacht den Ruf eines milden, gütigen Herrschers erwerben, doch er konnte Verleumdungen und Gerüchten mit eigenen Versionen der Ereignisse offensiv begegnen. Ein Beispiel mag genügen: Seine Feinde verbreiteten das Gerücht, Augustus habe den Prätor Quintus Gallius – da er den Verdacht hatte, dieser wolle ihn ermorden – foltern lassen wie einen Sklaven und befohlen, ihn zu ermorden, nachdem er, Augustus, ihm eigenhändig die Augen ausgestochen habe. Da Augustus wohl bewusst war, dass er diese Geschichte nicht vollkommen widerlegen konnte, wurde folgende Version verbreitet: Gallius habe tatsächlich unter dem Verdacht der Verschwörung gestanden, doch sei er rechtmäßig vor Gericht gestellt, verurteilt und in die Verbannung geschickt worden. Unglücklicherweise jedoch sei Gallius auf tragische Weise auf seinem Weg ins Exil gestorben.[9]

Augustus musste auch die Gerüchte zerstreuen, die mit seinem Verhalten während der entscheidenden Schlachten in den Bürgerkriegen zu tun hatten. Es wurde erzählt, er sei auf dem Schlachtfeld feige gewesen, und die Siege seien in Wirklichkeit von seinen Untergebenen erfochten worden. In Philippi hatte Octavian in der Tat nicht aktiv an den Vorbereitungen zum Kampf mitwirken können, weil er erkrankt war – das war zu verstehen. Wie aber sollte man erklären, dass er sich auch nicht in seinem Bett aufhielt, sondern das Feldlager verlassen hatte? Die Ausrede für sein Verschwinden war folgende: Einer seiner Freunde hatte im Traum den Befehl erhalten, Augustus solle aus seinem Bett aufstehen und das Feldlager verlassen.[10] Von Aberglauben durchdrungene Menschen waren bereit, solch eine Geschichte für bare Münze zu nehmen. Octavian selbst war konservativ und altmodisch in seinen Anschauungen, er nahm Aberglauben ernst.[11] An einer anderen Stelle seiner Autobiografie gesteht er, an dem Tag, an dem er durch einen Aufstand im Militär beinahe gestürzt worden wäre, habe er seinen linken Stiefel an seinen rechten Fuß gezogen.[12] Und in einem Brief an Tiberius bekennt er, niemals habe er sich mit wichtigen Dingen an den *nones* genannten Tagen befasst, weil der Klang dieses Wortes ihn an die unglückselige Formel *non is* (es gehe nicht) erinnere.[13]

Es ist anzunehmen, dass Augustus in den folgenden Abschnitten der Autobiografie versuchte, sein wenig eindrucksvolles Vorgehen in Actium zu erklären.[14] Dagegen fiel es ihm überhaupt nicht schwer, mit seinen Erfolgen im Krieg gegen die illyrischen Stämme zu renommieren: Er hatte die Rebellen außer Gefecht gesetzt und ihnen Geldstrafen aufgebürdet; er hatte Völker unterworfen, die vorher unabhängig gewesen waren; er hatte auch die barbarischen Stämme und die kriegerischen Bewohner der Alpen besiegt, die oft in Italien eingefallen waren.[15] Darüber berichtete er ausführlich. Auch ohne sich im Detail mit der Autobiografie zu beschäftigen, kann man deutlich erkennen, dass es in den erhaltenen Fragmenten Stellen mit verkappt apologetischem, defensivem und sogar polemischem Unterton gibt. Augustus' Feinde attackierten sein Verhalten auf dem Schlachtfeld – er selbst bezeichnete sich als Mann mit *virtus* (Tapferkeit); sie schilderten ihn als grausamen, unbeherrschten Menschen – er brüstete sich seiner *clementia* (Milde, Barmherzigkeit); seine Gegner warfen ihm vor, er achte juristische Verfahrensweisen nicht – er prahlte mit seiner *iustitia* (Gerechtigkeit); sie bezichtigten ihn des Verrats an seinen früheren Freunden, Gönnern und auch an seinen Familienmitgliedern – er wies auf seine Treue und sein Pflichtbewusstsein *(pietas)* hin. Es gab aber auch Ausnahmen, in denen er Probleme nicht kaschierte, zum Beispiel hinsichtlich der Trennung von seiner zweiten Frau Scribonia: In diesem Fall hoffte er, rechtschaffene und ehrenwerte Menschen würden ihn verstehen und ihm zubilligen, dass er sich gezwungen gesehen hatte, ihr den Laufpass zu geben, da er ihre Sittenlosigkeit leid war und nicht mehr ertragen konnte.[16]

Warum also unterbrach er das Schreiben der Autobiografie nach dem Kantabrischen Krieg? Weil ihm das Datum, an dem der Janustempel zum zweiten Mal geschlossen wurde, passend schien? Mag sein, aber weshalb hatte er es nicht getan, als die Tore dieses Tempels zum ersten Mal geschlossen worden waren? Hatte ihn vielleicht irgendeine Krankheit befallen, die ihn am Schreiben hinderte? Möglich, doch wir wissen, dass er dank der Behandlung von Antonius Musa vollkommen genesen war.[17] Überzeugender scheint mir die Erklärung, Augustus sei nach 23 v. Chr. zu dem Schluss gekommen, dass es nicht mehr nötig sei, seine Vergangenheit zu rechtfertigen, dass es sich gar als zweischneidiges Schwert erweisen könnte, wenn er damit fortführe. Wie auch immer – er ließ die Autobiografie unvollendet liegen.

Wir wollen uns einmal kurz die Lebensgeschichte eines römischen Jungen ausmalen, der 76 v. Chr. geboren wurde, dessen Onkel während der Proskriptionen Sullas ermordet wurde, dessen Vater in Spanien während des Kampfes gegen Sertorius fiel und der die Geschichten seiner Mutter über die Grauen des Spartakuskrieges nicht vergessen hatte. Die Nachricht vom Tod seines Vetters in einem der Kriege, die Pompeius im Osten führte, traf ein, als Rom mit der Verschwörung Catilinas ganz in Anspruch genommen war. 59 wurde der Junge 17 Jahre alt, 58 trat er in die Armee Caesars ein, die ihre Expedition nach Gallien vorbereitete. Er zeichnete sich in den Kämpfen aus und überquerte 49 den Rubikon. Als treuer Anhänger Caesars kämpfte er an dessen Seite in Ilerda, Pharsalus, Zela, Thapsus und Munda. Als Caesar ermordet wurde, war er 32 Jahre alt. Ohne zu zögern, stellte er sich an die Seite des Erben Octavian. Er kämpfte heldenhaft in Mutina und Philippi, doch dann verließ ihn das Glück. Er wurde schwer verwundet und erholte sich nur langsam. Nach 20 Jahren hervorragenden, pflichttreuen Dienstes wurde er mit Ehren entlassen, erhielt ein Stück Land, heiratete und wurde Vater eines Sohnes. An dem Tag, an dem das Kind geboren wurde, fiel sein Bruder in Actium. Aus Liebe zu seinem Sohn beschloss er, ihm zu verbieten, sich freiwillig zum Militär zu melden, insbesondere in diesen grauenhaften Bürgerkriegszeiten. Von ganzem Herzen hoffte er, jemand werde dem sinnlosen Morden ein Ende machen, sodass die Tore des Janus-Tempels ein für alle Mal geschlossen würden. Wer das zuwege brächte, dem würde er um diesen Friedens willen alle Regierungsvollmachten übertragen. Unser Held hätte keine Bedenken gehabt, die republikanische Tradition zu opfern. Sie war für ihn ganz ohne Bedeutung.

Dies ist zwar eine erfundene Geschichte, aber ist sie der Wirklichkeit tatsächlich so fern? In solch einer Atmosphäre der Begeisterung über das Ende der Bürgerkriege scheint Augustus zu dem Schluss gekommen zu sein, es sei überflüssig, seine Taten weiter zu rechtfertigen, sich für Unredlichkeiten zu entschuldigen und die Flecken zu entfernen, die seinem Charakter anhafteten, wie er es allerdings in seiner Autobiografie getan hatte. Kein Mensch zweifelte mehr an seiner *virtus*, seiner *iustitia*, seiner *clementia* und seiner *pietas*, denn diese Attribute hatte der Senat ihm einstimmig zuerkannt.[18]

Man kann aber nicht behaupten, Augustus hätte sich von diesem Augenblick an stark genug gefühlt, üble Nachrede zu ignorieren. Die Feststellung, in den Tagen des Augustus habe volle Meinungsfreiheit geherrscht, ist mit Skepsis zu betrachten. Augustus nutzte seine *auctoritas* selten unrechtmäßig, aber Schmähschriften gegen ihn ließ er unverzüglich vernichten. Die öffentliche Verbrennung der Pamphlete des Cassius Severus und die Verbannung des Autors nach Kreta zeigen, welch wirksame Waffen Augustus im Kampf gegen die oppositionelle Propaganda zur Verfügung standen; die Publikation von Plädoyers zu seiner Verteidigung gehörte nicht dazu.[19]

Noch wichtiger ist die Tatsache, dass Augustus – wie anderen prominenten Römern auch – die Würdigung seiner Zeitgenossen allein nicht genügte. Cicero zum Beispiel sorgte sich um das Urteil, das die Geschichte 600 Jahre später über ihn fällen würde; ihm war diese Bewertung viel wichtiger als der Klatsch seiner Zeitgenossen.[20] Die Trauerrede am Grab eines ehrenwerten Römers *(laudatio funebris)* war dazu ausersehen, die kommenden Generationen über den Charakter des Verstorbenen und seine Verdienste zu informieren. Hirtius beendete das Buch *De bello Gallico* für Caesar, um den künftigen Historikern Material zu übermitteln, «damit das Wissen über solche Dinge den Verfassern nicht fehle» *(ne scientia tantarum rerum scriptoribus deesset)*.[21] Augustus bildete in dieser Hinsicht keine Ausnahme. Schon 36 v. Chr. sorgte er dafür, dass seine Reden schriftlich festgehalten und in einem kleinen Buch veröffentlicht wurden.[22] 13 v. Chr. zeichnete er seine Erfolge auf und bat den Quästor, dem Senat das Dokument vorzulesen.[23] Dies Verhalten lässt den Wunsch erkennen, die Aufzählung seiner ruhmreichen Leistungen möge den kommenden Generationen als Vorbild dienen, dem sie nachzueifern hätten.[24] Dieses Ziel konnte er nicht erreichen, indem er seine Autobiografie schrieb, daher die Unterbrechung. Von nun an galt das Interesse des Princeps dem Tatenbericht. Auch dieses Dokument ist von 23 bis 2 v. Chr. unzählige Male umgeschrieben worden.[25] (Änderungen und Hinzufügungen, die sich auf später beziehen, interessieren hier nicht; denn Augustus selbst wies darauf hin, dass er in der Verleihung des Titels *pater patriae* 2 v. Chr. den Höhepunkt seiner Karriere sah.)

Seit langem ist den Historikern bewusst, dass es Augustus' wichtigstes Anliegen war, sein Image zu ändern – vom brutalen Tyrannen zum *pater patriae* und vom Parteiführer *(dux partium)* zum ersten Bürger *(princeps civium).* Augustus verachtete ihm wohlgesinnte Propaganda nicht und verzichtete nicht darauf, die Dienste von Geschichtsschreibern, Dichter, Bildhauern und Architekten in Anspruch zu nehmen, die seinen Interessen zugetan waren. Im Gegensatz zu Cicero genierte er sich nicht, andere darum zu bitten, seine Taten zu rühmen.[26] Er hatte auch keine Bedenken, historische Quellen, die ihn eines Tages hätten belasten können, vernichten zu lassen.[27] Auch das erschwerte es seinen Rivalen, Nachteiliges über ihn mitzuteilen, denn: *non est enim facile in eum scribere qui potest proscribere* (es ist nicht leicht, gegen denjenigen zu schreiben, der über dich das Urteil fällen kann).[28] Trotz alledem wollte Augustus sich nicht vollkommen auf andere verlassen. Ohne die Schriften seines Zeitgenossen, des jüdischen Patriarchen Hillel, zu kennen, übernahm er dessen Wahlspruch: «Wenn ich nicht selbst für mich eintrete, wer tritt für mich ein?»[29]

Ich möchte meine Ansicht folgendermaßen formulieren: Das Verhältnis zwischen Augustus' unvollendeter Autobiografie und seinem Tatenbericht entspricht dem zwischen seinem Mausoleum und der berühmten Statue von Prima Porta. In der Autobiografie setzte Augustus sich gegen die verschiedenen Diffamierungen zur Wehr. Einem ähnlichen Zweck diente das Mausoleum. Es ist nicht anzunehmen, der mächtige Bau sei in Erwartung eines frühen Todes errichtet worden, ebenso wenig ist anzunehmen, Augustus habe bereits im Jahr 28 v. Chr. an die Begründung einer königlichen Dynastie gedacht. Deswegen ist es sinnvoller, der Auffassung beizupflichten, Octavian sei der Gefangene seiner eigenen Propaganda gewesen; hier rügte er Antonius der fremdartigen Sitten *(externi mores)* und unrömischen Laster *(vitia non Romana)* wegen und ganz besonders wegen dessen letzten Wunsches, in Alexandria beigesetzt zu werden. Der Bau des riesigen Mausoleums begann wohl Mitte der 30er Jahre und sollte alle daran erinnern, dass Octavian und die Mitglieder seiner Familie – im Gegensatz zu Antonius – in Rom zwischen dem Tiber und der Via Flaminia bestattet werden würden.[30] Deshalb machte er schon 28 v. Chr. die Umgebung des Mausoleums zu einem öffentlichen Park.[31] Es ist sehr gut möglich, dass die so genannte Wiederherstellung der Republik am 13. Januar 27 v. Chr. nichts anderes war als die Reaktion auf das von Antonius dem Senat und dem Volk gegebene Versprechen, die Republik nach dem ersehnten Sieg in ihrem ursprünglichen Zustand wiederzuerrichten.[32]

Als er die Zügel des Regimes sicher in der Hand hielt, konzentrierte Octavian sich darauf, sein öffentliches Erscheinungsbild zu ändern. Er erschien auf den Münzen nicht mehr als junger Mann mit Backenbart – einem Zeichen der Trauer über den Tod seines Onkels; das neue Münzbild zeigte ihn als großen Mann und großartigen Krieger, dessen Äußeres eine neue Staatsidee verkörperte. Diese Münzen gaben nicht Augustus' wirkliches Aussehen wieder. Sueton zufolge war der Princeps ein kleiner Mann von krummem Wuchs, mit schief stehenden Zähnen, hinkend und überaus kränklich.[33]

Gegenüber dem Tempel des rächenden Mars lag das neue Forum, finanziert aus den Erträgen der Kriegsbeute und den ruhmreichen Männern gewidmet, die den Herrschaftsbereich des römischen Imperiums erweitert hatten. An exponierter Stelle auf dem Forum stand die Quadriga, die der Senat Augustus geschenkt hatte und die den Princeps als siegreichen Feldherrn zeigte. Auf Münzen erschien Augustus jetzt als Retter der Bürger, und der Senat ordnete jedes Jahr vor dem Friedenstempel Opfer zu Ehren von Augustus, dem Vater der *pax Romana*, an.

Eine Anzahl erhaltener Standbilder zeigt Augustus, wie er eine religiöse Zeremonie abhält, wobei die Ränder der Toga seinen Kopf bedecken *(capite velato)*. Diese Statuen standen in der Tradition der antiken Bildhauerei, deren maßgebliches Vorbild die von Polyklet geschaffene Statue des Doryphoros war.

Kehren wir zurück zum Tatenbericht: Das neue Selbstverständnis des Augustus kommt schon im ersten Satz zum Ausdruck: «Im Alter von neunzehn Jahren habe ich als Privatmann aus eigenem Entschluss und aus eigenen Mitteln ein Heer aufgestellt.»[34] Dies ist keine apologetische Erklärung und nicht die Sprache eines Menschen, der die Herrschaft gegen das Gesetz an sich gerissen hat, vielmehr die eines Retters. Die Worte erinnern an den Grundsatz, den die Überlieferung Lucius Brutus dem Älteren zuschreibt. Dieser hatte, obwohl er kein öffentliches Amt bekleidete *(privatus)*, in Notzeiten die Bürde der Macht übernommen, denn: *in conservanda civium libertate esse privatum neminem* (ist von der bürgerlichen Freiheit die Rede, so ist niemand ein Privatmann).[35]

Von beleidigenden und gehässigen Gerüchten über sein Verhalten und seine Feigheit auf dem Schlachtfeld war keine Rede mehr. Seine großen Feinde waren nach Philippi, Naulochus und Actium von der historischen Bühne abgetreten. Salvidienus Rufus war hingerichtet worden, während Agrippa als treuer und ergebener Stellvertreter diente. Seine anderen mit großer Sorgfalt ausgesuchten Helfer waren tüchtig und ihrem Befehlshaber treu ergeben. So stellte er kurz, doch voller Pathos fest: «Zweimal habe ich auf dem Schlachtfeld gesiegt» *(vici bis acie)*.[36] Niemand war mehr da, der seine Worte hätte widerlegen können.

KAPITEL 16

Augustus und der Prinzipat in seinem Tatenbericht

Eine Reihe von Forschern, unter ihnen Theodor Mommsen, Hermann Dessau, Ernst Kornemann und Ernst Hohl, haben mit Entschiedenheit erklärt, Augustus' Tatenbericht sei vor allem für die römische Stadtplebs bestimmt gewesen.[1] Die genaue Aufzählung der diversen Bestechungen, der Spiele und Schaustellungen in Rom habe keinen Menschen in Ancyra, Apollonia oder Antiochia interessiert.[2] Mommsen behauptet, Augustus habe die Dinge geschrieben, die er die Plebs über ihn glauben machen wollte, und Syme erklärt, die Feststellung Dessaus, wonach die Schrift hauptsächlich für die Stadtplebs in Rom bestimmt gewesen sei, habe nicht die gebührende Aufmerksamkeit erhalten.[3] Vor vielen Jahren war auch ich dieser Auffassung[4], doch im Laufe der Zeit kamen mir einige Zweifel.[5]

Drei Behauptungen wurden vorgebracht, um Dessaus Meinung zu stützen: Erstens könne die machtvolle militärische Stellung des Augustus beim Volk in der Stadt nicht populär gewesen sein. Daher habe er seinen Oberbefehl über die Armee kaschieren müssen *(imperium proconsulare maius)*. Zweitens habe Augustus die Tatsache betont, dass er die tribunizische Gewalt besaß, um als Fürsprecher des einfachen Volkes zu gelten. Drittens würden deshalb in den Abschnitten 15 bis 24 so ausführlich Bestechungen, Spiele und Landzuweisungen behandelt, weil das einfache Volk daran habe erinnert werden sollen, dass die dafür nötigen Finanzmittel aus der Tasche des Princeps kamen *(patrimonio meo)*.

Diese Behauptungen lassen sich eine nach der anderen widerlegen: *imperium*, also die Befehlsgewalt, war niemals unpopulär bei der Stadtplebs. Als zum Beispiel der Tribun Marcus Naevius den Scipio Africanus bezichtigte, er habe sich von König Antiochos III. bestechen lassen, verteidigte Scipio sich in einer Rede an das Volk: «Ich denke daran, meine lieben Bürger, dass heute das Datum ist, an dem ich in Afrika im gewaltigen und wichtigen Kampf Hannibal schlug, den schrecklichsten Feind, der eurer Herrschaft drohte *(imperio vestro inimicissimum)*, und für euch einen herrlichen Frieden und glänzenden Sieg errang.»[6] Scipio rief das Publikum auf, nicht auf die Beschuldigung des elenden Tribunen zu hören: «Lasst uns nicht undankbar gegen die Götter sein. Lasst uns sofort gehen und Jupiter unseren Dank darbringen.» Sein Charisma wirkte prompt. Die Versammlung, die einberufen worden war, um Scipio wegen Unredlichkeiten zu verurteilen, ging auseinander, und die riesige Menge begleitete ihn zum Kapitol und von dort bis zu ihm nach Hause.

Augustus hatte keinen Grund, seine Erfolge und Siege sowie seine Befehlsgewalt zu verheimlichen, und erst recht nicht die von ihm veranstalteten Triumphzüge. Es gab natürlich Gelegenheiten, bei denen es opportun erschien, die Tatsache nicht herauszustellen, dass sein Erfolg auf den Streitkräften beruhte, die ihm zur Verfügung standen. Im Tatenbericht war das jedoch nicht der Fall. Der Krieg war den römischen Aristokraten zur zweiten Natur geworden, denn sie mussten, um auf ihrer politischen Laufbahn voranzukommen, zunächst an einer nicht geringen Anzahl von Kämpfen teilnehmen. Militärischer Ruhm *(rei militaris gloria)* hatte einem römischen Politiker noch nie geschadet; im Gegenteil, er erhöhte seine Aussichten, gewählt zu werden.[7] Das Gebet der Zensoren um die Vergrößerung des Imperiums[8] und der Stolz, der aus den Worten «Nachdem die Grenzen des Imperiums erweitert worden waren und Friede in der bewohnten Welt eingekehrt war» *(imperio amplificato pace per orbem terrarum confecta)*[9] spricht, bringen in angemessener Form die Einstellung der führenden Schichten zu Krieg und Frieden zum Ausdruck. Trotzdem behaupten einige Historiker, die einfachen, aktiv kämpfenden Soldaten seien gegen den römischen Imperialismus gewesen[10] und der Militärdienst sei schon während der Republik unpopulär geworden. Es gibt zwar einige wenige Berichte, wonach Dienstpflichtige versuchten, sich vor der Einberufung zum Militär zu drücken; doch die Untersuchungen von Keith Hopkins und William Harris zeigen, dass sich daraus nicht schließen lässt, die meisten dienstfähigen Bürger hätten sich dem Wehrdienst entziehen wollen.[11] Ich möchte eine treffendere Diagnose stellen.

Das Imperium war zu Augustus' Zeiten noch populär in Rom; andernfalls hätte der Princeps die Standbilder der Helden, die die Grenzen des Imperiums erweitert hatten, nicht in den Säulenhallen am Forum aufstellen lassen.[12] Es besteht aber ein Unterschied zwischen einer Ehrung für Eroberungen und der aktiven Teilnahme an Eroberungsfeldzügen; zwischen dem Hurrarufen für die siegreichen Feldherren und dem Dienst unter ihnen. Properz forderte, den Tod des Crassus in Carrhae zu rächen; er hatte jedoch nicht den Wunsch, sich selbst durch den Krieg zu bereichern: «Die Beute möge für diejenigen sein, durch deren Mühe sie errungen wurde.» Dem Dichter genügte es, den Siegern zu applaudieren, die über die Via Sacra schritten; überdies betonte er ausdrücklich, keiner seiner Nachkommen werde beim Militär dienen.[13]

Diese Einstellung fand sich nicht nur bei den Dichtern. Auch das Volk jubelte den siegesbekränzten Feldherren zu und freute sich, wenn die Nachricht über einen glorreichen Sieg eintraf. Als jedoch Aufstände in Pannonien und Böhmen ausbrachen, war es nicht möglich, unter den Bürgern die erforderliche Zahl von Soldaten zu mobilisieren. Es mussten Söhne von Freigelassenen und sogar Sklaven einberufen werden, um die Lücken zu füllen.

Diese Umstände sind es, die uns die Abschnitte 25 bis 34 des Tatenberichts verstehen lassen. Augustus erwähnte sein *imperium* nicht, denn er wollte keinen Essay über konstitutionelles Recht schreiben, und die Zeitgenossen wussten, dass die Erfolge auf militärischem Gebiet unter seinem Befehl oder dem derjenigen, die unter seiner Ägide operierten, erzielt worden waren. Hinweise auf sein *imperium* finden sich allerdings schon im ersten Kapitel in den Paragrafen 2 bis 4, wo er die Ereignisse des Jahres 43 schildert. Spätere Kapitel lassen keinen Zweifel zu: «Bei allen Provinzen des römischen Volkes, denen Völkerschaften benachbart waren, die unserem Spruche nicht gehorchten, habe ich die Grenzen erweitert [...] Meine Flotte segelte über den Ozean [...] Auf meinen Befehl und unter meinen Auspizien [...] wurden zwei Heere gegen Äthiopien und Arabien [...] geführt [...]» und auch das armenische Volk habe er unterworfen.[14] Erst in späterer Zeit mussten Geschichtsschreiber erklären, dass die Legionen ebenso wie die Provinzen und die Flotte Augustus' Befehlsgewalt unterstanden.[15] Niemand in Rom hätte sich vorstellen können, alle diese Erfolge seien durch einen Mann ohne *imperium* erreicht worden.

Die Behauptung, Augustus habe die tribunizische Gewalt übernommen, um beim Volk Gefallen zu finden, ist ebenfalls nicht überzeugend. Es gibt überhaupt keinen Zweifel, dass

Augustus als Anführer des Volkes auftreten wollte, doch er kannte vermutlich bessere Wege, sich bei den Massen beliebt zu machen, als ihnen immer wieder seine tribunizische Vollmacht ins Gedächtnis zu rufen. Es waren die oberen Schichten, die daran erinnert werden sollten, dass die Massen gegen sie aufstehen könnten. Nur wer die tribunizische Gewalt innehabe, könne die Menge dazu bringen, dem ersten Bürger des Staates zu gehorchen und die Senatoren vor dem offenen Hass der Menge schützen. Der römischen Aristokratie war diese Tatsache wohl bekannt. Sie betrachtete die tribunizische Vollmacht längst als notwendiges Übel. Doch die Unruhen in den Jahren 23 bis 19 bewiesen, dass tatsächlich nur Augustus fähig war, die Führungsschicht vor Schaden zu bewahren und die Menge in Schach zu halten. Augustus musste aber zugleich die ehrgeizigen Bestrebungen mancher Senatoren im Zaum halten; das Schicksal des Egnatius Rufus sollte all denen als Beispiel dienen, die versuchen könnten, gegen den Willen das Kaisers die Sympathie der Plebs zu gewinnen.

Mir bleibt zweifelhaft, ob die Abschnitte 15 bis 24 des Tatenberichts tatsächlich dazu bestimmt waren, die breite Masse daran zu erinnern, dass die reichlichen Beihilfen und Zuwendungen, die unter den Menschen verteilt wurden, aus der Tasche des Princeps kamen *(ex patrimonio meo)*.[16] Meiner Meinung nach war es den Leuten lieber, in den Genuss von Bestechungsgeldern zu kommen, als über sie zu lesen. Und wenn dieser Text tatsächlich für die Volksmenge in Rom bestimmt war, dann ging man davon aus, dass ein hoher Prozentsatz der Leute ihn lesen konnte. Allerdings fiel es Teilen der Stadtplebs schon schwer, ein U von einem A zu unterscheiden: Bei Abstimmungen mussten die römischen Bürger zwischen Tontafeln mit dem Buchstaben U oder A wählen. Wer eine Tontafel mit einem U in die Urne warf – *uti rogas* heißt «wie du vorschlägst» –, stimmte für den Beschluss. Wer das A einwarf – das für *antiquo* stand, also es beim Alten zu lassen –, entschied dagegen.[17]

Zwar berichtete Cicero, dass die Edikte des Bibulus gegen Caesar so viel Interesse hervorriefen, dass sich an den Stellen, wo sie aushingen, viele Menschen drängten.[18] Doch niemand kann mit Sicherheit sagen, ob alle dort Versammelten lesen und schreiben konnten. Ebenso kann man sich vorstellen, dass jemand, der lesen konnte, den Umstehenden den Inhalt der Edikte laut vortrug. Hinzu kommt, dass Bekanntmachungen, die Verleumdungen enthielten, im Allgemeinen kurz gefasst waren und auf größere Aufmerksamkeit stießen als Schriften wie der Tatenbericht.

Dachte Augustus wirklich, nach seinem Tod würde das römische Volk in den Gärten bei seinem Mausoleum picknicken und zu seiner Unterhaltung «die Königin der Inschriften» lesen, deren Worte auf zwei Bronzetafeln eingraviert waren?[19]

Augustus war es äußerst wichtig zu erfahren, was die Menschen in Rom und Italien hinter vorgehaltener Hand über ihn sagten, und er sparte keine Mühe, dem Volk seine Sorge um das Wohl des Volkes zu zeigen. Es entbehrt daher der Logik zu unterstellen, Augustus, der die allgemein herrschende Stimmung beim Volk so gut kannte, hätte seinen Anhängern mit Stolz verkündet, er habe das Konsulat auf Lebenszeit abgelehnt, als das Volk ihm das Amt anbot; und ebenso habe er sich geweigert, die Diktatur zu übernehmen, als die Plebs ihn bedrängte, das zu tun.[20] Die Plebs kannte Ciceros Begriff der *libertas* nicht, hielt auch die republikanischen Umgangsformen nicht hoch in Ehren. Und Augustus hat nie beabsichtigt, der Menge mit geschriebenen Worten zu imponieren. Eine lange Inschrift – mochte sie auch in dem herrlichen Park am Nordausgang des Marsfeldes aufgestellt sein – war nicht dazu bestimmt, seine Popularität zu vergrößern. Das Volk sollte an ihn durch seine Statuen und Ikonen erinnert werden, durch den Friedensaltar und das Forum, die er hatte errichten lassen. Er hatte den festen Glauben, dass er eines Tages zu denjenigen gezählt werden würde, die dem römischen Volk so viel Ruhm gebracht hatten wie die Helden, deren Standbilder er zwischen den Säulen des neuen Forums hatte aufstellen lassen: «Die höchste Ehre nächst den Göttern erwies er den Heerführern, welche des römischen Volkes Macht von der niedrigsten auf die höchste Stufe gebracht hatten.»[21]

Worauf ich hinaus will: Die Propaganda in geschriebener Form, die für die breite Masse bestimmt war, musste kurz sein, zum Beispiel wie die Beschriftung einer Münze. Auch im antiken Rom interessierte sich der Durchschnittsmensch eher für Neuigkeiten und handfesten Klatsch als für eine Aneinanderreihung trockener Tatsachen aus der Vergangenheit. Um seinen Platz in der Geschichte zu sichern, musste Augustus sich an die gebildeteren Bürger wenden, ihnen erzählte er also, wie er sich wünschte, erinnert zu werden.

Augustus hätte nie abgestritten, dass er für die Plebs besondere Sympathie empfand. Doch er wollte die kommenden Generationen wissen lassen, dass er nicht nur ein «Volksheld» war. Er wünschte, sein Takt werde als Beispiel dienen; niemand sollte vergessen, dass er jeden anständigen Menschen zu seinem Freund machen konnte; in Erinnerung sollte bleiben, dass er die Zuneigung des einfachen Volkes gewonnen hatte, ohne das Ansehen der höheren Stände zu verlieren. Als *salubris princeps* wollte er im Gedächtnis bleiben, der – wie jeder gute Arzt – die Behandlung des Kranken übernimmt und ihn tatsächlich heilt.[22] Sein Erfolg wurde durch «allgemeine Übereinstimmung» *(consensus universorum)* ermöglicht, ein nicht weniger nebulöser Begriff als Ciceros «Übereinstimmung aller Guten» *(consensus omnium bonorum)*[23]; doch ebenso wenig wie Cicero die *bonitas* auf eine bestimmte Gesellschaftsschicht bezogen wissen wollte, wollte Augustus sich als Anführer nur einer Bevölkerungsschicht sehen. Sein Wunsch war es, als «Vater des Vaterlandes» betrachtet zu werden, und in der Tat: als er 2 v. Chr. den Titel erhielt, sah er dies als den Höhepunkt seines Lebens an.[24] Als ihn eine Abordnung der Plebs in der Hafenstadt Antium besuchte und ihm den Titel zum ersten Mal anbot, lehnte er diese Ehre ab. Einige Jahre später, beim Betreten des Theaters in Rom, bedrängte ihn die Menge wieder, den Titel anzunehmen, doch er willigte auch dieses Mal nicht ein. Denn Augustus wollte nicht als ein «Liebling der Plebs» gelten, wie einst Manlius.[25] Auch das Beispiel Sullas reizte ihn nicht, weil dieser nur durch den Einfluss der angesehenen Bürger zum Retter und Vater des Vaterlandes erklärt worden war.[26]

Allen traditionellen Kriterien gemäß gebührte Augustus zweifellos der Titel «Vater des Vaterlandes». Er war der Bewahrer der Freiheit *(conservator libertatis)* er hatte dem fürchterlichen Bürgerkrieg ein Ende gemacht; er war wegen seiner Milde wohl bekannt; er half vom Leid Verfolgten, brachte der Welt Ruhe und seinen Zeitgenossen Frieden.[27] Schließlich sorgte er sich um die römischen Sitten und Gebräuche und die Wiederherstellung der traditionellen römischen Familie. Daher erwartete er die Anerkennung seiner Leistungen von Seiten der gesamten Bevölkerung. Erst als Messalla Corvinus, der in der Vergangenheit auf der Seite von Cassius und Brutus gestanden hatte, im Senat die Initiative ergriff und dadurch das Einverständnis des ganzen Volkes *(consentiens cum populo Romano)* gewann, sagte Augustus unter Tränen: «nach diesem Erreichen aller meiner Wünsche, [...] was kann ich da noch von den unsterblichen Göttern erflehen.»[28]

In allem, was mit Augustus' Selbstdarstellung zusammenhängt, bildet Kapitel 35 – nicht das so umstrittene Kapitel 34 – seines Tatenberichts den Höhepunkt: «[...] und das gesamte Volk nannte mich einhellig ‹Vater des Vaterlandes›.» Um zu betonen, dass er nicht mit der landläufigen Formel «Der Senat und das römische Volk» *(senatus populusque Romanus SPQR)* zufrieden war, fügte er den oft vergessenen Stand der Ritter hinzu.[29]

Wer der Auffassung ist, es sei ganz unwichtig, an wen Augustus sich in seinem Tatenbericht wendete, kann sich mit der Feststellung zufrieden geben, Augustus habe nichts anderes im Sinn gehabt, als sich in der Geschichte zu verewigen. Ich persönlich halte diese Frage für nicht so belanglos, deshalb möchte ich die folgenden Erwägungen zur Diskussion stellen: Es ist durchaus nicht notwendig, eisern an der traditionellen Dreiteilung des Tatenberichts festzuhalten, nach der die Abschnitte 1 bis 14 die Ämter *(honores)* des Augustus behandeln, Abschnitte 15 bis 25 seine Ausgaben *(expensae)* und schließlich die Abschnitte 26 bis 31 seine Taten *(res gestae)*. Theodor Mommsen wies darauf hin, dass Augustus selbst diese Dreiteilung nicht genau eingehalten hat[30], und tatsächlich gehen aus den 14 ersten Abschnitten weitere Einzelheiten hervor: So erklärt Augustus in Abschnitt 6, warum er sich uneingeschränkt hinter den Brauch der Vorfahren *(mos maiorum)* stellt und betont, er habe niemals ein Amt übernommen, das gegen die Überlieferung verstieß. Er drückt in Abschnitt 8 seinen Stolz darüber aus, dass die nachahmenswerten Bräuche der Väter – die in seiner Generation fast völlig in Vergessenheit geraten waren – durch Gesetze, die er initiierte, wieder eingeführt wurden. Und tatsächlich hat er in seiner politischen und sozialen Gesetzgebung gewissenhaft darauf geachtet, den Grundsatz der Zensoren aus dem Jahr 92 v. Chr. zu befolgen, wonach keine Neuerungen entgegen den Gebräuchen und Richtlinien der Vorfahren eingeführt werden durften.[31] Auch die alte Art der Kleidung führte er wieder ein und wies die Ädilen an, nur diejenigen auf das Forum und dessen Umgebung zu lassen, die eine Toga trügen.[32]

Augustus' Konservatismus und sein Traditionsbewusstsein – ganz dem Cato zugeschriebenen Ausspruch entsprechend, derjenige sei ein guter Mensch, dem es fernliege, gegenwärtige Dinge zu ändern[33] – zeigen sich nicht nur den Patriziern gegenüber, sondern auch in Augustus' Verbundenheit mit der römischen Religion. Unter den zahlreichen Ämtern und Würden betont er nicht sein *imperium proconsulare*, sondern die hohen religiösen Funktionen.[34] Er erwähnt, dass sein Name auf Anweisung des Senats in der Hymne der *Salii* enthalten ist, und er vergisst nicht, darauf hinzuweisen, dass eine riesige Menschenmenge aus ganz Italien nach Rom strömte, um seine Wahl zum *Pontifex maximus* zu feiern. Daher ist es auch nicht überraschend, dass Augustus Kleopatra den Krieg nach dem althergebrachten Ritus der *fetiales* (priesterliche Beamte) erklärte[35] und er stolz darauf war, den Tempel der *Lares* auf der höchsten Stelle der *Via Sacra* errichtet zu haben und den Tempel der *Penates* auf der Velia.[36] Er betrachtete sich nicht nur als *conditor* (Begründer), sondern auch als *conservator Romani nominis* (Bewahrer des römischen Namens).[37]

All das belegt zweifelsfrei, dass Augustus von einem bestimmten Augenblick an die Absicht hatte, nicht allein als Vater des Vaterlandes aufzutreten, der für alle Gesellschaftsschichten in gleichem Maße sorgt, sondern außerdem als ernster und heiliger Mann *(vir gravis et sanctus)*, welcher der Feindschaft und den Streitigkeiten zwischen den Gesellschaftsschichten und den politischen Parteien ein Ende setzt und für den Frieden zwischen Rom und den übrigen *nationes* sorgt. Wen aber wollte Augustus damit beeindrucken? Will man dies herausfinden, so sollte man sich immer vor Augen führen, dass sein Tatenbericht für die kommenden Generationen bestimmt war und dieser erst nach Augustus' Tod der Öffentlichkeit bekanntgemacht werden sollte.

Vor über hundert Jahren untersuchte Michael Rostovtzeff die römischen Bleitafeln *(tesserae)*, münzähnliche Berechtigungs- und Erkennungsmarken.[38] Es lohnt sich, über die Ergebnisse dieser Arbeit noch einmal nachzudenken. Rostovtzeff zufolge halfen die Ritter – insbesondere die jungen unter ihnen – Augustus, seine konservative Politik in die Tat umzusetzen; daher habe der Kaiser ein so aktives Interesse an der Organisation der *iuvenes* gezeigt, sowohl in Rom als auch in ganz Italien.[39] Die Tatsache etwa, dass Augustus die *turmae equitum*, die kleinsten Einheiten der Kavallerie, zu bestimmten Zeiten inspizierte – ein Brauch, der lange außer Acht gelassen worden war –, erschien durch Rostovtzeffs Forschungen in neuem Licht[40]; ebenso die zwei Tage andauernden Geburtstagsfeiern, die die Ritter jedes Jahr aus eigener Initiative für Augustus veranstalteten, oder der unbändige Stolz des Princeps, als die Ritter alle zusammen *(equites Romani universi)* seinen Enkeln Gaius und Lucius versilberte Schilde und Lanzen übergaben und sie zu *principes iuventutis* erklärten[41] Schon Mommsen hatte bemerkt, dass die Ritter durch die Neuorganisation und die Ernennung zu *seviri equitum Romanorum* einer quasi-politischen Einheit glichen.[42] Rostovtzeff folgte Mommsens Gedankengang und unterstrich die religiösen und paramilitärischen Aspekte dieser Vergemeinschaftungsformen für die Jugend aus den höheren Schichten.

Zur Jugend zählten nicht nur die jungen Ritter, sondern

auch die Söhne der Senatoren (bis zum Alter von 35 Jahren).[43] 28 v. Chr. verpflichtete Augustus Jungen und Männer aus der Aristokratie zur Teilnahme an den Wettläufen [44], und übernahm die Schirmherrschaft bei den trojanischen Spielen, denn er glaubte, durch diese Auftritte würden die jungen Aristokraten Eindruck beim Publikum machen.[45]

Die Söhne und Töchter der angesehenen Bürger Roms sangen die Hymne bei den Jahrhundertspielen *(saeculare carmen),* und in der feierlichen Militärparade, die Augustus selbst inspizierte, führten die jungen Ritter ihre Pferde vor. Vielleicht fürchtete Augustus, die lange Zeit des Friedens werde die jungen Leute verweichlichen und sie zu genusssüchtigen Sybariten machen, zu jungen Männern, die es hassten, ihre Haut auf dem Marsfeld der Sonne auszusetzten, die es schauderte, in kaltem Wasser zu baden, die nicht wussten, wie man ein Pferd reitet oder eine Lanze handhabt – die überhaupt unfähig waren, Mühsal und Not zu ertragen.[46] Deshalb führte Augustus den alten Brauch der *exercitatio campestris* wieder ein.[47]

Vielleicht hoffte Augustus, den starken, widerstandsfähigen Menschenschlag zu neuem Leben zu erwecken, das mutige Soldaten-Bauern-Volk, das in der Vergangenheit Pyrrhus, Hannibal und Antiochos III. geschlagen hatte.[48] Cassius Dio ist offenbar diesen Gedanken gefolgt, als er Maecenas den folgenden Rat in den Mund legte: «Wenn Kinder Knaben werden, sollten sie ihre Aufmerksamkeit Pferden und Waffen schenken, und ihre Lehrer soll man aus der öffentlichen Kasse bezahlen.»[49] Aus all dem schloss Rostovtzeff, dass die jungen Männer eine große Stütze für den Prinzipat bedeuteten. Es lassen sich viele weitere Argumente für Rostovtzeffs Meinung anführen, und diese erhellen auch die Frage nach der Selbstdarstellung des Augustus in seinem Tatenbericht.

Cicero schildert den Typus des Menschen, der sich keinem bestimmten politischen Prinzip gegenüber loyal verhält.[50] Diese Leute kamen meist aus den Munizipien Italiens: Steuereinzieher, Geldverleiher und reiche Bauern, deren vornehmliches Anliegen es war, ihren Geschäften in Ruhe und Sicherheit nachzugehen. Sie hatten keinen Grund, einen Alleinherrscher zu fürchten, solange sie sicher waren, dass ihre Interessen keinen Schaden erlitten. Die Gefährdungen und Destabilisierungen seiner Herrschaft durch den jungen Crassus, durch Lepidus, Cornelius Gallus, Caepio, Primus, Murena und Egnatius Rufus bestärkten Augustus in der Überzeugung, dass nur eine neue, wohlhabende, apolitische Gesellschaftsklasse das Rückgrat seines neuen Regimes bilden könne. Die Loyalität der Armee und der Plebs allein genügte ihm nicht, doch dem neuen, mit Reichtum gesegneten Stand fehlte die Tradition.[51] Daher kam Augustus vermutlich der Gedanke, der beste Weg, eine neue Tradition einzuführen, sei die althergebrachte Überlieferung wieder zu beleben. Er wusste, dass er die Unterstützung der älteren Generation kaum würde erringen können, und beschloss deshalb, der Erziehung der Jugend die größte Aufmerksamkeit zu widmen. Wichtig dabei war ihm nicht nur ihre physische Leistungsfähigkeit, sondern auch ihr geistiges Wohlbefinden.[52] Er verbot den Jungen, die noch kein Barthaar hatten, am Lauf über den Kapitolhügel während der Luperkalien teilzunehmen, und bei den Jahrhundertspielen erlaubte er den jungen Leuten beiderlei Geschlechts nicht, die Vorführungen ohne Begleitung eines Erwachsenen anzusehen.[53] Senatorensöhnen unter 12 Jahren gestattete er, bei den Senatssitzungen anwesend zu sein, damit sie das Staatswesen kennenlernten.[54] Auf dem Palatin gründete er eine Bibliothek, deren Bücher Bürgerrecht und *liberalia studia*, also die allgemeine Bildung, zum Thema hatten.[55] In Zeiten wirtschaftlicher Beschränkung, wenn Fremde aus Rom ausgewiesen wurden, durften die Lehrer unter ihnen in der Stadt bleiben.[56] Die Besinnung auf die Überlieferung wurde zum integralen Bestandteil der Erziehung der kommenden Generation, ganz im Sinne von Cicero: «Nicht zu wissen, was vor unser Geburt sich begeben hat, heißt ewig ein Kind bleiben.»[57] Zu dieser Zeit war Cicero kein feindlicher Politiker mehr, vielmehr ein Gelehrter und großer Patriot.[58] Je älter Augustus wurde, umso mehr hatte er wohl das Gefühl – wie Cicero vor ihm –, die Erwachsenen und Erfahrenen hätten die Pflicht, die Jugend anzuleiten. Es ist gut möglich, dass er kein größeres Vergnügen kannte, als von wissensdurstigen jungen Menschen umgeben zu sein. Er beschäftigte sich jedenfalls intensiv mit der Ausbildung seiner Enkel, lehrte sie lesen und schreiben, ebenso schwimmen. Die Schule des Verrius Flaccus ließ er der Enkel wegen in den Palast überführen, auch aß er öfters mit ihnen und nahm sie auf seine Reisen mit.[59]

Vielleicht waren einige Senatoren über den zunehmenden Einfluss der jungen Generation besorgt und standen dem Erziehungsprogramm des Augustus kritisch gegenüber. Darauf deutet das Vorgehen des Senators Asinius Pollio, der einen Unfall von Augustus' Enkel zum Anlass nahm – er hatte sich bei den trojanischen Spielen das Bein gebrochen –, um im Senat die gefährlichen Bräuche zu kritisieren, die Augustus eingeführt habe.[60] Asinius Pollio richtete sich nicht nur gegen die Sportwettkämpfe, der Unfall diente auch als Vorwand, die Stimme gegen Augustus zu erheben.

Augustus, der schon mit 19 Jahren zu Ruhm und Ansehen gelangt war, hörte nie auf zu betonen, dass ihm diese *auctoritas* schon in so jugendlichem Alter verliehen worden war. Es wäre nicht abwegig zu behaupten, Augustus habe seinen Tatenbericht für die gebildete römische Jugend bestimmt. Dies entsprach ganz der römischen Tradition. Cicero betrachtete die Veröffentlichung seiner Schriften als Pflicht den kommenden Generationen gegenüber, und er erwartete, dass seine Arbeiten von den Schülern gelesen würden.[61] Horaz, Tibull und Ovid verfassten Gedichte für die Jugend[62], und Vergil rief die jungen Männer auf, nicht wieder in den Bürgerkrieg zu ziehen.[63] Gemäß der Pädagogik seiner Zeit vertraute Augustus auf die Erziehung durch Beispiele *(exempla)* ritterlicher Taten.[64] Ebenso wusste er, dass die jungen Leute vorzogen, «nicht nur mit den Ohren, sondern auch mit den Augen» *(non auribus modo verum etiam occulis)* zu lernen, wie sich Plinius der Jüngere ausdrückte.[65] Als sich einige Ritter bei Augustus über seine Ehegesetze beschwerten, redete er ihnen nicht ins Gewissen, sondern bat sie, Germanicus zum Vorbild zu nehmen, der der Vater von sechs Kindern war.[66] Die Griechen glaubten an *praecepta* (Regeln), die Römer an *exempla.*[67] So war auch Augustus der Meinung, es sei besser, die Menschen an den Ort des Geschehens zu schicken, damit sie Dinge mit eigenen Augen sähen, als dass sie abstrakten Begriffen folgten, denn: «Lang ist der Weg, durch Sprüche zu lernen, kurz und nützlich durch Beispiele.»[68]

Anscheinend war es Augustus lieber – wie nach ihm Trajan –, als nachahmenswertes Beispiel zu dienen, statt durch Befehle zu regieren[69], in den Worten Ovids: *exemploque suo mores reget.*[70] Um den kommenden Generationen als Vorbild zu dienen, genügte es ihm nicht, *imperio maximus* zu sein – sein Ziel war es, *exemplo maior* zu werden.[71] Die unvollendete Autobiografie widmete er seinen Freunden Maecenas und Agrippa. Wäre die Zueignung des Tatenberichts erhalten geblieben, hätten die eingravierten Worte wahrscheinlich *pro iuventute* gelautet, denn: «Ich habe ihnen vorbildliche

Bräuche beigebracht, damit sie sie nachahmen.»[72] Erst nach seinem Tod würde Augustus' Tatenbericht so richtig zur Geltung kommen, denn: «Wir hassen die Tugend, solange sie mit uns ist, und wir seufzen ihr nach, wenn sie dem Blick entschwindet.»[73]

KAPITEL 17

Augustus' Persönlichkeit
Versuch einer Deutung auf der Basis seiner Briefe und ihm zugeschriebener Äußerungen

Augustus' Erscheinung war nicht dazu angetan, die Phantasie der Schriftsteller und Historiker zu entflammen. Suetons Biografie zeichnet das Bild einer ziemlich langweiligen Figur.[1] Den Einfluss auf die Armee hatte ihm die Adoption durch Julius Caesar verschafft, nicht sein persönlicher Mut. In die *nobilitas* hatte er eingeheiratet. Alles in allem war er ein bescheidener Mensch, arbeitete sein Leben lang hart und kam mit sieben Stunden Schlaf aus. Er aß nicht viel, meist einfache Kost (Schwarzbrot, Sardinen, Käse und Obst, hauptsächlich Feigen und Trauben). Auch trank er nur mäßig Wein, kleidete sich schlicht und wohnte verhältnismäßig bescheiden.[2] Sein Charakter war nicht sonderlich kompliziert: Als junger Mann leichtsinnig und grausam, war er auf der Höhe seiner Macht ausgeglichen, kompromissbereit und nachgiebig, im Alter dann misstrauisch und unduldsam.

Doch man muss die Urteile der Schriftsteller aus der Antike nicht ohne Vorbehalt akzeptieren. Ein anderer Zugang ist durchaus denkbar: «Wie die Menschen sich ausdrücken – so sind sie», meinten Marx und Engels in ihrem Aufsatz «Die deutsche Ideologie». Wenn sie damit recht hatten, so lässt sich aus Augustus' Äußerungen, seinen scharfsinnigen Aussprüchen und Bemerkungen, die er aus dem Stegreif fallen ließ, einiges lernen. Erstaunlich ist, dass bisher kein Psychologe das reichliche Material genutzt hat, das die Historikerin Enrica Malcovati in ihrem Buch *Imperatoris Caesaris Augusti Operum Fragmenta* mit großer Sorgfalt gesammelt und veröffentlicht hat.[3] Hier finden sich nicht nur Augustus' Aussprüche, sondern auch seine Privatbriefe, seine Anweisungen an die verschiedenen Statthalter und selbst die Gedichte, die er in seiner freien Zeit verfasst hat, vorzugsweise, wenn er im Bad saß. Vielleicht erschien der Kaiser den Psychologen zu normal, sie schenken ihre Aufmerksamkeit lieber problematischen, psychisch gestörten Persönlichkeiten wie Tiberius, Caligula oder Nero. Doch mir scheint, Augustus ist nicht weniger interessant.

Die Bücher Christian Meiers analysieren die letzten Jahre der Republik besser als alle anderen Untersuchungen. Aus seiner Wortprägung «Krise ohne Alternative» klingt die Überzeugung an, dass die Schwierigkeiten, in die Rom geraten war, so lange unlösbar waren, bis eine Gesellschaftsschicht bereit und fähig wäre, den Karren aus dem Dreck zu ziehen. Meiers Meinung nach beruhten die Misserfolge von Pompeius und Caesar, Brutus und Antonius nicht auf ihrer Persönlichkeit, sondern auf den gesellschaftlichen Bedingungen, die damals in Rom herrschten. Wollen wir diesem Gedankengang folgen, müssen wir den Grund für die Entstehung des Prinzipats durch eine Analyse der neuen Gesellschaftsschicht, die nach den langen Bürgerkriegen Gestalt annahm, gewinnen und nicht in Augustus' Persönlichkeit danach suchen. Allerdings kann auch eine Untersuchung der Persönlichkeit des Augustus viel zum Verständnis des Prinzipats beitragen. – Ich stimme Christian Meiers Einschätzung zu, doch zugleich bin ich überzeugt, dass gerade in einer lang andauernden Krisenzeit nur ein Mensch mit ganz bestimmten Eigenschaften einen Ausweg finden kann.

Geschichtsschreiber im Altertum wussten das und erkannten, dass Antonius' Wesensart der Größe der Aufgabe nicht gewachsen war. Es sei Augustus' Glück gewesen, dass Antonius zuerst überhaupt nichts unternahm, dann etwas tat – doch zu wenig, dann mehr tat – doch nicht genug, endlich viel tat – doch hastig und nervös, zum Schluss alles – doch zu spät. Augustus wurde anders eingeschätzt. Auch die überzeugtesten Republikaner sahen keinen anderen Ausweg mehr als die Alleinherrschaft. Aber sie wollten die bittere Medizin lieber aus den Händen eines rücksichtsvollen Arztes entgegennehmen. Ein solcher Arzt war Augustus.

Vorauszuschicken ist, dass Augustus' Äußerungen mit Blick auf die lautere historische Wahrheit unter Vorbehalt zu behandeln sind. Zudem finden wir nur sehr selten ein Zitat in Augustus' tatsächlichen Worten, etwa seine Ansprache im Senat nach dem Erhalt des Titels «Vater des Vaterlandes».[4] Meistens stoßen wir auf Paraphrasen aus dem Mund von Leuten, die seine Worte gehört haben, manchmal von Augustus selbst, manchmal nur vom Hörensagen. Ebenso schwierig ist es, eine Chronologie der überlieferten Äußerungen zu erstellen und zu ermitteln, ob bestimmte Worte ihm noch zu Lebzeiten oder erst nach seinem Tod zugeschrieben wurden. Doch gerade weil Augustus hier nicht der Gegenstand einer Psychoanalyse, sondern einer historischen Untersuchung ist, interessiert mich auch anderes als lautere historische Wahrheit. Ich werde mich allerdings nur auf diejenigen seiner Äußerungen beziehen, die durch seine Taten und in überlieferten Schriften Bestätigung finden. Dann wird sich zeigen, ob ihm bestimmte Worte nicht von ungefähr in den Mund gelegt worden sind, im Sinne des italienischen Sprichworts: *se non è vero è ben trovato* (wenn es nicht wahr ist, ist es gut erfunden).

Unter diesem Blickwinkel kann es uns gleichgültig sein,

ob Augustus diese oder jene Äußerung getan hat oder ob sie von Propagandisten verbreitet worden ist und das Publikum sie für authentisch hielt, da es den Leuten schien, er habe dieses oder ähnliche Dinge gesagt haben können. Ist es doch auch einerlei, on Ludwig XIV. tatsächlich «l'état, c'est moi» gesagt hat – wichtig ist, dass diese Worte ihm und nicht Ludwig XVI. zugeschrieben worden sind. Denn wir befassen uns hier mit Augustus in der öffentlichen Meinung. Von diesem Standpunkt aus ist die Sammlung seiner Aussprüche von erstrangiger Bedeutung, ganz im Sinne von Dr. Johnson, der behauptet, Anekdoten seien im Grunde «geheime Geschichte».

Der junge Octavian, der 44 v. Chr., nur 19 Jahre alt, auf die politische Bühne trat, gab sich nicht damit zufrieden, an der Aura seines Adoptivvaters partizipieren zu dürfen. Vom ersten Augenblick seiner politischen Karriere an ließ er erkennen, dass er wusste, was er wollte. Als er im Frühjahr 44 in Rom eintraf, bemerkte er sofort, dass Antonius ihn missachtete und ihn nicht einmal willkommen hieß. Die Männer in Octavians Gefolge waren zutiefst gekränkt, doch der (scheinbar) naive und politisch unerfahrene junge Mann beschwichtigte sie und sagte, er werde – wie es sich für einen jungen Mann einem älteren gegenüber gezieme oder für einen Privatmann, der einen Konsul besuche (Antonius war in diesem Jahr Konsul) – Antonius seine Aufwartung machen. Ferner versprach er, dem Senat seine Reverenz zu erweisen, gelobte aber gleichzeitig, die Ermordung Caesars zu rächen. Lieber stürbe er, als seine Ehre einzubüßen, bekannte er, die Stelle aus Homers Ilias zitierend, in der Achill seiner Mutter Thetis die Absicht mitteilt, für den Tod seines Freundes Patroklos Rache zu nehmen:

Möcht' ich sogleich hinsterben, da nicht mir gönnte das Schicksal,
Meinen erschlagenen Freund zu verteidigen! Fern von der Heimat
Sank er, und mangelte meiner, des Fluchs Abwehrer zu werden![5]

Julius Caesar war Octavian ja mehr als ein Waffenbruder, war sein Adoptivvater gewesen, im Senat meuchlerisch erstochen. Deshalb verpflichtete er sich, mit doppelter und dreifacher Entschiedenheit zu handeln. Um sein Ziel zu erreichen, ging er Bündnisse ein und brach sie wieder, fand neue Freunde und opferte sie später kaltblütig. Diente Verrat seinem Endzweck, beging er ohne Bedenken Verrat. Er verließ sich auf keinen Menschen, doch viele misstrauten auch ihm. Als er erfuhr, Cicero habe gesagt, Octavian «sei zu loben, zu rühmen und zu beseitigen», bemerkte er trocken, er habe es «nicht eilig, ins Jenseits zu kommen».[6] Cicero war bekannt für seine scharfe, boshafte Zunge. Auch wenn er sich nicht so ausgedrückt haben sollte, ist es leicht, ihm diese Worte zuzuschreiben. In Wirklichkeit traute Cicero Octavian nicht, achtete jedoch dessen Charakterstärke, Energie und organisatorisches Talent und verlieh seiner Bewunderung für diese Eigenschaften auch Ausdruck in seinen Schriften.[7]

Octavian verfolgte seine Zwecke systematisch und brutal. Nach Philippi ließ er Brutus den Kopf abschlagen und diesen dem Standbild Caesars zu Füßen legen; in einem anderen Fall verbot er, einen seiner Feinde begraben zu lassen: «Dafür werden die Vögel im Himmel sorgen», soll er gesagt haben.[8] In den Jahren des Kampfes um die Herrschaft war er wegen seiner Grausamkeit berüchtigt; diesen Ruf hat er mit seiner Autobiografie revidieren wollen.[9] Es ist daher nicht erstaunlich, wenn man ihm nachsagt, er habe im Perusinischen Krieg, als einer der Feinde um sein Leben flehte, gesagt: *moriendum esse* (er hat zu sterben).[10] Dieser Charakterzug änderte sich nicht. Octavian ließ sich nicht von Gefühlen leiten, seine Handlungen beruhten auf kalter Logik. Erst nach der Schlacht bei Actium versuchte er, sein Image als barmherziger Herrscher aufzubauen, der die Milde der Härte, die Vergebung der Strafe vorzieht.[11]

Je älter er wurde und je mehr er seine Machtstellung gefestigt hatte, umso gemäßigter, ausgeglichener und besonnener wurde er. Nichts überließ er dem Zufall oder einer spontanen Eingebung. Da er wusste, wie schnell er in Wut geraten konnte und wie jähzornig er dann reagierte[12], umgab er sich mit Beratern, die ihn, wie er hoffte, würden zurückhalten können. Er befolgte den Rat Athenodoros' des Älteren, vor einer wütenden Entgegnung im Stillen alle 24 Buchstaben des Alphabets aufzusagen. Von diesem Philosophen lernte Augustus auch, dass Schweigen Weisheit bedeutet. Nicht immer gelang es ihm zu schweigen, und nicht selten bedauerte er, dass er so impulsiv war. Im Senat brauste er unnötig auf, als dort der Lebenswandel seiner Tochter Julia zur Sprache kam. Nachträglich tat ihm das leid, und er behauptete, Agrippa und Maecenas hätten ihm, wenn sie noch am Leben gewesen wären, niemals erlaubt, sich derart unbeherrscht aufzuführen.[13]

In der etablierten römischen Gesellschaft genoss die traditionelle *gravitas* (Würde / Ernst) hohes Ansehen. Jedes voreilige Benehmen *(levitas)* galt als oberflächlich und unseriös. Deshalb ließ sich Augustus nicht von der Schlagfertigkeit solch gewandter Männer wie des Orators Haterius beeindrucken.[14] Spontanes Reagieren missbilligte er und fand es merkwürdig, dass Alexander der Große die tagtäglichen Organisations- und Verwaltungspflichten verpönt hatte.[15] Euripides folgend, zog er einen besonnenen Kommandeur einem waghalsigen vor.[16] Sich selbst betrachtete er stets als einen Soldaten, der über den Staat wacht.[17]

Je sicherer er sich als Machthaber fühlte, desto toleranter wurde er gegenüber seinen Feinden und Rivalen, insbesondere wenn diese nicht mehr lebten und nicht mehr schaden konnten. So lobte er Cicero vor seinen Enkeln[18] und hatte nichts dagegen einzuwenden, dass ein Bruststandbild in Mediolanum (Mailand) aufgestellt wurde.[19] Allmählich, doch geradezu systematisch rückte er von dem Andenken an Julius Caesar ab. Vergil konnte ohne Bedenken Caesar die Hauptschuld am Ausbruch des Bürgerkrieges zuschreiben.[20] Auch Pompeius gegenüber wurde Augustus nachsichtiger[21], weshalb Livius keinen besonderen Mut bewies, als er den großen Pompeius mit Lobreden überschüttete.

Doch auch seine lebenden Widersacher behandelte Augustus nicht mit übermäßiger Härte, solange sie sich mit kritischen Worten begnügten und nicht zu Taten schritten. Dafür gibt es unzählige Beispiele[22], und das entspricht ganz dem dem Tiberius erteilten Rat: «Lass dich, lieber Tiberius, von deiner Jugendhitze nicht fortreißen, allzu großen Unwillen zu empfinden, dass es Leute gibt, die von mir übel reden. Denn es ist genügend, wenn wir die Sicherheit haben, dass uns niemand Übles tun kann».[23] Tacitus hat das auf seine unnachahmliche Art in die kurzen, allerdings die Wahrheit nicht so ganz treffenden Worte gefasst: «Taten wurden bestraft – Worte nicht».[24] Seneca kam der Wirklichkeit näher, als er sagte, die Kritiker des Regimes seien zwar nicht bestraft worden, allein das Regime habe ihnen das Leben nicht leicht gemacht.[25] Augustus' Toleranz hatte deutlich erkennbare Grenzen: Wer öffentlich Kritik übte, stand unter dauernder Aufsicht und war deshalb ungefährlich. Anonyme Lästerer dagegen wurden erbarmungslos verfolgt, und Asinius Pollio bemerkte mit Recht, es sei nicht einfach, gegen den Mann zu schreiben, dem sämtliche Strafmittel zur Verfügung stünden.[26] Nach außen tat Augustus so, als käme es ihm überhaupt nicht in den Sinn, die Redefreiheit zu verletzen. Er goutierte es sicher nicht, dass Asinius Pollio dem Timagenes, der gegen den Kaiser hetzte, in seinem Haus Asyl gewährte. Doch als Pollio von Augustus den ausdrücklichen Befehl verlangte, Timagenes zu vertreiben, entgegnete der Princeps: «Von mir erwartest du einen derartigen Befehl?»[27]

Heuchelei war ein hervorstechender Charakterzug des Kaisers. Sie drückte dem Prinzipat ihren Stempel auf. Der Princeps umging es nach Möglichkeit, sich eindeutig festzulegen, und bevorzugte nebulöse Redewendungen. Als er einmal gefragt wurde, ob seiner Meinung nach Theodotus, der Procurator Siziliens, ein Glatzkopf oder ein Dieb sei, soll Augustus mit «Ja» geantwortet haben.[28] Er war der Ansicht, Redekunst *(eloquentia)* zeige sich in der Begabung, sie zu verschleiern *(abscondere)*[29], nicht sie öffentlich zu demonstrieren. Und tatsächlich war die Leitidee, die Zeit seines Lebens Augustus' Politik bestimmte, so viel Macht wie möglich anzusammeln, sie jedoch nicht zur Schau zu tragen. In der Vortäuschung sah er keinen Makel: Kurz vor seinem Tode bat er um einen Spiegel, befahl, man solle ihm das Haar kämmen und seinen herabhängenden Unterkiefer hochbinden; er ließ seine Lieben näher kommen und fragte sie, ob er seine Rolle auf der Bühne des Lebens gut gespielt habe. Erst dann schloss er auf Griechisch: «Wenn ich gut gespielt habe, applaudiert mir und lasst mich mit einstimmigem Lob gehen.»[30]

Man muss Tacitus' Behauptung nicht unbedingt glauben, dieses Sichverstellen sei nur niederträchtige Hypokrisie gewesen; nicht jede Heuchelei ist niederträchtig, und nur in einer Gesellschaft, in der es Werte gibt, ist auch Heuchelei möglich. Die Doppeldeutigkeit der Bismarck'schen Bündnisse sicherte Frieden in Europa in der Zeit von 1871 bis

1914; die schroffe und verletzende Aufrichtigkeit Wilhelms II. war einer der Anlässe, die zum Ersten Weltkrieg führten.

Kann man indes Augustus Heuchelei vorwerfen, weil er sich mit der Ernennung zum Princeps begnügte und die anderen Titel wie Diktator, König oder Gott strikt ablehnte, obwohl allen klar war, dass er in jeder Hinsicht Alleinherrscher war? Es ist schwierig, aus seinen Äußerungen etwas über juristische oder ideologische Elemente des Prinzipats zu erfahren – darüber hat Anton von Premerstein 1937 sein bekanntes Buch *Vom Werden und Wesen des Prinzipats* geschrieben –, doch kann man einiges über Augustus' Methoden lernen: wie er die Auswirkungen seiner Maßnahmen durch einen guten Witz zu mildern suchte und den Zeitgenossen die bittere Pille durch seinen Humor versüßte. «Ganz besonders machte er gern Witze bei Gelegenheit seiner nicht eben sauberen Finanzoperationen: Er beabsichtigte damit, das Verhasste derselben durch einen scherzhaften Einfall zu mildern und einen guten Witz daraus zu machen.»[31]

Augustus' Sinn für Humor kam bei der breiten Masse gut an, und zwar aus drei Gründen: Erstens war allgemein bekannt, dass der Princeps eine amüsante Stichelei, auch wenn sie sich gegen ihn richtete, gutmütig aufnahm, solange sie treffend und nicht zu boshaft war; zweitens war bekannt, dass er imstande war, sich über sich selbst lustig zu machen; und drittens war es ihm, wenn er jemanden bespöttelte, eher darum zu tun, seinen eigenen Scharfsinn herauszustreichen als die Fehler seines Opfers zu betonen. Einige Beispiele mögen genügen: Einmal wies er einen römischen Ritter zurecht, es gehöre sich nicht, während der Vorstellung zu essen und zu trinken. «Wenn ich essen will», bemerkte Augustus, «gehe ich nach Hause.» – «Dein Platz ist aber reserviert», antwortete der Ritter, «du brauchst keine Angst zu haben, dass ihn jemand während deiner Abwesenheit besetzt.»[32] Ein andermal begegnete er einem Mann, der ihm so ähnlich sah, dass er sein Zwillingsbruder hätte sein können. «Hör mal», fragte Augustus ihn, offenbar unter dem Gelächter der Umstehenden, «ist deine Mutter jemals in Rom zu Besuch gewesen?» – «Meine Mutter nicht», antwortete ihm der andere, «aber mein Vater war hier oft.»[33]

Augustus versuchte sich auch in der Dichtung. Er verfasste zu seinem Vergnügen *Fescennini* (kurze satirische Verse, nach der etrurischen Stadt Fescennium benannt) und auch eine Tragödie mit dem Titel *Ajax*, die er aber selbst nicht ernst genommen und später vernichtet hat. Da er meistens im Bad schrieb, sagte er, sein *Ajax* sei ins Wasser – wörtlich übersetzt «auf den Schwamm» – gefallen.[34] Mehr noch als über sich selbst konnte er über andere lachen. Der römische Humor war meist rau und vulgär. Es war gang und gäbe, über die physischen Defekte von Invaliden oder über bestimmte Körperteile Witze zu reißen.[35] Auch Augustus' Humor war volkstümlich, was die aristokratische Gesellschaft in Rom zuweilen aus der Fassung brachte, ebenso wie die Witze Trumans, Johnsons, Chruschtschows und Levi Eschkols ihren Zeitgenossen mit feinerem Geschmack ein Dorn im Auge gewesen sind. Augustus machte es Spaß, über Bucklige oder Gichtverkrümmte, über Männer mit Glatze oder weißem Haar zu spötteln sowie unanständige Reime zu verfassen.[36] Im Laufe der Jahre aber eignete er sich Wissen an, las, lernte griechische Literatur und Philosophie kennen, und verstand seine Bildung und Gelehrsamkeit zur Schau zu stellen – Zitate von Homer und Euripides, von Ennius und Vergil treffend anzuwenden. Sein jahrelanger Kontakt mit Schriftstellern, Dichtern und Künstlern verbesserte mit der Zeit seinen Geschmack; nun ließ er keine Witze mehr zu, die gegen den guten Ton verstießen.[37] Besonders liebte er Wortspiele und schätzte klaren, eleganten Stil, Phrasendrescherei und Weitschweifigkeit verabscheute er.[38] Deshalb wurde Maecenas nicht selten das Opfer seiner Sticheleien, doch das geschah im Freundeskreis und war nicht böse gemeint.[39] Auch über Dinge, die ihn ärgerten, aber nicht besonders störten, witzelte er wohlwollend. Einmal bestellte er eine purpurne Tunika, und als der Lieferant sie ihm brachte, fand Augustus die Farbe zu dunkel. «Halte die Tunika höher und betrachte sie von unten», riet ihm der Mann (so schien der Stoff heller), worauf Augustus antwortete: «Soll ich etwa die ganze Zeit auf dem Dach meines Hauses spazieren gehen, damit die Bürger Roms sagen, ich sei anständig angezogen?»[40] Manchmal spöttelte er also, anstatt zu rügen. Als man ihm berichtete, auf dem ihm zu Ehren im spanischen Tarraco (Tarragona) errichteten Altar sei eine Palme gewachsen, erklärte er: «Das ist ein schlagender Beweis für die Häufigkeit, mit der ihr auf diesem Altar Opfer bringt.»[41] Als er einmal mit dem Thrakerkönig Rhoimetalkes zusammensaß, der seinerzeit Antonius verraten hatte und in das Lager Octavians übergegangen war, konnte der angetrunkene Thraker seine Zunge nicht im Zaum halten und machte einige abfällige Bemerkungen über seinen neuen Verbündeten. Daraufhin wandte sich Augustus an einen der anderen Könige und verkündete mit lauter Stimme: «Ich liebe Verrat, doch lobe Verräter nicht.»[42]

Augustus behielt auch denen gegenüber den Humor, die seine Vorliebe für Witze ausnutzen wollten, um sich von ihm unverdiente Vergünstigungen zu verschaffen. Einmal ging ihn Pacuvius Taurus um ein Geschenk an und begründete seine Bitte damit, es habe sich schon herumgesprochen, dass er das Geschenk erhalten habe. Augustus entgegnete: «Glaube nicht an Gerüchte.»[43] Ein andermal kam ein Offizier, der sich etwas hatte zuschulden kommen lassen und aus dem Militär hinausgeworfen worden war, zu Augustus und fragte ihn: «Wie soll ich meinem Vater den Hinauswurf erklären?» Augustus' Rat: «Sage ihm, dass du mich nicht mehr leiden konntest.»[44] Ein anderer gekündigter Offizier bat ihn um zusätzliche Besoldung, damit er in der Öffentlichkeit erzählen könne, er sei freiwillig ausgeschieden. «Du sage jedem, dass du deine Besoldung erhalten hast, und ich werde dies nicht dementieren.»[45]

So war also der reife, selbstsichere, überlegene Augustus – ein Alleinherrscher, der ein hohes Alter erreichte und eines natürlichen Todes starb, nachdem er noch die Geburt seines Urenkels erleben durfte. Er schätzte Cato den Jüngeren und dessen Auffassung, nur ein Mensch, der das Bestehende bewahre und gegen Neuerungen sei, sei ein guter Mensch und Bürger[46], und mit Cato dem Älteren war er der Überzeugung, Rom sei auf mutigen Männern und alten Bräuchen aufgebaut.[47] Er war ein Herrscher, der sich bemühte, die althergebrachte Art der Kleidung wieder einzuführen, der veraltete Priesterämter modernisierte und keine Mühe scheute, Familie und Kindererziehung in den Mittelpunkt des Lebens zu rücken. Die öffentliche Meinung war ihm äußerst wichtig, und er pflegte sein Image bei allen Bevölkerungsschichten. Sein Takt kam ihm in den Kreisen der oberen Schichten, bei Dichtern und Schriftstellern zugute. Wenn er seine Söhne empfahl, fügte er aus vorgeblicher Bescheidenheit hinzu «wenn sie dessen würdig sind», obwohl er sicher war, dass sein Rat ohne Widerrede angenommen werde.[48] Bei Schriftstellern und Dichtern erreichte er, was er wollte, ohne dass er ausdrückliche Anweisungen geben musste. Sein Auftreten bei den Besuchen im Zirkus machte ihn beim einfachen Volk beliebt, denn er hatte – im Gegensatz zu Julius Caesar – viel für die Spiele übrig, was er auch offen zugab.[49] Doch er versuchte nicht, sich bei der Menge einzuschmeicheln, ließ sich nicht erpressen und hielt nur das, was er versprochen hatte – nicht mehr, aber auch nicht weniger.[50] Er war zu einem Menschen geworden, der den goldenen Mittelweg vorzog und alle Extreme mied; das bezeugt auch sein politisches Testament.[51] Er war sachlich und hasste Geschwätz, war gegen radikale sprachliche Neuerungen wie gegen Archaismen, liebte Geschichte und Dichtung und besaß intellektuelle Wissbegier, wie aus seinem Briefwechsel mit Atticus hervorgeht.[52] Doch ebenso gut konnte er viele Stunden beim Würfelspiel zubringen.[53] Menschen interessierten ihn, und er besaß die Fähigkeit, ihren Charakter richtig einzuschätzen.[54] Nicht immer traf er die richtigen Entscheidungen, aber er umgab sich mit erstklassigen Mitarbeitern. Ihnen bürdete er nicht die ganze Arbeit auf, sondern arbeitete selbst während vieler Stunden, wobei er Fragen, die ihn interessierten, bis ins Detail nachging.[55]

Über Augustus hinaus soll noch einmal die grundsätzliche Frage nach der Bedeutung der Persönlichkeit in der Geschichte aufgeworfen werden. Thomas Carlyles Bewunderung der Heroen in der Geschichte führte ihn in die «splendid isolation» innerhalb der Historikerschaft, und die Auffassung, die die Persönlichkeit ins Zentrum der historischen Ereignisse stellt, wurde beiseite geschoben (wenn auch nicht völlig aufgegeben).

Man behauptet, der historische Materialismus habe dazu geführt, doch Marx hat niemals die Bedeutung der Persönlichkeit in der Geschichte unterschätzt, und Plechanow übernahm sogar die Definition Carlyles, dass der große Mann nicht mehr als ein «Beginner» sei: «ein Beginner, denn er blickt weiter als die anderen» und erkenne und löse auf diese Weise Probleme, die auf der Tagesordnung stehen: «Darin liegt seine ganze Bedeutung [...] Das ist aber eine gewaltige Bedeutung, eine ungeheure Kraft.»[56] Es zeigt sich also, dass sogar die strenggläubigsten Marxisten die Persönlichkeiten nicht aus dem Zentrum der historischen Bühne entfernen, um in Helden nur den Ausdruck einer Idee, einer Gesellschaftsschicht oder irgendeines wirtschaftlichen Interesses zu sehen. So kommen wir auf die Frage zurück, was die Ursache für den nachlassenden Ruhm des «Helden» in den modernen Geschichtsbüchern ist.

Als einer der wichtigen Gründe ist der enorme Einfluss der französischen Geschichtsschreibung zu nennen, die der renommierten Zeitschrift *Annales* folgt. Es möge genügen, den Namen Fernand Braudels zu erwähnen. Er hat auf brillante Weise gezeigt, wie man ein großes Werk über die Welt des Mittelmeers im Zeitalter Philipps II., König von Spanien, verfasst und dabei den historischen Bericht sowie die Schilderung aller möglichen bedeutenden Persönlichkeiten ignoriert. Seine wichtige Untersuchung konzentriert sich auf Probleme der Wirtschaft, der Gesellschaft und der Zivilisation.[57] Des Weiteren, scheint mir, hat die Verehrung des «Anti-Helden» das Ihre zu diesem Thema beigetragen, die zunächst in der Literatur, besonders in den Büchern von Marcel Proust und James Joyce, ihren Ausdruck fand und seit den 1960er Jahren intensiv in die Welt des Films eingedrungen ist. Und schließlich – nicht gerade der Rangfolge entsprechend – haben die großen Diktatoren des 20. Jahrhunderts den Helden in der Geschichtsschreibung in Misskredit gebracht: Nachdem Mussolini und Hitler an die Regierung gekommen waren, schrieben die Historiker nicht mehr über «die Sehnsucht der Menge nach ihrem Führer Augustus». Doch in zahlreichen Forschungsarbeiten aus den 1920er Jahren sind Sätze dieser Art zu finden. Ronald Syme publizierte sein großes Werk 1939, es ist im Schatten der in Europa herrschenden Diktaturen geschrieben. Syme hegte keinen Zweifel an Augustus' Größe, doch er schrieb ausdrücklich und ganz unverblümt, er ziehe es vor, diese Größe gerade durch die Betonung der negativen Eigenschaften herauszustellen. Letzten Endes konzentrierte Syme sich mehr auf das Gefolge und den Freundeskreis des Augustus als auf dessen Persönlichkeit. In dieser Hinsicht folgt Christian Meier Symes Spuren, wenn er sich auch von dessen Sichtweise und Forschungsmethode distanziert.

Gerade deswegen habe ich der Persönlichkeit des Augustus ein besonderes Kapitel gewidmet – in vollem Bewusstsein der damit verbundenen Probleme. Saul Friedländer stellt in seinem Buch *Geschichte und Psychoanalyse* in überzeugender Weise die Schwierigkeiten dar, auf die der Geschichtsforscher bei seinem Versuch stößt, die innere Verfassung eines Menschen zu analysieren, der nicht mehr unter den Lebenden weilt.[58] Das trifft umso mehr für die Analyse der Persönlichkeit des Augustus zu, als uns zuverlässige Unterlagen fehlen, die es ermöglichen würden, die Entwicklung seiner Persönlichkeit vom Heranwachsenden bis zur Reife zu verfolgen. Ohne diese Daten ist es schwierig, den Stand zu erreichen, den Erik Erikson von uns verlangt.[59]

Da ich mich nur auf Augustus' wenige Schriften sowie die von ihm kolportierten Aussprüche stützen kann, ist mir bewusst, dass diese Untersuchung weit davon entfernt ist, eine umfassende Analyse seines Charakters zu geben. Ohne Popularität, Wagemut und Glück hätte Augustus nicht den Prinzipat errichten und 40 Jahre als Princeps herrschen können. Doch aus allem in diesem Kapitel Gesagten geht hervor, dass Milde,

Geduld, Kompromissbereitschaft und Takt seine Persönlichkeit charakterisierten. Dadurch gelang es ihm, die Schwierigkeiten auf dem Weg nach ganz oben zu meistern, und mit ihrer Hilfe bewahrte er Macht und Ansehen bis ans Ende seines Lebens. Julius Caesar hatte versucht, Rom zu *vergewaltigen*, doch es nicht fertiggebracht. Augustus beschloss, Rom zu *verführen*, und hatte Erfolg. Darauf spielte Plutarch an mit dem Satz, den ich schon mehrfach zitiert habe, nämlich dass die Römer nur bereit waren, die bittere Medizin aus den Händen des zartfühlendsten Arztes entgegenzunehmen.[60]

Augustus war ein großer Erneuerer; doch wie jeder weise und erfolgreiche Erneuerer trennte er sich nicht mit einem Schlag von Tradition und Bräuchen, die tief im Herzen des Volkes verwurzelt waren. Das zeigte sich in seinem Verhalten gegenüber den Institutionen der Republik, dem Senat, den Rittern und der Plebs. 2000 Jahre später verfuhr ein anderer Erneuerer nach demselben Prinzip: Kemal Atatürk. Auch er achtete darauf, die nationalen Empfindlichkeiten nicht zu verletzen, zum Beispiel nannte er, als er einen neuen Kalender in der Türkei einführte, diesen nicht «christlich», sondern «international». Das lateinische Alphabet hieß bei ihm «türkisches Alphabet», die neue Art der Kleidung – der Tarbusch durfte nicht mehr getragen werden – bezeichnete er nicht als «europäisch», sondern als «zivilisiert».[61]

Nicht alle Nachfolger des Augustus besaßen Augustus' Feingefühl und seine Gelassenheit. Nicht Modifikationen der Struktur des Prinzipats, sondern das Fehlen dieser persönlichen Eigenschaften markieren den entscheidenden Unterschied zwischen dem Prinzipat des Augustus und dem des Tiberius, dem Caligulas, Neros oder Domitians.

ANMERKUNGEN

EINLEITUNG

1 Dionysios Halikarnassos, 2.11.3.
2 Lukrez, De rerum natura, 2.10–12.
3 Richard E. Smith, The Failure of the Roman Republic, Cambridge 1955, 80 ff.
4 Sallust, Coniuratio Catilinae, 10.
5 Vgl. Ronald Syme, The Roman Revolution, Oxford 1939 (hiernach: Syme, RR); dazu: Yavetz, Ronald Syme, in: *Zemanim* (hebr.) 11 (1983), 20–29.
6 Cicero, Ad familiares, 12.1.1; siehe auch Zvi Yavetz, Roma baMeah harischonah lasfirah (Rom im 1. Jahrhundert n. Chr. – hebr.), in: Cicero – Ktawim Niwcharim (Ausgewählte Schriften – hebr.) in hebr. Übersetzung von A. D. Kolman, Jerusalem 1985 (hiernach: Yavetz, Roma).
7 Tacitus, Annales, 1.1.
8 Christian Meier, Res Publica Amissa: Eine Studie zu Verfassung und Geschichte der späten römischen Republik, Wiesbaden 1966.
9 Erich S. Gruen, The Last Generation of the Roman Republic, Berkeley 1974.
10 Zvi Yavetz, Caesar in der öffentlichen Meinung, Düsseldorf 1979 (hiernach: Yavetz, Caesar).
11 Plutarch, Proverbia Augusti, 10

1. TEIL

Kapitel 1

1 Die Ereignisse nach dem Caesar-Mord habe ich im Detail in meinem Buch Plebs and Princeps, Oxford 1969 (hiernach: Yavetz, P&P), und, ergänzt, in der französischen Ausgabe Yavetz, La plèbe et le prince, Paris 1984, 93, dargestellt. Siehe auch die ausführliche Schilderung des Zeitabschnitts 44–43 v. Chr. in Yavetz, Roma (Einf., Anm. 6).
2 Vergil, 4. Ekloge, Verse 6–7.
3 Plutarch, Antonius, 58.
4 Res gestae divi Augusti, 24.
5 Vergil, Aeneis, 8.685.
6 Eduard Meyer, Caesars Monarchie und das Principat des Pompeius, Stuttgart 1922; W. Kolbe, Von der Republik zur Monarchie, aus Roms Zeitwende, in: *Das Erbe der Alten*, Heft 20 (1931), 39; vgl. auch M. A. Levi, Ottaviano, in: *Cappoparte*, Vol. 2, 84, Firenze 1921. Ein deutlicher Hinweis darauf, dass es sich bei dem Zweikampf um eine Konfrontation zwischen Orient und Okzident handelt, findet sich bei Cassius Dio, 54.7.3.
7 Syme, RR, 294.
8 Tacitus, Annales, 1.2.

Kapitel 2

1 Cassius Dio, 51.12–13; Plutarch, Antonius, 83.
2 Velleius Paterculus, 2.87.
3 Horaz, Oden, 2.7; Sueton, Augustus, 13.
4 Appian, Bürgerkriege, 5.128.
5 Sueton, Augustus, 27.3–4.
6 Tacitus, Annales, 2.59.
7 Vergil, Georgica, 2.167; darin wird Octavian von Vergil etwa in folgenden Abschnitten verherrlicht: 1.24–30, 2.171, 3.16, 4.560; vgl. Aeneis 6.701–705; 1.286–290.
8 Vergil, Aeneis, 8.714–716.

9 Horaz, Oden, 1.37.1.
10 Tacitus, Annales, 1.2. Für eine ausführliche Diskussion der Möglichkeit der Aufspaltung der Machtbefugnisse des Volkstribunen siehe Yavetz, P&P, 89, 93. Dort zitiere ich auch Artikel, die von meiner Sicht abweichen – die letzte Gewissheit in dieser Frage fehlt.
11 Sueton, Aug., 27.5, dagegen Cassius Dio, 52.42.1.
12 Res gestae divi Augusti, 34.
13 Die klarste, einfachste und besonders auch für Anfänger empfohlene Deutung der gesamten Inschrift findet sich bei Peter A. Brunt / J. M. Moore, Res Gestae Divi Augusti, Oxford 1971; zur ausführlichsten und als klassisch geltenden Deutung siehe Jean Gagé, Res Gestae Divi Augusti, Paris 1935.
14 Cassius Dio, 53.1–2.
15 Für eine ausführliche Schilderung dieser und anderer Gewalten siehe Theodor Mommsen, Römisches Staatsrecht Bd. 2 und 3, 795, 869–881, 1043.
16 Tacitus, Annalen, 3.56.
17 Cassius Dio, 53.13–16. Zu den senatorischen Provinzen zur Zeit des Augustus zählten: Afrika, Mazedonien, Achaia, Bithynien und Pontus, Asien, Kreta, Kyrene, Sizilien, Sardinien und Korsika. Einige Gelehrte rechnen auch die im Südwesten Spaniens gelegene Provinz Baetica hinzu
18 Cassius Dio, 55.28.2; Fernand de Visscher, Les édits d'Auguste découverts a Cyrène, Louvain 1940. Der altgriechische Text findet sich in EJ, 139–143, eine englische Übersetzung in Naphtali Lewis and Meyer Reinhold (ed .), Roman Civilization, New York 1955, Vol. II, 36–42.

Kapitel 3

1 Mason Hammond, The Sincerity of Augustus, in: *HSPh* 69 (1965), 139–162.
2 Nepos, Atticus, 20.5.
3 Macrobius, Saturnalia, 2.4.29.
4 Siehe hierzu meine detaillierte Darstellung in Yavetz, P&P, 71.

5 Res gestae divi Augusti, 25.
6 Velleius Paterculus, 2.88.
7 Res gestae divi Augusti, 1.
8 Livius 4.20; zur Debatte an sich: Edmund Groag, in: RE, Vol. XIII, col. 836; Hermann Dessau, Livius und Augustus, in: *Hermes* 41 (1906); Ronald Syme, Livy and Augustus, in: *Roman Papers*, Oxford 1979, Vol. 1, 400–454.
9 Harold B. Mattingly, British Museum Coins, The Roman Empire, London 1965, I, Pl. CXV–CXVIII; Konrad Kraft, Zur Münzprägung des Augustus in: *Sitzungsberichte der Wissenschaftlichen Gesellschaft an der Johann Wolfgang Goethe – Universität Frankfurt am Main*, Bd. 7 (1968) Nr. 5, Wiesbaden 1969, 205–251; W. Seston, Le clipeus virtutis d'Arles et la composition des Res gestae divi Augusti, in: *Comptes rendus d'Academie des Inscriptions*, Paris 1954, 286–297.
10 Hermann Dessau, Inscriptiones Latinae Selectatae, Berlin 1892, (hiernach: ILS), 8955.
11 Ovid, Tristia, 2.445; Ammianus Marcellinus, 17.4.5; Sueton, De grammaticis 16; Sueton, Aug., 66.
12 Sueton, Aug., 28; dieser Absatz lässt keine Rückschlüsse auf ein genaues Datum zu.
13 Cassius Dio, 53.2.5.
14 Ebenda, 52.1–40.
15 Vergil, Aeneis, 6.830–835.
16 Macrobius, Saturnalia, 2.4.18.
17 Plutarch, Cicero, 49.
18 Horaz, Oden, 1.2.43.
19 Cicero, Academica, 2.2.67; ders., De finibus, 1.2.3; ders., In Verrem, 2.3.; dazu: Zvi Yavetz, Roma (Einf., Anm. 6), XXIII.–XXIV.

Kapitel 4

1 Pierre Grenade, Essai sur les opinions du principat, Paris 1961. Dazu die Rezension von J. Béranger, in: *Gnomon* (1961), 387–393.
2 Res gestae divi Augusti, 6.3.

3 Cicero, De provinciis consularibus, 38.
4 Tacitus, Annales, 1.2.
5 Cicero, Philippicae, 4.9.
6 Ders., Epistulae ad Atticum, 8.15.3.
7 Velleius Paterculus, 2.89.3: *Imperium magistratuum ad pristinum redactum modum* (Die Macht der Magistrate wurde auf ihre früheren Grenzen reduziert).
8 Gellius, Attische Nächte, 10.11.5; Sueton, Divus Iulius, 25.4.
9 Properz, 2.27.5; Horaz, Oden, 1.21.13–16, 1.35.29–32.
10 Tacitus, Annales, 6.11.
11 Zusammen mit Augustus amtierten als Konsuln: 26 v. Chr. – T. Statilius Taurus; 25 v. Chr. – M. Iunius Silanus; 24 v. Chr. – C. Norbanus Flaccus; 23 v. Chr. – M. Terentius Varro Licinius Murena.
12 Cassius Dio, 53.28.1; 53.28.3; 54.3.2.
13 Appian, Bürgerkriege, 4.82; 4.72.
14 Über folgende Lücke in den Fasti Capitolini zum Jahr 23 v. Chr. gehen die Meinungen in der Forschung auseinander: A. T(erentius A. F. ? n. Varr)o Murena (   ) est [CIL I.2.28, EJ, 36]. Mommsen setzt Folgendes ein: «in. mag. mort.», was bedeutet: Varro starb während seiner Magistratur. Degrassi dagegen fügt «in mag. damn» ein, was bedeutet: Varro wurde während seiner Magistratur verurteilt, vgl. Attilio Degrassi, I Fasti Consulari dell'Impero Romano 30 A. C. – 613 A. C., Roma 1952, 3. Die meisten Forscher neigen dazu, sich auf die Inschrift Inscr. Ital. 13.1.59 zu berufen, wonach sich die Verschwörung 23 v. Chr. und nicht 22 v. Chr. ereignete (falls es tatsächlich zu einer Verschwörung kam), wie Cassius Dio in 54.3.3. behauptet. Kathleen M. T. Atkinson übernimmt dagegen die Chronologie Cassius Dios und behauptet, dass es sich bei Marcellus, der als Zeuge im Prozess gegen Primus auftrat, nicht um Marcellus, den Vetter von Augustus, handelte, sondern um Claudius Marcellus, den Konsul des Jahres 22 v. Chr. So stuft sie Licinius Murena und Terentius Varro Murena als verschiedene Personen ein, vgl. Kathleen M. T. Atkinson, The Constitutional and Legal Aspects of the Trials of Marcus Primus and Varro Murena, in: *Historia* 9 (1960), 440–473.
15 Ludwig Koenen, Die Laudatio funebris des Augustus für Agrippa,

in: *Zeitschrift für Papyrologie und Epigrafik* 5 (1970), 83–217; E. W. Gray, The Imperium of M. Agrippa, in: *ZPE* 6 (1970), 227–238.

16 Cicero, De legibus, 3.24–25.

17 Cassius Dio, 54.26.7; 54.30.2; 55.9.10.

18 Res gestae divi Augusti, 24.

19 ILS, 915; EJ, 196.

20 Kyrene-Edikte, 1, Zeile 13.

21 Vgl. Pleket, The Greek Inscriptions.

22 Cassius Dio, 53.15.4, zur Inschrift aus Galatien, AE 653 (1976), 190–193; dazu Stephen Mitchell, Requisitioned Transport in the Roman Empire: A new Inscription from Pisidia, in: *JRS* 66 (1976), 106–131; zum Jahreskalender der Provinz Asien siehe Umberto Laffi, Le iscrizioni relative all'introduzione nel 9 a. c. del nuovo calendario delle provincia d'Asia, in: *SCO* 16 (1967), 5–98; Fergus Millar, State and Subject: The Impact of Monarchy, in: CASA, 37 ff.

23 Tacitus, Annales, 2.38.

24 Plutarch, Julius Caesar, 28.

25 Cassius Dio, 54.1.3.

26 Plutarch, Pompeius, 49.6–7.

27 Velleius Paterculus, 2.94.3.

28 Sueton, Tiberius, 8.

29 Res gestae divi Augusti, 15.1.

30 Zur Bedeutung des Begriffs *levitas* siehe Zvi Yavetz, Levitas popularis, in: *Atene et Roma* (1965), 97–110.

31 Cassius Dio, 54.2.1.

32 Horaz, Oden, 3.3.4–44.

33 Ebenda, 4.15.4–8; ebenda, 3.5.3–12; ders., Briefe, 1.12.27–28.

34 Zvi Yavetz, The Living Conditions of the Urban Plebs, in: *Latomus* 17 (1958), 500–517; Paul K. Baillie-Reynolds, The Vigiles of Imperial Rome, Oxford 1926.

35 Zu Egnatius Rufus siehe Zvi Yavetz, P&P, 96–97; zur Bedeutung des Jahres 19 v. Chr. siehe W. K. Lacey, 19 B. C., in: *Classicum* 23 (1983), 30.

Kapitel 5

1 Arnold H. M. Jones, Aerarium and Fiscus, in: *Studies in Roman Government and Law*, Oxford 1960, 101 ff.; vgl. auch *JRS* 40 (1950), 22–29; Fergus Millar, The Fiscus in the First two Centuries, in: *JRS* 53 (1963), 20–35; Peter A. Brunt, The Fiscus and its Development, *JRS* 56 (1966), 75–91; D. Ürogdy, Der Fiscus: ein Pfeiler der augusteischen Politik, in: *AAntHung* 14 (1963), 247 ff.

2 Seneca, De beneficiis, 7.6.3.

3 Plinius, Historia naturalis. 8.82.

4 Strabo, 485–486c.

5 Joyce Reynolds, Aphrodisias and Rome, London 1982, 54 ff.

6 Tacitus, Annalen, 6.2.

7 Cassius Dio, 53.22.3–4.

8 Jones, Roman Government (1. Teil, 2. Kapitel, Anm. 29), 21–26, ignoriert Fritz Blumenthal, Zur zensorischen Tätigkeit des Augustus, in: *Klio* 9 (1909), 493–500; vgl. auch O. Th. Schulz, Die Zensus der ersten Principes, in: *Mnemosyne* 5 (1937), 161–192.

9 Tatenbericht Aug., 27.5.

10 Vgl. hierzu den griechischen Text der Res gestae divi Augusti, da der lateinische Text nur fragmentarisch erhalten ist.

11 Cassius Dio, 54.10.5.

12 CIL, I Bd. 2, 593; FIRA, I.13; siehe hierzu im Detail Claude Nicolet, Le métier de citoyen dans la Rome républicaine, Paris 1976, 97–103.

13 Vgl. Lukas, 2.1; Markus 12.13–17; Matthäus 22.17–22; Lukas, 20.6–21.

14 Tatenbericht Aug., 8.

15 Horaz, Briefe, 2.1.1–4; vgl. Ovid, Metamorphosen, 15.833–4. Iura suum legesque feret iustissimus auctor exemploque suo more reget.

16 Cicero, De officiis, 3.18.73; vgl. die Episode von Atticus, Nepos, Atticus, 5.1–2.

17 H. Last, in: CAH 10, 441–443; Brunt, Italian Manpower (1. Teil, 2. Kap., Anm. 21), 558–566. / Humoristische Bemerkungen zur Gesetzgebung: Juvenal, Satiren, 2.7–36; Apuleius, Metamorphosae, 6.22.

18 Tatenbericht Aug., 20.4.

19 Livius, 4.20.7.

20 Tatenbericht Aug. 7; siehe dazu den Kommentar von Brunt / Moore, Res Gestae (Kap. 2, Anm. 13); zur Anhebung der Einkommen der Priester und Augustus' besondere Sorge um das Wohl der vestalischen Jungfrauen, siehe Res gestae divi Augusti, 31.3.

21 Sueton, Aug., 31.1. Bevor die Sibyllinischen Bücher im Apollo-Tempel auf dem Palatinhügel verwahrt wurden, lagen sie im Tempel des Jupiter, des «Besten und Größten» (Jupiter Optimus Maximus) auf.

22 Vgl. dazu im Detail A. D. Nock, in: CAH 10, 475–481; Georg Wissowa, Religion und Kultus der Römer, München 1912 repr. 1971, 2. Aufl., 73–78; Richard M. Ogilvie, The Romans and their Gods in the Age of Augustus, London 1969; ein sehr bedeutsames Werk mit aktueller Literaturübersicht ist meines Erachtens John H. W. G. Liebeschuetz, Continuity and Change in Roman Religion, Oxford 1979.

23 Vergil, Eklogen 4; Tibull, 2.5.79–88; Horaz, Oden, 1.31.

24 Vergil, Aeneis, 6.69–70.

25 Sueton, Aug., 7.2.

26 Tatenbericht Aug., 21.

27 Vergil, Aeneis, 6.851–853; vgl. auch ebenda, 1.251–296.

28 Gellius, Attische Nächte. 4.9.8., vgl. auch Macrobius, Saturnalia, 3.3.8: religiosum est propter sanctitatem aliquam remotum et sepositum a nobis.

29 Vgl. allgemein W. Richard Comstock, The Study of Religion and Primitive Religions, New York 1972 und den wichtigen Artikel Clifford Geertz, Religion as a Cultural System, in: Michael Banton (ed.), *Anthropological Approaches to the Study of Religion*, London 1968, 1–46.

30 Die bislang verständlichste und ausführlichste Beschreibung: William W. Fowler, The Religious Experience of the Roman People, London 1911.

31 Augustinus, Vom Gottesstaat, 4.8.

32 Sallust, Catilina, 12,3

33 Cicero, De natura deorum, 2.8. Cicero vertritt ähnlich wie Sallust

die Auffassung, dass die Römer in puncto Religion allen anderen Völkern überlegen sind, doch *religio* ist ein mit Gewalt verbundenes Ritual, nicht Götterglaube (religionem, id est cultus deorum, multo superiores). Vgl. auch De Haruspicum responsis, 19; Livius 44.1.11; Athenaios, 6.274.

34 Cicero, Pro Marcello, 18.

35 Horaz, Oden, 3.6.1–4.

36 Sallust, Catilina, 9–2; 10.4.

37 Livius, 6.41.8–9; vgl. Valerius Maximus, 2.1.1.; Cicero, De divinatione, 1.28.

38 «Die Religion ist der Seufzer der bedrängten Kreatur, das Gemüt einer herzlosen Welt, wie sie der Geist geistloser Zustände ist. Sie ist das Opium des Volkes.» Karl Marx, Zur Kritik der Hegelschen Rechtsphilosophie, Einleitung, 1844.

39 Edward Gibbon, Decline and Fall of the Roman Empire, 6 vols., London 1966, 1776–88.

40 Polybius, 6.56.6–14 mit dem Kommentar von Frank W. Walbank, A Commentary on Polybius, Oxford 1957–1959, vol. I, 741–743.

41 Vgl. besonders Cicero, De natura deorum, 1.3.8.

42 Ovid, Ars amatoria, 1.637.

43 Cicero, De natura deorum, 3.87.

44 Lukrez, Über die Natur der Dinge, 5.1194–1201.

45 Cicero, De natura deorum, 3.5–6.

46 Cicero, De divinatione, 2.148–149.

47 Livius, 5.51.5.

48 Tatenbericht Aug., 25.

49 Sueton, Aug., 52.1; vgl. Cassius Dio, 51.20.7–8.

50 Josephus Flavius, Antiquitates Judaicae, 15.329–330.

51 Vergil, Aeneis, 8.715.

52 Zu den verschiedenen Kalenderberechnungen siehe Jean Gagé, Recherches sur les jeux séculaires, Paris 1931; Giovanni B. Pighi, De ludis saecularibus populi Romani quiritum, Amsterdam 1965.

53 Diverse Teile der Inschrift befinden sich in ILS, 5050; CIL, 6.32323; vgl. auch Zossimus, 2.4–6.

54 Harold Mattingly, Roman Imperial Coinage. Vol. I: Augustus to Vitellius, London 1966.

Kapitel 6

1 So, halb ironisch, Horaz, Briefe, 2.1.1.
2 Velleius Paterculus, 2.130.
3 Horaz, Oden, 3.4.
4 Z.B. Seneca, De clementia, 1.9.6.
5 Cassius Dio, 53.33; 54.16; 55.14.4; 58.2.4.
6 Sueton, Tiberius, 22.
7 Tacitus, Annalen, 1.10.
8 Sueton, Caligula, 23.
9 Tacitus, Annalen, 5.1.
10 Ebenda, 5.3.5; 51.
11 Cassius Dio, 58.2.5.
12 Seneca, De beneficiis, 6.32.2.
13 Die ausführlichste Agrippa-Biografie ist Meyer Reinhold, Marcus Agrippa, New York 1933.
14 Vgl. ebd.
15 Plinius, Historia naturalis, 35.26.
16 Aug., 66.3.
17 Velleius Paterculus, 2.79.
18 Flavius Josephus, Antiquitates Judaicae, 15.350.
19 Ebenda, 15.9.3; ders., Bellum Judaicum, 1.21.1. / Josephus Flavius, Antiquitates Judaicae, 16.2.1.
20 Vergil, Aeneis, 6.861.
21 Cassius Dio, 54.29.5. Zwischen 27 und 24 v. Chr. hielt sich Augustus im Westen auf (Gallien und Hispanien), Agrippa in Rom; zwischen 23 und 22 v. Chr. war Augustus in Rom, Agrippa im Osten; zwischen 22 und 19 v. Chr. war Augustus im Osten, Agrippa in Rom; zwischen 20 und 19 v. Chr. war Augustus im Osten, Agrippa im Westen zwischen 19 und 18 v. Chr. hielten sich beide in Rom auf; so auch im Jahre 17 v. Chr. während der Jahrhundertspiele (ludi saeculares): zwischen 16 und 13 v. Chr. war Augustus wieder im Westen und Agrippa im Osten.
22 Tacitus, Annalen, 14.53.
23 Plinius, Historia naturalis, 19.177.

24 Properz, 3.9.57. Zu den Banketten bei Maecenas, siehe A. Hirzel, Ein Symposium, in: *RhM* 43 (1888), 314–317.
25 Macrobius, Saturnalia, 2.4.12.
26 Heinrich Heine, Warnung, 1. Strophe.

Kapitel 7

1 Tacitus, Annalen, 4.32.
2 Cassius Dio, 55.28.2. Die Bücher 54–56 handeln vom Zeitabschnitt 17 bis 14 v. Chr.
3 Gardthausen, Augustus und seine Zeit.
4 Velleius Paterculus, 2.99.2.
5 Z. B. Gardthausen, Augustus und seine Zeit (1. Teil, 4. Kapitel, Anm. 35), Bd. 1, 3; George V. Sumner, The Truth about Velleius Paterculus Prolegomena, in: *HSPh* 74 (1970), 257–297.
6 Das Jahr 2 v. Chr. wurde in der modernen Literatur ausgiebig behandelt. Vgl. besonders Ronald Syme, The Crisis of 2BC, in: *Bayer. Akad. Wiss.* 7 (1974); ders., History in Ovid, Oxford 1978; Glen Bowersock, Augustus and the East, in: CASA, 109ff; zum Problem der Weitervererbung der Macht, Dieter Timpe, Untersuchungen zur Kontinuität des frühen Prinzipats, Wiesbaden 1962; Lothar Wickert, in: *ANRW*, Bd. 2, 1, 3–76; Edmund Groag, Der Sturz der Julia, in: *Wiener Studien* 40 (1918), 150–167; 29 (1919), 74–88.
7 Aug., 58; Tatenbericht Aug., 5.3.
8 Zu Julias Liebhabern siehe Syme, RR, 426; Velleius Paterculus, 2.100.4–5; Tacitus, Annalen, 1.53; 3.24; 4.44; Cassius Dio, 55.10.12.; Seneca, De beneficiis, 6.32.1; W. K. Lacey, Julia's Adultery, in: *Antichton* 14 (1980), 127–142; zu der toleranteren Haltung gegenüber anderen Frauen, die derselben Schuld bezichtigt wurden, siehe Cassius Dio, 55.10.12–16. Marshs These, wonach die Verbannung von Julia eine Versöhnungsgeste gegenüber Tiberius gewesen sei, ist kaum haltbar, Frank B. Marsh, The Reign of Tiberius, Oxford 1930.
9 Eric H. Warmington, The Commerce between the Roman Empire

and India, London 1928 (repr. 1974), 15, 49. 28.a) Zu den treuesten Anhängern von Tiberius zählten der Spartaner Euricles und Gnaeus Pompeius Macer.

10 Ovid, Ars amatoria, 1.182; 214; vgl. das Gedicht von Apolinides, Palatinische Anthologie, 2.255.

11 Plutarch, Proverbia Augusti, 10.

12 Bis heute fällt die Übersetzung des lateinischen Begriffs *status* schwer. Vgl. Gellius, Attische Nächte, 15.7.3.

13 Sueton, Tiberius, 1.23; Tatenbericht Aug., 14.

14 Aug., 97.1; Tatenbericht Aug., 8.

15 Sueton, Tiberius, 32; vgl. Cassius Dio, 57.10.5.

16 Aug., 23.2; Orosius, 6.21.27.

17 Tacitus, Germania, 33.

18 Sueton, Tiberius, 21.4–7; der Reim stammt von Ennius und bezog sich auf Fabius Maximus, den Feldherrn in den Hannibal-Kriegen. Fabius rettete Rom mit seinem Zögern (*cunctando*), und Tiberius tat dasselbe mit seiner Wachsamkeit (*vigilando*).

19 So drückte sich der alte Goethe nach dem Tode seines Sohnes aus. Siehe Juvenal, Satiren 10.243: *haec data poena diu viventibus.*

20 Aug., 98.2.

21 Aug., 99.

22 Ebd.

23 Zu den Gerüchten, wonach Livia ihn vergiftete, weil sie befürchtete, er könnte sich mit seinem Enkel Agrippa Postumus versöhnen, der auf die Insel Pandateria verbannt worden war, siehe Cassius Dio, 55.32.1–5; Tacitus, Annales, 1.5; Cassius Dio, 56.30; vgl. Tacitus, Annalen, 1.6. Der Fall Agrippa ist bis heute ungeklärt.

2. TEIL

Vorbemerkung

1 Michael Rostovtzeff, The Social and Economic History of the Roman Empire, Bd. 2, Oxford 1957, 75.
2 Plinius, Historia naturalis, 18.3.
3 Allgemeine Werke, die sich mit der römischen Wirtschaft befassen: Tenney Frank, An Economic Survey of the Roman Empire (vols. 2–5), Baltimore 1936–1940; zur gründlichsten quantitativen Arbeit, die sich vor allem auf Italien und Nordafrika konzentriert, siehe Richard Duncan-Jones, The Economy of the Roman Empire, Cambridge 1974; siehe auch Fritz M. Heichelheim, Wirtschaftsgeschichte des Altertums, Leiden 1969 (repr.); S. J. de Laet, Aspects de la vie sociale et économique sous Auguste et Tibère, Bruxelles 1944; vgl. Anm. 1 oben.
4 Ralf Dahrendorf, Class and Class Conflicts in Industrial Society, Stanford 1959, 74 ff.
5 Meine Lehrer und großen Meister nahmen es auch nicht so genau. Victor A. Tcherikover benutzte sehr häufig den Begriff *Ritterklasse*, und sogar Syme bezeichnete die Ritter als *Klasse*.
6 Moses Finley, Ancient Economy, Berkeley 1973; ders., Politics in the Ancient World, London 1983. Eine dezidiert andere Meinung vertritt Geoffrey E. M. De Ste Croix, Class Struggle in the Ancient Greek World, New York 1981.
7 Hermann Strasburger, Concordia Ordinum, eine Untersuchung zur Politik Ciceros, Frankfurt 1931 (repr. 1956).
8 Benjamin Cohen, The Roman Ordines in the Republican Period (Diss.) (hebr.), Tel Aviv 1972, die vollständige Liste ebd., 11. Dazu auch: ders., La notion d'ordo dans la Rome antique, in: Bulletin de l'Association Budé (1975), 259–282); Claude Nicolet (Hg.), Les Ordres à Rome, Paris 1984 (mit wichtigen Beiträgen von Benjamin Cohen, Claude Nicolet, A. Chastagnol u. a.).
9 Benjamin Cohen, Roman Ordines (Anm. 8), 33 (historiographische Übersicht).
10 Ebd.

11 Petronius, Satyricon.
12 Julius Beloch, Die Bevölkerung der griechisch-römischen Welt, Leipzig 1886; Tenney Frank, Economic Survey of Ancient Rome (2. Teil, Einführung, Anm. 2).
13 Brunt, Italian Manpower (1. Teil, 2. Kap., Anm. 21), 124.
14 Tatenbericht Aug., 8.
15 Alföldy, Römische Sozialgeschichte, Wiesbaden 1975, 130.
16 Richard P. Saller, Personal Patronage under the Empire, Cambridge 1982.

Kapitel 8

1 Zu den wichtigsten Arbeiten über das römische Heer gehören die folgenden Werke: Frank E. Adcock, The Roman Art of War under the Republic, Cambridge 1940; Baillie-Reynolds, Vigiles of Imperial Rome (1. Teil, 4. Kapitel, Anm. 65); Brunt, Italian Manpower (1. Teil, 2. Kap., Anm. 21); J. Brian Campbell, The Emperor and the Roman Army 31BC–AD235, Oxford 1984; Alfred von Domaszewski, Die Rangordnung des römischen Heeres, Bd. 2, Köln 1967; Roy W. Davies, The Daily Life of the Roman Soldier under the Principate, in: *ANRW* II, 1, 299–332; Marcel Durry, Les Cohortes Pretoriennes, Paris 1938; Emilio Gabba, Republican Rome, The Army and the Allies, Berkeley 1976; Jules Harmand, Les origins de l'armée impérial, in: *ANRW*, II, 1263–1298; Dietmar Kienast, Untersuchungen der Kriegsflotten der römischen Kaiserzeit, Bonn 1966; J. C. Mann, The Frontiers and the Principate, in: *ANRW*, II, 1, 508–533; Henry M. D. Parker, The Roman Legions, Oxford 1928; Alfredo Passerini, Le Coorti Pretorie, Roma 1939; Kurt Raaflaub, The Political Significance of Augustus' Military Reforms, in: *BAR International Levies* 71 (1980), 1005–1025; Denis B. Saddington, The Development of Roman Auxiliary Forces from Augustus to Trajan, in: *ANRW*, II, 3, 176–201; Richard E. Smith, Service in the post Marian Army, Manchester 1958; Walter Schmitthenner, Politik und Armee in der späten römischen Republik, in: *HZ* 190 (1960), 1–17; Ro-

nald Syme, Some Notes on the Legions under Augustus, in: *JRS* 23 (1933), 14–33; G. R. Watson, Discharge and Resettlement in the Roman Army, in: *Neue Beiträge zur Geschichte der alten Welt*, Berlin 1965, Bd. II, 147–162; ders., The Roman Soldier, London 1969; Graham Webster, The Roman Imperial Army, Bd. 2, London 1980.

2 Tacitus, Annalen, 13.54.1: «...es sei das Recht den Legaten entrissen, gegen den Feind zu ziehen ...»

3 Sueton, Aug., 24.

4 Res gestae divi Augusti, 3.

5 Die 28 Kolonien, in denen sich die Veteranen des römischen Heers niederließen, hielten zum Prinzeps. Es kommt nicht von ungefähr, dass sich Augustus damit brüstete, selbst für die Errichtung dieser Kolonien gesorgt und durch seine Autorität (mea auctoritate) zur Blüte gebracht zu haben.

6 Es ist lediglich bekannt, dass 29 v. Chr. etwa 100.000 Mann aus dem Dienst entlassen wurden (vgl. oben), Tatenbericht Aug., 28; Aug., 46. 6.a) Montesquieu, Considérations sur les causes de la grandeur des Romains et de leur Décadence, ch. 13.

7 Tacitus, Annalen, 4.5. Zur Stationierung der Legionen in den einzelnen Provinzen von der Epoche Augustus bis zu den flavischen Kaisern sind die Meinungen in der Forschung geteilt. Siehe Ronald Syme, Some Notes (Anm. 1).

8 Cassius Dio, 54.10.7.

9 Ebenda, 55.4; Aug., 56; Macrobius, Saturnalia, 2.4.27.

10 Aug., 24; 25.

11 Cassius Dio, 54.25.6.

12 Ebenda, 55.23.1.

13 Brunt legt dar, dass das römische Heer in der Kaiserzeit vermehrt Soldaten aushob und sich nicht mit Freiwilligen begnügte. Peter A. Brunt, Conscription and Volunteering in the Roman Imperial Army, in: *SCI* 1 (1974), 90–115.

14 Plinius, Historia naturalis, 7.149.

15 Cassius Dio, 55.31.

16 Tacitus, Annalen, 4.4; Velleius Paterculus, 2.130.2; Emilio Gabba, Republican Rome. The Army and the Allies, Berkeley 1976, 33 ff.

17 Syme, RR, 353–4; vgl. Auch Valerius Maximus, 7.8.6.
18 Syme, RR, 457.
19 Aug., 49.
20 CIL 10, 4868; 14, 2105.
21 Plinius, Historia naturalis, 7.82; Tacitus, Annalen, 4.4.
22 Cassius Dio, 54.25.6.
23 Ebenda, 55.23.1.
24 Historia Augusta, Pertinax, 2.
25 Cassius Dio 55.8.7.
26 Ebenda, 54.2.5.
27 CAH, 10, 200, 234.
28 Gaius 1.32D.
29 Aug., 49.
30 Cassius Dio, 55.23.1.
31 Ebenda, 55.25.5.
32 Tacitus, Annalen, 1.17.2.
33 Plinius, Historia naturalis, 33.83.
34 Tacitus, Annalen, 13.48.

Kapitel 9

1 Cicero, Pro Sestio, 137.
2 Cicero, Post reditum in Senatu, 17.
3 Sueton, Tiberius, 29.
4 So ausdrücklich in Pomponius, Digesta, 1.2.2.9; Justinian, Institutionen, 1.2.5.
5 Cassius Dio, 53,19.
6 Aug., 54.
7 Tacitus, Annalen, 3.75; vgl. Gellius, Attische Nächte, 13.12.2; Labeo wollte sich von niemandem die Meinung aufzwingen lassen, bis er zu der Überzeugung gelangte, dass sie nicht gegen das alte römische Gesetz verstieß. Siehe allgemein dazu Aug., 35.
8 Cassius Dio, 53.21.4; Aug., 53.3; Kyrene-Edikte, 5, Zeile 87. Sueton berichtet auch, dass Augustus neue Amtsstellen schuf, um so viele Personen wie möglich am Regierungsapparat zu beteiligen;

Aug., 37. Allgemein zum Consilium Principis siehe John Crook, Consilium Principis, New York 1975; zu einer Art «Ausschuss für Äußeres und Sicherheit» siehe Cassius Dio, 55.27.22.

9 Ovid, Tristia, 2.43–44.

10 Aug., 51.1.

11 Ernst Hohl, Ein Strafgericht Oktavians und ein Gnadenakt des Augustus, in: *WJA* 3 (1948), 107–116.

12 Seneca, De beneficiis, 1.9.2.

13 Cassius Dio, 55.14–22.

14 Aug., 19.1.

15 Zur Verschwörung des Cinna siehe Jean Béranger, De Sénèque à Corneille. Lueurs sur Cinna, in: *Mélanges Niedermann, Collection Latomus* 23 (1956), 52–70; W. Speyer, Zur Verschwörung des Cinna, in: *RhM* 99 (1956), 277–284; Richard A. Baumann, The Crimen Maiestatis in the Roman Republic, Johannesburg 1967.

16 Aug., 94.10; zum Begriff *ordo* siehe die Vorbemerkung zum 2. Teil.

17 Tatenbericht Aug., 3.

18 Cassius Dio, 48.13.4; 49.12.1.

19 Aug., 54; Cassius Dio, 54.15.7.

20 Seneca, De beneficiis, 1.10.1.

21 Velleius Paterculus, 2.89.4.

22 Aug., 35; Cassius Dio, 54.12.3.

23 Ebenda, 54.15.8.

24 Ebenda, 54.13.1.

25 Aug., 54

26 Cassius Dio, 54.13.2–3.

27 Cassius Dio, 54.18.3.

28 Aug., 36.

29 Tacitus, Annales, 1.2; Cassius Dio, 54.26.5–6. Die Abfolge der Magistraturen (Cursus honorum): vigintivir, quaestor, tribunus legionis, praetor, legatus Augusti pro praetore, consul, praefectus urbi. Patrizier dienten nicht als Volkstribunen oder Ädilen.

30 Die *vigintiviri* setzen sich zusammen aus: III viri monetales, X viri stlitibus iudicandis, IV viri viarum curandarum, III viri capitales.

31 Cassius Dio, 54.26.5–6.

32 Sueton, Claudius, 24.

33 Zur Ädilität siehe Tacitus, Annalen, 4.35; 3.52–55. Zum Fall eines Ädilen, der von seinem Amt zurücktrat, weil er seinen finanziellen Verpflichtungen nicht nachkam, Cassius Dio, 54.11.1.
34 Tacitus, Annalen, 1.15.
35 Aug., 41.
36 Cassius Dio, 53.2.2.
37 Ebenda, 55.13.6; 54.17.3.
38 Macrobius, Saturnalia, 2.4.23; 2.4.4; vgl. 2.4.25.
39 Tacitus, Annalen, 2.37.
40 Cassius Dio, 53.27.5; Plinius, Historia naturalis, 18.37.
41 Tacitus, Annalen, 1.2.
42 Vgl. besonders die hervorragenden Kapitel in Syme, RR, 492, 496.
43 Tacitus, Annalen, 1.8.
44 Cassius Dio, 53.32.4.
45 Cassius Dio, 54.26.
46 «is primus omnium Paelign[orum] senator factus est», lautet z. B. die Inschrift am Grab des ersten Senators aus den Reihen der Paeligner, CIL, 9.3306.
47 Cassius Dio, 48.43.3.
48 Cicero, Briefe an Atticus, 7.7.5.
49 Horaz, Oden, 2.10.9–12.
50 Macrobius, Saturnalia, 2.7.11.
51 Aug., 54.
52 Ebenda, 55; Cassius Dio, 55.27.
53 Zum Humor von Augustus siehe die Zitatensammlung in Enrica Malcovati, Imperatoris Caesaris Augusti Operum Fragmenta, Milano 1969.
54 Seneca, Controversiae, 4; Catull, 12.8–9.
55 Seneca, De ira, 3.23.4–5.
56 Seneca, De beneficiis, 3.27.1–4.
57 Velleius Paterculus, 2.54.
58 Ebenda, 2.62.
59 Plutarch, Dion–Brutus, 5.1.
60 Sueton, De rhetoribus, 6.
61 Plutarch, Cicero, 49.3.
62 Seneca, De ira, 3.35.1.

63 Cassius Dio, 54.23.2.-3; Plinius, Historia naturalis, 9.77; Seneca, De ira, 3.40.2; ders., De beneficiis, 1.18.2.
64 Cassius Dio, 54.3.7.
65 Dazu: Gaston Boissier. L'opposition sous les Césars, Paris 1875; Emanuele Ciaceri, Le vittime del despotismo in Roma nel I secolo dell'impero, Catania 1898, Sattler, Augustus und der Senat (1. Teil, 4. Kapitel, Anm. 23).
66 Juvenal, 10.85.
67 Cassius Dio, 56.27.1.
68 Seneca, De consolatione ad Marciam, 22.4; Tacitus, Annalen, 4.34.-35; Sueton, Tiberius, 61.
69 Tacitus, Dialogus de oratoribus, 21.7.
70 Sueton, Caligula, 16. Zu Iunius Novatus, der Augustus schriftlich verunglimpfte, und Emilius Aelianus, der sich über den Kaiser lustig machte: Aug., 51.
71 Velleius Paterculus, 2.91–93.
72 Tacitus, Historiae, 1.1; ders., Annalen, 3.28.3.

Kapitel 10

1 ILS, 212 col, II. 3; omnem florem ubique coloniarum ac municipiorum, bonorum – scilicet virorum locupletium.
2 Cicero, In Verrem, 2.5.45.
3 Zu Brutus siehe Cicero, Briefe an Atticus, 6.1.5; Ernst Badian, Publicans and Sinner, Oxford 1972; Israel Shatzman, Senatorial Wealth and Roman Politics, Bruxelles 1975.
4 Plinius, Historia naturalis, 33.29–36, besonders 33, 34.
5 Aug., 41.1, vermerkt einen Census von 800000 Sesterzen.
6 Sueton, Divus Vespasianus, 9.2.
7 Claude Nicolet, L'ordre équestre à l'époque républicaine, 2 vols., Paris 1966, 256, 459, 722.
8 Plutarch, Cato minor, 16.
9 Zu ihrer besonderen Kleidung siehe Ugo E. Paoli, Rome – it's People Life and Customs (engl. trans.), London 1963; M. Attilio Levi, Roma Antica – Collana Società e Costume (bebildert), Torino 1963.

10 Die Literatur hierzu ist äußerst reichhaltig. Ich habe im Text darauf verzichtet, Vermutungen zu zitieren, die mir fragwürdig erscheinen. Ebenso wenig habe ich die verschiedenen Thesen diskutiert, da eine solche Debatte vom Hauptthema ablenken würde. Zu den wichtigsten Thesen dieses Themas und zur Diskussion derselben siehe Andreas Alföldi, Der frührömische Reiteradel und seine Ehrenabzeichen, Baden-Baden 1952; siehe dagegen Arnaldo D. Momigliano, Procum Patricium, in: *JRS* 56 (1966), 16–24; Herbert Hill, The Roman Middle Class in the Republican Period, Oxford 1952, dagegen Matthias Gelzer, in: *Gnomon* 25 (1993), 319–323 = *Kleine Schriften*, I, 222/227; W. I. Henderson, The Establishment of the Equester Ordo, in: *JRS* 53 (1963), 61–72 = Robin Seager (Hg.), The Crisis of the Roman Republic, Cambridge 1969, 69–80; Peter A. Brunt, Equites in the Late Republic, 2nd. Intern. Conference on Economic History, Aix en Provence 1962, I 117–149 = Seager, ebenda, 83–103; ders., The Great Roman Landowners, in: *Latomus* 34 (1975), 619–635; siehe weitere Standpunkte in A. Stein, Der römische Ritterstand, München 1927; Millar, Emperor (2. Teil, 9. Kapitel, Anm. 99), besonders das 6. Kapitel; Timothy P. Wiseman, The Definition of Eques Romanus in the Late Republic and Early Principate, in: *Historia* 19 (1970), 67–83; D'Arms, Commerce and Social Standing (Anm. 3); Duncan-Jones, Economy of the Roman Empire (2. Teil, Einführung, Anm. 3).

11 Diese Schilderung ist stark vereinfachend und ignoriert bewusst den Unterschied zwischen *equites equo publico* und *equites equo suo*, da *equites equo suo* in den Quellen nicht vorkommt. Siehe zu diesem Fragenkomplex die ausgezeichnete Übersicht und originelle Interpretation in der Disseration von Benjamin Cohen, Roman Ordines (2. Teil, Einführung, Anm. 6), 136–218.

12 Diese schematische Feststellung greift etwas zu kurz. Die meisten Forscher berufen sich auf eine schwierige Passage bei Cicero, De re publica, 4.2. (pleciscitum reddendorum equorum), und kommen zu dem Schluss, dass die Trennung zwischen *ordo senatorius* und *ordo sequester* auf das oben genannte Plebiszit zurückzuführen ist. B. Cohen vertritt hingegen die Ansicht, dass die Trennung aufgrund der *lex iudiciaria* in der Ära Gaius Gracchus erfolgte (Cohen, Roman

Ordines [2. Teil, Einführung, Anm. 6]). Siehe die klare Darstellung des Disputs zwischen Cohen und Nicolet, ebenda, 104. Die folgenden Ausführungen machen deutlich, dass mir bei allem Respekt vor der Pionierleistung von Nicolet Cohens Standpunkt richtig erscheint, wonach die Zahl der Ritter Nicolets Schätzung (1800–2400) bei weitem übertroffen haben muss und sein prosopografisches Modell nicht der Wirklichkeit entspricht.

13 Cicero, Epistulae ad familiares, 8.17.2.

14 Syme, RR, 86.

15 Tatenbericht Aug., 10.

16 Der Protest der Ritter im Jahre 9 v. Chr. gegen die Sitten- und Familiengesetze des Augustus ist die Ausnahme, die die Regel bestätigt.

17 In der Ära Dionysios Halikarnassos wurden rund 5000 Ritter gezählt (13.6).

18 Aug., 38–39. Diese schwierige Passage sollte sehr aufmerksam und mit der Interpretation von John Carter gelesen werden, ders., Divus Augustus, Bristol 1982. Vgl. auch den Disput mit Mommsen, der die Vokabel *mallent* (sie zogen es vor) durch *nollent* (sie wollten nicht) ersetzte.

19 Zur Unterscheidung zwischen den beiden Gruppen siehe Cassius Dio, 55.2.3; vgl. auch Tabula Hebana, 55.6. 22.a) Vgl. dazu ausführlich Millar, Emperor (2. Teil, 9. Kapitel, Anm. 99), 279.

20 Aug., 40.1; dagegen Cassius Dio, 56.25.7.

21 Zu den vier Geschworenendekurien, die je 1.000 Mann umfassten, ist sehr wenig bekannt. Möglicherweise waren in der letzten Dekurie auch Personen mit einem Zensus von bloß 200.000 Sesterzen zugelassen. Vgl. z. B. Aug., 32.3; Plinius, Historia naturalis, 33.30–34.

22 Aug., 41.1.

23 Claude Nicolet, Le métier de citoyen dans la Rome républicaine, 2 Bd., Paris 1979, 245–250; ders., Augustus, Government, Anm. 32. Sämtliche Belege zu den folgenden Darstellungen finden sich in diesen Werken.

24 Zu schnellen und skandalösen Bereicherungen siehe Syme, RR, 381.

25 Sueton, Divus Vespasianus, 16.
26 Cassius Dio, 54.21; Macrobius, Saturnalia, 2.4.24.
27 Peter A. Brunt, Charges of Provincial Maladministration under the Early Principate, in: *Historia* 10 (1961), 189–227.
28 Cicero, De officiis, 2.73 ff., besonders 2.87.
29 Cicero, Briefe an Atticus, 1.19.4.
30 Aug., 37.1.
31 Vgl. Tacitus, Annalen, 2.59.4: «und er verbat Senatoren oder angesehenen römischen Rittern ohne Erlaubnis dorthin zu gelangen ...»
32 Horaz, Satiren, 1.10.76.

Kapitel 11

1 Yavetz, P&P, 83–102; vgl. auch die erweiterte franz. Ausgabe, ders., plèbe et prince (1. Teil, 1. Kap., Anm. 1).
2 Ebenda, 38–57, bes. 45–47, 55; Yavetz, Caesar, 64, 175.
3 Yavetz, P&P, 16–22.
4 Ebenda, 87–94.
5 Res gestae divi Augusti, 15.
6 Aug., 43,1.
7 Strabo, 6.2.6, 273; vgl. Tatenbericht Aug., 22.
8 Yavetz, P&P, 38–45.
9 Siehe zu diesem Thema ausführlich: Paul Veyne, Le pain et le cirque, Paris 1976; Veyne prägte den Begriff *évergetisme*: Bestechung wurde von den Mächtigen in der Antike nicht zur Erlangung oder zum Erhalt einer Machtposition eingesetzt, sondern als integraler Bestandteil des Regierens. Siehe dazu meine Kritik, Zvi Yavetz, plèbe et prince (1. Teil, 1. Kap., Anm. 1), 226.
10 Aug., 42.3. Zur Getreideverteilung in der Kaiserzeit ganz allgemein siehe Otto Hirschfeld, Getreideverteilung in der römischen Kaiserzeit, in: *Philologus* 29 (1870), 1–96.
11 Yavetz, P&P, 97.
12 Ps. Sallust, Briefe an den Kaiser, 2.6.5.
13 Publilius Syrus, 93. Aug., 28.3.
14 Aug., 28.3.

15 Z. B. Vitruv, De architectura, Einführung zum ersten Buch, 2–3.
16 Vgl. Cassius Dio, 52.29.3.
17 Aug., 71.3.
18 Hans Kloft, Liberalitas Principis, Köln 1970, 81; dazu Aug., 98.2.; 75.
19 Aug., 101.2; Tacitus, Annalen, 1.8.
20 Cassius Dio, 54.17.5.
21 Ammianus Marcellinus, 28.4.28–31.
22 Petronius, Satyricon, 44.
23 Sueton, Divus Iulius, 41.2. Zu dieser Stelle gibt es mehrere Interpretationen: Barbara Levick, Imperial Control of the Elections under the Early Principate, in: *Historia* 16 (1967), 210, legt dar, dass der Kaiser nur die Hälfte der Ernennungen bestimmte; dagegen meint E. S. Staveley, Greek and Roman Voting and Elections, London 1972, 221, der Kaiser habe zwar nur die Hälfte der Ernennungen selbst bestimmt, doch indem er bei der zweiten Hälfte der Ernennungen «Empfehlungen» aussprach, hatte er entscheidenden Einfluß auf das Resultat der Wahl. Ich schließe mich Staveleys Standpunkt an.
24 Cicero, De re publica, 2.56–57.
25 Cicero, De legibus, 3.38–39; zur Problematik der Wahlen in der Republik siehe den ausgezeichneten Artikel von Benjamin Cohen, Bocharim weNiwcharim beRoma (Wähler und Gewählte in Rom–hebr.), in: *Zemanim* (hebr.) 17 (1985), 48–67; vgl. auch Claude Nicolet, The World of Citizenship, Paris 1980, 203–315.
26 Plutarch, Cato minor, 42. Hierbei wäre anzumerken, dass dieser Trick vorwiegend zur Verhinderung von Gesetzen und kaum bei Wahlversammlungen angewandt wurde.
27 Frontinus, De aquis urbis Romae, 2.129.
28 Aug., 40.2.
29 Die grundlegende Darstellung ist nach wie vor: Theodor Mommsen, Staatsr. II, 732; III, 348, 864, 1223, 1266; daran anschließend mit Änderungen: George W. Botsford, The Roman Assemblies, New York 1909; Lily R. Taylor, The Roman Voting Assemblies, Ann-Arbor 1966; Regula Frei-Stolba, Untersuchungen zu den Wahlen in der römischen Kaiserzeit, Zürich 1967; Le-

vick, Imperial Control (Anm. 32); Staveley, Greek and Roman Voting (Anm. 32).

30 Tacitus, Annalen, 1.15.

31 Aug., 46.

32 Ebenda, 40.2; vgl. Cassius Dio, 54.16.1 (zum Jahr 19 v. Chr.).

33 Zum vollständigen Text der Inschrift siehe Oliver-Palmer, in: *AJPh* 75 (1954), 225–249.

34 Gianfranco Tibilletti, Principe e magistrati repubblicani, Roma 1953; Arnold H. M. Jones, The Elections under Augustus, in: *JRS* 45 (1955), 9–21 = Studies in Roman Government and Law, Oxford 1960, 27–38; Peter A. Brunt, The Lex Valeria-Cornelia, in: *JRS* 51 (1961), 71–83; Frei-Stolba, Untersuchungen (Anm. 38).

35 Ronald Syme, Tacitus, Oxford 1958, 756–760.

36 Tacitus, Annalen, 2.83.

37 Geoffrey E. M. De ste Croix, From Vote to Patronage, in: *The British Journal of Sociology* 5 (1934), 33 ff.

38 Cassius Dio, 53.21.7.

39 Cassius Dio, 55.34.2.

40 Digesta, 48.14.1

41 Cassius Dio, 53.21.6.

42 Siehe zu den relevanten Inschriften Lily .R. Taylor, Party Politics in the Age of Caesar, Berkeley 1961, 66; ILS, 8205–8207.

43 Vgl. dazu die detaillierte Arbeit von Lawrence Keppie, Colonization and Veteran Settlements in Italy (47–14 B. C.), in: *PBSR* 59 (1983), 101.

44 Aug., 32.1.

45 Yavetz, Caesar, 85–96. Siehe ebenda, 241, Anm. 12 die ausführliche Bibliografie.

46 Flavius Josephus, Antiquitates Judaicae, 16.6.2.

47 Digesta, 47.22.3. Das Einholen einer Bewilligung (z. B. ex senatus consulto coire, convocare, cogi etc.) war selbst in der späten Kaiserzeit (zumindest formal) Pflicht. Mommsen, Staatsr. II, 886–7; ILS, 335; 7266; 1164; 1367.

48 Horaz, Briefe, 1.1.57–59.

49 Peter A. Brunt, The Army and the Land in the Roman Revolution, in: *JRS* 52 (1962), 69–86.

50 Columella, 1.8.1.
51 Juvenal, 3.62.

Kapitel 12

1 Zvi Yavetz, Ba'ajot weWikuchim al Awdut weAwadim (Probleme und Debatten über Sklaverei und Sklaven–hebr.), in: Zwi Yavetz / Zeev Robinson, Meridot Awadim beRoma (Sklavenaufstände in Rom–hebr.), Tel Aviv 1983, 10.
2 Plinius, Historia naturalis, 19.29.
3 Den Erben oblag natürlich die moralische Pflicht (fideicommissum), die Sklaven freizulassen, doch erst 103 v. Chr. wurde ein Gesetz verabschiedet, das den Staat von Amtes wegen dazu verpflichtete, auch die Freilassung von Sklaven zu erwirken, für die es hieß: «ich möchte (*volo*), dass sie freigelassen werden» und nicht nur für das Vermächtnis «ich ordne an (*iubeo*), sie freizulassen».
4 Siehe ILS, 7695, wo sich ein freigelassener Sklave selbst dafür lobt, nie gegen den Willen seines Patrons gehandelt zu haben. Zu den Pflichten des freigelassenen Sklaven gegenüber seinem Patron siehe allgemein: Dionysius Halicarnassus 4.24–26; Cassius Dio, 39.24; vgl. Cicero, Briefe an Atticus, 7.2.8. A. A. Schiller, Business Relations of Patrons and Freedmen, in: *Classical Roman Law–Legal Essays in Tribute to Ottin Kip MacMurray*, 1935, 623–639; John A. Crook, Law and Life of Rome, London 1967, 55; Max Kaser, Das römische Privatrecht, Bd. 2, München 1971, 299–301 (mit zusätzlicher Bibliografie).
5 Dionysios Halikarnassos, 4.24.
6 ILS, 9250.
7 Gaius, 2.239.
8 Ebenda, 1.2–7; 13–15; 3.74.6.
9 Ebenda, 1.38. / Ebenda, 1.40.
10 Ebenda, 1.29; 31.
11 Aug., 40.3: colluvione peregrini servitis sanguinis.
12 Cassius Dio, 56.33.3.
13 N. A. Maschkin, Zwischen Republik und Kaiserreich, Leipzig 1954, 403.

14 Ebenda; siehe besonders auch Digesta, 29.5.

15 Cicero, Pro Rabirio perduellionis reo, 15.

16 Seneca, Briefe, 80.4.

17 Tenney Frank, The Sacred Treasure and the Date of Manumission, in: *AJPh* 53 (1932), 360–363.

18 Im Jahre 25 v. Chr. wurden 44.000 salassische Sklaven nach Rom gebracht. Doch danach versiegte der Sklavenstrom allmählich. Bei der Zerstörung des jüdischen Tempels wurden 97000 Juden gefangengenommen, wobei davon auszugehen ist, dass sie mehrheitlich als Sklaven verkauft wurden. Flavius Josephus, Bellum Judaicum, 6420.

19 Tacitus, Historiae, 1.4; siehe dazu Zvi Yavetz, Plebs Sordida, in: *Athenaeum* 43 (1965), 295–311.

20 Vgl. zur republikanischen Epoche besonders Susan Treggiari, Roman Freedmen during the Late Republic, Oxford 1969; zur Kaiserzeit Arnold M. Duff, Freedmen in the Early Roman Empire, Cambridge 1928.

21 Siehe demgegenüber ein ganz anderes Verhältnis in einer großen Töpferei in Arretium. Dort arbeiteten 123 Sklaven und nur 3 Freigelassene: M. Park, The Plebs in Cicero's Day, Cambridge 1918, 79–90.

22 Zvi Yavetz, P&P, 147, n.2. Der griechische Terminus *Aigyptaizein* (sich wie ein Ägypter verhalten) wurde als Synonym für «handeln» verwendet.

23 Juvenal, 3.62; Lukan, 7.40 (ein Völkergemisch aus aller Welt war in Rom versammelt).

24 So z. B. Treggiari, Roman Freedmen (Anm. 20), 111.

25 Zu den apparitores siehe den bedeutenden Beitrag von Benjamin Cohen, Some Neglected Ordines, in: Claude Nicolet (éd.), Des ordres à Rome, Paris 1984, 23–60.

26 Cicero, De officiis, 2.29.

27 Besonders T. Frank und A. D. Nock.

28 Das Priesteramt des *sevir augustalis* bedingte eine Spende von 50000 Sesterzen, siehe EJ, 333 = Frank, Economic Survey of Ancient Rome (2. Teil, Einführung, Anm. 2), Bd. 5, 246.

29 Cicero, In Pisonem, 67.

30 Petronius, Satyricon, 30.

31 Duff, Freedmen (Anm. 20), 144.

32 Ebenda, 145.

33 Aug., 74, mit Erwähnung einer Ausnahme: Er lud Menas, der Sextus Pompejus verraten hatte, zu sich ein. Aug., 67.

34 ILS, 7812.

35 A. D. Nock, Seviri and Augustus, in: Zeph Stewart (ed.), Essays on Religion in the Ancient World, Oxford 1972, 354 ff.

36 Monique Clarel / Pierre Levêque, Villes et structures urbaines dans l'occident romain, Paris 1971; R. Duthoy, La fonction sociale de l'augustalité, in: *Epigrafica* 36 (1974), 134–154; ANRW II, vol. 16.2, 1254–1309, bes. 1305.

37 CIL, 10.1.4917: Debita libertas iuveni mihi lege legata morte immatura reddit perpetua est.

38 Zu weiteren Ämtern wie z. B. A codiciliis, a memoria, a diplomatibus, siehe P. R. C. Weaver, Familia Caesaris, Cambridge 1972, 259 ff.; Hirschfeld, Kaiserliche Verwaltungsbeamte (2. Teil, 11. Kapitel, Anm. 11), 200.

39 Siehe die Quellenangaben in Millar, State and Subject (1. Teil, 4. Kapitel, Anm. 40), 36–37 sowie zu Freigelassenen im Dienst des Kaisers: Syme, RR, 410.

40 Zu Polycleitus siehe Tacitus, Annalen, 14.39; zu Helius siehe Sueton, Nero, 23; zum Aufstieg von Icelus in der Ära Galba siehe Cassius Dio, 64.2–3; Sueton, Galba, 14; Plutarch, Galba, 7; zu Onomastus und Moschus in der Ära Otho vgl. Tacitus, Historiae, 1.25; 1.87; zu Asiaticus in der Ära Vitellius, siehe Sueton, Vitellius, 12; zu Hormus siehe Tacitus, Historiae, 3.12.28; 4.29; zu Entellus und Abascantus in der Ära Domitian siehe Sueton, Domitian, 7.

41 Vgl. Plinius der Jüngere, Panegyricus, 882, sowie zahlreiche Beispiele bei Tacitus, z. B. Annalen, 13.24; ders., Germania 25.

42 Cicero, Commentariolum Petitionis, 54: «Civitas ex nationum conventu constituta …».

43 Tacitus, Annalen, 11.23–24.

44 Vgl. Zvi Yavetz, Ba'ajot weWikuchim al Awdut weAwadim (Probleme und Debatten über Sklaverei und Sklaven – hebr.), in: Zwi Yavetz / Zeev Robinson, Meridot Awadim beRoma (Sklavenaufstände in Rom – hebr.), Tel Aviv 1983, 10.

45 Frank E. Adcock, Marcus Crassus Millionaire, Cambridge 1966; vgl. Cicero, Pro Balbo, 56.
46 Vgl. Plutarch, Moralia, Proverbia Augusti, 207; dazu Cassius Dio, 54.21.2–3; Juvenal, Satiren, 1.109; Martial, 8.3.5; Palatinische Anthologie, 77; Seneca, Briefe, 119.9; Sidonius Apollinaris, 5.7.3.
47 Plinius, Historia naturalis, 33.134–135.
48 Die Vergleiche mit Crassus kommen nicht von ungefähr. Crassus brüstete sich mit seinem Reichtum und stellte ihn hemmungslos zur Schau. Er war aber nicht der reichste Mann in Rom. Pompejus und Julius Cäsar waren noch reicher. Ernst Badian, Roman Imperialism in the Late Republic, 2 vols., Oxford 1968; Shatzman, Senatorial Wealth (2. Teil, 10. Kapitel, Anm. 4).
49 Plinius, Historia naturalis, 18.41–43.
50 Sueton, Nero, 5.1; vgl. auch ders., Vitellius, 7.2. zu seiner Einstellung zu Freigelassenen.
51 Plutarch, Antonius, 73.
52 Cicero, In Verrem, 5.181; vgl. ebenda, 3.7.
53 Martial, 5.13.6; vgl. Seneca, Briefe, 27.5.
54 Martial, 10.56.6, 6.64.26; vgl. 2.16,19,29,42,58,81; 3.29.82; 4.77; 5.79; 6.91; 11.12,30,37,54,85,92; 54.12.
55 Juvenal, 3.153 zu den Errungenschaften von Freigelassenen: Nil habet infelix paupertas durius in se / Quam quod ridiculos homines facit?; vgl. ebenda, 164.
56 Horaz, Briefe, 1.1.53–54: O cives, cives, quaerenda pecunia primum est / virtus post nummos.

Kapitel 13

1 Sallust, Bellum Iugurthinum, 5.
2 M. R. Alföldi, Die Geschichte des numidischen Königreiches und seiner Nachfolger, in: *Die Numidier, Katalog Bonn* (1979), 68 ff; Shelagh Jameson, Chronology of the Campaigns of Aelius Gallus and C. Petronius, in: *JRS* 58 (1968), 71–84.
3 Zu den Unternehmungen in Numidien siehe Caesar, Bürgerkrieg, 2.23–27; Cassius Dio, 31.41.3.

4 Siehe dazu allgemein Strabo, 14.671.
5 Nach dem algerischen Unabhängigkeitskrieg entwickelte sich in der Altertumsforschung Nordafrikas eine neue Strömung, die die – nicht immer überzeugend belegte – These vertrat, dass sich die Wüstenvölker seit Menschengedenken stets tapfer gegen fremde Eindringlinge zur Wehr setzen. Siehe z. B. Marcel Bénabou, La résistance africaine à la romanisation, Paris 1976; vgl. demgegenüber den wichtigen Artikel Peter D. A. Garnsey, African Empire under the Principate, in: Peter Garnsey / Christopher Whittaker (ed.), Imperialism in the Ancient World, Cambridge 1978, 223 ff.
6 Tatenbericht Aug., 27.
7 Tacitus, Annalen, 2.59; ders., Historiae, 1.11.; Cassius Dio, 51.17.1; vgl. EJ, 14, 37.
8 Tacitus, Annalen, 1.11; vgl. Juvenal, 15.44 – 90.
9 Herodot, 2.5.
10 Lukas 2.1.
11 Flavius Josephus, Bellum Judaicum, 4.610.
12 ILS, 8995.
13 Ulrich Wilcken, Kandake, in: *Hermes* 28 (1893), 154.
14 Strabo, 17.1.53 – 54 (819 – 820).
15 Rostovtzeff, Social and Economic History (2. Teil, Einführung, Anm. 1); Warmington, Commerce between Roman Empire and India (1. Teil, 7. Kapitel, Anm. 28; M. P. Charlesworth, Traderoutes and Commerce of the Roman Empire, Cambridge 1924, 1 – 18; Jameson, Chronology of the Campaigns (Anm. 2), 71; Frederick J. Teggart, Rome and China, Berkeley 1939; Harold I. Bell, Egypt, Oxford 1948; Naphtali Lewis, Life in Egypt under Roman Rule, Oxford 1983.
16 Strabo, 16.780 – 782.
17 Plinius, Historia naturalis, 6.160 – 162; Cassius Dio, 53.29.3; Tatenbericht Aug., 26.
18 A. Negev, Nabatean Inscriptions from Avdat, in: *IED* 11 (1961), 127 ff.
19 In Syrien waren folgende Legionen stationiert: III Gallica, VI Ferrata, X Fretensis und später auch XII Fulminata.
20 Zum Legionärsdasein in der Nähe von Städten siehe Tacitus, Anna-

len, 13.35.3; vgl. ders., Historiae, 2.80; Sueton, Divus Vespasianus, 6.4.

21 Siehe zu Kleinasien besonders D. Maggie, Roman Rule in Asia Minor (2 vols.), Princeton 1950; J. Reynolds, Aphrodisias and Rome, London 1982; Barbara Levick, Roman Colonies in Southern Asia Minor, Oxford 1967; Frank, Economic Survey of Ancient Rome (2. Teil, Einführung, Anm. 2), besonders Band 4).

22 Neilson C. Devevoise, A Political History of Parthia, New York 1968; Malcolm A.R. Colledge, The Parthians, New York 1967; W. W. Tarn, Tiridates II and the Young Phraates, in: *Mélanges Glotz* 2 (1932), 831–837; Karl-Heinz Ziegler, Die Beziehungen zwischen Rom und dem Partherreich, Wiesbaden 1964, 45 ff; A. Oltramare, Auguste et les Parthes, in: *REL* 16 (1938), 121–138; Dieter Timpe, Zur augusteischen Partherpolitik zwischen 30 und 20 v. Chr.», in: *WJA* 1 (1975), 155–169.

23 Flavius Josephus, Antiquitates Judaicae, 13.371; 14.385.

24 Vergil, Aeneis, 9.186.

25 Ebenda, 6.794–795, 1.278–286.

26 Ovid, Ars Amatoria, 1.177.

27 Vergil, Aeneis, 1.279.

28 Tatenbericht Aug., 29.

29 Vergil, Georgiken, 2.170.

30 Velleius Paterculus, 2.102.

31 Justin, 41.1.1.

32 Plinius, Historia naturalis, 9.118.

33 Siehe zur Donau: Ronald Syme, Octavian and Illyricum, in: *JRS* 23 (1933), 66 ff. = *Danubian Papers* (1971), 135–144; ders., Lentulus and the Origin of Moesia, in: *JRS* 24 (1934), 113–137 = *Danubian Papers* (1971), 40–72; ders., Augustus and the South Slav Lands, in: *Rev. Int. des études balkaniques* 3 (1937), 33–46 = *Danubian Papers* (1971), 13–25; Walter Schmitthenner, Octavians militärische Unternehmungen in den Jahren 35–33 v. Chr., in: *Historia* 7 (1958), 189–236; zu den Alpen: Konrad Kraft, Die Rolle der Colonia Iulia Equestris und die römische Auxiliarrekrutierung, in: *Jb. RGZM* 4 (1957), 81–107; Karl Christ, Zur römischen Okkupation der Zentralalpen und des nördlichen Alpenvor-

landes, in: *Historia* 6 (1957), 416–428; Denis van Berchem, La conquête de la Rhétie, in: *MH* 25 (1968), 1–10; Franz Fischer, P. Silius Nerva, Zur Vorgeschichte des Alpenfeldzugs 15 v. Chr., in: *Germania* 54 (1976), 147–155; Felix Staehelin, Die Schweiz in römischer Zeit, Basel 1927; Peter Kneissel, Zur Entstehung der Provinz Noricum, in: *Chiron* 9 (1979), 2612–273.

34 Strabo, 4.205; Cassius Dio, 53.25.3–4.

35 EJ, 40; 338.

36 Tatenbericht Aug., 30.

37 Sueton, Tiberius, 16.

38 Zu Germanien: Dieter Timpe, Zur Geschichte und Überlieferung der Okkupation Germaniens unter Augustus, in: *Saeculum* 18 (1967), 278–293; ders., Drusus' Umkehr an der Elbe, in *RhM* 110 (1967), 289–306; Hans Schönberger, The Roman Frontier in Germany: An Archaeological Survey, in: *JRS* 59 (1969), 144 ff.; Collin M. Wells, The German Policy of Augustus, Oxford 1972; Karl Christ, Zur augusteischen Germanenpolitik, in: *Chiron* 7 (1977), 149–205.

39 Strabo, 7.292.

40 Der genaue Ort der Schlacht im Teutoburger Wald lässt sich nicht mit Gewissheit feststellen. Selbst Mommsen äußert zwei verschiedene Meinungen: Siehe Ges. Schriften, IV, 210–244 und einen anderen Standpunkt in Römische Geschichte, V 43. Eine übersichtliche Karte findet sich in O. Henke / B. Lefmann, Die neueren Forschungen über die Varusschlacht, Gütersloh 1910. Die deutsche Literatur zu diesem Thema ist äußerst reichhaltig, darunter Dessau, Geschichte der römischen Kaiserzeit (Anm. 1), Bd. 1, 444 ff.; Dieter Timpe, Arminius Studien, Heidelberg 1970; siehe auch Ronald Syme, CAH, 10, 340–381; Wells, German Policy (Anm. 47); H. Jankuhn, in: ANRW, II.5.65 ff. (enthält eine sorgfältige Prüfung des archäologischen Materials); William H. Oldfather / Howard V. Canter, The Defeat of Varus and the German Frontier Policy of Augustus, Urbana 1939 (mit einer Übersicht der archäologischen Funde bis zu jener Zeit).

41 Florus, 2.30.37.

42 Tacitus, Annalen, 2.88.

43 Siehe zu Gallien: Vittinghoff, Römische Kolonisation und Bürgerrechtspolitik (1. Teil, 1. Kapitel, Anm. 21); Brunt, Italian Manpower (1. Teil, 2. Kap., Anm. 21), 463–466; Rice-Holmes, Architect of the Roman Empire (Anm. 1), vol. II, 60 ff.

44 Zu den Kriegen in Hispanien siehe Florus, 2.33.46–59; Orossius, 6.21.3–11; Cassius Dio, 54.11.2; moderne Werke: Syme, Spanish Wars of Augustus (1. Teil, 4. Kapitel. Anm. 12), 293–317; Schmitthenner, Augustus' spanischer Feldzug (1. Teil, 4. Kapitel. Anm. 12), 29–85; Syme, The Conquest of North-West Spain (1. Teil, 4. Kapitel. Anm. 12), 79–107 (mit ausführlicher Bibliografie); Maggie, Augustus' War in Spain (1. Teil, 4. Kapitel. Anm. 12), 323; Adolf Schulten, Los Cántabros y Astures y su guerra con Roma, Madrid 1943.

45 Cassius Dio, 53.22.5.

46 Strabo, 3.4.16 (164), 3.3.8 (156); Horaz, Briefe, 1.12.26, 1.18.55.

47 Seneca, De consolatione ad Helviam, 7.7.

48 Cassius Dio, 56.43.3.

49 Siehe z. B. Meyer Reinhold, The Generation Gap in Antiquity, in: *PAPhS* 114 (1970), 347–365; Nippel, Aufruhr und Polizei (2. Teil, 11. Kapitel, Anm. 14).

50 Vgl. dazu ausführlich Richard Koebner, Empire, Cambridge 1961.

51 Tatenbericht Aug., 13: Cum per totus imperium populi Romani, terra marique esset parta victoriis pax.

52 Aug., 48.

53 Aug. 60.

54 Vgl. Joseph Vogt, Orbis, Freiburg 1960.

55 Tacitus, Annalen, 1.12.

56 Ebenda, 1.9; vgl. Plinius, Historia naturalis, 14.2.

57 Siehe dazu Einzelheiten in Vittinghoff, Römische Kolonisation und Bürgerrechtspolitik (1. Teil, 1. Kapitel, Anm. 21).

58 C. H. V. Sutherland, Coinage in Roman Imperial Policy, London 1951.

59 Ovid, Ex Ponto, 2.8.26.

60 Cicero, De re publica, z. B. 6.13, 6.1.

61 ILS, 112 = EJ, 100.

62 ILS, 140 = EJ, 69.

Kapitel 14

1 Siehe etwa Horaz, Oden, 1.2.51; 1.35.30–32; 2.6.16; 3.3.44.
2 Tacitus, Annalen, 1.11.4.
3 Cassius Dio, 54.8.1.
4 Aug., 21.
5 Tacitus, Annalen, 1.11.4.
6 Justinius, 42.5.10–12.
7 Tatenbericht Aug., 13. Zur Wiedereinführung der Augurium salutis-Zeremonie im Jahre 29 v. Chr. siehe Cassius Dio, 51.20.4; Aug., 31.
8 Aug., 25.
9 Ebenda, 31.5.
10 Cassius Dio, 68.7.5; 69.9.5–6; 75.3.3.
11 Jacoby, in: FGrH, F. 90 (125–6).
12 Seneca, De brevitate vitae, 4.5.
13 Tacitus, Annalen, 1.9.5.
14 Ronald Syme, in: CAH, 10, 351–353.
15 Plinius, Historia naturalis, 3.17; vgl. 4.81.
16 E.H. Bunbury, A History of Ancient Geography, Amsterdam 1879 (repr. 1979), Vol. II, 176ff.; James Oliver-Thomson, History of Ancient Geography, Cambridge 1948, 322ff.; Robert K. Sherk, Roman Geographical Explorations and Military Maps, in: ANRW, II.1.534–562. Die Karte findet Erwähnung bei Strabo, 2.116–117; im 2. Jahrhundert wurde sie von Mela, Plinius (Historia naturalis, 3.17) und von Ptolemaeus verwendet. Kommentare zur Choreografie dieser Karte sind aus späteren Texten überliefert, besonders vom 4. Jahrhundert n. Chr. (Avienus, Divisio Orbis) und vom 8. Jahrhundert (Dicuil, De mensura orbis terrae). Vgl. O. A. W. Dilke, Greek and Roman Maps, Ithaca 1985, 41–54.
17 Meyer, Aussenpolitik des Augustus (2. Teil, 13. Kapitel, Anm. 1).
18 Peter A. Brunt, *JRS* 53 (1963), 170–176; vgl. Franz Christ, Die römische Weltherrschaft in der antiken Dichtung, Stuttgart 1938. Christ war jedoch nicht der erste mit dieser These. Sehr viel früher legte Ranke dar, dass Augustus die Welteroberung plante. Leopold von Ranke, Weltgeschichte, III, 1.12.

19 Edward N. Luttwak, Grand Strategy (2. Teil, 13. Kapitel, Anm. 1); Tacitus, Annalen, 4.32.

20 Keith Hopkins, Classicists and Sociologists, in: *TLS* (March 31 1972) und dazu Zvi Yavetz, in: *The New Republic*, (May 21 1977), 55; Peter A. Brunt, in: *TLS* (Feb. 10 1978), 154.

21 Zur Bekräftigung von Luttwaks These siehe Aristoteles, Politika, 1285a, 1327b.

22 Tacitus, Annalen, 4.5.

23 Aug., 48.

24 Cicero, Pro rege Deiotaro, 22.

25 Die von Julius Caesar eroberten Gebiete wurde in drei Teile aufgeteilt: Aquitania, Lugdunensis und Belgica. Gallia Narbonensis war ohnehin bereits seit 121 v. Chr. in römischer Hand.

26 Strabo, 2.5.8; 4.5.3.

27 Hispanien wurde in Baetica, Lusitania und Tarraconensis aufgeteilt.

28 Plutarch, Moralia, 207d. Zur römischen Alexander-Tradition siehe Livius, 9.18; Piero Treves, Il Mito d'Alessandro e la Roma d'Augusto, Rome 1953.

29 Catull, 10; William V. Harris, War and Imperialism in Republican Rome 327–70, Oxford 1979, passim.

30 Cicero, Pro lege Manilia, 14; 16; 19.

31 Ovid, Ars Amatoria, 3.113–114.

32 ILS, 8393, 2 (Zeile 35): pacato orbe terrarum, restitutae quieta deinde nobis re publica et felicia tempora contingerunt. Zur Interpretation des Begriffs *pax Romana* siehe Anm. 9 oben.

33 Horaz, Oden, 1.12.43.

34 Strabo, 16.1.7. 793c.

35 Tacitus, Annalen, 3.53; Sueton, Domitianus, 2.7.

36 Aug., 25.4; vgl. Vergil, Aeneis, 9.186.

37 Cassius Dio, 53.25.2; 53.22.5; Tacitus, Agricola, 13; Strabo, 4.5.3.

3. TEIL

15. Kapitel

1 Imperatoris Caesaris Augusti de vita sua, in: H. Peter, HRR, II (1906), 54–64; Malcovati, Imperatoris Caesaris Augusti (Kap. 9, Anm. 65), 84–97. Der sorgfältigste Versuch ist nach wie vor Fritz Blumenthal, Die Autobiographie des Augustus, in: *Wiener Studien* 35 (1913), 113ff.; 36 (1914), 84ff.
2 H. Hahn, Neue Untersuchungen zur Autobiographie des Kaisers Augustus, in: *La Nouvelle Klio* 10–12 (1958–62), 137, 148. Ich hatte nicht die Gelegenheit, Hahns Dissertation zu studieren, die unveröffentlicht blieb: ders., Untersuchungen zur Autobiographie des Kaisers Augustus (Diss.), Leipzig 1957.
3 Z.B. Fragment 1 (zitiert nach Malcovati, Imperatoris Caesaris Augusti (2. Teil, 9. Kapitel, Anm. 65)) = Appian, Bürgerkriege, 5.42–45. Appian räumt selbst Schwierigkeiten bei der Übersetzung der Reden vom Lateinischen ins Griechische ein.
4 Fragment, 1 = Sueton Aug., 85.1.
5 Fragment, 3 = Sueton, Aug., 2.3.
6 Fragment, 4 = Tertullian, De anima, 46; vgl. Sueton, Aug., 94.4; Plutarch, Cicero, 44.2.
7 Fragment, 9 = Plutarch, Cicero, 45.5; 46.1; Fragment, 10 = Plutarch, Brutus, 27.1.
8 Tacitus, Annales, 1.10; Sueton, Aug., 13.
9 Sueton, Aug., 27.4. Vgl. Appian, Bürgerkriege, 3.95. Zu Augustus' *clementia* auch Fragment, 18 = Digesta, 48.24.1. Zu Augustus' Grausamkeit nach dem Perusinischen Krieg: Sueton, Aug., 15.
10 Fragment, 12 = Plutarch, Brutus, 41.5.
11 Fragment, 4 = Tertullian, De anima, 46; Fragment, 6 = Plinius, Historia naturalis, 2.93; Fragment, 7 = Servius, Kommentar zu Vergil, 9.46; Cassius Dio, 51.4; 54.9.
12 Fragment, 20 = Plinius, Historia naturalis, 2.24.
13 Sueton, Aug., 92.2.
14 Fragment, 17 = Plutarch, Antonius, 68.1. Der treffende Kommentar von Arnaldo D. Momigliano: «A touch of self display may have

been a feature of early Roman biographies», ders., The Development of Greek Biography, Cambridge 1971, 94; vgl. Sueton, Aug., 84.4.

15 Fragment, 15 = Appian, Bürgerkriege, 3.14.

16 Fragment, 14 = Sueton, Aug., 62.2.

17 Cassius Dio, 53.30; Horaz, Briefe, 1.15.2–5; Sueton, Aug. 81.1, 59.1; ders., Tiberius, 11; siehe dazu im Detail: Albert Esser, Caesar und die julisch-claudischen Kaiser im biologischen, ärztlichen Blickfeld, Leiden 1958, 59.

18 Res gestae divi Augusti, 34; Horaz, Oden 3.2–6.

19 Tacitus, Annales, 1.72; siehe auch 4.34–5. Kenneth Scott, Octavian's Propaganda and Anthony's *de sua ebrietate*, in: *CPh* 24 (1929), 133.

20 Cicero, Briefe an Atticus, 2.5.1.

21 De bello Gallico, 8, Einführung 2.

22 Appian, Bürgerkriege, 5.130.

23 Cassius Dio, 54.25.5.

24 Res gestae divi Augusti, 8.

25 Siehe Ernst Kornemann, Mausoleum und Tatenbericht des Augustus, Berlin 1921; vgl. auch die umfassende Behandlung bei Gagé, Res Gestae (1. Teil, 2. Kapitel, Anm. 24), 16 ff.

26 Cicero, Epistulae ad familiares, 5.7; 5.12; ders., Epistulae ad Atticum, 2.1.2.

27 Appian, Bürgerkriege, 5.132; Cassius Dio, 52.42.8; Aug., 31.

28 Macrobius, Saturnalia, 2.4.21.

29 Sprüche der Väter, 1.14.

30 Plutarch, Antonius, 58. So überzeugend dargelegt in Konrad Kraft, Der Sinn des Mausoleums des Augustus, in: *Historia* 16 (1967), 189.

31 Sueton, Aug., 100; siehe Strabo, 5.3.8 (236).

32 Cassius Dio, 50.22.4; 50.7.1.

33 Sueton, Aug., 79–82.

34 Res gestae divi Augusti, 1.

35 Cicero, De re publica, 2.46.

36 Res gestae divi Augusti, 2.

Kapitel 16

1 Theodor Mommsen, Res Gestae Divi Augusti, Berlin 1883, v–vi; Hermann Dessau, Mommsen und das Monumentum Ancyranum, in: *Klio* 22 (1929), 278; Ernst Kornemann: RE XVI.1, coi. 224; Ernst Hohl, Zu den Testamenten des Augustus, in: *Klio* 30 (1937), 323.
2 Die merkwürdige Tatsache, dass die drei bekannten Kopien der Res gestae divi Augusti alle innerhalb einer bestimmten Provinz gefunden wurden, entbehrt einer vernünftigen Erklärung.
3 In Symes eigenen prägnanten Worten: «The inscription was primarily designed to be read by the plebs of Rome, very precisely the clients of the princeps.» Syme, RR, 523.
4 Yavetz, P&P, 56, n.2.
5 Auch Kienast äußerte später die Ansicht, die Res gestae divi Augusti hätten sich nicht an die Plebs gerichtet, Kienast, Augustus (Kap. 11, Anm. 21), 176, n. 23; dazu: R. Urban, Tacitus und die Res Gestae Divi Augusti, in: *Gymnasium* 86 (1979), 59–74.
6 Gellius, Attische Nächte, 4.18.3.
7 Es gab natürlich Momente, in denen er die Tatsache verbergen musste, dass seine Erfolge auf militärischer Macht basierten, die ihm zur Verfügung stand, vgl. Cassius Dio, 54.45.5; im Tatenbericht war das jedoch nicht der Fall. Den Zusammenhang zwischen militärischem Ruhm und dem Erfolg bei Wahlen betont auch Plinius, Historia naturalis, 35.23.
8 Valerius Maximus, 4.1.10.
9 Dazu: Claude Nicolet et al., Insula Sacra. La loi Gabinia Calpurnia de Delos (58 av. J.-C.), Rome 1980.
10 Arnold J. Toynbee, Hannibal's Legacy, Oxford 1965, vol. II, 95–6.
11 Keith Hopkins, Conquerors and Slaves, Cambridge 1978, 30–31; Harris, War and Imperialism in Republican Rome (Kap. 14, Anm. 36), 46.
12 Sueton, Aug., 31.5.
13 Properz, 3.4.10; 3.4.22; 2.7.14.
14 Res gestae divi Augusti, 26–27 .
15 Tacitus, Annales, 1.9; vgl. Syme, RR, 521.

16 Res gestae divi Augusti, 18.

17 Edward E. Best, Literacy and Roman Voting, in: *Historia* 23 (1974), 428 ff. Ich bedanke mich bei Nicolas M. Horsfall für seine wertvollen Hinweise bezüglich des niedrigen Bildungsstandes der Massen im Altertum und auf die entsprechende Literatur; vgl. auch Millar, Emperor (Kap. 9, Anm. 99), 252 ff. sowie den Artikel Nachrichtenwesen, in: RE XVI. 2, cols. 1496–1540.

18 Cicero, Epistulae ad Atticum, 2.21.4.

19 Zur Schilderung eines Plebejer-Picknicks im Alten Rom, das nicht auf «literarische Neigungen» der Teilnehmer schließen lässt, siehe Ovid, Fasti, 3.523.4; zur Schönheit des Standorts: Strabo 5.3.8 (236); S. Platner / T. Ashby, A Topographical Dictionary of Ancient Rome, Oxford 1929 «Mausoleum Augusti».

20 Res gestae divi Augusti, 5.1–3; Sueton, Aug. 52.

21 Sueton, Aug., 31.5; vgl. Cassius Dio, 55.10.3–5.

22 Sueton, Aug., 42.1.

23 Cicero, Pro Sestio, 97; zur Bedeutung dieses Begriffs in der Ära Augustus siehe H. U. Instinski, Consensus Universorum, in: *Hermes* 75 (1940), 265; sowie die gegenteilige Ansicht von Anton von Premerstein, Vom Werden und Wesen des Prinzipats (Kap. 3, Anm. 41), 64.

24 Sueton, Aug., 58.

25 Livius, 6.14.5.

26 Plutarch, Sulla, 34.1–2.

27 Seneca, Octavia, 473–475: «Consulere patriae afflictis, fera caede abstinere, tempus atque irae dare, orbi quietem, saeculo pacem suo.» Siehe Andreas Alföldi, Der Vater des Vaterlandes im römischen Denken, Darmstadt 1971; Eiliv Skard, Pater patriae; Zum Ursprung einer religiös-politischen Idee, Festschrift H. Koht (1933), 42.

28 Sueton, Aug., 58.

29 ILS 139.1.12; ILS 140 Zeile 54; zum Begriff *omnes ordines:* Sueton, Aug., 57.1. Auch Ovid vergisst nicht, die Ritter zu erwähnen: Fasti, 2.127–129.

30 Vgl. Mommsen, Res Gestae Divi Augusti (3. Teil, 16. Kapitel, Anm. 1); siehe auch den späteren Beitrag zum selben Thema, M. A. Levi,

La composizione delle Res Gestae Divi Augusti, in: RF 25 (1947), 189. Mommsen behauptet zu Recht, dass die «Königin der Inschriften» keiner bestimmten literarischen Gattung zugeordnet werden kann. Theodor Mommsen, Der Rechenschaftsbericht des Augustus, Ges. Schr. IV, 247.

31 Gellius, Attische Nächte, 15.11.2; Cicero, Pro lege Manilia, 60.

32 Sueton, Aug. 40.5.

33 Macrobius, Saturnalia, 2.4. Siehe Cassius Dio, 53.10.1.

34 Res gestae divi Augusti, 7; vgl. auch Ogilvie, Romans and their Gods.

35 Richard Heinze, Kaiser Augustus, in: *Hermes* 65 (1930), 385–395. Cassius Dio, 50.4.4; Aug., 40.5.

36 Res gestae divi Augusti, 19.

37 Velleius Paterculus, 2.60.1.

38 Michael Rostovtzeff, Römische Bleitesserae, Leipzig 1905; in seinem Artikel ders., Augustus, in: *University of Wisconsin Papers in Language and Literature* 15 (1922) nimmt er seine früheren Schlussfolgerungen wieder auf.

39 Aug., 38.3, 57.1; Dionysius Halicarnassus, 7.72; siehe auch S. Weinstock, RE VIa. 2, cols. 2178–87; Paul Veyne, Iconographie de la ‹transvectio equitum›, in: *REA* 62 (1960), 100.

40 Sueton, Aug., 38.3.

41 Res gestae divi Augusti, 14; Tacitus, Annalen, 1.3.

42 Mommsen, Staatsr. III. 1, 476 ff, bes. 525.

43 Für eine gute Übersicht der verschiedenen Definitionen von Iuventus siehe die Dissertation von G. Pfister, Die Erneuerung der römischen Iuventus durch Augustus, Bochum 1977; vgl. auch andere Standpunkte: Lily R. Taylor, Seviri equitum Romanorum and Municipal Seviri, in: *JRS* 14 (1924), 158 ff.; M. Jaczynowska, Les collegia iuvenum et leurs liaisons avec les cultes religieux au temps du haut-Empire romain, in: *Zeszyty Naukowe Universyteta M. Kopernika in Torunin, Nauki hum spol. 32, Historia IV*, ed. M. Wojciechowski, 1968, 23 ff.; ders., Les organisations des iuvenes et l'aristocratie municipale au temps de l'empire romain, in: Claude Nicolet (ed.), Recherches sur les structures sociales dans l'antiquité classique, Paris 1969, 265 ff. Ich stimme der Aufassung zu, dass

iuventus mit *turmae equitum* gleichzusetzen ist (siehe das Kapitel über die Ritter).

44 Cassius Dio, 53.1.4.

45 Sueton, Aug., 43.2; edidit frequentissime: vgl. Cassius Dio, 48.20.1; 51.22.4. Vergil, Aeneis, 5.550, 575; Ovid, Tristia, 3.12.7–22; zur Teilnahme seiner Enkel, siehe Cassius Dio, 54.26.1; 55.10.6.

46 Horaz, Oden, 1.8.1; 3.24.51; 3.2.2; ders., Satiren, 2.2.9.

47 Cicero, Pro Caelio, 11.

48 Vergil, Aeneis, 9.603; vgl. 7.162–169; Horaz, Oden, 36.37.

49 Cassius Dio, 57.26.1.

50 Cicero, Epistulae ad Atticum, 7.5.7.

51 Zum riesigen Vermögen der neuen Anhängerschaft des Augustus und der nicht ganz aufrichtigen Art von dessen Anhäufung siehe Syme, RR, (Einf., Anm.) 381. Doch Augustus schleuste solche Leute in den Senat und verließ sich auf sie: «omnem florem ubique coloniarum ac municipiorum, bonorum scilicet virorum et locupletium, ILS, 212, col. II. 3.

52 Zur Rückbesinnung auf die alten Werte bei der Erziehung der jungen Generation siehe Michael Rostovtzeff, Principes Iuvenum, in: Röm. mitt. 15 (1900), 223; vgl. auch Taylor, Seviri equitum Romanorum (Anm. 67), 158 ff.; M. de la Corte, Juventus, Arpino 1924; sowie folgenden Artikel neueren Datums: Walter O. Moeller, The Riot of A. D. 59 at Pompeii, in: *Historia* 19 (1970), 86; zur Verneinung des militärischen Aspekts siehe S. L. Mohler, The Iuvenes and Roman Education, in: *TAPhA* 68 (1937), 442; Ramsay MacMullen, Soldier and Civilian in the Later Roman Empire, Cambridge Mass. 1963, 135, n. 2.

53 Sueton, Aug., 31.4.

54 Ebenda, 38.2.

55 Schol. Iuv., I. 12 «bibliothecam iuris civilis et liberalium studiorum in templo Apollonis Palatini dedicavit Augustus»; Ovid, Tristia, 3.1.63.

56 Sueton, Aug., 34.2.

57 Cicero, Orator, 120.

58 Plutarch, Cicero, 49.3.

59 Sueton, Aug., 64.3.
60 Ebenda, 43.3.
61 Cicero, Epistulae ad Atticum, 4.2.2., vgl. 2.1.3; Epistulae ad Quintum fratrem, 3.1.11.
62 Horaz, Oden, 3.1.2–4; vgl. 4.6.31; Ovid, Ars amatoria, 2.9.2.733; ders., Tristia, 3.7; Tibull, 1.4.79–80.
63 Vergil, Aeneis, 6.832; zur Einstellung gegenüber der Jugend habe ich viel gelernt aus Wolf Steidle, Einflüsse römischen Denkens auf Ciceros Schrift de Oratore, in: *MH* 9 (1952), 10; Wilfried Stroh, Taxis und Taktik, Stuttgart 1975, 52 ff. Ich bin Prof. Stroh dankbar für das Gespräch über die relevanten Passagen.
64 Horaz, Briefe, 2.1.130–131: «Recte facta refert, orientia tempora notis instruit exemplis».
65 Plinius der Jüngere, Briefe, 8.14.4.
66 Sueton, Aug., 34.2.
67 Quintilian, 12.2.30.
68 Seneca, Briefe, 1.6.5.
69 Plinius der Jüngere, Panegyricus, 45.6.: «Nec tam imperio nobis opus est quam exemplo melius homines exemplis docentur».
70 Ovid, Metamorphosae, 11.834.
71 Z. B. Cicero, De natura deorum, 3.6; ders., Philippicae, 9.3.; ders., Pro lege Manilia, 60.
72 Velleius Paterculus, 2.126.4.
73 Horaz, Oden, 3.24, 31–32.

17. Kapitel

1 Sueton, Aug., 76–80; Tacitus, Annales, 1.9–10.
2 Außer dem Wohnsitz auf dem Palatin besaß Augustus Villen in Lanuvium und Tibur sowie auf Capri; Cicero dagegen verfügte über acht Villen.
3 Malcovati, Imperatoris Caesaris Augusti (Kap. 9, Anm. 65).
4 Sueton, Aug., 58.1. Sueton arbeitete zur Zeit Hadrians als Archivbeamter und hatte somit Zugang zu den Senatsprotokollen.
5 Homer, Illias, 18.98. Malcovati, Imperatoris Caesaris Augusti

(Kap. 9, Anm. 65): Zitate des Augustus (hiernach: Zitate), 47; Appian, Bürgerkriege, 3.13.

6 Zitate, 1 = Cicero, Briefe an Freunde, 11.20.1.

7 Ebenda; vgl. Cicero, Epistulae ad Atticum, 16.14.; 16.8.1; 9.1; 11.6.

8 Zitate, 27 = Sueton, Aug., 13.1.

9 Siehe Kapitel 16.

10 Zitate, 28 = Sueton, Aug., 15; siehe auch die Schilderungen der Hinrichtung von 300 Römern hohen Standes im Perusinischen Krieg, Aug., 15; Appian, Bürgerkriege, 4.8.; Seneca, De clementia, 1.10.4; 1.11.1.

11 Zitate, 34 = Sueton, Aug., 33.1; 51.1.

12 Z. B. seinen Wutausbruch, als ihn die Nachricht der Niederlage von Varus im Teutoburger Wald ereilte: Zitate, 31 = Sueton, Aug., 23.2.

13 Zitate, 7 = Seneca, De beneficiis, 6.32.1.

14 Zitate, 2 = Seneca, Controversiae, 2.50.20; Zitate, 3 = Seneca, Controversiae, 4 (Einführung) 7.

15 Zitate, 18 = Plutarch, Proverbia Augusti Caesaris, 8; vgl. Livius, 9.18; siehe hingegen Sueton, Aug., 18.1 = Zitate, 30.

16 Euripides, Phönikierinnen, 559.

17 «In statione», Gellius, Attische Nächte, 15.7.3; Velleius Paterculus, 2.124.2; Ovid, Tristia, 2.219; vgl. E. Köstermann, Statio Principis, in: Philologus 87 (1932), 356–368, 430–444.

18 Zitate, 23 = Plutarch, Cicero, 49.3.

19 Zitate, 24 = Plutarch, Dion - Brutus, 5.2.

20 Sueton, Divus Iulius, 56.7.

21 Zitate, 26 = Tacitus, Annalen, 4.34.3.

22 Zitate, 5 = Seneca, De ira, 3.23.4 (Timagenes); Zitate, 6 = Seneca, De beneficiis, 3.27 (Rufus); Zitate, 69 = Sueton, Augustus, 54 (Labeo); Zitate, 37 = Aug., 51.2 (Emilius Aelianus).

23 Malcovati, Imperatoris Caesaris Augusti (2. Teil, 9. Kapitel, Anm. 65): Briefe des Augustus (hiernach: Briefe), 8 = Aug., 51.2.

24 Tacitus, Annales, 1.72

25 Seneca, De beneficiis, 3.27.1.

26 Macrobius, Saturnalia, 2.4.21.

27 Zitate, 5 = Seneca, De ira, 3.23.4.

28 Zitate, 16 = Plutarch, Proverbia Augusti Caesaris, 5; vgl. Zitate, 39 = Aug., 56.3.
29 Zitate, 4 = Seneca, Controversiae, 10, Einführung 14.
30 Zitate, 44 = Aug., 99.1; Otto Hirschfeld, Augustus und seine Vitae, in: *Studien* 5 (1883), 116–119; Ulrich von Willamowitz-Möllendorf, Res Gestae Divi Augusti, in: *Hermes* 21 (1886), 623–627.
31 Sueton, Divus Vespasianus, 23.
32 Zitate, 9 = Quintilian, 6.3.63.
33 Macrobius, Saturnalia, 2.4.19.
34 Malcovati, Imperatoris Caesaris Augusti (2. Teil, 9. Kapitel, Anm. 65): Fragmente der Dichtung von Augustus (hiernach: Gedichte), 6; Aug. 85.2 = Zitate, 49 = Macrobius, Saturnalia, 2.4.1.
35 Sueton, Claudius, 3.2.
36 Zitate, 53 = Macrobius, Saturnalia, 2.4.8; Zitate, 60 = Macrobius, ebenda, 2.4.16; Zitate, 65 = Macrobius, ebenda, 2.5.7. Spottet über Horaz' äußere Gestalt, Gedichte, 5; Briefe, 40.
37 Macrobius, ebenda, 2.4.1.
38 Zitate, 55 = Macrobius, ebenda, 2.4.10. Zitate, 56 = Macrobius, ebenda, 2.4.11; siehe bes. Gellius, Attische Nächte, 10.24.1.
39 Aug., 86.2; Macrobius, Saturnalia, 2.4.12.
40 Zu seinen Briefwechseln mit Maecenas, Horaz und Vergil siehe Malcovati, Imperatoris Caesaris Augusti (2. Teil, 9. Kapitel, Anm. 65), 20–25.
41 Zitate, 58 = Macrobius, Saturnalia, 2.4.14; siehe auch Zitate, 59 = Macrobius, ebenda, 2.4.15.
42 Zitate, 12 = Quintilian, 6.3.77.
43 Zitate, 15 = Plutarch, Proverbia Augusti Caesaris, 2.
44 Zitate, 50 = Macrobius, Saturnalia, 2.4.4.
45 Zitate, 10 = Quintilian, 6.3.64.
46 Zitate, 51 = Macrobius, Saturnalia, 2.4.5.
47 Zitate, 62 = Macrobius, Saturnalia, 2.4.18.
48 Zitate, 38 = Aug., 56.2.
49 Zitate, 68 = Aug. 43.1.
50 Cassius Dio, 56.33.3.
51 Zitate, 20 = Plutarch, Proverbia Augusti Caesaris, 11.
52 Nepos, Atticus, 20.1.

53 Sueton, Aug., 71.1; vgl. 71.4.

54 Zitate, 45 = Sueton, Tiberius 21.1 (über Tiberius); Zitate, 72 = Aug., 17.2 (über Tiberius); Zitate, 56 = Macrobius, Saturnalia, 2.4.11 (über Herodes); Zitate, 46 = Sueton, Galba, 4.1 (über Galba); ders., Claudius, 3.2 (über Claudius).

55 Zitate, 43 = Aug., 97.3; Zitate, 34 = Aug., 33.1; Plinius, Historia naturalis, 18.94; vgl. Horaz, Satiren, 1.3.30–32.

56 Georgi Plechanow, Über die Rolle der Persönlichkeit in der Geschichte, Berlin 1951.

57 Fernand Braudel, Das Mittelmeer und die mediterrane Welt in der Epoche Philipps II., 3 Bände, Frankfurt am Main 1990. Die französische Erstausgabe erschien 1949 in Paris und hinterließ einen starken Eindruck. Siehe auch die brillante Rezension von Michael Harsgor, Braudel's Sea Revisited, in: *Mediterranean Historical Review* 2 (1986), 135.

58 Saul Friedländer, History and Psychoanalysis, New York 1978.

59 Erik H. Erikson, Young Man Luther, New York 1958.

60 Zitate, 19 = Plutarch, Proverbia Augusti, 10.

61 Dankwart A. Rustow, Ataturk as Founder of State, in: *Daedalus* (Summer 1968), 793–828.